乱世枭雄

南门太守 著

第一部
三国人物逆袭记

中国出版集团　现代出版社

图书在版编目（CIP）数据

乱世出枭雄.第一部,三国人物逆袭记/南门太守
著.--北京:现代出版社,2022.6

ISBN 978-7-5143-4404-2

Ⅰ.①乱… Ⅱ.①南… Ⅲ.①中国历史—三国时代—
通俗读物 Ⅳ.① K236.09

中国版本图书馆 CIP 数据核字 (2022) 第 082150 号

乱世出枭雄.第一部,三国人物逆袭记

作　　者	南门太守	
责任编辑	姜　军　王志标	
出版发行	现代出版社	
地　　址	北京市安定门外安华里 504 号	
邮政编码	100011	
电　　话	010-64267325　64245264（传真）	
网　　址	www.1980xd.com	
印　　刷	三河市宏盛印务有限公司	
开　　本	710mm×1000mm　1/16	
印　　张	21.5	
字　　数	508 千字	
版　　次	2022 年 6 月第 1 版　2022 年 6 月第 1 次印刷	
书　　号	ISBN 978-7-5143-4404-2	
定　　价	49.80 元	

目录 / Contents

时势造英雄

一、曹议郎从军记

汉末三国，群雄辈出。

说起那时的英雄，第一个当然是曹操，而说到曹操又不能不说袁绍，因为他们是众所周知的冤家对头。

其实，年轻时他们还是好朋友，关系相当不错。

有一年，袁绍的母亲在老家去世了，曹操曾专程跑去吊丧。袁绍的老家在豫州刺史部汝南郡的汝阳县，今河南省周口市商水县，当时曹操还在洛阳求学，要去汝阳少说得走上好几天。作为朋友，曹操写封信慰问一下就可以了，大不了派个家人送上丧仪也算是很有面子了，曹操的举动说明他们的关系很铁。

曹操出生于汉桓帝永寿元年（155），袁绍生年不详，大概比曹操大10岁，由于他字本初，有人推测他出生于汉质帝本初元年（146）。袁母的丧事是在熹平年间，当时曹操不到20岁，袁绍不到30岁。

但是，这一趟远行似乎没给曹操留下多少好印象。一路风尘仆仆，受尽颠簸，到了地方却发现根本没人招待，只能混到乌泱乌泱的人群里，吃、住恐怕都成了问题，严重地被冷落了。

其实袁绍倒不是故意怠慢曹操，而是因为来吊丧的人实在太多太多了，袁绍想跟每位来宾都去握一下手都做不到。这不是夸张，因为袁家的客人多达3万人（会者三万人）。

这当然是很大的排场，那时没有飞机、高铁，不通高速公路，出一趟远门多么不容易，像汝阳这样的县总人口通常也只有几万人。袁绍和他的弟弟袁术虽然沉浸在丧母的悲痛中，但看到这么多人来的排场，心里还是难掩激动和骄傲。曹操是个高度敏感的人，爱热闹，怕被别人冷落，但现在只能站在人群中看热闹了。

跟曹操结伴而来的还有一个人，是他的朋友王俊，比曹操大几岁，与曹操、袁绍相比他后来基本上默默无闻。曹操和王俊挤在人群里，曹操个子本来就不高，要看清楚还得踮起脚跟，这让他越看越生气。曹操突然对身边的王俊冒出了一句："天下就要大乱了，制造祸乱的就是这两个人（为乱魁者必此二人也）！"

王俊听了有些吃惊，谁知曹操的话还没说完："如果要安定天下，为百姓请命，不先把这两个家伙杀了，大乱就无法避免（不先诛此二子，乱今作矣）！"

王俊这才认真地盯着曹操看了看，忽然明白了曹操这句话的含义，悄悄地对曹操说："如果真是那样的话，能济天下于危亡的，恐怕除了你再没别人了！"

二人相视而笑。

曹操和王俊的对话被记录了下来，不过这多半是玩笑话。

曹操与袁绍相差10岁左右，算一代人差得有些多，算两代人又比较勉强，曹操和袁绍的关系有些不太好定位，后来曹操的儿子娶了袁绍的儿媳妇，看来曹操自认为跟袁绍还算是一代人；但再后来曹操又让另一个儿子娶了袁绍的孙女，又差了辈分。

曹操少年时代不好好学习，喜欢东游西逛，喜欢结交各色人等（任侠放荡，不治行业）。作为当时洛阳城两位知名的"富二代"，很早他们就打成了一片，袁绍是带头大哥，曹操是跟班小弟。

有一次，曹操跟着袁绍去看人家结婚，看到新娘漂亮，就动了歪念头。到了晚上，他们二人偷偷潜入人家园中，瞅准时机，大喊道：

"有小偷，有小偷——"

这家人赶紧都跑出来看，趁这个机会，袁绍让曹操到新房里去劫新娘，为了效果更加逼真，还给了他一把匕首。

曹操一向都执行袁绍的命令，还真去了，并且顺利得手，把新娘劫了出来，但出来时却迷路了，袁绍不慎跌到一堆枳棘里，动不了。

眼看人家追过来了，曹操急中生智，喊了一声："小偷在这里（偷儿今在此）！"

袁绍急了，噌的一下子从枳棘堆里蹿了起来，二人于是逃脱。

有人怀疑这件事是假的，袁绍和曹操再无赖，作为两个高官子弟，也不可能直接去干抢人的事吧。其实，他们所谓的抢新娘只能理解为恶作剧，把人抢去，让人家受受惊吓，之后讨点儿喜酒喝，以此取乐而已。

还有一次，曹操和袁绍玩崩了，袁绍派了一名刺客要杀曹操。

刺客到了曹操的卧室外，隔着窗户玩了把飞剑，但是低了点儿，没有刺中。曹操估计下一次刺客会调整标尺，所以剑来得会高一点儿，于是把身子尽量往下贴（揆其后来必高，因贴卧床上），结果剑果然又飞高了。

后面这件事就有点儿悬乎了，要么也是恶作剧，是想把曹操吓一吓，要么兄弟二人后来又和好了。

汉末是个讲出身的时代，论出身曹操远远比不上袁绍。

曹操的出身不太好，是宦官的后人（赘阉遗丑），这是一个曹操想方设法要撕去的标签，但一直到他的子孙都还在为这件事感到困扰，这得从曹操的爷爷曹腾说起。

曹腾担任过太后宫宦官总管（大长秋），是当时宦官的最高职务。宦官没儿子，曹腾有个养子叫曹嵩，由于养父的庇护在桓帝时担任过司隶校尉，类似于清朝的直隶总督。

曹嵩是曹腾抱养的，关于他的身世是个谜，有一种说法他原来姓夏侯，但这个说法不太可靠。曹腾字季兴，意味着他的上面还有3个哥哥，排下来的话可能分别是伯兴、仲兴和叔兴，按照当时的风俗，如果曹腾的这几个哥哥有男孩，曹腾一定会从他们中间选择养子。

养子有法律意义上的继承关系，继承爵位、财产，不到万不得已是不会考虑外姓人的。即使凑巧曹腾的几个哥哥也都没有男孩，曹腾也会在本族其他曹姓男孩里挑选。

曹腾去世后曹嵩的仕途仍然顺利，担任过朝廷的大司农，相当于农业部部长，其实这个职务比农业部部长权力还要大，除农业外凡与经济有关的，比如林业、渔业、手工业、制造业甚至财政等，都归大司农管，曹嵩能担任此职，说明他还是相当有能力的。

曹操是曹嵩的长子，母亲去世得很早，从小生活环境十分优越，但作为单亲家庭的孩子，头上又贴着宦官后人的标签，又让他与别的士人家的孩子有所不同。

单亲和有缺陷的经历容易让孩子在性格上出现两种倾向：一种是自卑、嫉妒心强；另一种是破罐子破摔，性格暴躁，有的甚至表现为残忍。这样的孩子在家一挨训就唯唯诺诺，而在外面遇到弱小者就把在家受到的教育方式使用到别人身上，表现为暴躁凶狠。

曹操的少年时代情况很不妙，加上他身体发育很慢，不长个子（容貌短小），相貌平庸，这些都注定他不是一个让大人省心的好孩子。

关于少年曹操如何顽劣有不少故事，总之是一个问题少年，生性敏感、自卑，同时胆大、机灵、不安分，总想引人注目。凡是这样的孩子，将来要么会成为一个败家子人见人烦，要么会成为一个有个性、卓尔不群的人，如果又恰逢乱世的话，这样的人更容易出人头地。

18岁前后曹操进入洛阳的太学学习，汉代太学是个出人才的地方，西汉末年这里培养出一个刘秀，东汉末年这里培养出一个曹操。

20岁时曹操从太学毕业，朝廷分配工作，他想走走后门当洛阳县令，但后门没走成，只当了洛阳县令属下的洛阳北部尉，相当于公安局局长。

当时政治黑暗得一塌糊涂，宦官掌握着大权，皇帝只听宦官的，曹操虽然有靠山，但干起来也很泄气，公安局局长这个职务不符合他的志向。

不过，曹操还是在这个不起眼的岗位上干了一件大事，他曾以违禁夜行的罪名棒杀了大宦官蹇硕的叔父，这件事在当年绝对制造出了轰动效应，让自己的知名度大增。

这是曹操的第一次政治冒险，尽管宦官得势，浊流附行，但社会舆论仍以清流为标榜，身负宦官后人的枷锁，曹操渴望打破它，公然向宦官发起挑战，制造轰动效应，在曹操看来没有比这更便捷的方式了。

但也有人认为曹操是要二，这种冒险行为并不可取，弄不好自己丢命不说，还会连累家人，事后他没有遭到报复，纯粹是一种侥幸。如果是这样，曹操就太不成熟了。

但其实不然，因为曹操在做这件事之前心里肯定进行过盘算，他有充足的把握。宦官表面强大凶残，但骨子里也有虚弱的一面，尤其当遇到民意的强力反弹时，宦官反而会退缩。当时有一股所谓的婞直之风，就是明知不是对手也要站出来与权贵单挑，因为他们知道背后有强大的舆论支持，尽管会面临受迫害的危险，但同时也会获得巨大的社会声望，知名度一夜蹿升。

宦官们在貌似强大的外表下其实都有一颗脆弱不堪的心。

对曹操来说，不怕要一回二，怕的是二得不够大，没有造成声势。如果打几板子放人，那就坏了，只有往死里打，才安全。

还真让曹操算准了，吃了大亏的蹇硕选择了沉默。

曹操以一个惊人举动向世人宣示了他与宦官势不两立的政治态度，赢得了党人的信任，在今后的政治活动中，没有人再怀疑他的立场问题，这笔政治财富让他享受了一生。

当了两年县北部尉，曹操改任顿丘县令。

从职务上说是升了一级，但是不是宦官背后做的手脚把他调离洛阳，之后再慢慢收拾他，不太好说。在顿丘县令的位子上曹操没有遇到宦官来找麻烦，但是不久汉灵帝废黜了他的宋皇后，曹操跟宋皇后有一点儿拐弯的亲戚关系，因此受牵连被免官，回到家乡豫州刺史部沛国谯县专心读书。

就在曹操对仕途感到一片茫然之际，突然接到朝廷的任命，让他担任议郎，相当于参事室参事。这个职务的品秩是六百石，与县令相同，但这个职务侍奉在皇帝身边，可以了解高层政治动态，并随时向皇帝提出建议，从影响力和重要性来说远远超过了一个县令。接到新任命的时候曹操肯定疑惑不解，没跑官、没活动，也没有到西园花钱去买，是谁给自己办的好事呢？这个谜团，直到后来曹操才知道了答案。

曹操在这个岗位上又干了5年，其间与同为议郎的大学者蔡邕结为忘年交。

这时已经到了汉灵帝光和年间，曹操眼看快30岁了。

30岁在仕途上年龄不算大，在机关里混能当个科长就不错了，在下面想当个乡长都难。曹操已经是朝廷里的"县处级"干部，有了近10年的从政履历，随时可以见到天子，是个风光又有前途的青年。

但曹操不这么看，他一直在给自己寻找人生的定位，他有更大的人生抱负，议郎是个闲职，适合学究来当，也适合老年人养老，却不适合自己。

曹操自己的职业生涯规划是什么？多年后他写过一篇文章，里面谈到了这个问题，他说自己年轻时不是一个避世清高的人，最怕别人把他看成凡愚之人，所以最想干的是当一名地方官员，干出一些政绩（欲为一郡守，好作政教）。

没想到的是，到了光和七年（184），议郎曹操突然接到了朝廷的任命，免去他的现职，改任他为骑都尉。在军职里都尉介于中郎将和司马之间，手下一般统辖有数千人，相当于现在的旅长。

骑都尉，就是骑兵旅旅长。

这时天下的局势已经很紧张了，各地农民不断起事，让朝廷捉襟见肘、顾头顾不了尾，为了应对，朝廷不断征调人马，又临时组建了不少新军，这支骑兵部队就是刚刚组建的。一个文职干部，一个小个子青年，没有任何从军经历，被任命为高级将领，让大家都感到有些吃惊。

其实，熟悉曹操的人并不吃惊，因为曹操除了想当一名郡太守，他还喜欢军事，并且有了点儿名声。曹操不好读死书，但好读杂书，尤其是法家、兵家的著作，他酷爱一本叫《孙子兵法》的书，而且学有所得。在曹操之前，《孙子兵法》这部书的影响力并不太大，很多人不知道这部兵书，曹操对《孙子兵法》极为推崇，亲自进行注解。想必曹操经常跟朋友讨论兵法，所以被上边知道了。

当然还有一个原因，是朝廷也实在找不到更合适的人。

这个理由看似荒谬，但确实存在。东汉帝国的教育体系虽然发达，培养的却都是文人，武将基本靠自学成才，或者文人弃文从武。由于教育结构的失衡，造成军事人才的匮乏，到了需要的时候，还真找不到合适的人。

而且打仗并不好玩，现在面对的又是来势凶猛的农民，冲锋陷阵，马革裹尸，长期生活在和平环境里的人还没做好流血牺牲的思想准备。带兵打仗看着威风，但危险系数极大，前途并不被看好，世家大族即使有符合条件的子弟，也大多不愿意出这个头。

无论是什么原因，前提都得曹操本人自愿。曹操是个不安分的人，又渴求建功立业，不怕冒险，喜欢军事，机会来了自然也会主动请缨。

二、一群农民的理想

时势造英雄，据说最早说这句话的是梁启超。

特定的历史条件下人的聪明才智可以极大地被激发出来，从而得以显露出来并相互作用，于是产生了英雄人物。梁启超的原意是说，天下之大、古今之久，随时随地都有产生英雄的机会，读一部二十四史，像李鸿章这样由时势造就出来的英雄可谓车载斗量，但能够反过来造就时势的英雄，阅千载而未见一个。

人生活在自然环境中，也生活在历史之中，自然界没有目的性但却有规律性。春去秋来、花开花落有规律可循，日月运行、生老病死也有规律可循，英雄人物作为历史中的个体是独一无二的，作为群体出现时就一定有内在的规律可循。从秦皇汉武到唐宗宋祖，从拿破仑到林肯，都是时势造就的英雄。

造就汉末三国众多英雄的，除了时势似乎与一个人有关，这个人名叫张角，东汉冀州刺史部巨鹿郡的一个农民。

他不是普通的农民，他有文化，还懂医术，他利用自身的这两项特长创建了一个叫太平道的庞大组织。

政治上黑暗，经济上困顿，朝廷里宦官专权，宦官的爪牙又遍布各州郡，他们为非作歹，欺压百姓，皇帝被宦官、外戚轮流操控，朝中即使有正直的清流官员，也被打压或禁锢，东汉帝国发展到现阶段，已经到了日薄西山的状态。

一部分人看到了眼前现实，心里开始有了想法，打起了推翻朝廷的主意，而一门神秘学问又为时局的动荡不安推波助澜。

这门学问叫谶纬学，是谶与纬的合称。谶是秦汉间的巫师、方士编造的预言吉凶的隐语，昭示未来吉凶祸福、治乱兴衰；纬是纬书，是与经书相对而言的，是汉代儒生假托古代圣人制造的依附于经籍的各种著作。简言之，谶纬学就是神秘预言学，区别于天桥上的算命先生，谶纬学家们算的一般都是天下之事。

相传秦时流行"亡秦者胡"的神秘预言，秦始皇误以为亡秦的是胡人，于是命蒙恬率30万大军北击匈奴，后来才知道搞错了，"亡秦者胡"指的是他的儿子胡亥。到了陈胜、吴广起事时提前在绸帕上写了"陈胜王"3个字塞进鱼肚子里，刘邦起事时斩白蛇，这些都是对谶纬学的利用。

本朝开国的光武帝刘秀也以符瑞图谶起兵，所以在成就帝业后推崇谶纬学，谶纬学由神秘走向神圣，每遇用人施政、各种重大决策时，天子常依谶纬来决定。所以，在本朝谶纬学并不是异端邪说，而是可以公开谈论和研究的一门学说。

近年来，一本叫《春秋演孔图》的谶纬书引起了大家的广泛议论，因为这部书里有一句话，大意是说前汉和后汉加在一起的寿命只有400年（*刘四百岁之际，褒汉王辅，皇王以期，有名不就*）。要是从汉高祖刘邦建立汉朝算起，到现在已经380多年，刘汉的江山再有不到20年的光景了。

这条神秘预言让一部分朝中的大臣感到焦虑，他们纷纷向灵帝上书要求改革政治，但没有引起重视。比这个神秘预言更让朝臣们揪心的，是现实社会呈现出风暴来临的种种迹象。

张角对谶纬学也有研究，他的眼光很敏锐，渴望改变现实。

但张角迟迟没有行动，因为他还在思考好用什么方式完成他的计划，直到有一天，有个人跑来找他，给他带来了一本书，张角看完，心中思考的问题全部找到了答案，于是大喜过望。

这个人名叫襄楷，给张角看的书名叫《太平清领书》，它的作者是襄楷的老师于吉，和襄楷一样都是一名方士。所谓方士就是精通方术之士，方术是用自然的变异现象和阴阳五行之说来推测、解释人和国家的吉凶祸福、气数命运的医卜星相、遁甲、堪舆和神仙之术等的总称。

于吉写的这部《太平清领书》篇幅很浩大，里面内容庞杂，以老庄之道、鬼神信仰以及阴阳五行、神仙家的方术为基础，创造了一套极为神秘复杂的神学体系。这部书里既有老子的宇宙观、《周易》的元气论，也谈长生不老的修道理论。

但这些都不是主要的，这本书真正想谈的只有一个，那就是政治。

在书中于吉试图陈述一套政治设想，也就是所谓太平盛世的建设纲领。它不仅描绘了太平盛世的模样，也阐述了要达到太平盛世必须做到君明、臣良、民顺。

早在顺帝时，于吉的另一个学生宫崇就把这部书献给了朝廷，顺帝让大臣们讨论，大家却认为这是妖妄之经，于是把它封存了。到了桓帝时，因为一直没有儿子，桓帝听人说于吉的学生襄楷很有法术，就下旨召他进宫，帮助他生个儿子。襄楷弄了一些所谓的灵丹妙药，桓帝吃后有了一定效果，很高兴，认为襄楷不简单，遇到治国理政的疑难问题也常向他请教。

襄楷为了完成于老师的心愿，旧事重提，再次把《太平清领书》推荐给朝廷，但桓帝对这个也丝毫没有兴趣。接连碰壁后于吉的弟子们对朝廷彻底失望，后来在党锢事件中襄楷因为替党人求情被治罪，出狱后政治热情依然不减，只是他把活动的重点转向了民间，成为一名无政府主义者和颠覆活动的专家。

襄楷来到冀州刺史部一带活动，认识了张角，二人志同道合，一见如故。

张角在襄楷的推荐下看完《太平清领书》，佩服得要命。

当时没有科举制，进入官员队伍靠察举，主要科目是孝廉和茂才，都是推荐制。政治黑暗，吏治更是被宦官、权臣们牢牢抓在手中，像张角这样的草根，被举荐为孝廉或茂才的可能性为零，上太学也是遥不可及的事，意味着他向上晋升的道路几乎全部被堵死，所以他和襄楷一样，把实现政治抱负的舞台放在了下面。

张角有两个弟弟，一个叫张梁，另一个叫张宝，张角领着他们，手持一根九节杖，经常活动在冀州刺史部一带，用符水、咒语等为人治病，深得穷人的拥戴。名气一大，就有人跑来愿意给他当学生，张角开始吸收徒众。

来的人越来越多，多到让张角都感到吃惊。不过他不害怕，因为他不仅有文化，还有胆识，受《太平清领书》中政治主张和治国方略的影响，张角创建了太平道，其纲领、目标、教义、称号、教区组织、口号、宗教仪式、活动内容、传教方式等都按照《太平清领书》来设计。

当时社会上有大量流民，也就是失去土地无家可归的人，这些人都是土地兼并的受害者，没有人关心，也看不到前途。太平道的出现至少给了他们以温暖和希望，所以不用动员，这些人都追着撵着来入道。

还有一些人虽不是流民，但看到这个组织挺厉害，于是也加入进来，就像一些有钱人愿意给青红帮老大当门生一个道理，遇事有人罩着。这些人里，有基层官吏，甚至还有宫里的宦官。

为了入道，有的人甚至变卖家财远道来投，以至于道路堵塞，在路上生病和死去的就有近万人（*未至病死者亦以万数*）。

张角自称大贤良师，是太平道的总首领。张梁、张宝自称大医，是太平道核心领导班子成员。张角派出8个弟子到四面八方宣传教义、发展徒众。

经过多年的发展，太平道势力已遍布东汉全部13个州中的8个州，徒众达数十万人。张角把这些徒众划分为36个教区（方），大的万余人，小的六七千人，每个教区都设一个渠帅作为首领。

这样的组织很特别，不同于陈胜、吴广起义，也不同于绿林、赤眉，他们在起事前就有了严密的组织和各层级领导成员，尤其是各方的渠帅，在地方上都很有影响力，张角兄弟失败后为什么各地又冒出来那么多起义武装，个个自称是他们的余部，其实相当一部分不是冒牌货，而是太平道当年播下的种子。

弄出了这么大的动静，朝廷没有觉察吗？

朝廷是有觉察的，最早关注这个事情的是灵帝的老师司徒杨赐，作为朝廷的三公，杨赐了解到下面的这些情况后深感问题严重，立即向灵帝上疏报告，还提出了解决办法。

杨赐的办法不是立即用武力清剿，而是请灵帝下诏向各州刺史、各郡太守提出严厉要求，让他们——清查太平道信徒的原籍，把他们遣送回家（*简别流民，各护归本郡*），从而削弱太平道的力量，之后再诛杀他们的首领，这样不必大动干戈，就能化解危局。

应该说，杨司徒的这一招是管用的，真要做了效果也会不错。

但不知为何，如此紧急和重要的报告到了灵帝那里竟然没了下文，后来证实这份报告灵帝居然没有看到，当他看到这份报告时已经是太平道起事以后了，灵帝还是在皇家档案室（兰台）看到的。

为什么会是这样？

可能是灵帝太贪玩，没时间看；也可能是宦官有意压着，没让灵帝看。分析起来，后一种可能性更大。太平道起事后朝廷进行过追查，宦官封谞和徐奉都是太平道的信徒，封谞不是一般的宦官，他是"十常侍"之一，有他们做卧底，杨赐的秘密报告很可能被压了起来。

如果当初灵帝及时看到了这份报告，又会怎样呢？

从各种迹象看也怎么样不了，太平道闹出的动静越来越大，灵帝不可能不会通过其他渠道得知这些消息，但灵帝本人不会把太平道当回事儿，甚至会觉得有个民间组织把流民组织起来，教人向善做好事，还挺好。

这不是妄加揣测，灵帝的这种心理可以从他意识形态变化的蛛丝马迹里找到答案。灵帝对经学一向不感冒，这时他已经开始崇信黄老之学，对老子的思想充满崇拜，灵帝可能认为，这个同样视老子为先师的教派，与他的思想还有些吻合呢。

太平道真要闹事，灵帝也不怕。

本朝自安帝以来，各处大小不等的农民起义频繁爆发，安帝在位19年农民起事4次，顺帝在位19年农民起事13次，冲帝、质帝在位时间都很短，也有4次，桓帝在位21年农民起事14次。从安帝到桓帝，60来年光景，农民起事多达35次。

这些农民起事来势都很迅猛，轰轰烈烈，动辄数万人甚至数十万人参加，但朝廷一旦出兵剿灭，就会很快沉寂下去，灵帝早已习以为常，他不怕有人闹事。

杨赐呈交报告后因故离职了，他手下有个司徒掾名叫刘陶没忘这件事，他找了个机会向灵帝询问此事，灵帝像是没听见，莫名其妙地岔开话题，让刘陶给自己编一本容易阅读的《春秋》（诏陶次第春秋条例）。

当刘处长埋头在皇家图书馆里完成天子交付的新工作时，张角等人的步伐却没有停止，前来投奔太平道的人数呈几何倍数增长。

张角清楚地意识到，事情已经干大了，想收手都不可能，要么太平道消灭刘汉政权，要么太平道被刘汉政权消灭掉。

张角召集几个大弟子和弟弟张宝、张梁商议，大家决定发动武装暴动，目标是推翻现有政权，建立太平盛世。以冀州刺史部与司隶校尉部结合的邺县地区作为暴动核心区，由张角全面负责，前线总指挥为大方首领马元义。

陈胜、吴广在大泽乡起义，开始跟着他们干的不到1000人；刘邦在芒砀山斩蛇起义，当时只有2000人；西汉末年绿林军起义，努力了几个月，队伍还不到1万人。

而张角筹划中的这场起义阔气得多，准备了十几年，手里仅现成的就有数十万人，建立了严密的内部组织，北方主要州郡都有他们的分支和眼线，百姓发动工作更不用说。

按理说这场起义的成功是手拿把攥的事，不成功都没地方说理去。

但是越是有把握的事越会求稳妥，好像越输不起，面对日益壮大的队伍和越来越有利的形势，张角反而更加谨慎。光和六年（183）太平道就确定了武装暴动的事，但定下来的暴动时间却大有问题。

这个时间是次年的3月5日。

其实这个日子不是随便选的，有特殊含义，它是甲子年的甲子日。

即将到来的光和七年（184）是甲子年，在60年一轮回的历法周期中甲子年是新一轮周期的开始，让人联想到新天命的降临。3月5日又是甲子日，太平道确定的武装暴动时间是难得一遇的"双甲子"。在太平道看来，这不仅是一次轮回，还是有史以来的第一次轮回，是新时代的开始，是不容拒绝的诱惑！

由于筹备时间相当充分，太平道做了很多历史上其他起义者做不了的工作，他们建立了起义总指挥部，制定并发布了起义口号，这个口号是：

"苍天已经死了，黄天要替代它；时间就在甲子年，届时天下将焕然一新（苍天已死，黄天当立；岁在甲子，天下大吉）。"

这只有十几个字的口号相当有水平，不仅有气势、简洁好记，还运用了天干地支轮回和五行轮回两大学说作为依据，煽动性和说服力都极强，太平道给每个人发了一个黄色头巾。后来这支起义队伍便被称为黄巾军，这场起义被称为黄巾大起义。

太平道还把起义口号编成歌谣，通过百姓传唱的方式到处传播。

这一招很管用，不久后京城洛阳的儿童们都会唱这首歌谣了。太平道还嫌不过瘾，派人秘密潜入洛阳，在朝廷各办事机构的大门上用白土写上"甲子"2个字（以白土书京城寺门及州郡官府，皆作"甲子"字）。

如此大张旗鼓地闹革命，生怕别人不知道，这恐怕是史上最高调的起义了。历史经验表明，但凡临时起意的事，总能歪打正着；但凡千琢磨万考虑的事，总得出点儿岔子。

对太平道来说，万事俱备，只差叛徒。

叛徒，在这种时候一般也是不会缺席的。

这个人的名字只要学过中学历史的人都应该知道，叫唐周，是张角的弟子之一，在起义军内部应该算中高级将领。

光和七年（184）刚过了年，朝廷突然接到唐周的密报，太平道的整个起义计划暴露了。灵帝被吓醒了，这些人敢情不只是传传道、治治病，是来要他的命的，从唐周的密报中看出，他们的起义计划相当具体详尽，刀快架到脖子上了。

灵帝马上紧急下诏，对已潜入洛阳的起义军前敌总指挥马元义等太平道骨干分子实施抓捕，由于有唐周的情报，马元义等人很快被抓到，灵帝下诏将其处以车裂之刑（收马元义，车裂于洛阳）。

灵帝同时下诏各州郡，要他们抓捕各地的太平道徒众。由于时间紧急，来不及一一下诏，灵帝采取了下达通令（周章）的方式，还派钩盾令周斌总负责，清查在宫省直卫、朝廷各办事机构以及百姓中的太平道信徒，很快查出来1000多人，全部予以诛杀。

由于处置及时，洛阳总算没乱起来，把这场即将烧毁洛阳的大火浇灭在了未燃之时。对朝廷来说，立了大功的唐周应该给予嘉奖，封个万户侯都不过分，但唐周却从此销声匿迹了，史书对他再没有半个字的记载。

唐周如果聪明，什么官、什么爵都别要了，人间富贵基本上和他已经无缘。要想活着，只能找个没人的地方躲起来，来个人间蒸发。

几十万太平道的兄弟现在已经急红了眼，都在找他报仇。

太平道瞬间面临灭顶之灾，好在他们目前的实力确实已经足够大，没有被一口吞掉，大贤良师张角决定提前起事。

光和七年（184）2月，太平道举行了祭天仪式，并在仪式上杀活人以盟誓（杀人以祠天），张角自称天公将军，张宝称地公将军，张梁称人公将军，他们在冀州刺史部正式起义。民间称起义军为黄巾军，但在官府文书里一律称他们为"蛾贼"。

尽管起事有些急，但一开始仍很顺手，所过郡县朝廷任命的官员望风而逃，仅用10来天时间，就闹得全天下震动（旬日之间，天下响应）。

那些黄巾军一时还没有到达的郡县，老百姓也等不及了，纷纷杀了本地官吏响应黄巾军，安平王刘续、甘陵王刘忠还被本封国的农民生擒，归降了黄巾军。

安平国在今河北省，甘陵国在今山东省，都是太平道最活跃的地区。东汉的王国相当于郡，不设太守，由国相掌行政权，国王都是刘汉宗室，世袭。黄巾军把刘续和刘忠关在大本营广宗，没杀他们，因为知道他们身份尊贵，可以换钱。

经过讨价还价，朝廷花了巨资才把刘续和刘忠赎回。

三、屠户后生当大帅

黄巾军眼看打到洛阳了，灵帝慌了，吃喝玩乐、琴棋书画他都擅长，打仗他却不行，也没想过。

宦官也慌了神，别看他们权势很大，钩心斗角有一套，但他们这些人整天生活在深宫里，眼前就是那一亩三分地，头上只有巴掌大的一片天，缺乏见识，更没有真才实学，又天生胆小怕死，黄巾军一闹，他们被吓住了。三公九卿多是宦官的党羽，在激烈的官场斗争中能跻身上位，靠的不是能力，而是阿谀奉承、溜须拍马，关键时刻大多也拿不出手。

灵帝召开御前会议，研究如何对付黄巾军。

参加这次会议的想必有很多人，灵帝的老师杨赐此时已改任太尉，司徒是陈耽，司空是张济，作为三公他们应该都在场，其他还应该有袁隗、刘焉等朝廷的大官们甚至赵忠、张让等宦官，至于曹操，由于品秩还比较低，参加这次会议的可能性不大。

开会的人很多，但除了会议主持人灵帝外，史书只记下了一个与会者的名字，他叫皇甫嵩。

皇甫嵩字义真，凉州刺史部安定郡人，名将皇甫规的侄子。皇甫规是"凉州三明"之一，一员宿将，在叔父的影响下皇甫嵩少年时既好诗书，也好弓马，是一个文武全才，目前担任北地郡太守，该郡属北部边境地区，郡太守除了管理政务还要配合正规军作战，有一定的军事经验。

皇甫嵩是来洛阳公干的，因为长期在边防作战，又是名将之后，所以被灵帝点名列席会议。会上，其他参会者都说不出所以然来，基本上都听皇甫嵩一个人阐述了。皇甫嵩根据他的经验，提出了一个系统化的应对方案，要点有好几条：

一是下诏各州郡组织地方武装，因地制宜，修筑防御工事，制造军器（修理攻守，简练器械），做好打大仗、打久战的准备；

二是加强洛阳周边的防御，确保首都万无一失，具体做法是利用洛阳特有的山川地利条件，在四周8个方向各构筑一个战略据点，形成八关，每关设一个都尉，负责军事，无论如何不能放黄巾军的一兵一卒进入八关之内；

三是组建讨伐兵团，对能抽调出来的朝廷中央军进行整合，南军远水解不了近渴，就从北军以及天子的御林军中抽调，同时临时组建其他队伍，用它们讨伐黄巾军发展势头最迅猛的冀州刺史部、豫州刺史部颍川郡等重点地区，其他地方先自行与黄巾军周旋；

四是为保证讨伐行动的顺利进行，鉴于朝廷财政已经面临破产的严峻形势，请灵帝把西园的钱拿出来，还有西园里的厩马，用来充实军力；

五是调动所有力量对付"蛾贼"，除了出钱组建队伍，还要广泛征召各种人才，现在有大批人才仍被禁锢着，没有政治权力，不能出来为朝廷效力，应当立即推行政治改革，解除禁锢，重新任用党人。

对于这些条件，有些是灵帝不情愿的，比如从西园里拿钱，那是他的小金库，他看得比命还重；再比如党锢，那是他亲自定的，现在要解除，等于打自己的脸。

但是没有别的办法，现在也只能如此了。

光和七年（184）3月，讨伐黄巾军的兵团组建完成，灵帝让毫无带兵经验的何进来挂帅。

何进字遂高，荆州刺史部南阳郡人，出身屠户家庭。何进也是杨赐的学生，当年杨老师在华光殿给灵帝上课，一同听讲的还有他，算是灵帝的陪读。他还有一个身份，是灵帝的何皇后同父异母的哥哥，这是他当初能进入华光殿听课的原因。

自从妹妹进宫得宠，原来不名一文的何进也开始了自己的仕途，先在禁卫军中担任了武官，后来下派到豫州刺史部颍川郡当太守。不久前因为妹妹被册立为皇后，何进改任河南尹。

河南尹的品秩只有二千石，大将军的地位比三公还高，品秩超过万石，屠户家出身的这个小子一步迈过了好几个台阶，迈进了帝国的核心权力层。

何进上任后，把指挥部设立在洛阳城内的都亭。

汉末三国出现了一大批都亭侯，亭侯以上的爵位一般都有对应食邑，按照这个原则都亭应该是一个具体的地方，是属于乡下面的行政建制。但是，都亭如果在洛阳，类似于洛阳的一个街道办事处或者居民委员会，那么它不可能是众多都亭侯的共有食邑。

其实，都亭也大量出现在洛阳以外的其他很多地方，看来都亭应该是城市里普遍都有的一个地方，亭的本意是驿舍，都亭或者是类似于政府开办的宾馆、招待所之类的地方。按这样的理解，何进的司令部应该临时设在朝廷开办的洛阳宾馆。讨伐兵团由3支人马组成，总兵力约5万人。灵帝下诏，任卢植为北中郎将，皇甫嵩为左中郎将，朱儁为右中郎将，由他们分别掌管这3支人马。

当时黄巾军的主力有两个方向，一个是张角的家乡冀州刺史部，另一个是何进刚刚卸了职的豫州刺史部颍川郡，卢植一路负责讨伐冀州刺史部的张角，皇甫嵩、朱儁两路人马负责讨伐豫州刺史部的黄巾军，重点是颍川郡。

读史书，最头疼的是地名和官名，古今差异太大。

官职名称中军职更麻烦，更为繁乱而缺少头绪，比如上面提到的大将军、中郎将，还有以后会大量涉及的各类将军、司马、校尉等，不弄清他们的含义从而建立起一个相对直观的认识，读史的乐趣至少减少了一半。

有没有什么好方法呢？有，虽然不一定精确，但很实用。

现代军队编组的方法，由上到下通常是军、师、旅、团、营、连、排、班，这些常识会下军棋的小孩都懂。东汉军制里没有这些名目，但有类似的叫法，从上到下依次是军、营、部、曲、屯、队、什、伍。

东汉军制中最下面的伍，就是5人组成的战斗小组，是最基层的战斗单位，主官为伍长。

二五为一什，主官为什长。

二什为一队，主官为队率。

二队为一屯，主官为屯长。

五屯为一曲，主官为军侯。

二曲为一部，主官为司马。

司马是东汉军中重要的军职之一，许多名将军旅生涯起始阶段都担任过该职。算下来，一曲的人数是 500 人，一部的人数为 1000 人，与现在一个团的编制相近。所以，部的指挥官司马手下有 1000 人，可以看作团长，佐军司马相当于副团长，别部司马相当于独立团团长。司马往上，五部为一营，是 5000 人，主官为都尉或校尉，相当于旅长。二营为一军，人数为 1 万人，主官一般是各类将军，相当于军长，裨将、偏将相当于副军长。比如水淹七军，就比较好理解了，就是一共淹了 7 个军，7 万多人。

最常见的还有一个中郎将，具体统属不详，从史书记载的情况看都尉、校尉任中郎将算升迁，中郎将任偏将、裨将也算升迁，所以它应介于都尉、校尉和偏将、裨将之间，可以看作师长。

中郎将的属官里有一个军司马，和司马不是一回事，是军事长官的主要助手，相当于文职里的长史，即秘书长，军以下的单位通常不设参军，军司马或者干脆理解为参谋长。

这些还好说，因为相对比较固定，东汉军制里最复杂的是各种将军，名号多而泛滥。现在的部队都是以番号相区别，如第一军第 10 师、第 105 师第 2 团等。过去没有，打起来比较乱，为了区分就给它们起个名号，比如荡寇军、伏波军，其军长相应地就叫荡寇将军、伏波将军，这些被称为杂号将军。军以上现在称兵团、军区，东汉则由四方、四征、四镇等将军统率。

四方将军指前将军、后将军、左将军、右将军。

四征将军指征西将军、征东将军、征南将军、征北将军。

四镇将军指镇西将军、镇东将军、镇南将军、镇北将军。

以上这 12 位将军相当于东、西、南、北各军区司令，这些军区司令不常设，也不全设，设不设、设多少根据需要来定。在地位上四方将军高于四征将军，四征将军高于四镇将军。同一个军区，设哪一种司令要看任职者的资历，不够四方将军的，先任命个四征、四镇将军。也有一种情况，同一个军区四方、四征、四镇将军中设了两位以上，那么地位最高的相当于司令，其他的受他节制，相当于第一副司令、第二副司令。这些军区司令再往上，依次是卫将军、车骑将军、骠骑将军、大将军，到大将军，就到顶了。

皇帝是天子，主宰一切，但名义上他不兼武装部队的统帅，全国武装部队总司令是大将军，卫将军、车骑将军、骠骑将军相当于副总司令。大将军地位崇高，在三公之上，骠骑将军地位与三公相当，车骑将军、卫将军的地位略低于三公，在朝廷的九卿之上。

这些高级军职也都不常设，不全设。如果不设大将军，骠骑将军相当于全国武装部队的代理总司令。如果大将军、骠骑将军都不设，车骑将军就相当于全国武装部队的代理总司令，依次类推。

之所以费劲梳理这些，是因为不弄清楚真不行。

经过以上梳理，现在对灵帝组建的这个讨伐兵团就有了更直观的认识。讨伐兵团司令由大将军何进兼任，指挥部设在洛阳城内的都亭，兵团的主力是：

北中郎将卢植，进兵冀州刺史部；

左中郎将皇甫嵩，进兵豫州刺史部颍川郡；

右中郎将朱儁，进兵豫州刺史部。

四、群雄集体登场

这是一次紧急的国家动员，党锢解除，党人们参政、参军都不受限制了，有不少人都跑出来参加了讨伐兵团。

除了大将军何进和 3 个中郎将，除了骑兵都尉曹操，还有一些大家熟知的人纷纷登场了，其中包括孙坚、刘备、公孙瓒、陶谦、王允以及关羽、张飞等。

他们的出身和经历各不相同，但是在相同的际遇下参加了这场战斗，从而开始了人生中的第一次重要转折。这是汉末三国风云人物的第一次集中亮相，汉末三国这幕大戏，其实是由他们这些人拉开的。

30 岁的曹操弃文从武后被编入左中郎将皇甫嵩的队伍里，他率领的骑兵旅还在组建中，皇甫嵩命他抓紧完成组建工作，颍川郡方向形势很吃紧，皇甫师长等不及先率军出发了，交代曹操尽快率部赶来。

朱儁带着人马去了豫州刺史部，面对强大的敌人，朱儁深感人手不够用，想方设法扩大队伍规模。朱师长想到一个人，给他写了封信。这个人在千里之外的一个县里当副县长（县丞），接到朱师长的信，二话不说，辞别妻儿，立刻就来了。

这个人就是孙坚，另一个牛人，时年 29 岁。

朱中郎将跟孙坚其实并不熟，也没有在一块共过事，他给孙坚写信，是因为孙坚官当得不大却早已名声在外。被朱中郎将征召后，孙坚被任命为佐军司马。

刘备这一年 24 岁，是卢中郎将的学生兼老乡，但他当时还是一个无业游民，像他这样的人也是黄巾军重点发展的对象，不过刘备听说卢老师率兵回乡来了，毅然带着新结识的关羽、张飞来投奔，卢植收留了他们，把他们编在一个叫邹靖的旅长（校尉）手下。

公孙瓒具体年龄不详，他也是卢植的学生，跟刘备是同学，二人同学期间关系很好，刘备把他当兄长看待（**瓒年长，先主以兄事之**），应该比刘备大几岁。

公孙瓒出身比较好，岳父当过郡太守，来投奔卢老师前已经参加了工作，是辽东属国的秘书长（**辽东属国长史**）。辽东属国相当于一个郡，属幽州刺史部，卢植任命公孙瓒为军司马。

军司马不是团长一级的司马，军司马是将军府里的秘书长，对应的文职称长史，品秩一千石，也比司马高。卢植只是中郎将而没达到将军的级别，这个军司马可以理解为参谋长。

从起点上看，公孙瓒比老同学刘备高了很多。

在参加讨伐兵团的这些人里陶谦的年龄最大，52 岁了，不过他却不是现在参的军，他之前长期在西部战场同羌人作战，是皇甫嵩的叔父皇甫规的老部下，后来转到地方，担任了幽州刺史。黄巾军起事后在徐州刺史部势力很大，朝廷改任陶谦为徐州刺史，配合讨伐兵团讨伐。

豫州刺史部的黄巾军闹得更厉害，朝廷派往豫州担任刺史的是王允，他比陶谦小 5 岁，相对于曹操、刘备他们，也是位老资格了，之前是朝廷的一名监察干部（**侍御史**）。

众所周知，上面这些人后来都成事了。没有黄巾军，他们或官或民，混得也有好的，也有不如意的，但要跻身上层社会，进而在历史上留下自己的名字，可能性不大。

有了黄巾军，一切都改变了。

豫州刺史部的黄巾军虽然不是由张角亲自指挥，但战斗力相当强，他们有一个特别能打的头领，名叫波才。

由于是农民起义人员，所以史书对波才没有太多记载，推测起来他应该是张角安排在各地的负责人之一，属于一方的渠帅。波才很有军事头脑，面对朝廷的两路大军，他丝毫没有畏惧，更没有撤走的意思，在颍川郡就地展开了反击战。

先开打的是朱儁所部，一上手竟然被波才杀得大败（俊前与贼波才战，战败），幸亏皇甫嵩及时接应，朱儁所部才没有被歼灭。皇甫嵩看到战场形势是敌人太多，朝廷的人马有限，他觉得不能硬拼。

颍川郡在洛阳的东南方向，范围包括今河南省许昌市、平顶山市等地，最近的地方距离洛阳只有几十里远，越过郡内西北部的嵩山就是洛阳八关之一的辕辕关，如果突破此关，洛阳就无险可守了。

灵帝已经下过死命令，无论如何不能放黄巾军进入洛阳八关。所以，朝廷把两路大军都派到了这个方向，对皇甫嵩和朱儁来说，这一仗根本输不起。

皇甫嵩想找个地方把人马集中起来，跟波才打消耗战。曹操率领的骑兵已在路上，大将军何进在洛阳还在不断地征调人马，随着时间的推移，战场形势会逐渐向朝廷有利的方向发展。

皇甫嵩决定把人马退往长社，在那里坚守待援。

长社是颍川郡的一个县，在今河南省长葛县以东。春秋时，这里是郑国的长葛邑，相传其社庙里的树木疯长，故取名长社。

朝廷军队的企图波才也看出来了，所以马上集中人马向长社围了过来。黄巾军至少好几万人，而城里的守军只有几千人。

说起来朝廷军队远不止这么一点儿，皇甫嵩和朱儁带过来的人马占讨伐兵团的一大半，总兵力有4万多人（合四万余人），长社城里似乎不会只有几千人。

但是城里的人马确实那么多，因为人再多也进不来。

作为一个普通的县级城池，长社的规模很小。北京西南郊有个宛平城，过去就是一个县城，去过的人很容易理解古时代的县城其实装不了那么多的人，通常这样的城池只有4个门，站在其中任何一个门楼上都能看到其他各个门楼，平时城墙之内的常住人口至多也就几千人。

长社城下，波才指挥大批黄巾军来展开了猛攻，长社危急。皇甫嵩和朱儁都是经验丰富的将领，一方面指挥守城，另一方面思考如何摆脱困境。皇甫嵩看到城外黄巾军的营寨附近都长满树木和草，心里顿时有了主意。

这时大约是农历五月，中原地区已经很热了，黄巾军依托树木和草地筑营，大概是因为那里凉快，住得相对舒服一些吧。波才可能属于自学成才的军事首领，并不精通兵法，不了解"好高而恶下，贵阳而贱阴"的道理，所以把自己的人马驻扎在了有树有草的低洼地带。

皇甫嵩把大家召集起来说："用兵有正、有奇，主要看兵法的变化，而不在人多人少（兵有奇变，不在众寡）。现在敌人依草结营，正适合用火攻。如果趁夜纵火，敌人必大乱，我们同时四门出击，必然建立田单之功！"

田单是战国时齐国大臣，400年前率兵抵抗燕军，在劣势情况下布下火牛阵，一通大火大败燕军，收复70余城。

当天夜里，起了大风（其夕遂大风）。

这真是上天帮忙，火攻计划更有把握了！

皇甫嵩命令军士扎好火把登上城墙（束苣乘城），派一些作战勇猛的士兵冲出城去，一边纵火，一边大喊大叫，城上的人都举着火把呼应。黄巾军白天不停地在攻城，晚上都累了，本想好好睡一觉明天接着干活，突然被惊醒，睁眼一看，到处是火。

树也着了，草也烧了，火借风势，很快把黄巾军的营寨吞噬。

还突然冲出来大批朝廷的人马，全都大呼大喊，令人恐惧。

黄巾军大乱，损失惨重。

恰在这时，一支骑兵杀来，迎着黄巾军痛击，黄巾军彻底丧失了战斗力。这支骑兵正是曹操率领的，他们日夜兼程赶赴前线，来得正是时候。皇甫嵩、朱儁、曹操指挥人马继续扩大战果，波才弃军而走，黄巾军被斩杀的多达数万人（斩首数万级）。

这个数字如果取自朝廷的档案，那显然有些夸张了，一战斩首数万人，在当时绝对是一场大会战的规模，波才手下有数万人，但说他们全部被斩首了，那不符合战场的规律。

但至少数千人或上万人吧，对朝廷来说，那也相当不简单了，作为双方交手的首次大战，取得这样的大捷，又在洛阳附近，意义自不用多说。

黄巾军打不过朝廷的军队，不是他们不勇敢，也不是士气不够，而是在打仗这种事情上，他们的经验很不足。

他们人数虽然多，但绝大多数人不久前还在耕着地、种着田，扔下锄头换刀枪是这一两个月的事，再加上各部之间还不熟悉，配合上也容易出问题，这些都严重削弱了他们的战斗力。

皇甫嵩又指挥朱儁、曹操以及南阳郡太守秦颉等展开对黄巾军余部的追击，在南阳郡宛县斩杀了黄巾军首领张曼成，又在阳翟大败波才，在西华大败黄巾军首领彭脱。

黄巾军首领张曼成起兵后自称"神上使"，手下也有数万人，他们杀了南阳郡太守褚贡，占领南阳郡的郡治宛县长达100多天。朝廷军队攻打宛县城，这一仗打得很激烈，担任主攻的是朱儁所部，在朱儁手下担任佐军司马的孙坚很勇猛，冲在最前面，并第一个登上城头（登城先入，众乃蚁附）。

冷兵器时代攻城战是最难打的战斗，靠的是不怕死的精神和前仆后继的实力，敢于迎着敌人的箭雨、礌石等往上冲的都是汉子，而第一个攀上城头又没有被打死，那不仅是好汉，更是好运气。

对这种勇猛之士有个专门的词给予褒奖，叫先登。许多出身下层的将领都是靠一次次先登而引人注目的。

在西华之战中，还是孙坚表现得最突出。这一仗，孙坚率部深入敌后，一不小心被打了埋伏，失利。孙坚受伤坠马，但他头脑还很清醒，卧在草中不动，所以没被敌人发现。

但孙坚的伤挺重，动不了，眼看就没命了，是他的坐骑救了他。

看到主人不行了，这匹马疾驰回营，它不会说话，只是焦急地用蹄子乱刨，又不停嘶鸣（踏地呼鸣），终于引起孙坚战友们的注意。

大家随这匹马回来，在草丛中找到了孙坚。

孙坚很顽强，受了重伤，只在营中休养了 10 多天，没等伤好利索就又带兵出战了。由于作战勇敢，屡立战功，孙坚由副团长（佐军司马）升任独立团团长（别部司马）。

从长社到宛县，再到阳翟、西华，皇甫嵩、朱儁取得了四连胜。

颍川郡一带的黄巾军基本被消灭，整个豫州刺史部的黄巾军也再掀不起高潮，洛阳的警报暂时解除。消息传来，灵帝悬着的心总算放下来了，激动之余，灵帝下诏封皇甫嵩为都乡侯。

朱儁在首战中打了败仗，皇甫嵩在上报功劳时特意将后面取得的功劳多分一些给朱儁（嵩乃上言其状，而以功归儁），灵帝下诏封朱儁为西乡侯，并由右中郎将改任镇贼中郎将。

汉末国力渐衰，军力不振，但还是出了一批名将，"凉州三明"不用说，像皇甫嵩、张温、卢植这些人，不仅能打，而且学问好、个人修养更好，做人做事都可圈可点。

同样是中郎将，换了个名目而已，不过这意味着朱儁有了新的任务。

果然，颍川一带的黄巾军被击破后，朝廷根据形势的变化，把豫州刺史部境内的朝廷军队一分为二，一路由皇甫嵩率领，包括曹操的骑兵部队在内，开赴黄河下游的兖州刺史部东郡，那里的黄巾军在首领卜巳率领下渐成气候。

朱儁所部仍留在洛阳以南的地区，重点进攻荆州刺史部南阳郡的黄巾军余部。东郡在洛阳的东面，是南下北上的重要战略通道，黄巾军如果在这里坐大，影响力和对帝国的威胁一点儿不亚于颍川郡。

皇甫嵩率曹操等部赶到东郡，他们面前的这个卜巳，是张角手下 36 方首领（渠帅）之一。皇甫嵩、曹操很快把这股黄巾军打败，生擒卜巳，前后斩首 7000 余级。

兖州刺史部境内的黄巾军也基本平定了。

在北部战场，卢植在冀州刺史部指挥人马围剿张角，几场仗打下来，黄巾军被斩杀上万人。张角渐渐不支，退到了广宗，此地在今河北省威县一带，属邢台市，这里是黄巾军的大本营。

1800 多年过去了，这里仍然流传着太平道乐、黄巾鼓等与黄巾军有关的民间文艺形式，被列为非物质文化遗产，可见当年黄巾军在这一带的影响有多大。

这时，各地的黄巾军纷纷受挫，广宗是黄巾军为数不多的据点之一，为了更有把握地打好这一仗，卢植命令不急于攻城，而是在广宗城外修堡垒，挖壕堑，造云梯，做好攻城的准备。眼看广宗即日可下，却发生了意外，卢植被撤职，并险些丧命。起因是朝廷派来的一个宦官，名义上是战场视察团团长（监军），其实就是专门来刁难和搞破坏的。

这个宦官名叫左丰，打仗是外行，弄权、搞钱却很老练。战场形势一好，灵帝和宦官们的老毛病又犯了，认为对党人或跟党人走得比较近的那些人，还得防着点儿。左丰来冀州刺史部战线，就是对卢植不放心。不过，左丰的职务只是小黄门，还不是"十常侍"那样的大宦官，党不党人他倒不关心，在他看来此行是个美差，因为可以好好捞一笔。

前线将领给宦官行贿基本上已成军中的潜规则，左丰想，卢植你别说不懂。但卢植毫无动静，他并不是不懂，而且也有人好心提醒过他（或劝植以赂送丰），但卢植不肯。

打仗需要经费，经费预算都掌握在宦官和他们在朝中的心腹们手里，捏着经济命门，这比真刀真枪还厉害，不管你是一代名将还是浴血杀敌的战士，提起宦官没有不心存忌惮的。

"凉州三明"之一的段颎，在战场上杀人如草芥，在与羌人作战中总共打了180多场仗，斩首3万多级，俘获牛马羊骡驴骆驼等42万多头，但前后靠是的44亿钱军费的支撑（凡百八十战，斩三万八千六百余级，获牛马羊骡驴骆驼四十二万七千五百余头，费用四十四亿）。如果没有军费，他一场仗都打不下去，如果经费不充足，想取胜也很难。

正是由于有着切身的感受，段颎在宦官面前总是低三下四，活像一条哈巴狗，战场上下反差如此之大，都是因为权力。

但卢植不是段颎，他本质上是个学者，在政治上有着洁癖，他打心底里瞧不上这些宦官。卢植大概认为，到现在这种时候，灵帝不应该也不会再偏信这些宦官，所以没把左丰当回事儿。

但是，卢植大错特错了。

五、人头堆成一座山

卢植继续做攻城准备，左丰空手而归。

左丰咽不下这口气，向灵帝汇报情况时说了卢植的坏话：

"广宗城里的贼兵很容易被消灭，但卢植只修营垒，不让出兵，说什么不用打贼兵自会被老天爷消灭（以待天诛）。"

灵帝大怒，我这边急死了，你整天睡大觉？他本来就不喜欢卢植这样的人，当即下诏将卢植革职审查，派一辆囚车到冀州前线，把卢植押解回洛阳（帝怒，遂槛车征植）。

囚车到达，卢植也傻了，只有长叹无语。

卢植离开前线，最失落的恐怕要数公孙瓒和刘备了，卢老师出事，他们也帮不上忙，老师这一走生死难料，今后他们将何去何从，心里也感到茫然。押回洛阳就落入了宦官之手，卢植一向瞧不上宦官，宦官早就想收拾他了，这一次他真的凶多吉少。如果宦官们来点儿阴的，说卢植与黄巾军串通一气，不攻城是想伺机谋反，那卢植就没命了。

幸好，接替卢植的人水平不怎么样，并没有像左丰说的那样三两下拿下广宗，这才救了卢植一条命。

接替卢植的这个人名叫董卓，众所周知的坏蛋。

汉末三国，论牛人第一名还排不上他，但要论猛人、恶人，无人出其右。通常，说起牛人是指有勇有谋，有雄才也有大略；说起猛人，是指有勇无谋，有雄才无大略，而恶人当然是人品极差，节操随便就能碎一地的人。

董卓就是那种人品极差的猛人，是被史书骂得最狠的一个人。

史书骂他罪恶滔天，冒犯了天、地、人这三个常道（干逆三才），还骂他凶狠残忍，暴虐而不讲仁义，自打有文字记载以来，还从来没有出过这样的大坏蛋（狼戾贼忍，暴虐不仁，自书契以来，殆未之有也）。客观地说，这些话不像史学家的用语，况且，也不符合辩证法。

其实，董卓至少是个本事的人，他也为朝廷做过贡献，至少到现在为止，他干的坏事没有好事多。

董卓之前长期在凉州与羌人作战，在"凉州三明"的手下他都干过，而且得到了这几位领导的一致好评，官也升得挺快。卢植被免职时董卓正担任河东郡太守，灵帝大概看中董卓很能打，就改任他为讨伐兵团的东中郎将，让他接替卢植指挥冀州刺史部境内的讨伐行动。

董卓前去上任，按说他比卢植生猛，对付区区黄巾军应该不在话下，但是，一上手却打了败仗。不是董卓不用心，也不是黄巾军突然变厉害了，说起来是两种不同战法造成的。

董卓长期在凉州与胡人、羌人作战，擅长骑兵和野战，属于速度型和力量型选手，把这种战法拉到河网密布的冀州大平原上，难免找不着感觉。河网、湖泊、山林，这些都能成为黄巾军与朝廷军队腾挪、缠斗的有利条件，你想一口吞掉我，我就用游击战对付你。

董卓多次试图主动出击寻找张角的主力决战，但张角不跟他硬碰硬，总扑空。灵帝急了，因为左丰告诉他的是，只要一顿饭工夫朝廷军队就能拿下广宗。卢植怯战，换董卓上去，难道还怯战不成?

当时有关部门正对卢植进行审查，董卓的表现救了他一命，因为这印证了当初他稳扎稳打的战略是正确的。

于是，卢植只受到了免官的处罚。

董卓有点儿发毛，他怕自己成为卢植第二。董卓干脆向灵帝上书，直接表明自己实在无能，有辱圣眷，请求治罪，并向灵帝推荐皇甫嵩代替自己。在凉州，董卓也曾是皇甫规的部下，皇甫嵩算是老首长的侄子。

董卓被撤职，不过他很快又会复出。

冀州刺史部前线走马换将，皇甫嵩上任。

应该说，只要皇甫嵩继续实行卢植所采取的正确策略，对付张角还是有把握的，大不了打几场硬仗，黄巾军想翻盘已无可能。

而在这时，张角意外地死了。张角是因病去世的，他是黄巾军的主帅，是天公将军，也是黄巾军的精神领袖，是太平道的大贤良师，他的意外去世，让黄巾军一下子失去了主心骨。

皇甫嵩想趁势一举拿下广宗，结束战斗，但这场战斗并没有他想象的那么容易。

黄巾军在张角的弟弟张梁、张宝率领下继续战斗，张梁也很精勇，广宗城无法攻克。皇甫嵩下令关闭营门，让将士休整，待城里的黄巾军有所懈怠时，趁夜出兵，在鸡鸣时分到达黄巾军阵前，战斗到下午，将黄巾军击破（鸡鸣驰赴其陈，战至晡时，大破之）。

张梁战死，黄巾军共牺牲了3万多人，还有大约5万人投河而死，焚烧辎重车辆3万多辆。

这是黄巾军损失最大的一战，投河而死的大批人员应该大多是随军行动的老年人、妇女和孩子，黄巾军习惯流动作战，走到哪里家眷就跟到哪里，一旦战败，男女老少都跟着遭殃。皇甫嵩下令将张角剖棺戮尸，把张角、张梁的首级传送洛阳。

张宝率黄巾军余部退保曲阳，皇甫嵩和钜鹿郡太守郭典等攻击曲阳，城破，斩杀张宝。两场战役下来，朝廷军队共获黄巾军将士首级10多万级。

在另一边，留在南阳郡的朱儁就没有皇甫嵩这么好的运气。

张曼成死后，南阳郡一带的黄巾军经过短暂的沉寂又重新兴起，他们推举赵弘为首领，聚集的人越来越多，达到10多万人，并重新占据了宛县。南阳郡属荆州刺史部，朱儁和荆州刺史徐璆、南阳郡太守秦颉等人合兵，攻打宛县。

只从兵力数字上说，朝廷的军队并不占优势，黄巾军有10多万人，而朝廷的军队只有18000人，按说黄巾军是以众击寡，他们的人数虽多，但真正能打的人不多，10多万人的数字可能连家属等非战斗人员都算上了，面对朝廷军队的围攻，他们采取了固守。二攻宛县，朝廷的军队遇挫，从这一年6月到8月，一直都没攻下来。这让朝中的宦官们找到了借口，想趁机把朱儁也来个撤职查办（有司奏欲征儁）。朱儁没有重蹈卢植的命运，因为有人替他说了话。

名将张温此时担任司空，他上疏灵帝：

"过去秦国任用白起，燕国任用乐毅，都是经过一年甚至几年才打败敌人（皆旷年历载，乃能克敌）。朱儁之前讨伐颍川郡的贼人立了功，现在引师南向，战略已确定，临军易将是兵家所忌，应该再等等，督促他尽快建功。"

"凉州三明"之后就数张温在军中的影响力最大，张温说话了，灵帝很给面子，没有马上追究朱儁。

朱儁加紧攻城，虽然没把宛县攻破，却在交战中斩杀了赵弘。黄巾军又推举韩忠为首领，仍以宛县为据点对付朱儁，朱儁手下兵力不足，只得在宛县城外修筑营垒，起土山，居高临下，对城里实施猛攻。

等火候差不多了，朱儁命鸣鼓，佯攻西南，看到城里的黄巾军都往那里调动，朱儁亲率5000精兵，突然从东北方向发起猛攻，一举入城。

宛县城里还有内城，称小城，韩忠退守到那里，之后主动请降。

徐璆、秦颉以及朱儁的手下都主张接受韩忠的投降，朱儁不同意：

"用兵有形同而势不同的，从前秦项之际，老百姓没有定主，所以赏赐来归附的人，用来鼓励那些尚未来归的人。现在海内一统，只有黄巾作乱，接受投降不能劝善，讨伐才可惩办为恶的人。现在受降会助长作乱的思想，那样一来贼有利就进战，不利就乞降，这样就会放纵敌人助长寇乱（钝则乞降，纵敌长寇），不是好主意。"

朱儁这番话很有道理，在如何对待归降的问题上，朱儁很讲原则，认为不能轻易接受投降，不能让乞降成为起义者的一种斗争手段。这番话有个人应该好好听一听，明朝最后一位皇帝崇祯。这位仁兄命比较苦，大家公认他比汉灵帝刘宏聪明勤奋也贤惠多了，但他的命运更差，结局更悲惨。崇祯在位时也是遍地农民起义军，他派了无数大军去征剿，却越剿越多。

李自成、张献忠等起义军常常被打得跑路，也常陷入绝境，但他们发现一个好办法，就是打不下去的时候就投降，朝廷似乎也乐于招抚，一投降就给钱给官给武器。

等日子好过些再趁机起事，又打不下去的时候，也没关系，那再次投降。朱儁看出了招抚不是解决问题的好办法，他上面的那番话记录在史书中，崇祯真应该找出来好好读一读。

现在，朱儁下令继续急攻。

可是，黄巾军很顽强，连战不克。

朱儁登高瞭望，看出了门道，对手下人说：

"我知道了，贼人外围坚固，但内部其实很着急，求降不得，想也想不出好办法，所以他们作殊死战。万人一心，尚且不可挡，何况是10万人呢？强攻不行，不如把包围撤除，韩忠看见了一定会自己出来。只要他出来，敌人的斗志也就散了（出则意散），也就容易进攻了。"

朱儁下令解除对小城的包围，韩忠果然出战，朱儁指挥人马出击，将黄巾军打败。黄巾军向北方向逃去，朱儁率军追击，一口气追了几十里，斩杀黄巾军1万多人。

韩忠最后还是投降了，南阳郡太守秦颉一向痛恨韩忠，没有请示朱儁，自作主张把韩忠杀了。韩忠一死，黄巾军余部感到恐惧不安，他们又推举孙夏为首领，继续在宛县一带打游击。朱儁只得率部再攻孙夏，孙夏败走鄂精山，被打败，又斩杀1万多人。

南阳郡一带的黄巾军这才被打散，无法恢复元气（贼遂解散）。

身在洛阳的灵帝几乎天天都能收到前方传来的捷报，他挺高兴，虽然花了他西园小金库里不少钱，但这个钱花得不冤枉。除了收获捷报，各地还源源不断地有一样东西送来，这种东西量很大，但极恐怖。

这就是"蛾贼"们的首级。

南北两个主要战场，前后斩杀黄巾军将士十几万，皇甫嵩、朱儁命人把这10多万个首级先后呈送到了洛阳。这些脑袋有的面目全非，有的瞋目怒对，有的披头散发，负责押送的人，胆小的显然不行。

这倒不是皇甫嵩、朱儁变态，这么做是因为请功的要求。

秦代以来实行军功制，杀了多少个敌人记多大的功，多少颗脑袋可以换什么样的爵位，这些都有明文规定。

秦代设军功爵位20级，要想一步步往上走，你就得拼命杀敌，不用走后门，不必看上司的脸色，随时呈报，随时兑现。秦军能打遍天下，靠的正是这种严格的军功制。

报功凭的不是纸上的数字，而是实实在在的敌人的首级。所以，将士打完仗，马脖子上经常挂着从敌人身上割下来的脑袋。后来嫌麻烦，有以耳朵代替的，只是2只耳朵才能算1个人，遇到只有1只耳朵的敌人只能算倒霉。

10多万个黄巾军将士的首级先后送到洛阳，堆成了一座小山。

灵帝下诏把它们集中在洛阳城南，上面覆上土，真的成为一座假山，取名叫"京观"（筑京观于城南）。

六、走上了新岗位

为表彰皇甫嵩建立的巨大功勋，灵帝下诏提升他为左车骑将军，相当于全国武装部队副总司令，论军职仅次于大将军何进。

由一名中郎将一跃成为军界的"二把手"，中间至少跨越了六七级，一向抠门的灵帝这一回算是没小气。这是因为皇甫嵩的战绩实在太突出了，战颍川、战东郡、战冀州，所向披靡，哪里有困难哪里上，一出马就建功，挽狂澜于既倒，扶大厦于将倾，为帝国立下赫赫战功。

之前朝廷已封皇甫嵩为侯爵，那是一个乡侯，才过了几个月，灵帝又改封皇甫嵩为槐里侯，这是一个县侯，是侯爵中的最高一级。

东汉的列侯共分3级，最下一级是亭侯，之上是乡侯，再往上是县侯，这里的亭、乡、县不是虚指，都对应着具体的地名，得爵位者可以以该地作为自己的食邑，也就是享有该地税收。槐里县在关中地区，属右扶风郡，今陕西省兴平市附近，皇甫嵩被封为槐里侯，意味着全县的税收不再上缴朝廷，而是归皇甫嵩所有。

根据诏书，皇甫嵩享有的食邑甚至不仅是槐里县，还包括相邻的美阳县，今陕西省武功县以北，两县食邑人数相加为8000户。古人常说万户侯，认为是人臣荣耀的顶点，皇甫嵩已经完成了百分之八十。

灵帝还同时下诏任命皇甫嵩为冀州牧，负责冀州刺史的治理。

这条记载表面看起来有些问题，因为那时州里面只有刺史，没有州牧，刺史改州牧还是四五年后的事。刺史的品秩只有六百石，州牧的品秩是二千石，虽然都能管着郡太守，但他们的具体职责有很大不同，刺史只是监察官，相当于朝廷下派的巡视组组长，而州牧是正式的一级行政官，可以直接管理各项政务。

但是，如果任命皇甫嵩的是冀州刺史，就更讲不通了。左车骑将军的具体品秩不详，但不会低于卫将军，也就是说论品秩皇甫嵩现在仅次于三公，高于九卿，更远高于郡太守，让他担任品秩与县令相同的州刺史，不大可能。

所以，史书的记载是正确的，刺史改州牧虽然是后来的事，但州牧毕竟是前朝就有的官职，作为特例，临时任命皇甫嵩担任此职也是合情合理的。

经过一番动荡后，冀州刺史部百废待兴，黄巾军余部还有零星活动，需要一个强有力的领导，皇甫嵩以左车骑将军的身份兼任冀州牧，考虑的正是冀州刺史部的稳定和发展，这大概也正是几年后刺史改牧的由头。

皇甫嵩能体恤士卒，每次行军安营，必须看到将士们的营帐立好以后他才休息，关心士兵的伙食，经常亲自品尝普通士兵的饭菜（军士皆食，尔乃尝饭）。

皇甫嵩是一员猛将，战场上对敌人不乏霹雳手段，但对部下他却很心软。有人因贪污受贿被查出来，皇甫嵩一律从轻发落，又给他钱物进行安置，让这些人很羞愧，有人因惭愧而自杀。担任冀州牧后，皇甫嵩把精力都用在了冀州地方的恢复和建设上，他奏请灵帝，请求免除冀州刺史部一年的田租，用来救济饥民，灵帝诏准。

冀州百姓感念皇甫嵩的恩德，作歌谣道：

"天下大乱啊城市变成了废墟，母亲不能保儿子啊妻子失去了丈夫，幸亏有了皇甫将军啊让我们再安居（天下大乱兮市为墟，母不保子兮妻失夫，赖得皇甫兮复安居）。"

皇甫嵩的个人威望达到顶点，又手握重兵，一时威震天下。

数月后南阳郡的大捷传来，朱儁也得到了提拔，被任命为右车骑将军，但是没有封侯，也没有兼任州牧。

当初讨伐兵团的3位师长（中郎将）里，只有卢植混得惨，虽然没被治罪，却被一撸到底，成了一个闲人。皇甫嵩没有忘记战友，他上书灵帝，以卢植继任者的身份赞扬他的军事谋略，说自己之所以成功，都是沿用了卢植当初制订的作战方案（盛称植行师方略，嵩皆资用规谋）。在皇甫嵩的不懈努力下，卢植总算重新复出，被任命为议郎，相当于朝廷参事室参事。

曹操、公孙瓒、陶谦、孙坚、刘备等人，也都论功行赏，职务上得到了升迁，讨伐行动结束后纷纷走上了新的工作岗位。其中曹操被任命为济南国相，相当于郡太守；公孙瓒仍然在幽州带兵，先是骑都尉，后来升为中郎将；陶谦由幽州刺史改任议郎；孙坚仍在军队任职，暂时担任高级参谋一类的职务；刘备上面没人，虽有军功，却只得了个安喜县尉。

不得不说，朝廷军队在扑灭黄巾军的行动中显示出一定的战斗力，这与灵帝解除对党人的禁锢不无关系。

在这种情况下，对宦官的不满情绪在一部分人心里得到重燃，他们幻想经历了这一番变故，灵帝应该看清宦官的真面目，从而痛下决心推行政治革新。这种想法当然是天真的，因为他们并不知道现在能左右帝国走向的并不是灵帝的一句话，在各种权力之间，灵帝也得不断保持平衡，现在还无法打破宦官专权的局面。但有人已经等不及了，直接向宦官发起了挑战。

朱儁手下有个军官上书灵帝，痛陈朝政得失：

"臣听说，天下的灾祸不是来自外部，而是由内部产生。所以，虞舜先除四凶，然后任用16名贤人辅佐自己，说明恶人不除，真正的人才无法掌握权力（恶人不去，则善人无由进也）。

"现在，张角起于赵、魏，黄巾军作乱六州，灾难源自眼前，祸患波及四海，臣等受命伐罪，从颍川郡开始，战无不克。臣认为，黄巾军虽然强大，并不是真正需要担心的。

"臣之所恐惧的，是治理洪水却没有治理源头，结果越治理越泛滥、越严重（治水不自其源，末流弥增其广）。陛下仁德宽容，对很多事情下不了狠心，所以阉竖弄权，忠臣不进。张角被枭首，黄巾驯服，我更感到忧虑，为什么呢？

"这是因为，邪恶的人和正直的人不能同时在朝中存在，就像冷冰和火炭不可能同时盛在一个容器里。邪恶的人会发现，正直的人将要成功之时就是自己的地位岌岌可危之际，势必花言巧语从中挑拨。

"曾参很孝顺，但不断有人打他的小报告，就连他母亲对他都起了疑心；大街上没有虎，有3个人一口咬定有虎，大家就会相信真的有。陛下如果不能分辨真伪，忠臣义士恐怕还将死于杜邮！陛下应该效仿虞舜杀四凶，迅速铲平奸佞，那么人才将自进，凶恶将自息！"

可以说，这是一份极有见地、振聋发聩的上书。

黄巾起义虽然被扑灭了，但是这场起义为什么会发生？要不要总结点儿什么？要不要有所革新？上书的这个军官是一名护军司马，也就是个团级军官，但他显然很有头脑，看问题很深刻，他回答了上述的问题，认为黄巾起义完全是由宦官们造成的，黄巾起义平息后当务之急是除恶扬善，而且刻不容缓。

名将白起为秦昭王征战六国，在伊阙关大破魏韩联军，率兵攻陷楚国国都，长平之战更重创赵国主力，一生经历大小70余战没有败绩，堪称战神。

白起的巨大功勋也引起一些人的不快，深受秦昭王信任的国相范雎对白起很有意见。秦昭王发兵攻打赵国的邯郸，正赶上白起有病，不能走动。秦军失利，秦王又增发重兵支援，结果受到更大损失。无奈之下，秦王想让白起为将，白起经过分析后认为当时不宜出兵，秦昭王不听，另派他人统兵。

秦军又受挫，南面的楚国趁机派兵攻秦，秦军伤亡惨重。秦昭王强令白起出兵，白起这时仍病重，不能立即启程。3个月后，秦军从邯郸战败的消息传来，秦昭王迁怒于白起，命他即刻动身。白起只得带病上路，刚出发，行至杜邮，即今陕西省咸阳市的东北，范雎进谗，秦昭王派使者将白起赐死。

这份上书想说的是，像白起这样的将才随时都有，但奸佞之人也无时不在，有奸恶的人在，忠良的人就不会有好下场。忠良的人取得了功绩，奸恶的人就会惴惴不安，因为这将威胁到他们的地位，他们一定会反击。

可以说，后来的事正被他言中了。这个军官职位虽然不高，但出身显赫，在汉末的历史舞台上也不得不说。他的名字叫傅燮，凉州刺史部北地郡人，前太尉刘宽的学生，两次被举为孝廉，是不可多得的人才。灵帝看到了这份重要的上书，但不幸的是，宦官们随后也看到了。

中常侍赵忠看完傅燮的上书恨得牙痛，想方设法诬害傅燮（**忠谮诉之**），灵帝看过傅燮的上书也留下了深刻印象，他想起傅燮的话，这次没有治傅燮的罪，但傅燮因功本应授爵，最终没了下文。

好在这次上书给灵帝留下了很深刻的印象，他觉得傅燮是个人才，不久任命他为议郎。

还有一个人，也得罪了宦官，却没有这么好的运气。

这个人是王允，作为豫州刺史，王允积极配合朝廷军队对黄巾军的讨伐，一次破敌后打扫战场，王允意外得到一封信。这封信是张让的一名手下写的，内容是如何与黄巾军相联通，王允看后，十分生气，直接呈报给了朝廷。灵帝看后大怒，当时就把张让叫来，一顿训斥。

张让吓坏了，赶紧叩头请罪。

骂也骂了，气也出了，结果竟然不了了之（**竟亦不能罪也**）。

灵帝就是这样一个混蛋领导，别人一片忠心，字字句句都是忠言，你爱听就听，不爱听最少也替人保个密吧。灵帝这么做，等于把王允给卖了。张让自然对王允恨得牙痛，非出这口气不可，而且一个时辰都不能等！

张让指使人找个理由控告王允，王允下狱。

但还没等审问，遇到灵帝下诏大赦天下，王允不仅出狱，还重任刺史，这下把张让气坏了。一般来说，遇到朝廷大赦，前面的账就一笔勾销了，但张让不管，还没等10天，又以其他罪名把王允逮捕（旬日间，复以它罪被捕）。落到宦官手里，不死也得剥层皮，杨赐不想让王允受辱，派人到狱中对王允说：

"你得罪张让，一月之内两次被捕，凶多吉少，请仔细思量（凶愿难量，幸为深计）！"

话说得有些隐晦，意思是要想不受辱，只有自裁。还有人把毒药都给王允准备好了，流着泪送进去（流涕奉药而进之）。这个案子连杨老师都没办法了，看来只剩一死，换成一般人，这时候也就绝望了，一仰脖，"咕嘟"一声药下肚，来个英勇就义。

可王允不是一般人，对劝他的人厉声道：

"我是人臣，获罪于君，要死也应该以公开形式当街斩首（当伏大辟以谢天下），怎能自己求死？"

王允最后没死，大将军何进亲自出面救他。何进与杨赐、袁隗联名上疏求情，灵帝总算给面子，张让也无法再固请，王允最终按照低死罪一等被判刑，好歹保住了一条命。

王允被释放，他很感激何进，后来到何进手下效力。

七、皇帝更任性了

黄巾起义被扑灭了，灵帝又恢复到过去那个灵帝，任性、好玩又自私贪财。黄巾起义的这一年间，灵帝从自己的小金库里拨出巨款充作军费，这让他心疼不已，总想找机会把损失补回来，偏偏这时又遇上了一件烧钱的事。

黄巾起义平息的第二年，即中平二年（185），2月里的一天，南宫的云台突然发生了火灾，这场火很大，当场根本无法扑灭，只能任由它烧，以至于竟然烧了半个月（*南宫大灾，火半月乃灭*）。火由云台烧起，又漫延到灵台殿、乐成殿，烧毁了北阙度道和嘉德殿、和驩殿，南宫的中门乐成门也被烧毁。

天下大乱，怪事也不断发生。日食、地震不说，就是这戒备森严的皇宫里，也频繁发生了灾异事件，设在宫里的侍中寺有一只下蛋的母鸡打起了鸣，变性为公鸡，有人看到天子卧室所在地温德殿前出现了一道黑气，有10丈长，像一条龙，还有人看到一道青色霓虹降到南宫玉堂附近。

而这场大火烧得也很神秘，没有人知道它是怎么烧起来的，是从天而降还是有人放的，这些都查无可查。别的地方发生火灾可以视而不见，可皇宫是灵帝居住、办公的地方，看着四处被烧得面目全非，很多地方还在不停地冒着黑烟，灵帝烦透了。

有关部门把重修宫殿的预算报上来，灵帝一看更烦心。这又是一笔巨款，国家财政几近崩溃，公卿百官的薪俸都成问题了，根本拿不出这笔钱，如果要修，还得从自己的小金库里出。

宦官张让、赵忠很理解灵帝的心思，他们给灵帝想出了解决的办法，不必动用西园小金库，一样能把事儿办成，他们建议把全国的田赋每亩增加10钱（*敛天下田，晦十钱*），作为专项税收，收上来的钱专款专用，作为重修宫室的资金。东汉时1钱可以买1斤多米，10钱的购买力相当于现在人民币30元左右，似乎也不太多。

但这是按现在的亩产算的，那时农业技术很落后，亩产很低，只有3石左右，合现在的180斤，除去种子，实收没有多少，不足现在平均水平的五分之一。

所以，那时种田主要以量取胜，一家一户种上百亩甚至几百亩都是常事，每亩加收10钱，对一个家庭来说，那就是一笔沉重的负担了。

诏令下达，果然招来一片反对之声。

不少地方官员愤而上疏，竭力陈述不能用这种办法去盘剥百姓。

在这些上疏中，乐安郡太守陆康的言辞最激烈：

"过去鲁宣公向农民征收田赋，因为发生蝗灾就停了，鲁哀公打算增加田税，孔子认为是一种过失，怎么能剥夺人民的财产而去铸造那些毫无用处的铜像？又怎能抛弃圣人的经典，而效法亡国的措施？"

乐安郡属青州刺史部，今山东省淄博市、东营市一带。陆康的祖籍是扬州刺史部吴郡，和孙坚是老乡。陆康有个哥哥叫陆纡，陆纡有个孙子叫陆逊。

陆逊，就是后来江东的那个牛人。

宦官们看到有人公然挑战自己，恼怒异常，就选陆康作为靶子，想来个杀一儆百。宦官们说陆康上疏援引了亡国之语做例证来影射当今圣主，心怀险恶，犯了大不敬罪。灵帝虽不在乎陆康有没有大不敬，但他在乎西园小金库还要不要往外出钱，所以对陆康等人的上疏很反感，所以批准了宦官们的建议，派槛车前往乐安郡，把陆康押来交付廷尉审讯。

陆康眼看凶多吉少，幸亏朝中有人竭力相救，在灵帝面前替陆康百般解释，陆康才保住一命，但官不能当了，被解职回家。陆康上疏中说的铜像，是灵帝下诏铸造的佛像。一向新潮的灵帝本来是道家的忠实粉丝，对老子深怀敬意，如今又突然对佛教产生了强烈兴趣。

佛教在汉代传入中国，一般认为首次传入是在汉明帝时，中国第一座佛教寺院洛阳白马寺就诞生于这个时期。不过，由于儒学的长期根植，到汉末时佛教还属于相对新鲜的事物，像笮融那样的忠实信徒还比较少。

"十常侍"之一的毕岚本身也算是个发明家，他发明了历史上第一部洒水车（翻车渴乌），用来在洛阳南郊到北郊之间的道路上洒水。还发明了人工喷泉（天禄虾蟆），立于平门外桥以东。

这些东西过于超前，只能算灵帝的玩具，没什么实用价值。

灵帝命毕岚铸造4座铜佛像，竖立在仓龙门、玄武门外，又铸造4口大钟，每口重达2000斛，悬挂在南宫里的云台和玉殿堂前。

灵帝搞这些玩意儿，除了兴趣爱好外还有炫富的意思，因为铜不是普通物资，把它化成铜水浇在另外的模具上它就变成了钱，巨量的铜意味着一笔笔巨款，灵帝通过增加赋税的手段把它们从百姓的手里收上来，又通过铸造铜像、铜钟加以储存，比放在他的西园小金库里还保险。

不过，这些东西都给别人办了好事，仅仅几年后，这些东西就不存在了。

就这样，每亩加收的10钱税被强制推行了下去，百姓又被扒了一层皮。为了重修南宫，灵帝还下诏征调各州郡的木材、石料，不管路途远近，都让他们运到洛阳。

钱虽然由朝廷出，但负责验收的是宦官，这也是一项权力。权力总能换成钱，宦官借着验收建材的权力又进行了敛财。各州郡辛辛苦苦送来的东西，宦官一句话，说不合格你就算白送了，运回去？哪有那么容易？要知道这些东西运费比它本身的价钱贵得多。

很快就有人出面找到这些地方上负责押运材料的官员，说不用再往回运，可以就地卖掉，不过得打折。就这样上下齐手，逼着州郡以打折价与宦官结算，有的居然打到了1折（因强折贱买，仅得本贾十分之一）。

摊派给各州郡的任务仍然不少，时间来不及，东西不能按数目送上来，宦官们就又多了笔生意，把之前廉价收购来的东西再以原价卖给各州郡（因复货之）。

各州郡花了高价买回自己送来的东西，再呈送，但宦官仍然刁难，一遍遍重演（宦官复不为即受）。

在历史上，官场中有黑的、有贪的、有无耻的，但如此公然、如此无耻又如此高调，恐怕只有汉末才有。大批上等木材就在这一来一回、一回一来中被积压、腐烂，结果也延误了工期，宫室一连几年都没修完。宦官们当然不希望修完，那样他们就少了个发财的路子。

各州刺史、郡太守大多数也不是什么好鸟，在上面亏了就得到下面补回来，而且还要加倍，百姓简直没有活路了（复增私调，百姓呼嗟）。

灵帝不怕有人造反，张角怎么样？不是照样灭了？

灵帝下诏，派西园卫士分赴各地负责督办采购事项，谁不按时纳税运送材料就抓谁，这些人到了下面，受贿索贿、吃拿卡要不算，还动不动威胁要抓人，给州郡造成了恐怖（恐动州郡）。

当时边章、韩遂之乱还没有退去，关中地区正受到严重威胁，帝国仍处于风雨飘摇之中，灵帝还有心思为自己的享受而不顾百姓死活，有个人实在看不下去了，愤而上疏，言辞恳切。

这个人是杨赐的老部下、时任谏议大夫的刘陶，他在上疏中写道：

"天下前有张角之乱，后有边章之乱，现在西羌叛军已攻到河东，如果不能遏止，随时会进犯京师。百姓都想着撤退逃亡，缺少拼死相斗的决心。敌兵逼近，张温的大军孤悬（西寇浸前，车骑孤危），如果失利，大局就无法收拾了。

"臣深感谏言次数很多了，已经令陛下厌烦，但我还是想不顾自己的得失进言，这是因为国家平安，臣下才能得到好处，国家败亡，臣下自会先行毁灭。"

在这份上疏中刘陶紧急呈请8件要事，具体内容不详，大概意思估计是说天下大乱都是由宦官所引起，所以必须立即诛杀宦官吧。

宦官们立即展开反击，他们说：

"张角事发，陛下恩威并施，叛乱分子都已改过自新，现在四方安定，但刘陶却看不到圣政，专门揭发阴暗面（疾害圣政，专言妖孽）。刘陶说的这些事，州郡都没有报上来，刘陶是怎么知道的？由此可以断定，刘陶跟那些贼寇相私通！"

套路还是对付向栩、张钧的那一个，你说我贪污腐败，我就说你是黄巾军的余党，先把你按叛逆罪办了。刘陶因此被下黄门北寺狱，宦官们对他日夜拷打，加强审讯（掠按日急），刘陶彻底心灰意懒了：

"我最恨的是不能和伊尹、姜尚为同僚，而与微子、箕子、比干落得忠臣被冤杀的命运，现在上杀忠臣，下有憔悴之民，看来这个朝代也无法长久了，到时候后悔莫及！"

刘陶在狱中绝食而死。

刘陶不仅丢了命，还牵扯进了其他人，一些被宦官早就视为眼中钉的官员被指为刘陶的同党，其中包括前司徒陈耽，由于他为人忠正，宦官们早已记恨，受刘陶案的牵连，曾经位居三公的陈耽也被下狱而死。

从杨赐到刘陶、陈耽，朝廷里硕果仅存的几位忠良纷纷离去，灵帝现在很少再能听到逆耳的忠言了，宦官们一切都围着他转，让他很开心。

一场黄巾风暴几乎改变了整个世界，可就是没有改变灵帝的任性。

他反而更加任性了。

八、史侯和董侯

宫里一场大火已经让灵帝烦透了，身边又有了新的烦心事。

这件事与他的皇后和两个儿子有关。灵帝的第一任皇后姓宋，被废后死了。现在的皇后姓何，大将军何进的妹妹，说起来是个很不一般的女子。

何氏兄妹出身在南阳郡的一个屠户家庭（**家本屠者**），杀猪属个体经营，吃饭靠手艺，挣钱凭本事，说不上光明磊落但至少劳动光荣，但这是现在的看法。

在那个时代，商人和个体经营者的地位十分低下，在人们普遍的轻视和国家"重家抑商"的政策下，他们总体上没有地位。比如秦代，商人可以积累大量财富，法律却禁止他们穿戴丝绸衣物、乘坐华丽的车驾，所以商人虽然富贵却一点儿都不风光（**虽富无所芳华**）。到汉代，商人依然不能做官，不能以自己的名义购买田地，而且需要向政府申报财产，缴纳财产税，如果申报不实被人揭发，全部财产就要被没收，还要被罚戍边1年。

手工业者的地位还不如商人，被视为"贱民"，与商人一样是限制民事行为能力的人，不具有完整的国民资格。这样的家庭出身，别说当贵人、当皇后，就是被选进宫，都算是奇迹。

每年8月朝廷都会派出采选小组赴有关地区采选宫女，采选小组由宦官、地方官员和相面的术士组成，候选者的年龄介于13岁到20岁，标准是姿色美好、相貌端正、家庭出身好。

何氏家庭出身不好，但她有自己的长处，长得漂亮。

何氏个子高挑，身高7尺1寸，约合现在的1.67米。这样的个头打排球勉强、打篮球有些矮，但当模特是够了，古人的平均身高普遍低于现在，可能与营养状况有关吧。何氏要往曹操那样的小个子身边一站，更显眼。

靠这些当然不够，为了顺利入宫，还得有其他手段。后宫寂寞而冷酷，有些人并不愿让自己的孩子进宫受罪，他们不惜贿赂负责采选的人让自家的孩子落选；而另一些人却一心想进宫，幻想从此改变命运，为自己和家族搏出另一种人生。

屠户出身的何氏属于后一种。那一年她的运气特别好，负责采选的宦官名叫郭胜，也是南阳郡人，是老乡。何家人拿出钱来打点了郭胜，让他帮忙说话（**后家以金帛赂遗主者以求入也**）。

何氏最后顺利入宫，一开始并不是贵人，可能是地位较低的采女之类，她的命运再次出现转机，是在她给灵帝生下一个儿子后。后宫佳丽如云，灵帝却一直没有子嗣，想到前任汉桓帝刘志就是因为没有儿子才不得不把皇位传给了自己，灵帝常为此发愁。

何氏不仅长得漂亮，而且生育能力也远超其他姐妹，她生的儿子是灵帝的长子，取名刘辩，何氏一跃成为贵人。后宫里不缺大家闺秀、名门千金，缺的是会说话、能来事、跟任何人都能打成一片的市井女子，这又是何贵人的另一项特长。

通过观察，何贵人发现要保住地位，姿色靠不住，儿子也未必管用，能保她圣宠在握、家族永固的只有宦官。为了获得宦官们的力挺，何贵人果断地把亲妹妹嫁给了宦官首领张让的儿子。宦官没有后人，这个儿子是张让的养子。何贵人通过联姻让自己变成了张让的晚辈，找到了靠山。

出身微贱、会来事、长得漂亮，又是自己人，在张让等宦官眼里没有谁比何贵人更适合当皇后了。

有张让帮忙说话，何贵人成了新皇后。

何皇后登上大位，自恃地位稳固无人再能撼动，人也就变了。

过去，见谁都挺客气，谁有困难争着帮，很会来事、很低调；现在，仰着头走路，拿鼻孔出气，动不动发脾气。屠户出身的何皇后本来就不是吃斋念佛长大的，从社会的底层爬到人生的巅峰，让她很快意，让她更明白只有不断斗争才能保住眼前的一切。为获得灵帝的专宠，何皇后对其他妃嫔一律忌妒，谁敢向灵帝主动献媚，让她知道了准没好果子吃，姐妹们提起她都感到胆战心惊（性强忌，后宫莫不震慑）。

灵帝原来也是喜欢何皇后的，但灵帝的爱情观向来一塌糊涂，喜欢不等于爱，爱不等于只爱一个，灵帝喜欢和爱的人还有很多。

何皇后长得再漂亮也敌不过一样东西，那就是时间。距离可以产生美，时间却可以把美冲淡。灵帝对何皇后自然而然地产生了审美疲劳，他渴望新面孔。

王美人，灵帝的新宠。

王美人的祖籍是冀州刺史部赵国，祖父王苞曾在禁卫军中担任高级指挥官（五官中郎将），和何皇后不同的是，她是标准的"良家子"。王美人长得也很漂亮，而且特别聪明、懂事理，擅长书法、计算（能书会计），当初负责采选的术士看到她，觉得她面相也很富贵，因此入选。几乎在何皇后被册立为皇后的同时，灵帝对王美人的喜欢程度已经后来居上了。

更要命的是，王美人怀孕了。

这是何皇后最担心的事，为了保证地位永固，她知道儿子刘辩将来必须继承大统，而要使这件事万无一失，最简单的办法就是让灵帝再没有别的儿子。

在宦官们的帮助下，何皇后玩起了桓帝时梁皇后玩过的那一招，专门盯着后宫全体女人的肚子，有疑似怀上皇子的，一般都会神秘流产，好不容易生下来的，也会不明不白地夭折（灵帝数失子）。

作为何皇后的第一号潜在对手，王美人也一直过着提心吊胆的日子，怀上孩子后，王美人更陷入深深的恐惧中，她甚至找来堕胎药，想把这个孩子打掉，但不知药性不足还是肚子里的孩子生命力太顽强，这个孩子仍然来到了人间。

王美人快生下这个孩子的那几天，总梦见自己背着太阳艰难地向前走（负日而行）。通常，这意味着真命天子的降生，就在何皇后被册封的次年，灵帝的第二个儿子出生了。

灵帝大喜，给这个孩子起名叫刘协。

但是，刘协的生母王美人却在几天后神秘地死了，据说死前一直是好好的，喝了一碗小米粥很快就断了气。灵帝大怒，下令彻查。调查的结果，这碗小米粥与何皇后有关，这其实也在灵帝的意料之中。

震怒之下，灵帝决定再一次废后。

张让等人一下子慌了。

好不容易找了个屠户出身的人当皇后，又好不容易结成了儿女亲家和政治同盟，已经站到了一条船上，说废就废，前面的努力岂不白费了？

为保住何皇后，张让发动了一大帮子宦官到灵帝那里求情，这些人都是灵帝平时信任和离不开的人，大家在灵帝面前黑压压跪了一片，有哭的有闹的，阻止灵帝的废后行动。

灵帝不为所动，仍然要废了何皇后。

搁在一般人，遇到这种事也就傻了，废与不废全在灵帝一句话，蔫人出豹子，这个人别看平时嘻嘻哈哈，但要任性起来也油盐不进，说翻脸就翻脸，说杀人就杀人。

但这难不倒宦官，他们太熟悉这个人了，知道要让他让步，必须找到并抓住他的弱点。人性的弱点说起来也很简单，最大的弱点无外乎恐惧。如果能抓住一个人致命的把柄，或者掌握他最在意的东西，那就能让他合作，这就是利用了人的恐惧。但现在灵帝只有愤怒没有恐惧，靠吓唬是不行的。

好在人性还有第二个弱点，诱惑。

喜欢什么你就上什么，想要什么你就给什么，用利益进行交换，只要找得准，不怕事不成。用人性的这两个基本弱点去对付对手，就叫威逼利诱。作为和灵帝玩得最近的一帮人，他们当然知道用什么能诱惑这位天子，他们在叩头求饶的同时，表示将集资数千万钱为何皇后赎罪。

灵帝果然不再追究这件事，何皇后的位子保住了。

王美人死后灵帝对她仍然很思念，灵帝是一名文艺青年，他的诗文写得都很好，他留给后世的文学代表作有《追德赋》《令仪颂》，都是怀念王美人的。

王美人的死让灵帝对何皇后有了新看法，直接的后果就是对立太子一事从此绝口不谈，为防止刘协发生意外，灵帝想秘密地把他送到一个安全的地方抚养。

灵帝想了半天，觉得放在哪里都不安全，最后干脆交给了自己的母亲董太后抚养。之前，为防早夭长子刘辩被送到一个史姓的道人那里抚养，称为"史侯"，次子刘协便被称为"董侯"。

九、一个秘密团体

一转眼时间到了中平三年（186）春天。

2月，朝廷宣布了一项重要人事任免，太尉张延被免职，改由车骑将军张温当太尉。张温还在关中领兵，灵帝派遣使者持节到长安，就地举行了就任仪式。张温的车骑将军一职，朝廷任命了赵忠。

现在，三公任免频繁，甚至成为灵帝敛财创收的一条重要途径，比如被免职的张延就在政坛上默默无闻，不排除像崔烈一样是花了大价钱上来的，对于这种情况，灵帝通常不会让他们干得太久。

但张温可能是例外，因为此前他已经当过三公，没必要再花冤枉钱给自己的仕途添这一笔彩。之所以单独提一下这件事，是因为它创造了帝国的多项第一。

按照制度，三公的任命都在朝廷进行，在洛阳以外举行就职典礼，张温还是第一个（**三公在外，始之于温**）。

而另一项约定俗成的规矩是，三公通常不直接带兵在外征伐，两汉有一项约定叫作"五大不在边"，也就是说有5种人通常不能再手握重兵于外，究竟是哪5种人已不可考，但通常认为太子算一个，三公也在其内。三公是宰相一级的重臣，如果再领兵，权力未免太大，一旦有异心，那将是帝国的一个重大威胁。所以，以三公的身份统兵、打破"五大不在边"的规矩，张温也是第一个。

另一项第一是赵忠以宦官的身份成为车骑将军，这在前代不仅没有，更是无法想象的。宦官权力很大，甚至能一手遮天，但在名义上他们的职务并不高，宦官也有品秩，大长秋是宦官中品秩最高的，不过二千石，与郡太守相同，低于九卿。张让、赵忠等人担任的中常侍，本来是皇帝的随从，没有定员，后来固定下来，品秩不过千石。

宦官掌权，靠的是对上下公文的把持：下面的汇报，无论是朝臣还是各州郡，哪些皇帝能看到，哪些看不到，基本由宦官说了算。对下面的批示，怎么批，批给谁，也被宦官垄断。

赵忠原来的身份是中常侍，品秩千石，一跃成为外臣，地位几乎与三公相当，品秩升到了万石，而且握有兵权，成为一名地地道道的"超级宦官"，这怎能不让人吃惊？

张延免职，是给张温腾位子；张温改任，是给赵忠腾位子。灵帝为了关爱一个宦官，不惜连续打破制度，创造出多项第一。

灵帝突然任命赵忠为帝国的高级将领，是因为有一件工作要交给他办。灵帝让赵忠主持评定讨伐黄巾的功劳（**使忠论讨黄巾之功**）。这件事好奇怪，因为前年黄巾起义就被扑灭了，为何现在想起来再去评功？

结合刘备的遭遇，可以看出这是一次规模很大、牵涉面很广的活动，不完全是论功行赏，真正的意图或许是对已经因军功而得到升迁的那些人进行筛查清理。

简单地说，就是要下去一批人，然后再上来一批人。

这当然不是一项政治活动，而是一项经济活动，赵忠能说动灵帝启动这项工作，显然打的也是创收增收的旗号。手握组织人事大权，自然有人主动找上门来，对于那些不肯主动表示的人，赵忠还派自己的亲信上门做动员。

傅燮多次得罪宦官，已经成了标志性人物，赵忠派当洛阳城门校尉的弟弟赵延前去打招呼：

"南容啊，你不搭理我老哥，万户侯是没戏了（南容少答我常侍，万户侯不足得也）！"

傅燮听罢极为厌恶，正色道：

"有功不论，这是命，傅燮怎么能求私赏！"

赵延回来学给赵忠，赵忠更恼傅燮，但傅燮自上次朝堂上怒斥崔烈后声望更不得了，赵忠不敢马上加害。不过，他还是找了个机会，把傅燮发派到凉州刺史部的汉阳郡当太守。

看到宦官如此得势和骄横，有人无奈，有人叹息，有人巴结奉承，也有人誓言要将其铲除，袁绍和他身边的一群神秘人物就正在做着铲除宦官的事。

这群神秘人物里有一位重要成员名叫何颙，当年在前往汝南郡吊唁袁绍母亲的人里就有他，当时他就是朝廷正在通缉的政治犯。

何颙字伯求，荆州刺史部南阳郡人。少年时代他曾到洛阳太学游学，和著名党人郭泰等交往密切，在太学生中很有名（显名太学）。何颙显名，不是他的学习成绩好，而是他很讲义气。何颙的朋友虞伟高有父仇未报，突然得了病，将死，何颙前去探望，虞伟高流泣诉说，何颙感于义气，为他复仇。这时虞伟高已死，何颙用他仇人的头到墓前祭奠。

这说明，何颙不是一名普通的知识分子，而是游侠一类的人物。《史记》里有游侠传，司马迁曾满腔热情地歌颂侠士们急人危难、守信重义、最后建功立业的品质，汉初的张良无疑是这类侠士的代表。但是，为了维护社会稳定，从汉武帝起对各类游侠持抑制和打击的态度，从西汉后期到东汉以来，侠士在社会上的评价越来越差，到了《汉书》已经不说他们守信重义了，而说他们是"作威作惠"的奸雄，《汉书》以后再修官史也就不再给游侠单独列传了。

对朝廷来说，这样的人是危险分子。

何颙和党人们来往密切，党锢之祸发生后，他也受到宦官的追捕，于是改名换姓，藏于民间。何颙经常与一些人秘密来往，他们都很敬重何颙的豪侠和义气，何颙于是在荆州、豫州一带有了名声（所至皆亲其豪桀，有声荆豫之域）。

曹操在出道前有两个人对他很赏识，一个是曾任司空的桥玄，另一个就是何颙。还有曹操日后的首席智囊荀彧，何颙见后也称奇。可见何颙是一个在江湖中名气很大，还善于识人的人。

何颙来到汝南郡，袁绍听说后，秘密和他来往（袁绍慕之，私与往来）。袁绍是怎么结识何颙的不得而知，不过著名党人领袖李膺和袁氏有姻亲关系，而何颙与李膺关系密切，这或许是二人结交的纽带。

他们在一起都商量过什么，也不得而知。

何颙的身边还有一些朋友，他们的出身各不相同，但关系都很密切，史书称他们为"奔走之友"，成员包括张邈、许攸、伍孚、吴子卿等，都不是寻常人物。张邈字孟卓，兖州刺史部东平国人，家境富裕，也是一个侠士，在洛阳一边上学，一边交结各路英豪。许攸字子远，荆州刺史部南阳郡人，何颙的老乡，也是一个活跃分子，交际很广。伍孚又名伍琼，字德瑜，跟袁绍是同乡，都是侠士一类的人。

这些人不是一般的党人和士人，他们应该算党人和士人的新生代，与前辈不同的是，他们对社会和汉室朝廷的看法更清醒、更深刻，因而也更绝望。

从他们以后的政治实践看，他们都有参与救世的大志，但已不把希望再寄托在天子或者现有官僚体系身上，经过连续两次党锢事件和黄巾大起义，又看到宦官们的疯狂和贪婪，血的事实教育了他们，使他们在斗争中更加理性和现实。

他们在寻找一条新的道路，不是杀几个宦官或权臣那么简单，要干就要干得彻底一点，改朝换代也在所不惜。

"奔走"是游侠的特征之一，只是时代不同，何颙等"奔走之友"与前代游侠的单打独斗相比，更注重互相联络。

他们的主要工作是四处"奔走"，并且是有预谋、有组织、有计划的"奔走"。他们之所以团结在袁绍的周围，是因为在他们眼中袁绍是可以高举的一面旗帜，不仅政治上志同道合，又具有无与伦比的号召力。

袁绍回到洛阳后，他们的活动中心也随之到了洛阳，黄巾起义爆发，袁绍已在洛阳，袁术在宫廷禁卫军中任职（虎贲中郎将），他们和曹操的想法不一样，袁绍在何颙等人的影响下，对建功立业没有多大兴趣，心里已经另有打算，袁术多少有点儿贪生怕死，所以没有参加讨伐兵团。

除了几名骨干分子，"奔走之友"还秘密联系各地的豪杰志士。这样一来，无论做得多么秘密，也不能不引起别人的注意了。

事情甚至传到了宦官的耳朵里，中常侍赵忠对人说：

"袁绍这小子故意抬高自己的身价，不出来替朝廷工作反倒养死士（坐作声价，不应呼召而养死士），不知道这家伙准备做什么？"

这话又传到了袁绍叔父袁隗那里，袁隗立刻感觉到事态的严重性，他把袁绍叫来教育了一番，要袁绍立刻断绝与那些江湖朋友的来往，之后应公府征辟老老实实出来做事，以绝他人的非议，不给袁家带来灾祸。

袁绍也感到树大招风，答应了叔父的要求。正在这时机会也来了，大将军何进征辟他到大将军府任职。

袁绍于是来到了何进的手下。

赵忠当上车骑将军，让大将军何进心里不免有点儿吃醋。按理说，要讨论军功也应该由他来主持，横空冒出来个宦官，让人恶心。何进虽然出身不高贵，但也是杨赐老师亲自调教出来的，智商一点儿都不差。只要他留心一下近百年来政治斗争的规律，就不难看出像他这样的外戚结局都不怎么好。

表面风光，内心忧伤。

何进明白，外戚只是一个身份，实力才是一切。如果不能在朝廷内外建立起稳固的根基，自己名位越高越容易出事，一觉醒来可能会稀里糊涂地满门抄斩。在他之前是窦家，窦家之前是梁家，都是血淋淋的教训啊！

要想根基牢固，必须培养自己的势力，何进利用自己的身份，开始悄悄地培植力量，而一部分有想法的人，也主动向何进靠近，利用他的身份去达到他们各自的目的。

袁绍来到何进身边，正是在这样的背景下。

袁绍在何进的大将军府里当了一段时间大将军掾，很快又被提拔为朝廷监察专员（侍御史）、禁卫军虎贲中郎将。

袁绍虽然已经40岁了，但之前当过一段县长仕途后来就中断了，何进为了培养袁绍，让他一路小跑，不到一年品秩就由六百石达到了比二千石。

何进太需要人才了，他告诉袁绍可以把朋友都介绍过来，想担任什么职务只管提出。袁绍不客气，立即提出了一份有20多个人的名单来，上面不仅有"奔走之友"里的何颙、张邈、许攸等人，还有袁术、荀攸、郑泰等人。

袁绍的弟弟袁术此时在北军五营里担任长水校尉，是北军五校尉之一。郑泰是著名党人，而这些人里身份最特殊的，是荀攸。

荀攸字公达，年龄比袁绍小十几岁，比曹操小2岁，出身于著名的颍川郡荀氏家族，他的祖父叫荀昙，做过广陵郡太守。荀攸外表愚钝懦弱，内心却机智勇敢。13岁时祖父荀昙去世，祖父手下一个叫张权的人主动找来要为祖父守墓，荀攸看出了异样，对叔父说："这个人脸上的神色反常，我猜他是犯了什么罪，跑来在这里躲避。"

荀攸的叔父马上盘问张权，果然他是杀了人逃亡在外，想通过守墓隐藏身份。这件事让大家对荀攸刮目相看。

何进利用自己的影响力，给袁绍名单上的人都分别任命了新职务，其中何颙担任北军联合参谋长（北军中候），负责监控北军，荀攸成为灵帝的贴身秘书（黄门侍郎）之一，郑泰担任朝廷秘书局里的部门负责人（尚书），都是要害岗位。

河南尹相当于洛阳县上面的郡太守，这也是一个重要职务，由何进的弟弟何苗担任，何进让何苗把这个职务让给袁绍，袁绍担任的禁卫军虎贲中郎将由袁术担任。

只有许攸没有被任命职务，袁绍对他另有安排。

这段时间，许攸经常到外地去四处活动，联络各地的实力派和豪杰，冀州刺史王芬就是他们重点联络的对象之一。

在镇压黄巾起义过程中王芬手里积攒了一定实力，活跃在王芬周围的有几个人，包括已故太尉、著名党人领袖陈蕃之子陈逸，张角的朋友、著名术士襄楷，还有一个叫周旌的沛国人。这些人都有一个共同特点，他们都梦想着改朝换代。

许攸告诉王芬，据他掌握的情报，灵帝刘宏正打算回河间国老家看看，时间可能就在当年夏天。由洛阳到河间国，必须路过冀州刺史部的辖区。这个情报让大家感到了振奋，就让襄楷占卜一下吉凶。襄楷精通星象学，他看了看天象，说天象出现了变异，预示着宦官和小人将要灭亡。

于是王芬决定干，他们迅速制订了一个计划，想在灵帝回乡的路上发动兵变，挟持灵帝，之后另立刘氏宗族里的合肥侯为帝。

这是一个不可思议的计划，以区区一个刺史部的力量完成这样的大事根本不可能。更不靠谱的是，这些人还闹出来好大的动静，一方面由王芬出面以黄巾余部闹事为由向朝廷上书要求扩充军队，另一方面由许攸、襄楷等人四处活动，拉拢更多的人参加。

许攸等人的大串联搞得规模挺大，冀州刺史部所属平原国有两个人也受邀参加，一个叫华歆，另一个叫陶丘洪。

华歆字子鱼，比曹操小3岁，当时算是个地方名人，他跟同乡的邴原、管宁两个人关系很好，而且都有学问，时人称他们3个人为"一龙"：华歆为龙头，邴原为龙腹，管宁为龙尾。

华歆的另一个好朋友陶丘洪也有名于世，当许攸找到他俩说明情况时，陶丘洪很兴奋，马上就要收拾行李出发，但华歆却向他泼了盆冷水：

"废立君王这样的大事，像伊尹、霍光那样的能臣都觉得困难，王芬生性疏而不武，必然失败。一旦失败，将祸及全族，千万不要前往！"

陶丘洪听了华歆的劝告，最终没有去。许攸也找到了曹操，曹操给许攸写了一封信，这封信完整地收录在史书里。曹操在信中也引用了霍光、伊尹的例子，说明废旧帝立新帝是天下最不吉祥的事，劝他们不要作此打算。曹操心里很明白，靠王芬、许攸等人的实力很难完成这么大的事，其结果必然身败名裂，所以他不会参加。

果然，这件事很快便神秘地结束了。

当年夏天，有一天夜里一道赤气从东到西贯穿天际，太史令上书灵帝，说北方隐藏阴谋，千万不能前往。

灵帝于是打消了回故居一游的计划，同时命令王芬解散新招募的军队，并征王芬来洛阳述职。王芬以为密谋败露，于是弃官而逃，逃到平原国时自杀。

这段记载很蹊跷，中间漏洞百出。

太史令难道看得那么准，抬头望望天，就能把王刺史搞的政变阴谋看出来，方位、时间、参加人员都那么精确，这基本上不可能。

即便计划失败，王芬又怎么判断出灵帝已经洞悉了一切。而王芬在已经逃亡的情况下，并且逃到了很远的平原国，干吗还要自杀呢？

种种奇怪现象背后隐藏着一种可能，有人告密了。王芬、许攸好像唯恐天下人不知道他们要搞政变，四处放风，到处招人，不仅曹操事先知道，连老百姓华歆、陶丘洪都知道，肯定还有更多的人知道，搞政变不保密，最后的结果必然失败。

灵帝取消北行计划，一定是得到了秘密情报，于是把王芬召回来审讯。王芬逃亡，进一步证明情报的准确。王芬逃到平原国，一种可能是朝廷派出的人从后面追来，王芬感到前途无望，于是自杀。

另一种可能是，别的什么人把王芬杀了。

计划败露以后，一块参与密谋的人都面临着危险，王芬死了，可以把这些秘密都带到地下。现在看来，许攸显然不是这场未遂政变的幕后主使，他的后面或许还有更大的人物。

是谁呢？很容易想到的人就是袁绍，这件事跑不了他。何进有没有参与，倒不好说。又是谁告的密呢？

这个也不好说，是一个谜。

十、压向大象的最后一根稻草

国事不宁、怪事层出，纷乱不休、人心思变，这就是黄巾大起义平息后的三四年里整个东汉帝国的状况。

黄巾起义结束后不到三四年光景，仅原来黄巾军活跃的地区，就有二三十股农民起义军，包括张牛角、褚飞燕、黄龙、白波、左校、郭大贤、于氐根、青牛角、张白骑、刘石、左髭丈八、平汉、大计、司隶、掾哉、雷公、浮云、飞燕、白雀、杨凤、于毒、五鹿、李大目、白绕、眭固、苦哂等。

每支队伍多者两三万人，少则六七千人，这些起义军的头领都出身于社会底层，从他们的名字就能看出来。常活动在白波谷的就叫白波，骑白马的就叫张白骑，说话嗓门大的就叫张雷公，胡子多的就叫于氐根，眼睛大的就叫李大目。

这些人里，最有名气的是张牛角和褚飞燕，他们曾联合攻击瘿陶，即今河北省宁晋县。在这场战斗中张牛角被流矢射中牺牲，临死前，他把手下头领叫来，让他们共推褚飞燕为主，褚飞燕为纪念张牛角，于是改名为张飞燕。

"飞燕"是个外号，意思是动作麻利，来无影、去无踪。他的名字原来叫褚燕，所以张飞燕以后的正式名字叫张燕，作为一个农民起义军领袖，他在历史舞台上活跃的时间最长，影响也最大。

张燕合并了褚飞燕的队伍后势力大增，太行山一带的各支起义军纷纷投奔他，部众迅速扩张，人数接近百万人（*部众寝广，殆至百万*）。这个数字是所有人数，既包括能作战的将士，也包括这些将士的家属，甚至来投靠他们的老百姓。不过，在那时这个数字也是相当惊人了。

张燕所部活动的核心区是黑山，这个地名在汉末三国的史书经常提及，关于它的范围有两种看法，一种看法认为黑山是太行山脉的南端，范围涉及中山国、常山国、赵郡、上党郡、河内郡等，是太行山脉南部各山谷的总称。

另一种看法是，黑山即象山，是太行山脉向华北平原过渡的山谷地带，它西有群山，东是平原，进可攻，退可守，自古为兵家必争之地，战国时燕国在此筑城抗拒赵国、中山国的侵略。

由于经常在黑山一带活动，张燕所部又被称为黑山军。

从势头上看，黑山军一点儿不输黄巾军，大有后来居上的趋势。

这让灵帝的心情糟透了，好不容易打完仗，又要再打。

更麻烦的是，打仗得花钱，上一次出了血本，还没有捞回来，再出血，灵帝心疼得要死。

但是不打又不行，现在不仅黄河以北，西南地区的益州，南面的荆州、扬州，甚至大山包围下偏僻的汉中郡都有农民起事，如果不把最大的这股农民尽快镇压下去，局势将不可收拾。

现在，比当初对付张角还要难，因为农民已遍地开花，摁下葫芦起了瓢。

正在灵帝一筹莫展没想好对策的时候，张燕突然派人到洛阳，向朝廷请降（燕乃遣使至京师，奏书乞降）。

这真是意想不到，尽管灵帝对农民恨得牙疼，但他还是立即下达了招安黑山军的诏书，把张燕所部收编为一个师，番号"平难"，任命张燕为平难中郎将。

朝廷给张燕的具体职责是管理黄河以北各太行山谷的事务（使领河北诸山谷事），在隶属关系上相对独立，因为灵帝给了他们两项特权，一是可以推荐孝廉，二是可以像郡国一样每年直接向朝廷上报年度工作报告（岁得举孝廉、计吏）。

不是灵帝大方，而可能是张燕投降就开出了这些条件，灵帝不接受也得接受。

张燕和他的黑山军成为汉末中原地区的一支割据武装。

与此同时，西北地区的局势在持续恶化着。

当初韩遂杀了边章，朝廷还以为西北从此安宁了，但韩遂随后又杀了北宫伯玉、李文侯，成为凉州最大的一支叛军，手下可以轻松集结起10万人马。

韩遂不久后指挥人马围攻陇西郡，当时朝廷的主力还在关中一带，远水解不了近渴，陇西郡太守李相如绝望了，干脆投降了韩遂。

凉州刺史名叫耿鄙，来凉州上任时间不太长，他倒是个不怕死的人，立即组织凉州刺史部其他6个郡的兵力攻击韩遂和李相如。

前面多次提到过的傅燮刚被宦官排挤担任汉阳郡太守，他来凉州时间虽然更短，但看问题比较冷静，他建议耿鄙：

"使君您到职时间不久，百姓对您还不是完全了解，叛军听说朝廷大军出动，一定会齐心协力，这些边地之人个个勇猛，势不可当，而朝廷的军队来自各郡，大家互不熟悉，不如先让部队休整，明赏罚，树恩威。叛军看到我们不急于进攻，一定会认为我们胆怯，其内部必然出现争权的局面，最后会分崩离析，大功可成！"

傅燮的看法是，打现在是打不赢的，不过时间对朝廷军队很有利，不如先行缓兵，再待时变。

但耿鄙不听，作为州刺史，他手下的郡太守叛变投敌，他负有连带责任，朝廷还没有来得及追究，现在如果他迅速击溃叛军，收复失地，可以将功补过。

耿鄙平时最信任州政府人事处长（治中）程球，对他言听计从，程球仗着领导的信任，贪赃枉法，地方士民无不愤恨。

程球劝耿鄙进兵，耿鄙于是进军陇西郡治所狄道，即今甘肃省临洮县，他本想一次收复陇西郡，结果内部又发生了叛乱。

程球的职务是功曹，在州政府比他地位高的还有一个别驾，大概程球平时仗着耿鄙的信任把人家别驾也没放在眼里，惹恼了这位不知姓名的别驾，在阵前叛投了韩遂。

韩遂先斩程球，再斩耿鄙。

当初耿鄙为对抗韩遂在凉州大规模招兵，有一个伐木工跑来报名参军，他的名字叫马腾。

马腾，当然是个不得不说的猛人。

马腾字寿成，原籍关中地区的扶风郡，据说是东汉开国元勋马援的后代（**马援后也**）。马腾父亲的名字不详，只知道他字子硕，桓帝时曾在天水郡的兰干县任县尉，后被免官，就滞留在了陇西郡，家贫无妻，后娶了一名羌族的女人，生下马腾。

由于身上有一半羌人的血统，马腾长得人高马大，身高合现在的 1.9 米，面部轮廓粗犷，鼻梁很高（**身体洪大，面鼻雄异**）。

印象中马腾是董卓一类的人物，粗俗、野蛮，但这错了，马腾其实很厚道，明事理，受到大家的尊敬（**性贤厚，人多敬之**）。

马腾年轻时家境不好，没有固定职业，经常到附近的彰山中做伐木工（**常从彰山中斫材木**），靠着这个谋生。

听说打仗，马腾很兴奋，这比当苦力轻松，而且有出人头地的可能。

马腾参军后作战勇敢，职务不断提升，当上了耿鄙的军司马。

耿鄙被韩遂杀死，韩遂发现马腾是个打仗的好手，而且在军中已培养起一定的势力，为拉拢马腾，韩遂主动和马腾结为异姓兄弟。

以后，马腾不断发展自己的势力，逐渐和韩遂并驾齐驱，他们成为朝廷未来相当长一段时间内在西北地区的两个主要对手。

名将马超，是马腾的儿子。

看到眼下四处烽烟又起，灵帝下决心再组建一支新的军队。

作为大将军的何进第一时间知道了灵帝的打算，他马上告诉了袁绍，袁绍对何进说，咱们的机会来了。

在袁绍看来，何进虽然是大将军，但手里能掌握的实际兵权很有限，一旦有事还是实力说了算，组建新军无疑是个重要的机遇，必须把这支武装牢牢地抓住。

何进就让袁绍去物色人，作为未来新军高级将领的后备人选。

袁绍不缺人手，许攸、张邈、逢纪、荀攸这些人如果能趁这次机会都安排到军界发展，那再好不过了，但他们的资历还比较浅，外界对他们也不够熟悉，袁绍还是作罢了。

袁绍为何进物色了另外一批人，其中有鲍鸿、赵融、冯芳、夏牟、淳于琼等。鲍鸿是北军的将领，是袁术的同事，目前担任北军五营之一的重骑兵屯骑营校尉；赵融、冯芳、夏牟、淳于琼都是文官，其中赵融、冯芳是朝廷议郎，夏牟、淳于琼为谏议大夫。

这些人虽然不是袁绍身边核心圈子"奔走之友"的成员，但一向志同道合，都是自己人。

何进想，这支新军的总司令肯定应该由自己来兼任，下面的将领也都安插上了自己的人，那这支新军无疑成了他今后稳固政治根基的本钱。

但这是何进的想法，或者是他的一厢情愿。

因为灵帝不这么想。

最近以来，灵帝对何氏兄妹的态度已经发生了微妙的变化。

这种变化不仅是当初王美人之死造成的余波未平，更缘于近几年来何皇后和灵帝母亲董太后这一对婆媳关系的紧张。

赵忠的车骑将军只当了不到一年就被免职了，一个原因是事情办完了，油水也捞够了，为了避免世人的诟病，见好就收了。

还有一个原因，这个位置得让给别人。

中平四年（187），河南尹治下的荥阳县发生小股农民起义，当时担任河南尹的还是何进的弟弟何苗，何苗组织力量镇压了这次起义。

这本来也算不上太大的功劳，但因为主角是何苗而被大大地渲染了一番，何苗连跃好几级，直接接了赵忠的班。

一名地方干部一入伍就成为全国武装部队副总司令。

总司令和副总司令都成了何家的人，灵帝不傻，所以紧接着又发布了一道命令，任命董重为骠骑将军。

骠骑将军也相当于全国武装部队副总司令，但比车骑将军地位高，相当于第一副总司令，何苗降格为第二副总司令。

此前皇甫嵩被免职，张温改任他职，朱儁也辞去了军职，几位名将淡出军界。董重是灵帝的母亲董太后的侄子，帝国军队核心领导层的3位成员，两个是皇后家的人，一个是皇太后家的人，都是外戚。

灵帝的父亲是解渎亭侯刘苌，灵帝继位后追尊他为孝仁皇帝，母亲董氏开始只被尊为慎园贵人，因为当时还是外戚窦氏掌权，灵帝的上一任桓帝的窦皇后被尊为太后，灵帝不方便把母亲接到洛阳来。

后来窦氏被消灭，窦太后伏诛，灵帝立即把母亲接来，正式上尊号称孝仁皇后，平时居住在南宫的嘉德殿，对外称永乐宫。

董太后有个哥哥叫董宠，是灵帝的亲舅舅，担任过执金吾，相当于京师警备司令。董重是董宠的儿子，算起来是灵帝的表兄弟。

说起董太后这个人，也不是个省事的女人。

从孩子身上也能看出父母的性格，灵帝贪财揽权的性格正是他妈给的，这位董太后自从由偏僻遥远的河间国来到繁华的洛阳，住进了皇宫，立刻也享受起来。

董太后积极参与朝政，趁机敛财，有人说灵帝卖官鬻爵某种程度上也是她教的（*使帝卖官求货*），她也自建了小金库，里面藏了很多钱。灵帝小时候有两位奶妈，一个名叫赵娆，一个称程夫人，她们平时都围着董太后转，也跟着沾了光，成为炙手可热的人物。

有一件事，影响很大。

名门之后崔烈任九卿多年，在外面的声誉也不差，他想当司徒，走了程夫人的门路，最后花500万钱如愿以偿。灵帝亲自出席了崔烈的就职仪式，仪式上百官毕集，灵帝突然后悔了，回过头对亲近的人说：

"真后悔没有坚持到底，不然这个位子可以卖1000万钱（*悔不小靳，可至千万*）！"

程夫人居然也能参加这种很正式的仪式，听到灵帝的话，不屑一顾地说：

"得了吧，崔先生可是冀州名士，他本来不愿意花钱买官，多亏给我面子，才肯出钱，你知足吧（*赖我得是，反不知姝邪*）！"

这娘儿俩谈得欢快，完全不顾及崔先生的面子，想必崔先生当时脸上肯定青一块紫一块，恨不得找个地缝钻进去。

从此之后，崔烈的声誉一落千丈（烈由是声誉顿衰）。

灵帝培植舅舅一家的势力，是针对何皇后及大将军何进势力膨胀而采取的对策。因为王美人事件，灵帝对何皇后开始有些厌烦，但由于何进在外面不断发展势力，灵帝暂时不能对她有所动作。

董太后扶持了哥哥和侄子仍然觉得难以与儿媳妇一家相抗衡，但自己家里的人实在有限，她把目光转向同族，可仍然没有什么收获。

这时候，一个人出现在董太后的视野之内，这个人也姓董，而且手握兵权，相当有威慑力。

这个人，居然是董卓。

张温改任太尉后董卓也升了职，由将军升为前将军。

前将军属四方将军之一，地位比征西将军、镇西将军还要高。尽管大家都不太喜欢此人，但这个家伙天生是打仗的好手，朝廷根本离不了他。

董卓还有一项长处，那就是会带兵。

有人带兵靠的是战绩，战无不胜，很少失手，士兵们自然佩服；有人带兵靠的是爱，与士兵同甘共苦，对大家无微不至的关心，士兵们自然感激。而董卓带兵主要是靠骂，他为人一向简单粗暴，但奇怪的是手下的军官都对他服服帖帖，大家不认朝廷的命令，只认董将军的话，这支部队成了他的私人武装。

当然，你只知道骂人，总有一天把大家都骂跑了，骂也分几种，有的是真骂，有的是假骂，董卓除了骂大家还关心大家，他为人豪爽，有好处大家都有份儿，这是他凝聚队伍的关键。

现在的陇西地区，有传统的对手羌人，又有新对手边章、韩遂，朝廷不靠董卓没办法，董卓以武力作为政治资本逐渐拥兵自重，成为一个不折不扣的军阀。

董卓的老家是凉州刺史部的临洮县，董太后祖籍不详，但作为冀州刺史部辖区内解渎亭侯的夫人，出身于遥远西部边疆的可能性实在不大，所以董太后要跟董卓续上家谱，难度还是比较大的。

但双方当事人没意见，其他人又能说什么呢？董卓是武人却不是粗人，他在朝廷里也历练过。他是个有野心也有心机的人，一直想在朝廷里找到靠山，对于董太后的主动示好，他没有不接受的道理。

董卓的弟弟董旻此刻在京城，董太后就认下了这个晚辈，然后让儿子灵帝任命他为左将军，也是军区司令一级的四方将军。

董太后的哥哥董宠担任着执金吾，在董太后看来，姓董的一家人现在有董宠、董重、董卓、董旻4位将军。

对于儿媳妇何皇后，董太后一直很有怨言，至于双方积怨的原因，可以用一句话来概括，那就是"一山难容二虎，除非一公一母"。

后宫就那么大，一下子住进了两只母老虎，厮斗是难免的。

在董太后看来，这个屠户出身的儿媳妇身上有暴发户的高调和嚣张，总之看不惯，总想教训她几句。但儿媳妇有两个哥哥手握兵权，董太后说话还得悠着点儿。现在，董太后在儿媳妇面前腰杆也硬多了，她经常这样教训儿媳妇：

"看你得意的样儿，不就是依仗你哥哥吗？小心我让骠骑将军取你哥的人头（当敕骠骑断何进头来）！"

婆媳关系严重对立，灵帝当然要站在母亲的一边。

灵帝对何进这位大舅哥的野心已经有了警觉，所以通过培植母亲董氏一家的势力平衡何进在军中的影响力，现在将要组建的新军，不可能让何进一个人说了算。

灵帝也知道张让、赵忠与何家的关系，所以他需要在宦官中寻找一名新的后起之秀，蹇硕成了灵帝培养的对象。

蹇硕，就是被曹操乱棒打死了叔父、之后屁都不敢放一个的那个宦官。他的职务不高，小黄门，品秩只有六百石，低于黄门侍郎，更低于中常侍。

就像名字一样，蹇硕生得身体健硕，不过他很有头脑，相当懂政治，会看风向，在别人对何皇后、何大将军一片赞颂崇拜的时候，蹇硕敏锐地观察到灵帝对何氏一族的不满。

于是，蹇硕利用经常接触灵帝的机会表达了自己坚决效忠灵帝的立场，并时不时在灵帝面前说何大将军的坏话，支持董太后对付皇后。

十一、皇帝的新军

这时已经是中平五年（188）。

8月，灵帝正式下诏组建新军，这是朝廷在南军、北军之外独立设置的一支军队，由于指挥部设在灵帝的后花园西园，这支新军也称为西园军。

西园军下面暂设8个营，每营配校尉一名，校尉的军职低于中郎将，按说只相当于旅长，但考虑到新军的特殊性，西园军下面的8个营也可以视为8个师。

灵帝接受何进的建议，任命鲍鸿、赵融、冯芳、夏牟、淳于琼等人为校尉，袁绍以禁卫军师长（**虎贲中郎将**）的身份也成为8名校尉之一。

还有一个人选，是曹操。

曹操回家隐居，闭门读书，本想一口气读上20年再出来，但只过了一两年他就又被朝廷征召了。

他担任的职务是都尉，是一个军职，关于这项任命史书记载模糊，推测起来应该是袁绍到了何进身边后，向何进推荐的众多文武官员中的一个。

还有一个说法，认为这与曹操的父亲捐钱买太尉有关。

前不久，大司农曹嵩花了1亿钱买了太尉一职，1亿钱相当于现在的3亿人民币，放在灵帝的小金库里也是一笔大钱，这是灵帝卖官以来做成的最大一笔买卖。

灵帝不仅收了钱，而且曹嵩把价码一下子抬得这么高，对他以后的生意有很大的好处，这让灵帝很开心。

但太尉是个热门岗位，灵帝只让曹嵩干了几个月就把他免了，为了安慰曹嵩，就给曹操重新安排了工作。

曹操的这个都尉具体做什么不太清楚，不过重新回到军界，再加入西园军就更顺理成章了。

对袁绍来说，曹操也是一个不可缺少的好帮手，他跟曹操一直有来往，从许攸等人策划政变时给曹操去信一事看，他们的来往还相当密切。西园组建新军，曹操是货真价实的"高干子弟"，又带过兵，当过国相，资历绝对够，又是铁哥们儿，所以是最佳人选。

看来曹操天生就是个活跃分子，哪里有热闹都少不了他。

8个校尉，还差一个。

前面7个都由何进说了算，最后一个人灵帝要自己给出答案。

名字说出来，何进、袁绍简直不相信他们的耳朵。

是宦官蹇硕。

灵帝任命蹇硕为西园军的校尉，理由有两个：一是蹇硕身材高大，适合从军；二是蹇硕业余时间喜欢看兵书，能带兵。

这都是瞎扯，但赵忠都能当车骑将军，蹇硕当个校尉也就不惊奇了。只是曹操比较别扭，他跟蹇硕还有一段私人恩怨未了。

现在，西园军的8个校尉齐了，他们各有不同的分工：

蹇硕为上军校尉；

袁绍为中军校尉；

鲍鸿为下军校尉；

曹操为典军校尉；

赵融为助军左校尉；

冯芳为助军右校尉；

夏牟为左校尉；

淳于琼为右校尉。

从名称看，这些队伍一旦上了战场所承担的任务不太一样，有的是正面进攻的主力，有的负责侧面包抄，有的负责支援，有的是第一梯队，有的属于第二梯队。

上军相当于中军，类似于司令部，典军从名称看类似于教导师、教导旅。

灵帝诏令其他7名校尉都归蹇硕这个校尉指挥，蹇硕成了西园军司令。

更让人吃惊的还在后面，灵帝还诏令，大将军何进也归蹇硕节制（*虽大将军亦领属焉*）。

这简直乱了套，何进是全国武装部队的总司令，地位高于三公九卿，品秩万石，灵帝一句话，就得给品秩六百石的小宦官立正敬礼！

但何进只能接受。

你放进来的哪怕是只虎，我麾下有一群狼，看谁能咬过谁！

西园军加紧了组建，之后开始了训练。

两个月后，灵帝下诏在洛阳上西门外的平乐观举行盛大阅兵式，检验新军组建成果。

为了把仪式搞得隆重热烈，有关部门突击修建了一座高台，作为主阅兵台，台上还修建了阁楼，总高度达10多丈。离主阅兵台不远，又修了一个小阅兵台，高9丈。

10月16日，灵帝亲自登上主阅兵台，站在台上的阁楼下，他一身戎装，自称"无上将军"。在不远处的小阅兵台上，是同样一身戎装的大将军何进。

多少年没有见过这样的场面了，灵帝虽然是一个热爱文艺的青年，但也受今天阅兵气氛所感染有些激动。阅兵开始，灵帝走下阅兵台，骑着一匹有护裙的战马，从整齐列队的数万名将士面前走过。

检阅结束了，可灵帝觉得不过瘾，他打马扬鞭，又绕检阅场纵马疾驰，跑了足足3圈才停下来。

之后，灵帝重返主阅台，何进上前接受灵帝赐予的象征军权的指挥刀。

在黄巾余部起义和西部战事未平的情况下举行盛大的阅兵式，在灵帝看来是一次壮大国威的行动，让百姓对朝廷更有信心，让反叛者胆寒。

整个阅兵过程灵帝都沉浸在兴奋之中。

在阅兵台上，灵帝一回头发现身边站着一个受邀参观阅兵式的嘉宾，灵帝很想知道今天的仪式够不够威武，于是问他：

"朕陈兵平乐观，拿出私房钱来激励将士（*多出中藏财物以饵士*），你觉得怎么样？"

天子正在兴头上，这个人再不开窍也应该说些让天子高兴的话，但他偏偏不说，而是直言不讳道：

"我听说古代圣明的国王只展示恩德而不炫耀武力，如今盗匪集中在边疆，您却在京师展示武力，能起到多大的作用呢？"

灵帝被扫了兴，却没有生气。

过了一会儿，灵帝走到这个人跟前，悄声对他说：

"说得好，只是与你相见恨晚（善，恨见君晚），群臣没有人说过你这样的话。"

跟灵帝对话的这个人名叫盖勋，字元固，凉州刺史部敦煌郡人，世家出身，在与羌人作战中立下战功，此时担任西部边防讨虏校尉，因公事回到洛阳。

此次对话后，灵帝还单独召见过他，与他又有过一次谈话。

灵帝问了一个困扰他很久的问题：

"天下究竟为什么纷乱不止？"

当时蹇硕也在场，但盖旅长毫无避讳，直言道：

"都是陛下宠信的那些人的子弟造成的（幸臣子弟扰之）。"

灵帝于是回过头来问蹇硕，是不是这样的。

蹇硕一时语塞，不知所对。

盖勋跟袁绍关系很好，下来后对袁绍说：

"我见到了皇上，看到皇上非常聪明，只是被左右这些人蒙蔽了，如果我们共同努力诛除奸佞，之后辅佐皇上振兴汉室，到时候功遂身退，岂不快乎！"

而灵帝也想重用盖勋，但蹇硕心有忌惮，这时张温建议任命盖勋为京兆尹，蹇硕劝灵帝批准张温的建议，这样盖勋就去了长安。

灵帝深感身边缺少像盖勋这样的人，他虽然重用蹇硕，蹇硕对他也忠心耿耿，但要办成大事，还要有更多的人才。

灵帝的心里话不能给盖勋全说出来，羌人也罢，黄巾军、黑山军也罢，都是远处的敌人，近处的敌人更可怕。虽然贵为天子，拥有一切，但失去了对权力的掌控，就会成为别人砧板上的鱼肉。

宦官虽然听话、可靠，但能力、名望都不足，一旦有事，能不能指望得上呢？

灵帝的担心并非多余，作为一支新军，西园军的开头是轰轰烈烈的，但结尾却有点儿冷清。

架子搭起来了，人也凑了个差不多，表面上热热闹闹，但后面再没了什么实质性的举动，蹇硕这个西园军司令也没法调动其他7位校尉。

你白天召集开会，大家也来，但都一言不发，弄得死气沉沉。晚上，人家悄悄跑到袁绍府上聚会，喝酒吃肉，谈笑风生。

不用架蹇硕这个司令都空了，但又不能事事去请灵帝的诏书，只能任由他们这样下去。

灵帝大概比较郁闷，为什么袁绍这些人跟自己不贴心，而跟何进走得那么近？

这其实怨不得别人，你对宦官这么宠信，这么纵容，已经失去了民心，失去了大家的信任，而要重新获得支持，必须斩断与宦官的联系，把他们逐出权力中心，而这又是灵帝做不到的。灵帝把自己跟宦官们绑得太紧了，已经无法切割。

组建西园军确实又从灵帝西园小金库里出了不少钱，但效果实在让他寒心，灵帝对何进的不满更加深了。

在宦官们的帮助下灵帝也建立有自己的情报系统，他开始特别关注哪些人与何进关系密切。情报不断报上来，灵帝发现活跃在何进身边的人很多，平时和他来往密切人的名单越拉越长。

朝廷对朝臣私自结交有严格限制，处罚也相当严厉，但何进、袁绍一伙根本不理会，他们经常在一起聚会，形成了一个小圈子。

不是小圈子，应该说是一个大大的圈子。

因为何进、袁绍已经把洛阳的精英几乎都收到了帐下，来了个一网打尽。

对灵帝来说，这实在不好玩。

十二、拿着公款旅游去

何进身边的圈子越来越大。

除了袁绍等西园军的那 7 位师长（校尉）以及"奔走之友"中的伍孚、伍琼、荀攸、许攸、郑泰、何颙，还有华歆、孔融、申屠蟠、王谦、卢植、刘表、王匡、鲍信、张邈、刘岱、韩馥、蒯越、陈琳、郑玄、逢纪、边让……

汉末三国的风云人物，又在这里来了个大聚会。

由于他们中的所有人在以后还会多次登场，所以这里先做一简要介绍。

这些人里，华歆、郑玄是名士，也是党人。

华歆之前提到过，在民间名声很大，但还是一个老百姓，何进把他招来，安排在朝廷尚书台任职。

郑玄是当代公认的硕儒，此时已经 60 多岁了，何进为了表示敬重，为他专门设几杖，行敬老之礼。

申屠蟠是一位著名的隐士，他家境贫困，当过油漆工，却坚持自学成才，不愿意出来做官，结果名声更大，他隐居在梁山、砀山之间，自己动手盖房子，过起了原始生活，但还是何进本事大，把他都弄出来了。

知道王谦的人不多，如果说起他的儿子，则大名鼎鼎，他的儿子叫王粲，是曹操身边后来的大笔杆子。

王谦、王粲出身于山阳郡王氏家族，王谦的祖父王龚在顺帝时当过太尉，父亲王畅名列党人"八俊"之一，当过司空，这个家族后来还出了一个更牛的年轻人，名字叫王弼。

何进久慕王氏家族的大名，把王谦弄来当大将军府长史，视为亲信。何进还想把关系搞得更近一些，向王谦提出结亲的请求，但别人巴不得的好事被王长史一口拒绝了，完全不给领导面子。

杨赐在世时曾辟孔融为自己的下属，何进升任大将军后，杨赐曾派孔融拿着名帖（谒）前去祝贺。

孔融那时的职务只是处长这一类，所以门人未及时通报，孔融生气了，一把夺回名帖，扬长而去。

但何进没有记恨孔融，正式出任大将军以后，推荐孔融担任侍御史。

卢植被宦官迫害，后来被重新起用，担任议郎，他能够再就业，与何进的推荐密不可分。

大名鼎鼎的刘表也是在何进身边开始了政治上的起步的。

刘表字景升，比曹操大 10 多岁，跟王谦同一郡但不同县，曾经拜王谦的父亲、王粲的爷爷王畅为师，两家的关系很密切。

刘表不仅是名师之徒，而且长得很排场（姿貌温伟），是个有风度的美男子，很早知名于世，和老师王畅同为党人"八俊"之一。

像刘表这样的人，担任上了著名党人的排行榜，搁在以前就是朝廷重点打击的对象，何进把他招来在大将军府里担任掾，后来更委以重任，接替何颙担任了北军中候。

王匡的情况所知不多，只知道他小的时候跟蔡邕很要好，为人轻财好施，以侠义而闻名，何进把他招到大将军府任职。

鲍信字允诚，兖州刺史部泰山郡人，属于当地的豪强。

刘岱的情况也不太清楚，只知道他是刘汉宗室出身，袁绍和他关系密切，推测起来他可能和袁绍的妻子刘氏有亲戚关系。

王匡、鲍信、刘岱的情况跟张邈差不多，尚侠义，好结交，黑白两道都吃得开。

韩馥字文节，豫州刺史部颍川郡人，是"袁氏故吏"，被袁绍拉来入伙，此时担任御史中丞。

蒯越字异度，荆州刺史部南郡人，蒯家是荆州数一数二的大族，西汉初的名臣蒯通之后。蒯越为人足智多谋，魁杰而有雄姿，他的弟弟蒯良也是一个人才，何进聘任他为大将军府的掾。

刘表和蒯越在何进大将军府里是同事，彼此有了一定交往，为刘表后来到荆州发展奠定了重要基础。

陈琳字孔璋，比曹操小1岁，徐州刺史部广陵郡人，是个大笔杆子，著名的文学家、诗人、辞赋家，被何进聘为大将军府主簿。

逢纪字元图，袁绍的同乡，大概是袁绍在家乡守孝那段时间结识的，从此一直跟在袁绍的左右，是袁绍早期的追随者之一，擅长出谋划策，此时职务不详。

边让字文礼，跟蔡邕是同乡，很早就出名了，擅长占射、辞对，他口才极好，你跟他在一个酒桌上吃饭，你就只有吃的份儿，因为满桌的话都让他一个人说了（宾客满坐，莫不美其风）。

边让脾气不太好，比较清高，有点儿不肯事权贵的味道。何进想让他来，但也知道此人脾气大，害怕他不来，就以军令征召他（诡以军事征召），边让才不得不来。

边让来了，成为何进身边的智囊，何进以礼待之。

上面这个名单里没有王允的名字，这是因为王允此时不在洛阳。

王允把宦官确实惹急了，宦官必置他于死地，虽然在何进等人的营救下，他才保住了一条命，但他担心宦官进一步迫害，所以改名换姓，藏匿在河内郡、陈留郡一带（乃变易名姓，转侧河内、陈留间）。

何进特别注意礼贤下士，注意自己在士人中的形象。

最近发生了一件事，让士人们对何进的印象更好了。

中平四年（187）8月，豫州刺史部颍川郡有一个退休的县长去世了，终年84岁，何进专程派人前去吊唁，并委托司空荀爽、宫廷太仆韩融等重臣亲自前往主持祭奠仪式。

颍川郡有个荀氏，但该郡还有另外一个名门，那就是陈氏。

去世的这个人名字叫陈寔，之前当过最大的官是太丘县县长，世人称他为"陈太丘"。

不当官时，他就居住在乡里，平心率物，德冠当时，成为远近之宗师，官府多次征召，他都推辞了。杨赐、陈耽等人在世时，每登公卿之位，他们都说："陈寔未登大位，我愧先登！"

三公每有缺位，大家都认为应当归陈寔，但朝廷多次征命陈寔都不来，后来干脆闭门悬车，告示众人自己已在家养老。

白给个宰相都不干，这恐怕是最牛的老百姓了。

陈寔的声誉来自他的品德。

某天晚上，一个小偷溜进陈寔家，躲在屋梁上想寻机偷窃。陈寔发觉，但未喊人捉拿，而是把子孙们叫到面前训示：

"今后每个人都应努力上进，勿走邪路。做坏事的人并非生来就坏，只是平常不学好……"

小偷听完一番教导，感惭交并，下地叩头请罪。

陈寔勉励他改恶从善，赠他丝绢布匹。

这就是"梁上君子"典故的由来，后人以"陈寔遗盗"比喻义行善举。

陈寔有两个儿子，分别叫陈纪、陈谌，他们都名重于世，父子三人一起号称"三君"。之前提到的在陶谦手下干屯田的那个陈群，是陈纪的儿子。

在颍川郡，陈氏和荀氏两家关系也很好。

一天，陈寔想去荀家拜访，因为家里穷，雇不起仆人，就让陈纪驾车，陈谌持杖在后，孙子陈群坐在车里。

荀爽的父亲叫荀淑，有8个儿子，号称"荀氏八龙"，荀爽命一个儿子负责在门口迎接，一个儿子敬酒，其余6个儿子上菜。

这纯粹是一件民间活动，但却惊动了朝廷的史官，他们上奏天子：

"那些道德高尚的人已经向东去了（真人东行）！"

袁绍帮着何进把这些人弄来，有些是想利用他们的名望，如郑玄、华歆、申屠蟠、荀爽、边让，这些人在民间或者学术界早日享有盛名；有些是利用他们的才干，如王谦、陈琳、逢纪、许攸、蒯越、孔融，他们都有一定的能力，都是好帮手；有些则是后备军事人才，可以靠他们抓兵权，如王匡、鲍信、刘岱、韩馥、张邈。

短时间内能把这么多精英分子聚集在一起，这件事只有袁绍能办到，这得益于袁家"四世三公"的招牌，也得益于袁绍结交大卜英才的能力。

当然，更主要的是袁绍背后有一个强大的猎头公司，那就是"奔走之友"俱乐部。

什么叫奔走，看完上面这个名单，不服都不行。

袁绍替何进张罗人才可谓不遗余力，他这样做其实一点儿都不吃亏，表面上看这些人都尽入大将军的囊中，其实他们中的大多数也是袁绍的人，袁绍在别人的地盘上建起了自己的小王国。

这些人买何进的账，也买袁绍的账，关键时候更买袁绍的账。

何进明目张胆地扩充势力，不仅对反对何家的人产生了威胁，而且让灵帝越来越坐卧不安。

灵帝已打定主意立次子刘协为太子，但何进无疑是他实现这个目标的最大障碍。尽管舅舅董家那边也提拔了几个将军，但与何进相比显得人单力薄。

即使不是为了太子，单就为自己着想，一个超级强大的外戚意味着什么？

灵帝当然知道，这意味着自己的帝位将无足轻重，他这个皇帝人家想废就废，想立就立。

梁冀这么干过。

窦宪也这么干过。

刚刚担任西园上军校尉的蹇硕看出了灵帝的苦恼，他给灵帝出了个主意，足以让何进刚刚筑起的权力王国瞬间土崩瓦解。

别看蹇硕长得五大三粗，关键时刻动起脑子还真有两下子，他给灵帝出的主意是，以西羌战事吃紧为由，调大将军西征。

这一招够狠够毒也够厉害。

因为何进要是服从命令率军西征，那就不是三两个月就能办结的差事，弄不好还有可能一去无还或功败名毁；如果不服从命令，那就是抗旨，跟通电造反差不多。

灵帝没有跟何进商量，直接下达了诏书。

何进傻了，不知道该怎么应对，饭也吃不下，觉也睡不着，急得团团转。

袁绍看到何进着急的样子有点儿可笑，看来屠户就是屠户，这点儿事都能被难住？

袁绍给何进也出了个主意，轻轻松松地就把危机化解了。

袁绍同时不忘记在里面掺了些私货，给何大将军顺便挖了一个大坑。

袁绍告诉何进，西征可以，得有人马，现在兵力不足，准备齐了就出发。

总而言之一句话，能拖就拖。

何进茅塞顿开，马上给灵帝上了一道奏章，请求到京师周围的州郡招募人马。

不是有现成的西园军吗，拉出去不就完了？

西园军刚刚组建，顶多三五万人，拉到哪里对付农民起义还够，要想西征就太少了。要么把北军都拉出去，灵帝恐怕也不敢。

所以，只得批准何进的请求。

在袁绍的策划下，王匡、鲍信、张邈、刘岱等人被派到外地去募兵，出的是公差，花的是公款。

他们去的地方是泰山郡、并州刺史部、丹杨郡、陈留郡等地，都在洛阳以东。这些人都是袁绍的铁杆粉丝，袁绍也正愁没有机会扩充自己的实力，借着为何进解套，顺便把他们派到下面去抓队伍。

既然是拖时间，那就别太着急。

这些人下去之后就没了音讯，为了给灵帝一个交代，他们骗灵帝说各地黄巾军余部还在活动，募兵工作因此受到影响。

袁绍还亲自下去募兵，去了徐州刺史部和兖州刺史部一带，对外号称是打黄巾军的余部，其实一路瞎逛，大搞公费旅游。

袁绍的另一个目的是视察同志们的募兵成果，王匡等人到达各地后动作很快，募兵成果很大，袁绍告诉他们别急着回洛阳报到，什么时候回去听他的安排。

这次大规模的募兵活动影响深远。

听说朝廷扩军，有的地方很积极，有组织地参与进来。

并州刺史丁原就是个积极分子，他在并州刺史部一下子招募了1000多人，派了两个手下送到了洛阳。

丁原是吕布的老领导，他派来的两个手下也都是一流的牛人。

丁原字建阳，此时已经快50岁了，他是益州刺史部人，以前担任过洛阳警备司令（执金吾），后下派为并州刺史。

他的这两个手下一个名叫张杨，字稚叔，并州刺史部云中郡人，是一员猛将。另一个名叫张辽，字文远，并州刺史部雁门郡人，少年时担任郡吏，因为武力过人，被丁原召为从事。

至于吕布，还没到出场的时候。

这次募兵也改变了刘备、关羽、张飞等人的命运。

刘备在安喜县打了督邮，只好带着关羽、张飞等人弃官跑路，如果没有这次募兵，真不知道他们的结局会怎么样，也许顺势参加了黄巾军的余部，成为类似于张燕那样的人也未可知。在他们四处流浪的时候，听说朝廷招兵了，觉得是个机会，就跑到了洛阳。

刘备等人又参了军，编在一个叫毌丘毅的人手下。

现在洛阳到处是前来报名参军的人，时局扑朔迷离，瞬息万变。

对何进、袁绍来说，拖也不是一个长久之计。

何进和袁绍在秘密地筹划着对策，灵帝和蹇硕一方也没闲着，从后宫到朝野上下到处迷漫着一股紧张气氛。

谁都知道迟早得摊牌，谁也都知道早动手可以占据主动。

但是谁也不敢先动手，因为都没有完全胜算的把握。

正在这个紧张得让人窒息的时候，帝国突然发生了大事，让紧张气氛一下子失去了方向。

十三、还是实力说了算

中平六年（189）4月11日，汉灵帝刘宏驾崩于洛阳南宫的嘉德殿，终年34岁。

这一年的年初刘宏就病倒了，而且越病越重，他自知来日无多，不过有件事仍让他放心不下。

这就是他的次子刘协，他已决心把刘协立为接班人，但他又缺乏公开这个想法的胆识，一直犹犹豫豫。

不过在临终前他还是坚持了自己的想法，他把蹇硕叫到病榻前，托付他照顾好爱子刘协（属协于蹇硕）。

蹇硕流着泪答应了。

皇帝驾崩，如果还没来得及立太子或者太子过于年幼，一般会紧急召见一个或几个最亲近的大臣到病床前嘱咐后事，称托孤。

被召见的大臣，就是托孤大臣。

灵帝虽然一直有病，但30多岁就死了，也算是突然，两个儿子都还小，更重要的是，没有正式立太子。

按照当时的情况，灵帝应该把何进叫来，向他托孤。但灵帝找来了蹇硕，草草交代完就驾鹤归西了。要说灵帝当皇帝不称职，当爹、当领导也不称职，你自己不敢干，这么交代几句就撒手不管了，不是坑人吗？

蹇硕还不错，没有辜负灵帝生前对他的信任，他决定照着灵帝的遗愿办。他还算是个有头脑的人，决定在外界还不知道天子驾崩的消息前发起迅雷行动，果断铲除皇后及大将军一党。

蹇硕召集了身边自认为可靠的人做了精心布置，然后用已故天子的名义召何进入宫议事，计划在何进入宫后立即予以诛杀。

而何进那边竟然还不知道灵帝已死，所以丝毫没有戒备，接到诏令还像平时一样进了宫。

如果何进踏进宫门一步，他将永远无法回头。

汉末以来发生的多次宫廷政变表明，任何庞大的势力体系也阻挡不了物质上的毁灭，只要找准要害处果断一击，蚂蚁也是可以轻松掀翻大象的。

历史是可以创造的。

有条件的直接创造条件，没有条件的就去创造条件！

眼看大事将成，但是在最关键的时刻，出了问题。

有个名叫潘隐的宦官是何进安插在宫里的卧底，他得知蹇硕的阴谋后赶紧跑到宫门外，名义上是迎接大将军，其实是通风报信。

何进走到宫门前，潘隐不停地向他挤眉弄眼（迎而目之），何进终于会意，掉头就走。

蹇硕的计划，只差最后一步。

何进都没敢回家，直接跑到了西园，进驻西园军营里，把袁绍、曹操等人赶紧叫来商量。大家很快得出了共同的结论，天子出了意外，蹇硕等人动手了。

多年以来，袁绍这些人等的就是这一天。

袁绍马上告诉何进，宦官弑杀天子，将要造反，得赶快采取行动将其一网打尽。

何进虽然大权在握，但他的魄力和能力顶多只够当个河南尹，关键时刻除了紧张只有紧张，所以对袁绍的任何建议只能无条件接受。

何进立即进行了部署，宫外和城外的部队除了西园军就是北军，基本上都掌握在他和弟弟何苗的手中，局势是可以控制的。

为了更安全一些，何进又从西园军营移驻城外的北军大营，等在那里的北军联席参谋长（北军中候）刘表事先已做好了安排。

何进一到北军，就对外声称有病，拒绝进宫。

蹇硕没有等来何进，骑虎难下。

更让他为难的是张让、赵忠等人的态度，蹇硕的密谋能瞒过何进，却无法瞒过宫里的张让和赵忠，他们虽然没有像潘隐那样直接去通风报信，但对蹇硕的行动也只做冷眼旁观。

就这样僵持了 2 天，蹇硕知道大势已去，只得对外发布灵帝驾崩的消息。

于是，灵帝的长子、何进的外甥刘辩顺利继位。

刘辩时年 14 岁，由于他后来中途退位，没有庙号，故史称少帝。

少帝下诏，尊母亲何皇后为皇太后，由何太后临朝主政，改年号为光熹。

灵帝的另一个儿子，时年 9 岁的刘协被封为渤海王。

少帝还发布诏书，擢升袁绍的叔父袁隗为太傅，与大将军何进同时辅政（参录尚书事）。

太傅是个不常设的职务，地位比三公高，不过偏重于荣誉。袁隗之前已担任过三公，就任太傅前的职务是四方将军之一的后将军。

这一幕几乎是 21 年前的翻版，当时也是旧帝驾崩、新帝继位，当时的外戚是窦武，职务也是全国武装部队总司令（大将军），当时的党人领袖是陈番，职务也是太傅。

当时，也是外戚和党人联手，共同对付宦官。

对蹇硕来说，现在的情况比那时还糟糕，那时候宦官虽然处于劣势但他们是团结的，而现在后宫的情况大不一样。

宦官的实际头目是张让、赵忠，张让跟何家是亲戚，一向力挺何太后和何大将军，双方已结成政治同盟。而赵忠也与何家关系良好，灵帝想废后时，是他出面张罗挽回了局面。

最近以来，灵帝明显疏远了张让、赵忠，让蹇硕异军突起，张让、赵忠看在眼里，没有任何表示，现在灵帝驾崩，蹇硕背后的靠山倒了。

蹇硕还想作最后的抗争，他已经跟张让说不上话，但自觉跟赵忠关系还不错，还有宦官头目郭胜、宋典，蹇硕希望他们也能站在自己这一边。

蹇硕分别给这几个人写了信，信中说：

"何进兄弟控制朝廷，独断专行，而今更与袁绍等奸党通谋，要诛杀先帝左右的亲信，消灭宦官，只因我身兼西园上军校尉，才不敢轻举妄动。现在情势危急，我们应该联合起来，关闭宫门，下诏逮捕何进，予以诛杀（今宜共闭上阁，急捕诛之）。"

蹇硕只知道张让是何家的亲戚，但他显然还不完全了解后宫秘史，郭胜是什么人？他是何太后、何大将军的同乡，当年何太后还是南阳郡屠户家的女儿，因为贿赂了郭胜才进的宫，现在自然不会去理他。

赵忠更绝，不仅不答应蹇硕的请求，还把信呈给了何进（不从硕计，而以其书示进）。

何进正要对蹇硕动手，有了人证和物证，动手就合情合法了。

4月25日，就在灵帝驾崩半个月后，何进下令逮捕蹇硕及其同党，处死。

何皇后晋升为何太后，后宫里一时有了两个太后。

按理董太后应被称为太皇太后，她的侄子董重仍然是全国武装部队副总司令（骠骑将军），他们是灵帝的至亲骨肉，不同于蹇硕那样的人，是杀是留，何进兄妹并没有想好。

但是，太皇太后和骠骑将军这一对姑侄组合并没有看清眼下的局势对他们相当不利而且凶险，还试图与太后和大将军兄妹组合一争高下。

结果可想而知，姑侄组合完败于兄妹组合，何进与三公以及弟弟车骑将军何苗联名上奏：

"孝仁皇后派前中常侍夏恽、永乐太仆封谞等人跟州郡来往，大量搜刮珍宝财物，都藏在西园。按照制度，藩王的后妃不得留在京师，车马服饰、饮食起居也有差别，所以奏请将孝仁皇后由永乐宫迁回本国。"

孝仁皇后是灵帝掌权后为母亲上的尊号，夏恽、封谞等人犯的事是否和她有关，无法考证，不过她和儿子灵帝一样贪财好利是不争的事实，在西园也有她专属的小金库，奏书上说的大致也不错。

奏书上达，少帝批准。

5月6日，何进发兵包围骠骑将军府，逮捕董重，就地免职，董重自杀。

次月，太皇太后在忧虑恐惧中死去，有的史书认为她是自杀，但大多数史书并不认可。

之前太皇太后的哥哥、曾任执金吾的董宠，因为打着妹妹的旗号办私事，已被下狱处死。

河间国解渎亭侯刘苌死后，他的妻子、儿子因为特殊的机缘走上了政治的舞台，如今又彻底退出了。

这相当于一场政变，因为这个结果完全不同于灵帝临终前的遗愿，但没有办法，实力在这儿摆着。

南阳屠户出身的这一家人应该完全满意了，他们接下来要做的事应该是如何把势力加以巩固，维护好有血缘关系的皇帝的大统，为此他们要设法跟宦官们修补一下关系，再推出一些政治革新措施，获得士人的支持。

看到何大将军和何太后沉浸在喜悦之中，一副革命已经成功的模样，袁绍不干了。

袁绍和他的同志们废了那么大的劲儿，如果仅仅换了个皇帝、换了一拨外戚，那与前朝又有什么区别？袁绍等人的目标是诛杀全部宦官，同时也不希望再出一个像梁冀一样的外戚把国家掌控于一人股掌之上。这个政治理想他们苦苦追求了多年，眼看就要成功，怎么能收手？

所以，袁绍发动大家一块向何进进言，鼓动他趁热打铁，现在就把宦官收拾了，之后推行政治改革。

这让何进犹豫起来，他也是名师杨赐的学生，对政治也有基本的判断，他当然知道袁绍等人的主张是有道理的，也是合民心的，宦官的名声已经差到了极点，现在的确是消灭他们的最好机会，无论是舆论发动还是实力准备，从来没有像现在这样有利于来一场变革。

但何进不是袁绍，他缺乏进一步革命下去的热情和冲动，被袁绍等人逼得实在没办法了，他也跑去跟妹妹提了提，但遭到了妹妹的坚决反对，兄弟何苗也不赞成他这样做。

何进一时没了主意。

但袁绍等人的态度十分坚决，不仅袁绍自己，现在何进所信任的每一个人几乎都跟袁绍一个声音，如果不拿出实际行动来，何进担心会失去他们的支持。

袁绍看出何进在犹豫，鼓励他说：

"之前窦武欲诛除宦官但反为所害，是因为他们保密工作做得不好（坐言语漏泄），另外北军五营的兵士提起宦官都害怕，窦武反而依靠他们，所以失败了。现在，大将军兄弟都掌握劲兵，麾下将领都是俊杰，而且愿意尽力拼死，所以一切都在掌握之中，这是上天赐予的绝好时机（此天赞之时）！将军应该立即下定决心，为天下除害，以垂名后世，机会不多，不可失啊！"

何进有些不情愿，不过拗不过袁绍，只好再次进宫跟妹妹商量，按照袁绍等人的意见，向太后提出尽罢宫里的宦官，用三署郎来顶替他们，何太后不同意：

"宦官统领禁省，自古及今都是这样，这是汉家的传统，不能废。而且，先帝新弃天下，让我在宫里和士人共处，算怎么回事（我奈何楚楚与士人共对事乎）？"

何进说不过妹妹，只好出来再跟袁绍商量：

"能不能只诛杀其中民怨较大的宦官，对其他宦官予以宽赦？"

袁绍听完坚决反对：

"不行，要做就要斩草除根，否则后患无穷。"

大将军为难起来：

"我也同意对宦官全部诛杀，可皇太后不答应，这可如何是好？"

袁绍看出来皇太后只是大将军的借口，要想让何进没有退路，不用点儿狠招还真不行。

十四、袁绍的阴谋

袁绍的建议是，招外兵入京胁迫太后同意诛杀宦官。

何进如果脑子没进水就绝不会答应这个事，道理很简单，诛杀宦官是袁绍的事，不是他的事，而外兵一旦入京引起动乱，就全成了他的事。

但何进这些天来已经被袁绍等人整糊涂了，在众口一词的狂轰滥炸之下，何进已经丧失了独立思考的能力，智商明显不足，尽管这是一个馊主意，他还是准备答应。

袁绍的打算是，必须把局面弄乱，在乱中寻找机会。

这确实是一个冒险的计划，乱中固然有机会，但真乱起来也难以收拾，黄巾大起义时形势那么紧张但天最终没有塌下来，就是因为京师洛阳一直是安全的，洛阳四周有 8 个关口，像 8 道大门紧紧护卫着京师，东汉自建国之后，没有一支朝廷中央军以外的军队在事先不接到命令的情况下能进入八关之内。

外兵如果可以随意进出洛阳，那将培养出多少野心家？仅仅因为要向太后施压就冒这么大险，是不是有些失算？

所以，大家对这个所谓的"兵谏计划"的认识并不统一。在何进主持的一次会议上，大将军府主簿陈琳、朝廷侍御史郑泰、朝廷尚书卢植等人都表示了不同意见，陈琳说：

"有一句谚语叫'掩目捕雀'，意思是对于小事尚不能通过欺诈的手段解决，何况国家大事？现在将军您总揽皇威，手握重兵，龙骧虎步，要做什么就能做什么，就像用烈火去烧毛发一样（犹鼓洪炉燎毛发耳）。现在应当速发雷霆，行权立断，那样自然天人顺应。现在反而放下手中的利器，向外兵求援，等到大兵会集京师，将是强者为雄，这就好像倒着拿干和戈，把枪杆子交给别人（所谓倒持干戈，授人以柄）。"

陈琳的结论是，如果非引外兵入京，绝不会成功，只能造成天下大乱。陈琳不仅是笔杆子，还有敏捷的政治洞察力，后来发生的事跟他预料的一模一样。

但是，何进已被袁绍洗脑，或者是被袁绍缠得没有其他更好的办法，陈琳的建议没有引起他的重视。

西园军师长（典军校尉）曹操也参加了会议，并在会上发言：

"宦官制度自古就有，只不过是君王把权力交给了他们，才弄成今天这个样子。问题不在制度本身，而在于管理疏失。当前应该惩治首恶，而做这项工作派个狱卒就能完成，何必招外将入京呢？而且，要全部消灭宦官，这件事很容易就泄密，最后只会失败（欲尽诛之，事必宣露，吾见其败也）。"

这些反对意见没有阻挡住袁绍的计划，何进还是批准了招外兵入京的方案。

袁绍估计也评估过这件事的风险，但他大概也和"奔走之友"们仔细进行了分析，认为这个计划能够成功，因为他们有控制风险的办法，那就是他们准备招来的外兵是经过筛选的，都是在他们控制之中的。

只等这些兄弟带兵入京，袁绍就可以实施另外一个计划了。

这才是他真正的目的。

袁绍敏锐地观察到，少帝继位后何进兄妹看似风光，却一连犯下几个错误，巨大的危机正向他们袭来。

何进犯的最大错误就是不应该杀掉董太后，灵帝尽管在民间声望不足，但在一般人心中正统观念大于一切，作为皇帝灵帝在众人心目中的地位还是至高无上和不可替代的，那么他的生母董太后也就成为一种象征，儿子尸骨未寒母亲却不明不白地死了，这种事想不让大家议论都难。

所以，董太后死后何进兄妹的民意基础大为下降，反过来袁氏家族的声望被进一步抬高，袁氏几世的积累与袁绍的个人号召力形成了完美结合，几乎所有的人都认为，目前的局势要稳住，看的不是大将军，而是袁绍。

从朝廷到民间，人心的向背正在发生急转，正沉浸在胜利喜悦中的何进兄妹对此的感知程度远远低于袁绍，这让袁绍坚定了心中早就有了的那个想法。

少帝继位后袁绍又有了一个新职务，司隶校尉。

司隶校尉部是东汉13个州里的一个，管辖范围东自洛阳西至长安，是帝国的核心地带，司隶校尉相当于天下第一州牧，是河南尹的上级，现在的形势已经变得复杂和敏感，这个职位比以往任何时候都显得重要。

还有前一阵子派人到各地募兵，也是这个行动的一部分。张邈、鲍信、王匡以及张杨、张辽、毌丘毅等人在各地都有了不少收获，他们都在等待袁绍发出下一步行动的指令，但现在形势变了，当初募兵是为了应付灵帝，这个前提已经消失，西征也不存在了，所募的兵应该就地解散才对，如果不提出引外兵入京的方案，这些人要到洛阳来就没有合法的理由。

除了上面这些铁杆支持者，并州刺史丁原、东郡太守桥瑁等一些地方实力派人物通过各种形式与袁绍取得了联系，他们也都表示支持袁绍，但如果只是口头上的声援，那也意义不大。

所以，对袁绍来说引外兵入京是一个必需的步骤，只有拥护袁绍的这些人带着人马到了洛阳，袁绍的软实力才能成为硬实力，在与宦官的角逐中才能真正占据上风。

而且，只有袁绍身边最为亲密的几个人才知道，此时的袁绍并没有把宦官作为主要对手，正如曹操所说的，杀宦官只需要派一队人马进宫就行了，根本不用费这么大的事儿。

袁绍心中主要的对手是何进，现在的情况已经表明，何进兄妹骨子里是想跟宦官站在一起，目前还有些羞羞答答，一旦势力版图发生变化，何进和宦官占据了上风，他们自然会走到一起，来个第三次"党锢之祸"也不是不可能的。

袁绍的这一狠招，原来是给何大将军准备的。

袁绍担心大将军回过味来反悔就不好办了，于是派人赶紧分赴各地，传达率兵进京的命令。

袁绍计划招来的有以下几路人马：

并州刺史丁原所部，之前丁原的两个手下张杨、张辽已经率1000人赶到了洛阳附近，现在丁原本人也将率并州军前来；

骑兵旅旅长（**骑都尉**）鲍信从泰山郡招募的人马；

大将军府处长（**大将军掾**）王匡从徐州刺史部招募的人马；

旅长（**都尉**）毌丘毅从丹杨郡招募的人马，其中包括刘备、关羽、张飞等人；

东郡太守桥瑁所部。

从当时洛阳的情况看，要引外兵入京，似乎应该先从相邻的豫州、兖州、荆州等几个刺史部调兵，而上面这几路人马，除了丁原还算是正规的"外兵"，其他都属于临时拼凑的队伍。

虽然不正规，但都是袁绍的人，这是招他们来洛阳的原因。

如果只有以上这几路人马，袁绍的计划也就成功了。

可惜，还有一路。

这一路就是董卓。

近年来董卓的实力在不断上升，野心随之也膨胀起来，他有点儿像后世的袁世凯，拥兵自重，不听调遣，朝廷处处都得哄着来。

随着董太后一族在朝廷被清算，和董太后走得很近的董卓也受到了牵连，何进当然还不敢对董卓直接开杀戒，而是改任他为宫廷事务部部长（**少府**），想以此解除他的兵权。

这个任命被董卓公然拒绝了。

在帝国300多年的历史上，这种事还很少发生。

但是，此时的朝廷拿董卓毫无办法，为防止董卓所部哗变，跟韩遂、马腾搞到一块，朝廷只得放低姿态主动和董卓协商，经过一番讨价还价，改任他为并州牧，还附带一个条件，那就是允许他带领一支队伍前去上任。

并州刺史丁原正忙着率兵南下，朝廷免去了他的刺史职务，改任他为武猛都尉。

为什么军职这么低？这跟刺史的品秩有关，刺史不是州牧，论品秩跟县令一样。

董卓勉强接受了新任命，从嫡系人马里挑选了3000精锐前往并州刺史部上任。他们一行慢慢悠悠，因为董卓想一边走一边观察着形势。

在要不要招董卓来洛阳这个问题上袁绍的核心智囊们曾发生严重的分歧，一种观点认为不能让这个凉州军阀来，这厮一向缺乏组织纪律性，手下军士没有教养，野蛮成性，不好驾驭，让他们来无异于引狼入室。但另一种观点认为，正是因为凉州军有强悍暴虐的名声，对宦官的压力才足够大。

持后一种观点的人肯定脑子进了水，引兵入京对付宦官只是个幌子，这一点除了还在犯糊涂的何进外其他人心里都很清楚，所以这是个伪命题。

小品里说，你用谎言去验证谎言，得到的一定是谎言。

用伪命题为前提推出的结论，也是毫无价值的。

而凉州军一旦来到洛阳，引狼入室才是真正要面对的现实问题，对此，一身精明的袁绍难道没考虑过吗？

后来发生的事证明，他招来了凉州军人，把国家弄得大乱，他自己以及整个家族也因此遭殃。

十五、谁是最后的王牌

董卓带着他的3000人马正慢慢悠悠地由凉州往内地走，过了潼关就得分路了，如果去并州就要往北走。

这时董卓接到少帝的诏令，让他率部来洛阳。

不去并州了？这当然更符合董卓的心意。

董卓下令提高行军速度，尽快赶到洛阳。直觉告诉他，朝廷那边可能出了什么事，去慢了什么都捞不着了。

在董卓带领的这一支人马从西边急赴洛阳的同时，一支人马也由北面南下。

率领这支人马的是新任武猛都尉丁原，他原来打算在并州刺史部的治所晋阳等待董卓来进行交接，接到诏书后也一刻没有停留，以急行军的速度向洛阳开来。

丁原一行是从并州刺史部中部的汾河谷地出发的，距离洛阳800多里，中间要翻越数重高山，还要渡过黄河，所以路上花的时间比董卓多。

这是一个至关重要的细节，如果丁原比董卓先到，后面的事或许就是另外一个结果了。

还有洛阳以东的各支人马，他们先后接到了诏令，也都不敢耽搁，立刻就率领各自的人马来了。

直到这个时候，袁绍仍然认为他的计划没有错。

何进的脑子里进了水，袁绍肯定认为自己没有。尽管曹操、陈琳、郑泰等人反对他的计划，但这几个人并不是他的核心智囊团成员，他们不了解袁绍内心里的真实想法。

有些话袁绍只有当着他的核心智囊们才会说，之所以引外兵入京，他针对的其实是何进，之所以要把董卓一块叫来，是因为董卓才是一张真正的王牌。

如果只针对宦官，当然不必造这么大的声势，更用不着董卓，正因为目标是何进，所以董卓必须来。

这是因为，在袁绍看来董卓不仅是军阀，更是刚刚死去的董太后的同宗，在感情上本身就站在董太后一边，少帝掌权后又要夺他的兵权，董卓对何进必然是反感的。

袁绍要想增加打倒何进的把握，就得利用好董卓。

对付一头大象，只放进几匹狼来还不行，得放进来一只虎。

袁绍也有信心驾驭好董卓，董卓的脑袋上有"袁氏故吏"这个标签，尽管他内心里对此未必怀有太多的敬意，但公开与袁家为敌他还干不出来。

即使董卓敢叫板，洛阳城也不是他一支人马，袁绍有把握掌控的人马加在一起还有六七支，总人数是董卓人马的数倍，董卓再疯狂，也不敢在洛阳这个地方造反吧？

以上就是袁绍的全部想法，他认为他的计划几乎是零风险。

但袁绍想错了，因为他了解自己，却不了解别人。

现在的董卓已经不是给袁家当马仔的董卓了，翻脸的速度比谁都快。至于风险，有些情况袁绍虽然掌握，可有些情况他恐怕也不清楚。

这时，董卓的队伍已行过了函谷关，即将到达渑池附近。

这支凉州军虽然只有 3000 人，但都是骑兵，行动迅速。

再往前，距离洛阳只有 200 里了，让这些骑兵放开了跑，也就是不到两天的路程。

接到报告，何进大概才冷静地想了想下面的安排，当他认真地把董卓这个人的情况重新梳理一遍的时候，突然意识到董卓也姓董，跟已经死去的董太后、董骠骑将军是一个董！

前面怎么忽视了这么重要的一个细节？

何进意识到这个问题严重时，脑子一下清醒了不少，脊背上估计也该冒冷汗了。何进真急了，他也不再跟袁绍商量，决定立即阻止董卓来洛阳。

请神容易送神难，对董卓这样一向不听调遣的人，怎么才能让他就范呢？

何进想了半天，决定派种劭去完成这个艰巨任务。

种劭是已故度辽将军种暠的孙子，董卓曾在种暠手下干过，也是"种氏故吏"，何进抬出老领导来压董卓。

种劭带着少帝的诏书急赴渑池，在那里遇到了董卓。

种劭向董卓传达了少帝的诏书，命董卓所部向后撤。

但对方既然是董卓，老领导本人来了也没用，抗诏对董卓来说也不是第一次了，这一回仍然没有例外。看来情况又发生了变化，董卓不知道原因，但他不想放弃眼前的利益。

董卓于是耍起了流氓，鼓动手下人威逼种劭（使其军士以兵胁劭）。

种劭的爷爷种暠跟梁冀斗过争，跟羌人打过仗，当过三公，在凉州各族百姓中享有盛名，种劭不如他爷爷，但也不是能轻易能吓住的。

种劭大声叱责凉州军人，居然把他们镇住了。种劭又去责问董卓，董卓一时理屈，只好答应不再前进，向后退。

这暴露出军阀董卓的一个弱点，玩武的行，玩文的还不行。

不过，说是撤退，也没有走远。

董卓率所部就停在了洛阳以西一带，不断派人打听洛阳那边的情况，一旦有事，他的骑兵也能迅速赶到。

不仅如此，董卓还派人回凉州，让他的其他人马也都来洛阳，沿途如果有人敢阻拦，就以武力解决。

凉州军一向给人野蛮、残暴的印象，听说他们要来了，洛阳城里先陷入紧张和不安中。

何太后更是吃了一惊，她赶紧让人传出话来，同意遣散宫里所有宦官，让他们回到宫外各自家中。

太后的谕令随后下达，包括张让、赵忠在内的大小宦官全部被请出了皇宫。

戒备森严的皇宫目前是宦官们最后的避难所，现在的形势已经不比以往，外面到处都在声讨宦官，一旦离开皇宫住到家里，他们无异于束手就擒、坐以待毙。

被赶出皇宫的宦官们跑到大将军府外跪了一大片，他们痛哭流涕，叩头请罪。尤其是张让，已经跟何家联姻，论起来还是大将军和太后的长辈，此时也可怜兮兮的，跪着求一条活路。

张让还把儿媳妇，也就是何太后的妹妹叫来，跪下求情："老臣有罪，应当和你一同回到咱们自己的家。但一想到累世受恩，现在将远离后宫，心里依依不舍，只想最后再进宫值班一次（愿复一入直），再伺候一下太后、陛下，之后回到家，纵然弃尸沟壑，也可以无恨了！"

张让的儿媳妇进宫在母亲舞阳君面前哭诉，舞阳君又去找女儿何太后，经过母亲和妹妹这么一说，何太后又改变了主意，以太后的名义重新发布谕令，让宦官们暂时回到宫中。

袁绍当然不甘心，他鼓动何进无论如何要说服太后下决心诛杀宦官。现在各路人马离洛阳都不远了，袁绍在何进面前说话的口气都变了，开始软硬兼施起来。

袁绍告诉何进，必须抓住机会诛杀宦官，给天下一个交代，同样的话袁绍在何进面前不停地说，直到何进答应为止（绍劝进便可于此决之，至于再三）。

袁绍甚至威胁何进："事情已经到了这一步，如果再犹豫就会发生变化，错过了机会大祸就会临头（事留变生，后机祸至）！"

但何进仍然犹豫。

为了安抚袁绍，他让袁绍以司隶校尉的身份，安排洛阳县派一些有谋略又配备了武装的人员负责监视宦官们的一举一动（令绍使洛阳方略武吏检司诸宦者），又让袁绍的弟弟袁术以虎贲中郎将的身份挑选200名虎贲军，负责皇宫的守卫。

何进心里乱糟糟的，特别烦。

一边是宦官和妹妹，一边是唠唠叨叨的袁绍一群人，双方互不相让，不是你死就是我活，让他左右为难。

除了妹妹，弟弟何苗和母亲舞阳君也站在宦官一边。

宦官们经常向何苗、舞阳君行贿，听说何进要诛杀宦官，他们都帮助宦官说话，还在太后面前挑拨说："大将军专门对左右的人开刀，这是削弱自己的权力（大将军专杀左右，擅权以弱社稷）。"

言下之意，宦官才是自己人，大将军不分里外，反而杀他们，这是被人利用了。对于这样的说法，太后也相信了，所以对何进诛杀宦官的建议坚决反对。

何苗劝哥哥说："咱们家从南阳郡来，开始既没有钱也没有地位（俱以贫贱），依靠着宦官才既富且贵。国家大事谈何容易，水一旦泼出去就收不回来，你应当深思，赶紧和宦官讲和（且与省内和也）！"

听了妹妹、弟弟以及母亲这些话，何进更下不了决心了。

从何进自身来说，他对宦官本能地既敬又有些怕（素敬惮之），这种潜意识已深入骨髓，现在他虽然权倾一时，但仍然不能摆脱内心里恐惧宦官的阴影，让他向宦官全面开战，他的智商纵然够，胆商也不够。

这时，妹妹从宫里让人传出话来，要他进宫商议该怎么办。

十六、狗急跳墙，人急拼命

何进决定利用这次进宫的机会再和妹妹商量一下。

现在的风声已经非常紧了，外面各种谣言满天飞，听说何进这时候还要进宫，袁绍赶紧来阻止，让何进千万别进宫（可勿入宫）。

何进想了想，觉得袁绍说得也对，打消了进宫的念头。但不知什么原因，过了一阵何进又改变了想法（进纳其言，后更狐疑），还是决定进宫一趟。

让何进改变想法的恐怕还是现在的局势，他感到自己现在就像坐在炉火上被炙烤着，想下又下不来，坐卧不宁，所以也急于进宫找妹妹再商量商量。

按照目前的形势，何进肯定会竭力劝妹妹做出妥协，保全宦官事小，寻求自保才是当务之急。

为防备不测，何进专门带了手下的吴匡、张璋两位将领以及200名卫士，由大将军府向皇宫走去。

这是个阴天，这一年进入夏季后洛阳就在不停地下雨，前后竟然下了80多天（霖雨八十余日），算起来从夏天一直下到了秋天。

在五行学家们看来这样奇怪的雨一般不会无缘无故地下，此后总会发生点儿什么。当年外戚梁冀被诛杀时洛阳也下了几十天连阴雨，轮到外戚窦武被诛杀时，洛阳也是几十天阴雨不断。

看着这场雨，何进不知是否曾想过他们。

何进的心情跟厚厚的云层一样阴郁，他现在不仅忧心，更隐约地感到自己被人利用了，但事已至此，他明白过来也毫无用处。

洛阳的皇宫分南宫和北宫，何太后住在南宫，何进来到南宫的西门白虎门前，按照规定只能他一个人进宫，吴匡、张璋以及200名卫士只好在宫门外等候。

直到这时，何进还没有觉察出来什么异样。

何进一个人进了宫。

宫门关闭。

这时雨可能还在下，尽管雨水打湿了卫士们的甲胄，但吴匡和张璋也丝毫不敢大意，他们站在宫外紧张地等着。

等了很久，仍不见宫门开启。

又等了一阵，还是没有任何动静。

吴匡和张璋有点儿急了，这时候他们可能才思考到一个严重的问题。就在这扇大门的后面，生活着至少有上千名宦官，大将军赤手空拳一个人进了宫，目的是商议怎么除掉这些人。

吴匡、张璋可能会想到，如果他们是这些宦官，又恰好知道了大将军进宫的意图和行走的路线，那么……

不敢想了，也不能再等了，吴匡、张璋决定采取行动。

可还没等他们动手，从宫墙的那边扔出来一样东西。

这件东西重重地摔在宫外的地上，甚至还在雨水中弹了一下。

吴匡、张璋凑近一看，吓得魂飞魄散。

这是大将军的人头！

宦官们确实提前知道了何进要进宫的消息，也知道了他来的目的。

蹇硕死后宦官们停止了内斗，重新团结在张让、赵忠、段珪等人周围，面对宫外的一片片杀气，他们明白只有拧成一股绳、抱成一团才能获得一线生机。他们在张让的带领下继续不停地向何太后哭诉、求情，同时派出耳目打探宫外的消息。

消息很快传来，何进、袁绍已下决心将他们一网打尽，一个不留，何进马上将进宫与太后商议此事。

是福不是祸，是祸躲不过。

暂时的恐惧之后，是临死前的激愤。

袁绍想杀我们，可以理解。

你何进也想来杀我们，为什么？

为什么？！

我们都是何家的恩人，没有我们就没有你何家的今天。

恐惧变成仇恨，就是死也要在临死前把何进这小子剁了！

而何进居然自动送上门来了。

当何进进了宫，路过嘉德殿的时候，事先埋伏好的宦官们一拥而上，他们手中举着刀，连喊带骂，群情激愤，一阵乱刀就把何进给杀了。

何进临死前，张让当面责问他：

"天下昏乱，也不单是我们这些人的罪过，先帝曾和太后发生不愉快的事，太后几乎被废，是我们流着泪向先帝求情，又出了几千钱让先帝高兴，这才渡过危机。我们这样做，只是想依托于你们何氏而已，现在你居然要消灭我们，岂不是太过分了吗？"

张让越说越气，最后愤怒地质问道：

"你说宫里面丑陋污秽，那你说说，宫外面的公卿百官谁又是廉洁的（卿言省内秽浊，公卿以下忠清者为谁）？"

砍何进第一刀的是个叫渠穆的宦官。

这一天是中平六年（189）8月25日。

何进死前连一句话都没留下，堂堂大将军死得也有些太顺利了。

从进宫到被杀，何进的一举一动都在宦官的操控之中，没有丝毫还手的可能。问题是，宦官们的情报是哪里来的？是谁给宦官们通的风报的信？

太顺利的事，就需要多想一下。

显然，要么是宦官们的情报系统一向就很发达，到了这个节骨眼儿也仍然能做到对宫内外的事情了如指掌，要么是有什么人主动把情报泄露给了他们。

如果是后面一种情况，会是什么人呢？

当然是想要何进命的人。

这虽然只是猜测，但并非不可能。

还有一种记载，张让、段珪等人杀了何进后，曾试图发动政变，扳回这一局。

他们伪造了诏书，撤销袁绍的司隶校尉职务，由原太尉樊陵担任司隶校尉，原宫廷事务部部长（少府）许相为河南尹。

天子的诏书须由设在宫里的朝廷秘书局（尚书台）核准盖章后发布，尚书台的秘书们不敢相信，他们提出要见大将军本人后再说（请大将军出共议）。

宦官们把何进的脑袋扔给尚书台的尚书郎们看：

"何进谋反，已伏诛了！"

宦官们的伪诏大概并没来得及送出宫，守卫在宫外的吴匡、张璋得知情况发生了骤变，震惊之余想下令攻门，但又拿不定主意，毕竟这是皇宫。正在这时，他们的援军神秘地出现了。

来的是袁术，作为虎贲中郎将，他平时的职责就是守卫皇宫，但这一次似乎来得有些晚，他也看到了何进的人头，当场做主进攻皇宫。

宫外原来就有200人，袁术多少也会带来一部分人，这几百人去攻一座宫门应该不成问题，更何况袁术对这里的情况又格外熟悉。

但是，当袁术指挥这些人向皇宫发起进攻时，发现宫门厚重，宫墙高大，又环绕着护城河，而他们都是轻装而来，没有带攻城的装备，费了半天劲，居然打不进去。

这时，宫里面已经大乱。

张让、段珪等人敢杀何进，就已经做好了鱼死网破的准备，但他们还不想引颈就戮，而是聚集起宦官，裹胁了何太后、少帝和陈留王向北宫逃去。

要从南宫到北宫，中间必须经过一条复道，这种复道类似于过街天桥，连接在两宫之间。

他们一行人到了复道上，发现下面有人喊话，仔细一看是尚书卢植。尚书台的办公地点在北宫，听到南宫大乱，经验丰富的卢植先跑出北宫，不知道从哪里找过来一把长矛，卢将军要只身护驾。到了南北宫之间，恰好遇到复道上逃亡的一群人。

卢将军的威名远远胜过手中的长矛，张让等人一慌，把何太后给推了下去，卢植赶紧去救何太后，上面的人趁机跑到北宫。

袁术指挥的人这时还在攻城，眼见攻不下来，袁术下令采取火攻，这是相当危险的举动，因为大火一旦烧起来就难以控制，弄不好整个皇宫都得给烧了，甚至危及周边的民居。

但袁术不管，一副唯恐还不够乱的架势。

借助火攻的威力，宫外的人终于攻进了皇宫内，袁术下令见到宦官就杀，一个不留。

后宫里其实也不全是宦官，还有尚书台、侍中寺等由士人任职的办事机构，但局势已经完全乱了，来不及辨别，只要没胡子的全都遭了殃。

何苗听说哥哥死了，既悲又惊，赶紧领一部分人马向皇宫开来，遇到了袁术指挥的人，双方合兵一处，看到宫里乱哄哄的，又燃起了大火，就先屯兵在朱雀阙下。

在这里，发现了正往外逃的宦官头目赵忠，杀了。

事后统计，在这场混乱中共有2000多人被杀。

朝中的重要官员多住在南、北两宫周边，这么大的动静当然早就被惊动了，他们都知道宫里出了大事，但在突如其来的变故面前，都茫然不知所措。

何进死了，太后受伤，少帝、陈留王都不知去向，袁隗成为朝官的首领，袁隗这时应该赶紧出面，召集其他主要朝臣成立应急指挥部，对外发布安民告示，同时组织人赶紧扑救南宫已经烧起来的大火。

还有更重要的事，就是赶紧组织人去找少帝和陈留王，绝对不能让宦官把他们裹胁出京。

但袁隗根本控制不了局面，只能把这些事都交给袁绍处理。

袁绍一边让袁术、曹操、王允等自己人迅速掌控各要害之处，同时假传诏书把樊陵、许相等抓起来杀了，因为他们都是宦官的人。

接下来，袁绍顾不上组织人到宫里救火，也来不及贴安民告示，他更着急办另一件大事。

他要把何进的弟弟何苗先收拾了。

这件事确实很重要，因为何苗知道很多机密，对于哥哥的被杀，日后何苗一定有话要说。袁绍不能给他机会，在他的授意和挑拨下，平时与何苗有矛盾的何进的部将吴匡，带人趁乱把何苗杀了。

何苗的身份是车骑将军，何进新亡，只要何苗还在，还是一杆旗帜，袁绍一定觉得何苗碍事。

何苗手下的车骑将军长史乐隐也一同遇害。乐隐本是个学者，他有一个学生也在洛阳，看到老师遇害，这个学生就跟人收敛起老师的遗体，然后藏起来送归老师家乡冀州刺史部安葬。

这个人名叫牵招，日后也有一番作为。

袁绍一心忙着这些事，寻找少帝和陈留王的事就松懈了，居然隔了一天，到8月27日仍然没有找到天子及张让、段珪等人。

后来有人报告说，张让、段珪等少数宦官带着少帝和陈留王已经从北宫的北门谷门突围而出，向黄河渡口小平津方向跑去了。

看来他们想要渡河北上。

过黄河不远就是冀州的地盘，那里黄巾军余党活动频繁，如果天子落入他们的手里，问题就复杂了。

十七、强人捷足先登

不过，天子和陈留王仍安然无恙，袁绍悬着的心倒也放下来一些。

事态发展尽管让一般人惊骇不已，但对袁绍来说这都是他意料之中的事，尤其是何进最终死于宦官之手，这简直是"天作之合"，既消灭了何进这个外戚，也等于彻底宣判了宦官们的死刑。

在全部计划中，少帝和陈留王都不能有任何闪失，这是计划里最薄弱的一环，如果少帝和陈留王都遭遇了不测，那天下就彻底乱了，后面的事想控制住也就很难了。

袁绍赶紧跟叔父袁隗商量，派出多路人马向黄河方向去找人，袁绍还以司隶校尉的名义，下令河南尹、洛阳县的地方官员一块加入找人的行列。

只要少帝和陈留王平安归来，事情也就彻底完满了。

直到这时，袁绍还没有去想一个人，也许这个人不想让他过于圆满。

这个人就是董卓，这两天洛阳城里的局势更加紧张，董卓索性把人马拉到了洛阳西边的几阳亭，在这里可以随时监控城里的局势。

董卓听说城里突然乱了起来，又起了大火，他知道朝廷有重大事情发生，尽管没接到任何命令，他还是立即点齐人马向洛阳开来。

一路上董卓肯定也在不停地打探消息，大致弄清了事情的梗概，他本能地意识到，当下最重要的事情是找到少帝和陈留王，谁把他们掌握在手中，谁才有话语权。

听说宦官们劫持少帝和陈留王向北去了，董卓没有进洛阳城，而是朝东北方向疾进。

张让、段珪等最后的几个宦官确实挟持着少帝和陈留王向黄河这边逃来。

原打算就此渡河，但可能天太黑，又找不着船，宦官们彻底绝望了。

张让、段珪等人给少帝和陈留王叩了个头，请他们保重，之后怀着一腔恐惧、绝望和愤懑投河自尽了。

这时正值深夜，14岁的少帝刘辩跟前只有9岁的弟弟陈留王刘协，兄弟俩摸着黑，借着萤火虫的微弱光亮往前走（逐萤火而行）。

跌跌撞撞，深一脚浅一脚，又在漆黑的野外，尽管天气还不算太冷，但对两个从未出过皇宫的少年来说，这恐怕是最恐怖也最难忘的一夜了。

走了几里地，才找到了一个农家。

当农人听说眼前两个少年就是当今天子和他的弟弟时，恐怕会被吓死，但俩人的穿戴作不了假，农人还是相信了，他家里有一辆干农活、没有篷子的车（露车），就用这辆车拉着少帝和陈留王回洛阳。

半路上遇到了几个人，是本地的地方官、河南尹的属下（河南中部掾）闵贡带着人在找他们，看到他们受到了惊吓，又饥饿又疲惫，闵贡决定先找个地方休息一下再说。

史书还有一个说法，说闵贡是在黄河边上遇到的少帝一行，当时宦官还在，闵贡率手下与宦官们展开了搏斗，宦官们是一群四体不勤的人，根本不是对手，闵贡一个人就亲手杀了几名宦官（贡至，手斩数人），其余的人见求生无望，才投河而死。

附近有一处洛阳县管理的政府招待所（洛舍），闵贡便保护少帝和陈留王到那里休息。

此地不宜久留，短暂休息后闵贡找来2匹马，少帝年长一些，独自骑一匹，闵贡抱着陈留王骑一匹，从洛舍出发回洛阳。

路上，他们遇到了一支马队，正是董卓亲自率领的凉州军。

因救驾立了大功，闵贡后被提拔为尚书台郎中，封都亭侯。

这时，天亮了。

这是中平六年（189）8月28日的早晨。

看到一身重装备、长得又有些吓人的凉州兵，少帝有些害怕，竟然哭了起来（帝望见卓兵涕泣）。

一行人继续前进，在邙山的北坡（北邙阪）遇到了以前太尉崔烈为首的公卿百官，崔烈等人赶紧恭迎少帝和陈留王回宫。

这时，公卿百官中有人提出凉州军不能进城，理由是少帝曾经发过诏书，让凉州军撤退（有诏却兵）。

对此，董卓强硬回击：

"你们这些人身为朝廷大臣，不能匡正王室，致使国家陷于动荡，还有脸让我的人马撤退？"

看到董卓如此无理，崔烈亲自出面，让董卓回避。

崔烈是大学者、朝廷重臣，董卓一样不给面子：

"我们一天一夜跑了300里，你说回避就回避？你信不信，我能砍掉你的脑袋（我不能断卿头邪）！"

大概从前几天跟种劭打交道的事情上才回过味儿来，董卓在崔烈面前把话说得很难听，简直是在骂街。这就对了，说理骂架都不是你的特长，对付文人，就得耍流氓。

董卓一耍横，再也没人敢说话了。

回洛阳的路上，董卓板起面孔还教训起了少帝：

"听说陛下让那些常侍、小黄门作乱，现在自取其祸，你的责任不小啊（为负不小邪）！"

这是瞎扯，宦官作乱少帝他爹有责任，少帝并没有责任，董卓是在给自己立威风。

少帝吓得直哭，董卓和他说话，他有点儿前言不搭后语（语不可了）。

路上，董卓有点儿无聊，又对陈留王说：

"我叫董卓，让我抱抱（我董卓也，从我抱来）！"

说着就把陈留王抱到了自己的马上。

董卓问陈留王昨天发生的事，陈留王一一回答，思路非常清楚，情节也没有遗漏，给董卓留下了很好的印象。

少帝和陈留王要进城了，惊惶了一夜的洛阳官民都跑到谷门外迎候，以太傅袁隗为首的百官跪迎在最前面。

人来了，在前边走的不是天子的仪仗，而是穿戴着重甲的凉州铁骑，这些士兵与洛阳官民平时见到的北军和虎贲、羽林卫士不同，他们的样子看起来十分彪悍，透出一股冷血的味道。

这时应该有人站出来提醒这些军人，他们不能走进这座城门，即使之前天子有过诏令让外兵来京，也没有说过让他们驻扎在城里。但是，此情此景，包括袁隗在内没有一个人有勇气站出来说这个话。

人们又看到了董卓，此人也早有了名气，都说他是一个强人，现在看来也的确如此，他走在少帝和陈留王的近旁，一副昂首睥睨的模样，既威风凛凛又傲慢不羁。

袁绍站在百官的队伍里，他也看到了董卓，这个"袁氏故吏"他还算是熟悉的，但多年不见又增加了很多陌生感。

天子被重新迎进了南宫，何太后受伤后也在南宫养伤，朝廷的大事现在就靠太傅袁隗等人如何安排了。

主持国家大事，袁隗对此毫无思想准备，他已位极三公之上的上公，超越了同族中的前辈与同辈，足以在家族的光荣史上再续新的更耀眼的一笔，他只想在这个岗位上光荣退休，整个社稷江山如何治理并不在他的考虑之列。

他也许不知道，仅仅不到3年，他将以叛臣家属的名义被砍头，在袁氏几世几公的历史上这也是独一份。

现在，好在有侄子袁绍支撑着，袁隗还算不太慌乱。袁绍好像早有主意，他请叔父出面召开一次会议，邀请公卿以及目前在洛阳的所有重要人物参加，包括董卓在内。

这时，袁绍脑子里考虑的主要问题是如何治理这个国家，而不是董卓。尽管现在看来董卓和凉州兵估计是个意外，但整个计划仍然很圆满，几天之间，宦官们全部被杀，臭名昭著的宦官政治可以结束了。

更重要的是，何进也死了。

自东汉中期以来，士人们心中便有两个挥之不去的痛苦，一是宦官弄权，二是外戚当道，为此他们做了很多的努力，付出了巨大的牺牲，仍然没有掀翻这两座大山。如今，短短几天时间里这两座大山就不见了。

"宦"本来是星座的名字，宦者四星在帝座之西，所以就用"宦"来称呼帝王身边的服务人员。宦官制度东西方都有，在西方相传为古代亚述国王的美丽王妃所创建，在中国则始于周朝，一开始并非都是阉人，所承担的工作也仅限于门卫、打扫卫生、勤务员什么的。自东汉起宦官开始由阉人担任，而"太监"一词最早始于唐高宗时期，在此之前是没有的。

无论是"宦官"还是"太监"，这个人群没有太高的文化素养，加上身体有残缺，因而有强烈的自卑感，所以没有什么地位，他们真正得势起于秦朝，出了一个让同行引以为傲的人物赵高。

赵高被秦始皇信任恰恰缘于宦官的弱点，无后和卑贱。历史上有一些帝王，专门喜欢用无后的人，不仅限于宦官，对于一般士人，如果没有后代也会令这些帝王格外看中，大概他们认为无后的人野心相对小，势力相对薄弱，容易驾驭。

宦官的卑贱，决定了他们可以大权在握，可以一呼百应，却无法站在道德的殿堂里趾高气扬，所以在整个古代，有搞兵变的，有和平演变的，也有逼人禅让的，在这些勾当里，宦官通常是从犯，却不是主谋，因为他们的野心还不至于想自己当皇上。历史上唯一的宦官皇上据说是曹操的爷爷曹腾，是他的重孙子曹丕当了皇帝后追认的。

对君王来说，宦官即使专权威胁也比士人小，所以宦官更容易被重用，在东汉更是如此。

东汉的皇室婚姻制度有点儿问题，专挑世家大族、功臣之后联姻，结果造成了若干家强势外戚的出现。外戚担任大将军、太后临朝称制在东汉轮番上演，而要演好这些戏，也离不开宦官的配合。

宦官很容易爬上高位甚至权力的顶峰，这是一群缺少深厚学养和道德积淀的家伙，他们没有远大的政治抱负，不在乎对富贵权势的预期收益，只在乎当期利益的取得，所以在政治操守上更表现为急功近利和对道德、伦理的轻视。

他们长期生活在宫里的一亩三分地，抬头看到的只是那一小片天，生活区域狭小，见识短浅，让他们显得愚蠢和狭隘。

他们没有节操，因为在后宫这样的地方，有节操的人无法生存。

他们是充满自卑的一群人，所以更容易激起仇恨和反复。

东汉帝国就是被这群人玩弄了上百年。尽管他们中间也曾出现过像蔡伦、吕强这样有才识和品德的人，但总体而言，这是一个祸国殃民的小群体。

物极必反，出来混总是要还的，一切总该有个了结。

现在，宦官这个群体将暂时从历史舞台中央的位置退出，宦官制度还将存在，但宦官专政的事暂时没了。

袁绍当然有理由认为这一切都是他的功劳，历史如果是公允的，一定要记上这一笔。至于如何收拾残局，他也在考虑着。

首先，一定把各路奉诏而来的外兵安顿好，包括董卓，以及王匡、桥瑁、鲍信、丁原等人，不太好办的是董卓，这个人虽说是"袁氏故吏"，但看来政治道德较差，野心不小，还得哄着办，实在不行就给他个车骑将军、封个县侯什么的，让他继续待在凉州打羌人吧。

其他的事就都好办了，叔父袁隗的这个招牌还要用，自己这些年来网罗的这批人，无论是武的还是文的，正好派上用场，在没有外戚、没有宦官的情况下，大汉王朝一定会走向正轨，而自己就是那个中兴之臣，跟陈平、萧何、霍光一样青史扬名。

也许直到这个时袁绍还在想，这不是春秋大梦，这是现实，是绝对可以把握的未来。

十八、武夫的心理战

除董卓外，袁绍招来的其他各路人马大多还在路上，只有从陈留郡募兵回来的鲍信回到了洛阳。

鲍信对时局的看法跟袁绍有些不太一样，他十分清楚董卓和凉州军下一步要干什么，所以建议袁绍趁董卓现在人马还不多，一举将其拿下，免生后患。

类似的话阎忠对皇甫嵩讲过，孙坚也跟张温讲过，但结果是一样的，袁绍的反应和皇甫嵩、张温差不多，他也有些害怕，不敢动手（**绍畏卓，不敢发**）。

看来一个人如果恶得出了名，就是威力。

鲍信失望之下借口回去再征点兵，重返陈留郡去了。

如果采纳了鲍信的建议，拿下董卓把握还是比较大的，凉州军再能打毕竟只有3000人，现在各路人马虽然还没到齐，但还有北军五营、西园军、朝廷的禁卫部队，人数比凉州军也多得多，大家一起动手，董卓就回不去了。

但是现在的董卓已经是一头被喂饱的猛兽，他手下兵强马壮，到底有多少人马朝廷也不掌握，3000铁骑显然只是一个小零头，后面还有大批人马陆续赶到。

如果跟董卓翻脸，凉州军就会以此为借口攻占关中以至洛阳以西的地区，他们还会转而跟韩遂、马腾这些新崛起的反叛武装联手，整个帝国的西部将丧失。

袁绍不敢发，也是对的。

不过也许袁绍还有另外的考虑，他不同意鲍信的建议，也不完全是因为害怕，对董卓的看法，他可能并没有鲍信那么悲观。袁绍还在做着驯服董卓的打算，他不相信董卓会公然造反。

不管是胆气不足还是很傻很天真，总之袁绍丧失了清除董卓的唯一机会。

在随后召开的会议上，袁绍试图与董卓妥协，维持一个良好的关系，先稳住这个武人，今后再找机会把他弄走。

所以，会议的气氛还算融洽。

太傅袁隗首先建议，为纪念少帝安全返宫，应大赦天下，同时改年号光熹为昭宁。

董卓表示同意，此议通过。

司隶校尉袁绍提议由王允担任河南尹。

王允前一阵在外面流浪，最近回到了洛阳，这是个很有本事又不怕死的人，袁绍想把他安排到一个重要岗位上。

董卓还人生地不熟，没意见，通过。

袁绍接着建议，为尽快稳定洛阳城内的治安状况，任命前并州刺史、现任武猛都尉的丁原为执金吾。

董卓也没有意见，通过。

轮到董卓提条件了，董卓只提了一个要求，凉州军远道而来，鞍马劳顿，现在大部分还在城外，希望安排到城内休整，同时也好协助丁原维护治安。

对于这样的建议，袁隗大概只能习惯性地看看袁绍，而袁绍恐怕脸上也只有一副茫然。

人家就这一个议案，你能否了吗？

也通过了。

这样，凉州军就合法地进驻到了洛阳城内，这其实比几个空头衔来得实在，董卓暂时向袁氏叔侄让步是为了更好地进攻。

洛阳城就那么大，一下子进来了3000人马，是一件格外招摇的事，但在董卓看来这远远不够。

董卓去并州上任，按规定他只能自己去，顶多带几个警卫员、秘书啥的，后来经过跟朝廷讨价还价，允许他带少数凉州军前往，所以他能公开带出来的只有这3000人。

此时他的旧部距这里最近的还在长安以西的右扶风郡一带，即使日夜赶路，没有十天半个月都到不了洛阳。董卓不是一个一味耍横的人，他也很有头脑，鲍信能看出来的问题，董卓自然也了然于心。

如果后援不能迅速到位，他率领的就是一支孤军，袁绍什么时候想动手他都跑不了。

所以，董卓还不能跟袁氏叔侄争权，先稳住他们，同时赶紧派人急令后续部队快速前来。

在大队人马没来的这段空当里，董卓玩了一个小花招。

入夜，洛阳城已陷入沉寂，几队凉州军悄悄从各个城门出了城。

次日，人们看到一队队凉州军打着旗、敲着鼓进城（陈旌鼓而入），凉州军对外放话，说他们的大队人马还在源源不断地来洛阳。

这一招很管用，大家都认为，董卓的人马要多少有多少。

这种心理战迅速收到了成效，何进、何苗以前的一些旧部在吴匡、张璋等人带领下率先归顺了董卓。

袁绍不在意何进的死，甚至希望何进被消灭，但问题是何进死得太突然，让他无法有效地整合起何进留下来的所有部下。

毕竟何进有一些自己的嫡系，他们对袁绍的野心也有所警觉，在这些人看来，袁绍跟大将军并不是一条心，大将军死得如此蹊跷，背后有没有阴谋，值得怀疑。

袁绍和袁术还干了一件错事，让大家对他们更不信任，那就是不该杀掉车骑将军何苗，这为袁绍试图整合何氏势力产生了决定性的障碍。

袁绍肯定后悔了，这件事做得太急了。

人马多了，腰杆就硬了，说话的口气也变了，再商议朝政，董卓也不再一味地举手同意，开始行使他的否决权和提议权。

在董卓的授意下司空刘弘被罢免，理由是久不下雨，司空要承担责任（以久不雨，策免司空刘弘）。

这个理由显然站不住脚，前一阵还在下雨，一口气下了80多天，哪来的"久不雨"？

所以，真实的理由是有人需要他的位子。

少帝发布诏书，任命董卓为司空。

没过两天，董卓觉得司空没啥意思，因为他听说太尉才是三公之首，于是又让少帝下诏改任他为太尉。

袁隗仍任太傅，但主持朝廷日常工作（录尚书事）不再提了。和曹操同乡又有姻亲关系的司徒丁宫也被免职，由杨赐的儿子杨彪接任。

袁绍仍然担任司隶校尉，但袁术的职务有了变动，由禁卫军虎贲中郎将改任后将军。

一名师长直接升任大军区司令，看起来挺美，实际上是暗降。

虎贲中郎将指挥天子的御林军，而后将军只是一个名号，在此时毫无意义，袁术掌握的兵权被剥夺了。

董卓还插手了西园军的事务，曹操此前是西园军的典军校尉，现在改任骑都尉。5年前曹操第一次从军担任的就是这个职务，所以这可以看作董卓夺取袁绍西园军指挥权的一项举动。

不敢翻脸，就得让步。

但你让一步，他就进一步；你不断地让，他就不断地进。

一连串危险的信号让袁隗、袁绍明白，眼前这个董太尉绝非昔日那个仰袁氏鼻息的小董，随着实力的不断增强，这个人血液里流淌着的那股野心和欲望将战胜一切，为了权力他会毫不迟疑地拔出自己的刀。

袁绍现在恐怕有些后悔了，没有听鲍信的话，的确失去了一次好机会，说到底还是对董卓有太多幻想了。

不过说什么都没用了，那时是不敢动手，现在是不能动手了，必须寻找新的应对之策。

董卓在策反方面尝到了甜头，在等待后续援兵的同时继续着他的策反工作，已经把目标对准了袁绍周边的人。

对手急于进招，袁绍找出了破绽。

人们发现，过去在何进、袁绍跟前转的一帮兄弟纷纷改换了门庭，都跑到了董太尉身边。这些人包括何颙、郑泰、周毖、伍琼等，过去他们是"奔走之友"俱乐部的骨干成名，一转身成为董卓的幕僚。

当然，他们不是真投靠，而是带着任务去卧底的。

他们做得很成功，董卓对他们丝毫没有怀疑，把他们都当成了心腹，这为袁绍重新扳回局面提供了可能。

何颙等人是如何让董卓信任的细节不是很清楚，这看起来有点儿不可思议，其实也没什么，何颙等人一直从事着地下工作，在这方面他们有丰富的经验，此前他们也都处于半明半暗的状态，外人只知道他们和何进、袁绍有交往，但到底是怎么回事一般人未必知晓，董卓初来乍到，对这些更摸不准了。

另一方面，董卓也确实急需这样的人才。

董卓是个武夫，手下人都是武人，他最缺少的就是文人和谋士，干到了这个份儿上，董卓肯定不愿意只当一个割据军阀或者打打杀杀的混混儿，他有更大的理想，需要有头脑的人来帮助自己。

这大概是何颙等人成功卧底的关键。

袁绍谋划着如何对付董卓，有了何颙等人暗中相助，一切都有可能。袁绍秘密派人出洛阳，催促还没有到的各路人马赶紧来。

袁绍接到报告，有一支劲旅已经到了洛阳的郊外，这就是新任执金吾丁原带来的人马。这也是一支能打的队伍，世人只知道有凉州军，其实并州军也很厉害，袁绍对丁原一直抱有很大期望，他们也驻扎在洛阳的话，董卓还敢不敢如此嚣张？

袁绍的想法没有错，不过随着一个人的出场，他的这些想法彻底破灭了。

十九、无法拒绝的诱惑

众所周知，接下来要出场的人名叫吕布，一个扭转时局的关键性人物。

吕布是丁原的部下，丁原从并州刺史部来，该州相当于现在的山西省大部外加陕北、黄河的河套地区，地处边防区，常年有战事，一向出精兵。作为成体系的存在，除了凉州军就应该说是并州军了，丁原是目前来洛阳的这支并州军的总头领。

所以，丁原不是一名普通的前地方官员，由于麾下有支实力不容小觑的武装，他的政治热情一向很高。

丁原字建阳，并州刺史部本地人，50多岁。他出身贫寒，会写文章，少为县吏，但本质上是个武人，长得外表孔武，为人粗略，当时县境内常有贼寇出入，别人吓得不行，他毫无畏惧，不管贼人有多少，他都勇于上前，每每大呼大叫，令人畏惧。

他的这个特长被上司发现，于是转而从武，干过县丞、郡都尉等，又被派到洛阳执行过公务，从而让他开阔了眼界，顺便也和朝廷的一些人士有了交往。

丁原被任命为并州刺史，由于经常面对鲜卑人、北匈奴人的进犯，丁原手中掌握了一定的军队，此前何进派人四处招募人马，丁原积极响应，派手下张杨、张辽率一支人马到洛阳报到。

何进、袁绍正式招外兵入京，丁原所部是重要的一支，丁原于是改任武猛都尉，由他亲自率领南下黄河，来到洛阳。

现在并州军至少有3支人马在洛阳附近，分别由张杨、张辽和丁原本人率领，在袁绍的支持下，丁原就任执金吾，是唯一能和凉州军相抗衡的军事力量。

面对这个强劲对手，董卓自然也不敢小觑，他又拿出了惯用的手法，策反。

但丁原不是吴匡、张璋，董卓试了几次都没有效果，丁原根本不买账。

董卓没死心，转换了策反目标。

董卓分析了丁原的几个主要手下，发现吕布是一个突破口。

吕布字奉先，并州刺史部五原郡九原县人，一般认为此地在今内蒙古自治区五原县。关于他早年的事史书上没有太多记载，这方面的情况主要根据至今流传在他家乡一带的民间传说。

据说，吕布在家中排行老五，他的姥爷姓黄，是五原郡大户，从祖上起就在本地开设染房。五原郡那时属边境地区，有很多兵营，染出来的布可以卖给当兵的，所以生意不差。

吕布出生时，母亲正在姥爷家的染房里指挥染工们干活，结果吕布迫不及待地来到了这个世界，由于事发仓促，他最后生在了一匹刚染好晾干的红布上，于是给他起了个名字叫吕布。

还是根据传说，吕布的爷爷名叫吕浩，是边防军的一名高级军官（校尉），吕布的父亲名叫吕良，子随父业，也从了军。

这都是民间传说，正史不载。

正史里不提吕布的家史，说明他不是出身于名门望族，而是属于社会的中下层。

成年后吕布继承了祖父、父亲的职业，当起了军人。吕布很勇猛，擅长弓马，膂力过人，慢慢有了名气，在整个并州刺史部都很出名（以骁武给并州）。

这时丁原来到并州当刺史，吕布到了丁原的手下，一开始担任什么职务不详，但后来逐渐成长起来，与张杨、张辽一起成为丁原最重要的3个手下。

丁原由刺史改任武猛都尉，手下需要一个主簿，就让吕布来担任。

丁原率军南下洛阳，吕布随丁原行动。

吕布的具体年龄也不详细，推测起来他应该介于刘备和曹操之间，此时大约30岁。

丁原率吕布等人来到黄河北岸，按计划将从怀县附近渡河，之后迅速赶到洛阳城外。

渡河前，丁原给吕布交代了一个任务，让他率部先不渡河，而是沿黄河北岸向西展开，自孟津至平阴津，在这一二百里的地区尽量多安排人马，目的是制造声势，闹出的动静越大越好。

抢人、放火、敲鼓、呐喊，这些方法都行，而且越厉害越好，要让河对岸看得清清楚楚，明明白白。

丁原交代吕布，为了便于行动，他们可以冒充黑山伯。

黑山伯就是黑山军，太行山里的农民武装。

吕布比较老实，就让手下的人穿上了黑山军的衣服，顺着黄河北岸向西，一路又烧又抢。

他们还装模作样地以黑山军的名义向朝廷上书，要求诛杀赵忠等宦官，又放火烧了黄河上平阴、河津两个渡口的一些房子，以此恐吓何太后（烧平阴、河津莫府人舍，以怖动太后）。

这都些违法的事，丁原让吕布干，吕布一出道就学会了背黑锅。

丁原正式就任执金吾后，吕布负责维护洛阳的治安和警备任务，是一个重要的角色。

董卓发现吕布和丁原表面关系融洽，其实并不一条心，于是策反了吕布。

董卓策反吕布是巩固其在洛阳地位的最重要一环，随着吕布的倒戈，并州军被瓦解，董卓再也没有对手了。

这也是影响政治格局的一件大事，是董卓来到洛阳后最为得意的一笔，但吕布为什么反水？董卓给吕布承诺了什么条件？这些细节史书没有交代。

推测起来，无外乎是利用了吕布与丁原的分歧，外加吕布无法拒绝的诱惑。

从分歧方面说，表面上丁原和吕布关系很好，丁原对吕布非常信任（大见亲待），但这也许只是表面，丁、吕二人的关系也许不像大家看到的那么好，在史书中更没有二人是义父、义子关系的记载。

吕布是一员武将，在当时已经有了"飞将"的名声（号为飞将），据推测，吕布手下的几位骨干将领，如魏续、宋宪、高顺等人，都是在并州时期就开始追随吕布的。

在丁原来并州刺史部前，吕布已经成名，并且有了自己的嫡系，不把吕布摆平，丁原在并州军中的地位就不会稳固，如果丁原产生了解除吕布实权的想法，也在意料之中。

无论是凉州军还是并州军，将领手下的人马一般都是固定的，属于半公半私的状态，以吕布的特长和性格，当办公室主任去端茶送水、抄抄写写根本不适合他。

吕布不是主簿的合适人选，丁原让他担任主簿或许出于夺取兵权的需要。

除此之外，丁原命吕布扮黑山军杀人放火，也是吕布与丁原产生分歧的一个原因。

当然，只有这些还不足以让吕布杀了领导去投敌。

董卓策反吕布，一定给他开出了充满诱惑的条件，有人认为，这是一匹名叫赤兔的马。

赤兔马确实见诸史书，不过它第一次出现是多年以后的事，现在有没有这匹马是个很大的疑问。即使有，要办这么大的事，一匹马显然太轻。

吕布杀了丁原，事后被提拔为骑都尉，不久又升任中郎将，封都亭侯，这大概算董卓事先开出的条件吧。

但是，杀害顶头上司反水，这样的事不仅冒险而且必然留下骂名，升官、封侯只能算这桩交易的一个条件，似乎还不能构成绝对的诱惑。

董卓究竟给了什么让吕布无法拒绝这个诱惑？这是一个十分关键又容易被忽略的情节。

史书里有一个记载，说吕布反水后，董卓也十分喜欢他，不仅收吕布为义子，而且为此还专门立了誓约（誓为父子）。

史书里从来没有记录过关于董卓儿子的事，只说他有一个女婿叫牛辅，推测起来董卓应该没有儿子，如此一来当他死后继承权就成为问题。

不管董卓将来官做到多大，单就凉州军来说，也需要有人继承。按常理，董卓可以从董氏家族中选一个人立为后嗣，也可以把女婿牛辅确定为事业的继承人，甚至在手下将领里指定一个人将来领导凉州军。但是，当董卓收吕布为义子并向大家宣告后，上述的可能性就不存在了，因为董卓把继承权给了吕布。

汉代很注重法律上的继承关系，袁绍过继给叔父家，叔父的爵位、家产等就将由他来继承，这种法律关系是谁都不能剥夺的。董卓为了保证瓦解并州军的成功，不惜指定吕布为自己的继承人，为了取得吕布的信任，还举行了盟誓。

这是一件很郑重的事，董卓至死都未曾反悔过，而吕布也对这种关系深信不疑。多年后，又有人找到吕布策反他去杀董卓，吕布为难地表示：

"我们已是父子，怎么办呢（奈如父子何）？"

所以，董卓策反吕布是给出了极高价码的，那就是他允诺将来把自己的事业全部交给吕布，双方为此起了誓约。

对吕布来说，现在的领导对自己并不信任，而大局势也在那里摆着，一条道走下去前途并不看好，甚至有很大风险。这时有人主动示好，还那么诚恳，条件那么具有诱惑性，实在不能拒绝。

如果认为吕布脑子简单，是一时激愤杀了自己的领导，那也小看了吕布一些，吕布的叛杀行为也是经过认真思考的。

生逢乱世，生存是第一法则，其他也就管不了那么多了。

二十、无聊的政治秀

并州军将领不仅有吕布，还有张杨和张辽，他们都是并州人。

并州刺史部在河套地区由西向东一字排开有4个郡，分别是朔方郡、五原郡、云中郡、雁门郡，吕布的老家在五原郡，张杨的老家在云中郡，张辽的老家在雁门郡。

丁原被杀，吕布反水，张杨见势不妙，他当时驻扎的地方大概离洛阳稍远一些，所以有机会退到了黄河以北的河内郡，后来便在那一带独立发展，成为一支重要的割据势力。

张辽所部大概就在洛阳附近，没能走得了，他在洛阳无依无靠，只得投降了董卓，董卓并没有把他编入吕布所部，而是归自己直接指挥。

董卓升任吕布为中郎将，张辽职务不详，但多年后他才是个骑都尉，所以此时军职肯定不高。

董卓短时间内收服了何进、何苗的旧部，策反了吕布，把并州军并归己有，一时间势力大增。正在这时，他从右扶风郡赶来的后续部队也到了，先期抵达的有2万人之多，兵力不足的危机完全解除。

对袁绍来说，吕布倒戈事件是他完全没有料到的，让他与董卓在洛阳最后一搏的机会也没有了，从此他对吕布这个人再也没有好印象，尽管许多年后他们还有过合作，但总体来说他视吕布为缺乏道德和诚信的小人。

袁绍彻底看清楚了，被自己一向当成武夫的董卓其实很高明，在草原上奔驰，在戈壁间求生，让这个人更明白生存的哲学，在斗争方式上，这个人更稳也更准，该出手时不犹豫。

袁绍也明白了，在洛阳他斗不过这个人，经过与许攸、逢纪等核心智囊的商议，袁绍决定保存有生力量，积极向外发展，扩充实力，寻找机会再与董卓争高下。

在袁绍的安排下，王匡、桥瑁等人秘密离开了洛阳，到东面的冀州、兖州一带寻求发展，加上此前离开的鲍信，袁绍在洛阳以东的外围地带布下了几颗棋子。

袁绍在董卓身边安排的卧底也发挥了作用，何颙、周毖等人告诉董卓，要想稳定局面，打打杀杀不行，白色恐怖更不行，必须重用一批党人和名士，革新政治，树立良好形象，这样才能稳定权力。

这与董卓的想法相吻合，人是杀不完的，说到底还是要过太平日子，他也想当一名中兴名臣，成为一个政治家。

所以，对何颙、周毖等人的建议董卓全部采纳，董卓让他们拿出具体的名单。

名单当然是现成的，在袁绍那里。

袁绍当然不可能直接给董卓，通过何颙的手递出，董卓都没来得及详细看，凭着何颙等人指指画画那么一说，全部给这些人授予了官职。

这些人包括荀爽、陈纪、韩融、蔡邕、申屠蟠等，大多数是何进当年重用的名士，之前都做过介绍。

只有一个蔡邕比较特殊，他是本朝最具知名度的大学者，也是一位书法家和音乐家，由于得罪了宦官，多年来一直在外面流放。

蔡邕不仅是著名才女蔡文姬的父亲，还是一个社会关系很丰富的人，他是著名朝臣胡广的学生，胡广号称"官场不倒翁"，即使在梁冀当权时他也没有靠边站，一生5次担任部长、7次位列三公（五作卿士，七蹈相位），成为官场神话。

蔡邕在胡老师的公府里当过差，跟王允是同事。后来蔡邕当议郎，曹操也任该职，二人相识并成为忘年交。蔡邕自己也有几个著名的学生，其中有孙吴后来的丞相顾雍、"建安七子"之一的阮瑀等。

何颙也是蔡邕的好朋友，那时候蔡邕常年在外面跑路，何颙在江湖上朋友多，没少给蔡邕帮助。何颙告诉董卓，论名气蔡邕最厉害，要能把他弄回来加以重用，将不同凡响。

董卓于是派人寻找蔡邕，竟然很快找到了，董卓把他请到洛阳来，给予重用。蔡先生在外面流浪了12年，四处逃亡，躲避追杀，已心灰意懒，再也不想涉足政治了，于是以有病为由推辞。

董卓大怒，这么不给面子，他让人放出狠话："我可以灭人一族（我能族人）！"

这个人比宦官还恶，蔡邕恐惧，只得来报到。

董卓转而大喜，对蔡邕格外笼络，任命蔡邕为太学的校长（祭酒）。

这个职务倒也符合蔡邕的个性，不过董卓觉得不够，马上又升任他为监察专员（侍御史），过了一天再升任高级监察官（治书御史），又过了一天升任朝廷秘书局部门负责人（尚书）。

蔡邕刚要去尚书台报到，有人告诉他不用去了，因为朝廷当天又下了诏，升任他为部长级的皇帝高级顾问（侍中）。

尚书寺、御史寺、侍中寺都是朝廷的中枢机构，合称三台，能在这里供职常被视为一种荣耀，蔡邕仅用了3天时间就把这3个地方走了一遍（三日之间，周历三台）。

何颙、周珌等人给董卓拿出的确实是一份货真价实的名单，这些名士到位后，董卓相当满意。

但这只是何颙、周珌等人虚晃的一枪，目的是取得董卓的信任，让董卓觉得他们是真为自己着想。这个目的达到后，他们亮出了自己的真实意图，给董卓递上了第二份名单。

名单报给董卓，董卓看到上面写着韩馥、刘岱、孔伷、张邈、张咨、张超等名字，董卓对他们更是陌生得很，就问是些什么人。

何颙很认真地对董卓说，这些人都很有名望，也很有能力，最关键的是这些人个个都是老实人，现在朝廷里不缺人了，但地方上还缺，如果把这些人都派到地方上去，那各地的局面就能迅速得到控制。

董卓批准，把他们全部派到下面担任州牧、州刺史或郡太守。

韩馥、刘岱、张邈之前已经说过，其他几个人跟他们的情况都差不多，的确都有一定才干，但何颙对董卓隐瞒了一个重要的细节，他们也都是袁绍的心腹。

至于这些人是不是老实人，就更不好说了

孔伷字公绪，豫州刺史部陈留郡人，最初为名士符融所举荐，在陈留郡太守冯岱手下当驻京办主任（上计吏），能言善辩，有一定活动能力，也有一些小名气。

张咨，情况知道得很少。

张超，是张邈的弟弟。

这些人白天跑到太尉府向董卓表达了谢意和忠心，晚上又悄悄来到袁绍家里道了别，接受了袁绍的秘密指示，第二天便离开了洛阳。

韩馥去了冀州刺史部，担任冀州牧。

刘岱去了兖州刺史部，担任兖州刺史。

孔伷去了豫州刺史部，担任豫州刺史。

张邈担任的是豫州刺史部陈留郡太守，张咨担任的是荆州刺史部南阳郡太守，张超担任的是徐州刺史部广陵郡太守。

这个安排挺有讲究，冀州、兖州、豫州以及陈留郡、南阳郡、广陵郡，自北向南呈一个弧状，在洛阳以东、以南地区构成了一个完美的"C形包围圈"。

这是给董卓预备的。

董卓没有心思对着地图看这些，他的主要精力都放在整合洛阳的武装以及如何进一步收买人心上。

荀攸的叔父是荀彧，荀彧的叔父是荀爽，他还在老家颍川郡。一天，荀爽突然接到诏书任命自己为青州刺史部平原国相。

荀爽纳闷极了，自己老百姓一个，怎么会被任命到上千里之外的平原国当行政长官？

但诏令很明确，不接受就是抗旨，荀爽只能动身。

刚出发就被人追上，让他掉转马头去洛阳，因为第二道诏令下达，他被改任为九卿之一的光禄勋。

总算到了洛阳，就任光禄勋刚3天，他再次接到职务晋升通知，改任三公之一的司空。

由一介布衣成为国家领导人之一，有人会用一辈子时间，更多的人一辈子也完不成，而荀爽前后只用了93天。

董卓确实有点儿求贤若渴了。

为进一步争取党人的支持，董卓还作了一场秀，给陈蕃、窦武平反。

21年前，士人领袖陈蕃联合外戚窦武谋划铲除宦官，当时也是先帝驾崩、新帝刚立，他们也是太傅和大将军的组合，情况十分有利，宦官几乎将在一夜之间被消灭。

但所谓"秀才造反三年不成"，在大好时机下他们都犯了犹犹豫豫的毛病，加上政治上的洁癖让他们做什么事不仅讲究合理合法还要程序上合乎规范，结果让宦官抢占了先机，陈蕃、窦武最后被杀。

21年过去了，董卓不仅旧事重提，而且搞得极其夸张。

他以太尉的身份领衔，约了司徒黄琬、司空荀爽二人，身上都套着刑具，跑到宫门外跪着上书（俱带铁锁诣阙上书），要求给陈蕃、窦武平反。

他们上书的对象是14岁的天子刘辩，陈蕃、窦武被杀时他还没有出生。现在想搞平反只是董卓一句话的事，董卓把声势搞得那么大，就是让天下人知道他是党人的可靠朋友。

袁绍这样的人看着发出冷笑。

大多数朝官看了不以为然。

但是，也有很多百姓以及个别官员相信董卓是真的。

袁绍知道，洛阳没法待了，必须转换战场。

一部分人派到了董卓身边，一部分人派往各地，现在袁绍身边只有许攸、逢纪以及袁术、曹操等少数几个人，袁绍秘密告诉他们随时做好撤退的准备。

二十一、独夫也有胆怯时

两个棋手对弈，弱势的一方往往出手更谨慎，计算得更准确，更不容易失误，而优势的一方则容易出昏着、下臭棋。

说到底都是优势心理所导致，在局面明显占优势的情况下，要么保守，因为怕出错而出错；要么胆大，出着草率而随意。袁绍占优势的时候因为怕输而不敢走险棋；轮到了董卓占优势，因为不怕输所以慢慢地有些任性。

袁绍还没有跟董卓摊牌，董卓先出了一着，他突然提出要废掉少帝刘辩，改立陈留王刘协为帝。

这是一个石破天惊的提议，虽不是董卓的败着，却也是昏着。

历代以来，无论君主如何昏庸不成器，作为人臣只有服从的份儿，不要说废帝，就是公开表达与君主的对立也都会遭到舆论的一致谴责，在史书中也会被打入另册。

董卓不管，因为他不读春秋也不管什么史册，所谓无知者无畏。

有人认为，不久前9岁的陈留王刘协表现出来的机智和镇定给董卓留下了很好的印象，董卓看到少帝刘辩懦弱不堪，不足以承担天子的大任，所以动了废立的念头。

如果这样想那肯定错了，等于把董卓当成了一个有责任感和正义感的汉室忠臣，董卓不是那样的人，站在他的角度看，一个智慧、贤明的君主当然不如一个懦弱、愚钝的君主。

当然，年龄可能是他想废立的原因，因为少帝14岁，而陈留王只有9岁，年龄更小才容易控制。根据制度，天子年幼时朝政由大臣或太后辅理，一旦成年必将亲政，少帝还有6年就可以亲政了，而陈留王还需要再等11年。

这样分析有道理，但并非在这个当口要废立的原因。

董卓执意要废除少帝刘辩，其实与已故大将军何进有关。

少帝刘辩是何进的外甥，何进虽然死了，但何太后还在，一部分忠于何进的人仍然把他们母子俩看成一个标志，像吴匡、张璋那样的人，之所以决然地离开袁绍阵营转投董卓，就是看到袁绍杀了何进的弟弟何苗，而董卓仍然遵奉着少帝母子。

现在的情况不同了，董卓已经站稳了脚跟，不需要再打着何进的旗号做事，对何进的势力反而要予以肃清，这样才能完全树立起他自己的权威。

从感情上说，董卓也更愿意支持刘协。

刘协的背后是灵帝刘宏和董太后，董卓跟董太后续过家谱，董卓未必对这件事很认真、很看重，但这也是一个招牌，董太后很高兴地认下了他这个"远房的侄子"，他是刘宏的"皇兄"，如果刘协当皇帝，他就是"董皇叔"了。

加之董卓对刘辩的确没有多少好感，所以决定把刘协换上去。

董卓的想法从战略上来说没什么大问题，但从战术的层面考虑，他现在就要这么做是一个错误，因为时机没到。

何进毕竟死了，他即使还有一些残存的影响力那也微不足道，对董卓来说当务之急是袁绍。董卓应该继续通过分化瓦解的办法，对袁绍的同盟各个击破，等袁绍没有了活动能力，其他事情都好解决，拉拢党人也罢，废立新帝也罢，尽在掌握之中。

董卓选错了顺序，没有彻底解决袁绍反而先提废立的事，这是一个战略上的失误。

董卓身边活跃着何颙等一批新收纳的谋士，这些家伙不会在这个问题上给他支着，说不定还会给他支些损着，鼓动他把错误越犯越大。

毕竟是件大事，在向朝臣公开前董卓还是想跟袁绍先沟通一下，争取先让袁绍不反对。

董卓把袁绍请到太尉府里，尽量客气地说出了自己的想法，哪知袁绍不仅反对，而且态度十分强烈。

对袁绍来说，废掉刘辩，另立刘协是一件无法接受的事，作为何进政治遗产的继承人，袁绍深知周围一部分人之所以仍然坚定地支持他，很大程度上缘于何进。如果在这个问题上他站在董卓的一边，这些人会从支持转为反对。

对袁绍来说这是个政治问题也是个立场问题，更是个要命的问题，因而不能丝毫妥协。

这个问题纠缠着袁绍，不仅现在，一直到未来它都像幽灵一样伴随着袁绍。袁绍反对立刘协为帝，但刘协最后成为天下公认的皇帝。后来刘协落难，袁绍发展为天下最强的势力集团，在要不要迎请刘协的问题上，尽管他比别人的机会和条件都好，但他一直犹豫不决，因为他不愿意承认刘协的合法身份。

刘协后来被曹操迎去了，袁绍承认也罢，不承认也罢，都无法改变事实。于是袁绍改变了初衷，承认刘协的合法地位，接受刘协的任命，但也使自己的阵营产生了思想上的混乱。

每当面对这个问题，袁绍就会陷入矛盾和混乱中。

现在，面对董卓的挑战，袁绍必须表明自己的态度，尽管反对无效他也必须坚决反对。

董卓召集开会，商议这件事，矛盾在会上爆发。

此前，尽管斗争很激烈，但在公开场合袁绍和董卓都还保持着和气，没有撕破脸。但当董卓提出废立之事时，袁绍立即针锋相对，二人互不相让。

董卓先说了自己的想法和理由："皇帝昏暗，非万乘之主。陈留王比他强，我想改立陈留王为帝。一个人小的时候有些智慧，但长大了也许会变成白痴，不知道将来怎么样，现在暂且如此。你没见灵帝，想起来都让人愤恨（卿不见灵帝乎？念此令人愤毒）！"

董卓的意思是"老子孬种儿混蛋"，不仅妄言废立，还公然诋毁先帝，口气很狂。

袁绍当场予以反击："汉家君临天下400多年，恩泽深渥，赢得亿万民众拥戴。当今天子虽然年幼，但也没有做出什么不好的事让天下人议论，你想废长立幼，恐怕天下人不答应吧！"

董卓一听，大怒："小子（竖子），天下的事现在都由我说了算，我想干，谁敢反对？你认为董某的刀不够锋利吗？"

一旁的人都吓傻了，因为董卓这个人说杀谁就杀谁，不分场合。

可袁绍一点儿都不怕，他也拔出佩刀，怒吼道："天下有胆气的，难道只有你董卓一个（天下健者，岂独董公）？"

袁绍横着刀，向周围的人作了一个半圆的揖，之后扬长而去（引佩刀，横揖，径出）。

董卓暴跳如雷，想派人把袁绍抓回来，但又担心袁氏声望极高，跟他们彻底闹翻有损自己的形象，所以忍了（卓以新至，见绍大家，故不敢害）。

可见独夫也有胆怯的时候，如果董卓内心足够强大，来个不管不顾，把袁绍先抓起来，之后将袁氏势力一网打尽，情况就不一样了。

董卓没料到后面的事，他还想慢慢来，他不相信自己斗不过袁绍。

董卓没有当场动手，除了一时胆怯，肯定是觉得自己还有短处，自己虽然有实力却没有名望，与"四世三公"的袁氏相比他急需士人的理解和支持，杀了袁绍的话，之前做的所有事也都白忙活了。

但董卓也不愿意放弃废立之事，这不仅是面子问题，更是里子问题，这件事必须做成。

过了两天，董卓还想跟袁绍再谈一次，逼他让步。

但派去请袁绍的人回来报告说，袁绍跑了，不知去向。

董卓大惊，他之所以没有对袁绍看得那么严，是因为觉得袁氏家族在洛阳至少有几十口人，袁绍可以自己跑，但他不能把整个家族的人都扔下不管。

董卓没想到的是，自己够狠，袁绍更狠。

袁绍弃本家几十口人不管，就这样溜了？

袁绍确实走了，他从董卓那里出来后立即叫来逢纪、许攸、陈琳、袁术、曹操等人商量，经过一番密议，他们决定马上逃出洛阳，一刻都不停留。

这么多人当然不能都往一个方向跑，一来人多目标大，二来也不利于今后的行动。其实之前派韩馥等人分赴各地，就已经考虑到了这个问题。

袁绍告诉大家，到了目的地后就迅速组织力量，共同起事，讨伐董卓。

至于家里的几十口人，袁绍和袁术的确带不走了，不过袁绍大概也不担心，这几十口人就给你扔下了，你敢全杀了不成？你纵使不承认自己是"袁氏故吏"，但要杀这么多人你也得好好想想吧。

董卓得到消息，气坏了。

袁家的几十口人，杀，确实不敢。

不杀，恨得牙疼。

董卓派人马上去查，看看袁绍往哪儿跑了，想去干什么。

下面的人回来报告说，袁绍不是一个人跑的，同时还跑了一大群人，包括袁术、曹操，他们跑往了不同方向，袁绍这一路跑往冀州方向，还带着谋士逢纪、许攸、陈琳几个人，以及他的夫人刘氏和3个儿子。

曹操往东跑了，袁术往南跑的。

这哪里是跑路，分明是组团到地方巡视去了，董卓更恼了。

其实董卓生气也没用，袁绍此时担任司隶校尉，洛阳归他管，他要出城很容易。袁术是后将军，曹操是骑都尉，在朝廷还没有发布缉拿他们的命令之前，他们的活动是自由的。

有人报告说，袁绍一群人大摇大摆出了洛阳城东门，出门时，袁绍还不忘把朝廷颁发给他的司隶校尉的印信挂在门上（悬节于上东门）。

二十二、奉常亭外白衣会

先不说袁绍等人是如何逃亡的，先继续说董卓。

董卓听说袁绍不跟他玩了，一夜之间所有"袁党"分子都销声匿迹，这把他气坏了，立即以天子的名义下诏书到各州郡，通缉这些人。

董卓同时觉得倒也轻松了，袁绍一走，朝廷里更是自己说了算，再没人敢跟自己叫板了。

可是董卓错了，总会有人不怕死，总会有人以跟恶人斗争为快乐。

这天，董卓召集公卿百官，粗暴地宣布："大者天地，次者君臣，所以为治。当今皇帝暗弱，没有能力领导这个国家，我想效法伊尹、霍光故事，立陈留王为帝，怎么样？"

公卿百官听后无不震恐，但都不敢说话。

董卓见大家不表态，那就是不支持了，于是恐吓道："从前霍光决定大计，田延年持剑待发，谁敢反对，军法从事！"

面对这么直白的恐吓，还是有人大声地提出了抗议："从前，子太甲身处王位但昏庸不明，伊尹才把他禁闭在桐宫；昌邑王刘贺登帝位27天却犯下罪过1000多条，霍光才把他废了。当今天子年纪虽小却没有过失，不能援引前代故事！"

董卓一瞧，是卢植。

别人董卓不熟，卢植他应该不陌生，大家都是帝国的名将，当初他还接过卢植的班，本应英雄相惜，但卢植这么不识趣，在废立大事上带头跟自己作对，董卓大怒。

董卓当场下令撤去卢植的座席，意思是要诛杀他。

百官中蔡邕跟卢植关系最好，蔡邕受宦官迫害流放朔方郡，卢植曾上书为他申冤，蔡邕现在是董卓器重的人，看到老朋友有危险，蔡邕急了，赶紧上前求情。

卢植现在的同事、朝廷议郎彭伯也出来劝董卓："卢尚书是海内大儒，人之所望，现在杀了他，恐怕会引起天下恐慌。"

董卓这才住手，只宣布把卢植撤职。

卢植下来便以年老多病为由请求回乡，得到批准后赶紧离开了洛阳，他知道董卓不会善罢甘休，一定会派人在路上劫杀他，所以不敢走大路，改由小路自辕辕关出关向东。

董卓果然派人追杀卢植，一直追到黄河边上的怀县，没追上。

一代名将卢植从此隐居在家乡附近的上谷一带，专心读书做学问，不再跟外界来往。

卢植当众顶撞让董卓心绪难平，看来自己的刀还不够锋利。

一天，董卓再次邀请众臣议事，地点是他的太尉府。

大家以为又是商议废立的事，所以来的时候都心事重重，但又不敢不来。

众人到了以后，发现太尉府里张灯结彩，还摆上了丰盛的酒宴，不像是开会，看样子是要请大家吃饭。

果然是吃饭，不谈其他事。宴会在一片亲切友好的气氛中进行，董卓跟大伙又说又笑，完全忘了之前的不愉快。

正当人们悬着的心慢慢放下时，发生了意外。

有个叫扰龙宗的侍御史想跟董卓说什么事，他刚走近董卓，还没等开口，董卓突然从旁边抄起一柄锤子朝扰龙宗脑袋上拍去，扰龙宗顿时脑浆迸裂，仆倒在地（立挝杀之）。

所有人都吓得目瞪口呆，不知发生了什么。

董卓却跟没事人一样，用靴子底蹭蹭锤子上的血水和脑浆说："这小子到我跟前还佩着剑，肯定要刺杀我！"

说完，董卓让大家继续吃，又跟大家频频把盏，像没发生过什么似的。

这里不是朝堂之上，你也不是当今天子，没有哪条规定说官员不能佩剑。即使你有这个忌讳，可以在门口来个安检，把大家的武器先没收了，这样不打招呼劈头盖脸就是一锤，今后哪个小伙伴还敢跟你玩？

况且，每有朝会或重要会议，侍御史、尚书郎往往负责会议纪律，看看有没有人迟到，谁的坐姿不端，该哪个人跳舞不好好跳等，董卓以太尉的身份以开会的理由把大家叫来，扰龙宗很可能是会务组成员，他接近董卓，确实有事要说。

董卓不管，正好拿扰龙宗的脑袋用一用。

那一刻，很多人虽然也在吃，也在笑，但脸上的肌肉一定都是僵的，手在抖，腿在晃。

按照董卓的斗争经验，对付文人就要耍点儿流氓，你一横，他就乖了。像宴会上当场杀人这种事对董卓来讲只是小菜一碟，他还当着文人们的面干过更流氓、更刺激的事。

有一次，宴会中途他突然说要表演个节目，在大家还没明白过来怎么回事的时候，几个被绑着的人就带了上来。

董卓说这是刚抓到的罪犯，今天要当众惩戒。

在董卓的命令下，当场对这几个囚徒进行剥皮、挖眼、抽筋，凡能想到的残酷手段全都用上一遍。

几位老先生实在没忍住，当场就吐了。

董卓仍然跟没事一样，该吃照吃，该喝照喝。

经过一番折腾，董卓确认没有人再敢公开反对自己了。

中平六年（189）9月28日，董卓让人通知在洛阳品秩六百石以上的文武百官到崇明殿集合，他特意让人把何太后也叫来，当着何太后和少帝刘辩的面他再次提出废立之事："太后逼迫永乐太后，让永乐太后在忧惧中死去，这违背了婆媳间的礼教，是不孝的表现。天子年幼软弱，无法承担天子的重任。过去伊尹废太甲，霍光废昌邑王，都在典籍上写着，大家也都认为是对的。现在太后就是太甲，皇上就是昌邑王（今太后宜如太甲，皇帝宜如昌邑）。只有陈留王既仁又孝，应即尊皇祚！"

董卓把少帝比作昌邑王，把太后比作太甲也就罢了，还暗示自己就是名臣霍光，说明此人不仅篡逆，而且十分狂妄。

不过，想起扰龙宗迸出的脑浆，想起剥皮抽筋的惨状，大家都鸦雀无声，没有人再提不同意见。

董卓专门问了问袁隗："太傅以为如何？"

袁绍跑了，袁隗知道袁氏大祸已临头，只能活一天算一天了，于是答道："悉听尊驾之意。"

董卓回过头来问何太后:"太后以为如何?"

就在几天前何太后受了伤,现在伤还没有完全好,她悔得没法说,当初她要是不固执己见,把宦官一网打尽,那也就用不着外兵入京,也就没有董卓什么事了,现在说什么都晚了。

何太后颤颤巍巍地说:"您看着办吧。"

于是,董卓命令尚书当场撰写策书并宣读,策书写道:"孝灵皇帝未能继承皇统,早弃臣子。皇帝继位后,海内侧望,但其天姿轻佻,威仪不端,服丧期间怠慢懒惰,穿着平常的衣服(衰如故焉)。他的恶劣品行已传播四处,淫秽的行为也已众所周知,损辱神器,有污宗庙。

"皇太后缺乏母仪,统政以来陷于荒乱。永乐太后暴崩,大家议论纷纷(众论惑焉)。三纲之道,天地之纪,她违背了这些,罪恶是深重的!

"陈留王刘协具有圣贤的品德,才识卓越,遵守宫里的规矩,谦虚谨慎,深得上下的拥戴,具有尧一样的品行;他服丧期间悲伤痛苦,不说不合适的话;他从小聪明敏捷,具有周成王的德行;他的好名声天下的人都知道,应该让他继承大统,继承宗庙!

"陈留王继位后,现任皇帝降为弘农王,皇太后还政。"

就策书本身来说,废黜何太后理由还是站得住脚的,仅董太皇太后无端暴死这一条,基本上就能定她的罪了,而要废少帝,理由相当不充分。不过这已经不重要了,董卓想做,这就是最充分的理由。

策书只说皇太后还政,还给谁呢?是给9岁的陈留王吗?还是直接还政给董卓?这些也没说,不过同样也不重要。

策书宣读完毕,现场仍然鸦雀无声。

刚刚被罢免了三公之位的丁宫现在被降职为尚书,走这一套仪式是尚书干的活儿,见大家都不作声,丁宫宣布:"天降灾难于汉室,四处丧乱,请众位朝臣为社稷着想,真心拥戴上天授意的人,请称万岁!"

袁隗上前,把刘辩身上挂着的皇帝印玺摘下来交给刘协,之后流着泪搀扶刘辩下殿。

刘协坐上皇帝宝座,何太后、弘农王以及百官跪倒称万岁。

再怎么说新帝登基也是一件喜事,可一直心事重重的何太后不知突然想到了什么,在殿上大哭起来,哭得要多伤心有多伤心。何太后一哭,朝臣里也有不少人跟着哭了出来(太后鲠涕,群臣含悲),这让董卓很不高兴。

刘协即汉献帝,登基后改年号为永汉,大赦天下。

这件事刚办完,董卓立即清算何太后,把她迁出永安宫。两天后,董卓派人给她送上毒酒,把她杀了。

何太后是汉灵帝的皇后、现任皇太后,她的葬礼属大丧,有一套繁复的仪式,董卓虽然没有宣布何太后为叛逆,也同意把她和灵帝一块安葬在灵帝的文昭陵,但治丧活动不允许按规矩来。

董卓让献帝和弘农王带着公卿到奉常亭举哀,这个亭子在洛阳城内,具体位置不详。董卓专门告诉大家,届时都要穿上白色衣服,这不是披麻戴孝的意思,因为在汉代国有凶事群臣才素服而朝，称白衣会，董卓的意思是何氏一族有罪，何太后不适用皇后或太后的丧仪（公卿皆白衣会，不成丧也）。

何太后和何进的母亲舞阳君随后也被杀死，尸体抛入御花园，不允许收敛。御花园里除了奇花异草还有灵帝豢养的老虎、狮子等奇珍异兽，估计舞阳君的尸体很快就找不到了。

何进的弟弟何苗在之前洛阳乱战中已死，董卓也不放过，下令将其开棺戮尸，尸骨弃于道旁。

二十三、董相国的三项特权

再来说袁绍、袁术、曹操等人是怎么逃亡的。

袁绍带着妻子孩子和谋士们浩浩荡荡地离开了洛阳，虽然他刚走董卓就开始通缉他，但没有关于他在路上遇到麻烦的记载，说明沿途都有人暗中保驾护航。

这不奇怪，袁绍的名气太大，到处都有人接应，前不久他还曾来过洛阳以东的豫州、兖州等地，说是奉命打黄巾军余部兼带募兵，没准儿就是为这次逃亡亲自打前站的，所以他逃得比较轻松。

按照商定的计划，袁绍要去的地方是冀州刺史部，该州的州治在魏郡的邺县，即今河北省临漳县，从洛阳到邺县，那时就有一条东北走向的大道可以直达，大体上的走法是先沿黄河往东，过河内郡到达朝歌，然后一直往北。

要过黄河了，袁绍决定把妻子刘氏和3个儿子留在黄河以南，派人把他们送到了兖州刺史刘岱那里。刘岱不仅是他的人，还和袁绍的夫人刘氏同族，有亲戚关系。

和董卓打了这段时间的交道，袁绍比过去聪明了，他知道所谓"袁氏故吏"未必靠得住，董卓靠不住，冀州牧韩馥这个"袁氏故吏"也未必能靠得住，得给自己留条后路。

袁绍到了邺县，见到了韩馥，他更加确信没把妻子孩子带来是多么正确，韩馥对袁绍的到来表面欢迎，但内心里却相当排斥。

韩馥祖籍豫州刺史部颍川郡，该郡是一个出人才的地方，他就任冀州牧后马上到家乡一带招募人才，荀谌、辛评、郭图等一批颍川士人跑到冀州投奔了他，冀州本地的实力派沮授、田丰、审配也都支持他，武将方面有麴义、张郃等人，一时人才兴盛。

时间虽然不长，但事儿干得挺大，朝廷已无力管下面的事，韩馥闷着头发展自己的势力，逐渐在冀州做大做强。

这时候公孙瓒还在受排挤，刘表还没到南方上任，孙坚还是一个偏远地区的郡太守，袁绍、曹操、袁术的事业连起步都算不上，刘备、吕布更不值一提，而韩馥已经要人有人，要地盘有地盘了。

照这个势头发展下去，韩馥才是未来的领头大哥。

这样一来，韩馥的想法就多了，对袁绍的态度也有了明显的变化。

袁绍在邺县待了一阵子，韩馥把他安排到冀州刺史部治下的渤海郡，这是沿海地区，海岸线北起如今的天津市区，南抵山东省的利津一带。韩馥告诉袁绍渤海郡是全国数得着的大郡，人口数超过凉州、并州，那里还不在自己控制之下，韩馥请袁绍到渤海郡，可以在此招兵买马，积蓄实力。

可等到袁绍一行到了渤海郡就发觉不太对劲，渤海郡其实早就是韩馥的势力范围，韩馥的人整天盯着袁绍，说是搞后勤，实际上是搞监视。

袁绍想干什么事先都要请示，那个时候没有电话、电报，不能上网发邮件，一个请示就得十天半个月，而且往往没有下文。

实际上，袁绍被人软禁起来了。

按计划，袁术往南逃。

袁术这个人的性格看来有些问题，平时不服气老哥袁绍，跟曹操也不大对付，临跑出洛阳前他还干了件不太光彩的事。

当时情况很紧张了，但袁术还是拐到了曹操家一趟，曹操大概已经跑路了，而且没有来得及带上家眷。袁术告诉曹操的妻子卞氏说曹操已经让董卓杀了（**袁术传太祖凶问**），结果引起曹府上下的恐慌。

曹操的父亲曹嵩卸任太尉后看到时局动荡，就收拾了财产，带着曹操的弟弟曹德等家人跑到徐州刺史部琅邪国避难去了，只有卞氏跟着丈夫生活在洛阳。

两年前，卞氏为曹操生下了一个儿子，取名曹丕，这倒不是曹操的第一个儿子。之前说过，曹操的正室是丁氏，第二位夫人是刘氏，卞氏是他的第三位夫人，丁氏无子，刘氏为曹操生下了长子曹昂，但刘氏死得早，曹昂便由丁氏抚养。丁氏脾气倔，跟曹操经常吵架，此时应该在老家谯县。

听说曹操出事了，曹府的人害怕日后受株连，都想跑。

危难关头卞氏保持了镇定，对那些想各奔东西的家人说："曹君生死未卜，如果大家今天散了，明天他回来，我们有何面目与他相见？再说，即使曹君发生了不幸，大家就是死在一起又有什么了不起（**正使祸至，共死何苦**）！"

关键时刻卞氏控制住了局面，曹府上下安定了下来。

后来，在家人王必等人的协助下卞氏带着两岁的曹丕逃出了洛阳。

袁术捣了一回乱，之后也跑出了洛阳城，并且顺利地到达了目的地南阳郡。

到了以后，袁术发现这里的工作很难开展，原因是没人支持他。

南阳郡太守张咨倒是自己人，但他刚上任不久，没什么实力。南阳郡属荆州刺史部，这时荆州的主人还不是刘表，它的刺史名叫王叡，不是袁氏一党，不好张嘴要钱要人。

袁术一筹莫展。

往正东方向跑的曹操，运气还不如他们二位。

由于走得急，妻子孩子都没带，也不知道他们会不会遭到董卓的报复，离开洛阳后，曹操的心境差到了极点。

曹操是一个人跑出来的，身边没有人，遇到事没有照应，也没人商量。这还是其次，关键是身边没有人做见证，很多事情也就说不清楚了。袁绍给曹操制定的目的地是陈留郡，他们的老朋友张邈在那里当郡太守。

曹操一路历经了坎坷，最后还是到达了陈留郡，不过接下来他比袁绍幸运得多，张邈比韩馥大气，热情地迎接了曹操，并安排曹操到治下的己吾县、襄邑县一带展开募兵计划。

这时，已经到了中平六年（189）年底。

这一年发生了太多的大事，新的年号也不断启用，先后改过光熹、昭宁、永汉3个年号。大概觉得年号太乱了，所以这一年年底新帝下诏把年号改回中平。

董卓因为拥立新帝有功，被封为郿侯，擢升为相国。

正常情况下朝廷设三公，算是宰相。大将军比三公的地位还高，但不常设，如果设了普通朝臣也没有资格担任，因为这是外戚的专利。三公之上还有一个太傅，也就是袁隗目前担任的职务，这多半是个荣誉性职务，没有具体的职权，袁隗和何进共同辅政时，必须再给一个主持朝廷日常事务（录尚书事）的名义。

董卓当了太尉，嫌这个职务不给力，于是想起西汉初年萧何曾被任命为相国，所以也要享受这个职务。董卓不仅上升到与萧何同列的高度，而且同时获得了萧何都没有的3项特权：赞拜不名、入朝不趋、剑履上殿。

这3项特权非同小可，权威不到一定份上无法享有，整个古代历史上有过这些特权的人臣也没多少，其中好几位都集中在汉末三国时期。

现在介绍一下这些特权的内容。

按照礼仪，大臣朝见皇帝的时候旁边要站一个司仪官，把他的官衔和名字都喊出来。比方说此刻董卓去见皇帝，司仪官就要喊"郿侯、相国董卓，参见皇上"，然后董卓就要跪下来，说"吾皇万岁，万万岁"。趋是小步快走的意思，见到皇帝为表示恭敬，老远就得一路小跑过来，这就是趋。见皇帝，既不能携带武器，也不能穿鞋子，表示诚惶诚恐。

董卓拥有3项特权后，见到皇帝司仪官喊完"郿侯、相国"的时候可以省略董卓的名字不喊，这就是"赞拜不名"；老远见到皇帝也不用一路小跑，可以端个架子慢慢走，这就是"入朝不趋"；上朝的时候别人光脚板，自己可以穿鞋，而且可以佩带武器，这就是"剑履上殿"。

100多年前有个叫王莽的人享受过这些特权，他后来又往前走了一走，结果就自己当了皇帝。

所以，拥有这3项特权，通常也会跟篡权夺位联系在一起。

但这些都是形式主义的东西，多了无益，反而会成为包袱，成为别人攻击的靶子。

董卓现在最应该做的不是什么废立之事，不是当什么相国，还是应该先解决袁绍等人，正事不忙，先忙了一堆无关紧要的事，说明董卓在政治上还不够成熟，顶多是个暴发户。

这算是董卓独揽大权后的第二个败笔。

周毖、伍琼、何颙等人虽然看得明白，但他们不会阻止董卓，爱干就干吧，这些人也都会说好得很。

董卓忙完了，又想起袁绍这些人，下令进一步加大追捕力度，并要把袁隗以下的袁家几十口人全部抓起来杀了，其他人不能不管了。

董卓最信任的人是尚书周毖，因为他是凉州刺史部武威郡人，跟董卓算是老乡，在董卓看来周毖很有才学，又是老乡，又肯听自己驱使，所以对他最信任。

周毖对董卓说："袁绍本不想跟您作对，因为在废立的事情上得罪了您，他内心恐惧，所以才逃亡。这个人没有多大志向，但如果追捕太急，他势必反抗，袁家四世三公，影响力很大，如果他挑头造反，情况很麻烦。现如今不如软的，赦免他的罪过，给他个郡太守当，袁绍肯定会感激，就不会造反了（不如赦之，拜一郡守，绍喜于免罪，必无患矣）。"

说这些话时周毖心里完全没有把握，董卓对袁绍已恨之入骨，哪是几句话就能被忽悠的？

但连周毖自己都惊讶的是，董卓居然相信了。

董卓马上就让人以天子的名义重新发布诏令，赦免了袁绍等人的罪过，还任命袁绍为渤海郡太守，对袁隗等人不仅不为难，而且还给予优待。

周毖又立了大功，不仅袁绍和袁家所有人都应该感激他，就连曹操也得感激他，那时候曹操的妻子卞氏想必还没有从洛阳脱身，如果董卓现在就下令搜捕抓人，她和两岁的曹丕也跑不了。卞氏后来带着曹丕从洛阳成功脱险，应该跟这项诏令有很大关系。

站在董卓的立场上看，这项决定也很有问题，应该是他的第三个败笔。对袁绍这样的人只有穷追猛打才行，现在不仅应该诏令各州郡加紧缉捕，恐怕还要考虑派出他的凉州军前往有关地区进行捉拿，趁着袁绍、袁术、曹操这些人羽翼未丰，先把他们抓住再说，之后严加审讯，——挖出他们的同党，一网打尽。

但这一次不能怪董卓智商低了，他虽然是个武人，却不是白痴，靠官位进行收买，靠妥协取得合作，这些他都不相信的东西自然不指望袁绍等人会相信。

董卓这一次之所以同意周毖的建议，是因为在他看来也只能这么做了，此时的董卓正有难言之隐。

就在董卓忙着收拾洛阳一摊子破事的时候，有一伙兄弟趁机给他捣了一回乱，这些人是黄巾军在河东郡一带的余部，他们号称白波军，活跃在洛阳至关中一线，现在突然势力大增，大有占据整个河东郡的架势。

按照上面说的古今地名对照法，把河东郡可以理解为临汾，或者理解成运城也行，其核心区域就在晋西南这一块。

这个地方不是什么繁华地带，但对董卓来说却是不得了的地方，董卓的大后方在凉州，如果洛阳和关中的道路被切断，董卓就失去了和后方的联系。

这是一个可怕的结果，因为一旦没有了凉州的支援，董卓就成了困在洛阳的一支孤军，如果大家齐心协力对付他，他就成了案板上的一块肉，任人宰割。

比如像关中地区，尽管凉州军似乎来去自由，但这里并不在他的掌握之中，张温离任后，赋闲在家的皇甫嵩被重新起用，再次以全国武装部队副总司令（**车骑将军**）的身份率军驻扎在槐里，也就是今陕西省兴平市一带。

皇甫嵩手下有4万精兵，可不是闹着玩的。

所以，董卓接到白波军势力坐大的报告后，头也一下子大了，他立即意识到这个威胁比袁绍等人大得多，袁绍虽然也是威胁，但至少威胁是在将来，还能拖一拖，白波军的事一刻都不能拖。

董卓下令牛辅领兵前去剿灭。

牛辅不仅是凉州军里的狠角色，战斗力强，而且还是董卓的女婿，是董卓最信任的人。

牛辅领兵前往河东郡，像白波军这样的黄巾余部在一般人印象中战斗力很一般，应该不是凉州军的对手，不要说打，就是听说凉州军来了也会吓得逃跑。

但这股白波军真够长脸的，不仅不跑，还打得牛辅找不着北。

董卓更慌了，赶紧调集洛阳一带的各支人马重新作军事部署，准备跟白波军来一场大战。

所以，当周毖提出应该赦免袁绍的建议时，董卓觉得很有道理，不是周毖说的那些道理，而是他现在面对左右夹击，自思没有同时打赢两场甚至3场战争的胜算，他只能各个击破。

在董卓眼里，白波军是第一威胁，第二是皇甫嵩，第三才是袁绍这些人。

让他们去闹腾吧，等腾出手来再收拾也不晚。

袁绍、袁术包括曹操在内虽然顺利逃出了洛阳，但目前都处于低谷，董卓如果集中精力对付他们，结果怎么样还真不好说。现在董卓西边的事一忙，只能把东边的事放一放，这为反董势力的集结和壮大提供了难得的机会。

从这个意义上说，这股没有留下领头人姓名的白波军，在最恰当的时机，用他们的实际行动影响了历史的走向。

中篇

曹操的崛起

二十四、曹家军诞生记

中平六年（189）底，整个关东地区都被一种革命热情笼罩着。

革命，就是要革董卓的命，这个独夫民贼，以武力把持朝政，擅自废立，杀害太后，已成为舆论声讨的对象。

秦汉时普遍用地处崤山谷地的函谷关作为区分东、西两大地域的界标，分别称关东、关西。函谷关位于今河南省的灵宝市，在洛阳以西，如果按照这个概念区分，洛阳本身也属关东。

所以，这里说的关东指的是洛阳以东的关东，如果摊开地图看，主要是兖州、徐州、青州的全部以及冀州、豫州这几个刺史部的一部分。

距离汉末最近的一次人口普查显示，这里也是人口最为稠密的地区，当时人口密度能达到每平方公里 150 人以上的地区，几乎都集中在这里。

尽管袁绍远在渤海郡，但并没有影响关东地区的讨董热情，一些早有准备的州刺史、郡太守正秘密串联，计划酝酿一次集体行动，制造声势，公开讨伐董卓。

为此，许多地方都开始了募兵活动。

陈留郡下面有一个叫己吾县，位置在今河南省商丘市的西南，属于今宁陵县，在现在的河南省地图上，洛阳和宁陵的直线距离约 300 公里。

己吾本是个很普通的县城，这一年的年底突然热闹了起来。

县城里到处在传说，有人来这里招兵了。

近几年来天下乱了起来，朝廷一再招兵买马，地方豪族也跟着招兵，招兵的还有路过的黄巾军，各种招兵形式五花八门，人们开始还有些兴趣，乱世生存不易，当兵至少有口饭吃。但是，随着当了兵的本地人一个个离开这里并从此失去了消息，大家对这种事慢慢地没了热情，招兵成了一件难事。

不过这次招兵似乎有着更大的吸引力，应征而来的人络绎不绝，原因是大家听说本郡很有名望和实力的卫孝廉亲自带着上千人参加了这支队伍，所以都跟着来了。

卫孝廉名叫卫兹，是本郡知名人士，他曾经是何苗的部属，何苗死后又在司徒杨彪的手下干过，后来回到了家乡。张邈来陈留郡当太守，虽然没有记载说卫兹回乡与张邈有关，但这种可能性是存在的，至少他们的政治倾向相同。

卫兹回到家乡，利用在本地的号召力很快组织起一支上千人的队伍。但他是个文人，缺乏军事才能，听说有人到己吾来招兵，立即带着自己已经招来的这 1000 多人加入了这个阵营。

来己吾招兵的人就是曹操。

曹操和张邈是很好的朋友，到了陈留郡，张邈让他到自己治下的己吾县去招兵，此时的曹操正被朝廷通缉，原来的骑都尉的军职已被撤销，董卓虽然又任命袁绍为渤海郡太守，但没有提到曹操，曹操现在是平民百姓一个。

但曹操的名气还是挺管用的，他讨伐过黄巾军，当过高级军官，这是他招兵买马的资本，卫兹的加入，让曹操实力大增。

不仅如此，卫兹还带来了全部家财作为曹操的经费，让曹操格外感动。

在卫兹带来的这1000多人里有一个猛人，名叫典韦。

典韦也是己吾县本地人，史书没有记载他字什么，说明他出身寒门。典韦体型魁伟，膂力过人，是本地知名度很高的侠士。

离己吾县不远有两个县，一个是襄邑县，另一个是睢阳县，襄邑县有个姓刘的人跟睢阳县一个叫刘永的人有仇，典韦受雇替襄邑县这个刘氏报仇。

刘永在南方当过县长，有些财势，平时防范很严，典韦坐着车，带着鸡和酒，伪装成要拜访刘永的人，门一开，他从怀里掏出刀子就杀了进去，不仅把刘永杀了，连刘永的老婆也没有放过。

刘永家住在集市附近，典韦出来，肯定是一身血，外面整个震动了，一下子有上百人追过来，可没有人能靠近，一直追了四五里，接应典韦的弟兄赶到，一阵乱战，典韦脱身，于是典韦在江湖上名气大振。

卫兹招募人马，典韦加入了卫兹的队伍。

说白了，典韦是黑道人物，干的是杀人越货的勾当，在和平年代，这样的人迟早要被砍头。但现在是乱世，需要的正是这样的猛人。

现在典韦的职位还很低，在一个叫赵宠的司马手下当兵。军营里有牙门旗，又高又沉，一般人举不起来，典韦一只手就能举起，赵宠深感惊讶（**牙门旗长大，人莫能胜，韦一手建之，宠异其才力**）。

赵宠默默无闻，可能早早战死了，典韦后来归其他人指挥，多次立下战功，慢慢升任为司马。

那个时候一个县通常只有1万户左右，能招募的兵源十分有限，不过好在曹操招兵的声势造得挺大，不仅己吾周边的几个县，就是陈留郡附近的梁国、陈国也有人跑来应征。

在这些应征的人里，曹操发现有一个人个子不高但目光炯炯有神，说话办事干净利索，还有一定的武艺，曹操很喜欢他，就让他给自己当警卫员（**帐下吏**）。

这个人就是日后大名鼎鼎的乐进。

乐进比典韦强点儿，他有表字，他字文谦，还挺文绉绉的，他的老家是兖州刺史部东郡，史书说他有胆识、办事果敢（**有胆烈**）。曹操本人的个子不高，选警卫员不能要个子太高的，否则走到哪里都容易抢镜，乐进大概沾了这个光。

曹操派乐进回他的老家东郡募兵，招来了上千人，曹操便任命乐进为副团长（**假军司马**）。

己吾其实离曹操的老家豫州刺史部沛国谯县不远，商丘市和亳州市现在虽然一个属河南省一个属安徽省，但两地是挨着的，过去亳州市还称亳县，京九铁路还没有通，亳县人坐火车出远门都要先坐汽车到商丘，从那里坐陇海路的火车。

曹操在己吾招兵，也算到了家门口，当然不能忘了自家的人，曹操的几个叔伯兄弟以及夏侯家的兄弟很快都来了。

曹家的兄弟里有曹洪、曹仁、曹纯，夏侯家的兄弟里有夏侯惇、夏侯渊，此外还有曹操的侄子曹安民。

曹洪、曹仁、曹纯这几年先后回到了家乡，时局眼看一天比一天乱，他们和夏侯惇、夏侯渊等也悄悄地在家乡一带组织起了武装。听说曹操在己吾县招兵，就带着人来了，他们带来的也有1000多人。

在夏侯惇的手下，有个叫史涣的人，字公刘，老家也是沛国。

曹操的侄子曹安民名字不详，安民应该是他的字，他的父亲是曹操的亲兄弟，叫什么名字不太清楚。

在曹家的下一代里，还有曹休、曹真两个人，都是"青出于蓝而胜于蓝"的猛人。

曹休字文烈，是曹洪的亲侄子，算是曹操的族子，也就是本族里的下一辈子弟。

曹休的祖父曹鼎和曹操的父亲曹嵩同辈，当过河间国相、吴郡太守、尚书令，说明他不是一个等闲之辈。现在安徽省亳州市南郊的曹氏宗族墓，其一号墓坑埋葬的就是曹鼎，在墓坑里曾经发现过2颗牙齿，经考证是曹鼎的，现在谁声称自己是曹操的后人，很好办，通过这2颗牙齿做DNA比对就行。

曹鼎是曹腾的侄辈，他仕途亨通主要是因为曹腾，曹腾去世后，曹鼎一支逐渐衰落，曹休10岁时父亲去世，曹休和一个门客安葬了父亲，墓地都是租来的（独与一客担丧假葬）。

后来，曹休携老母亲渡江到吴郡避难，爷爷曹鼎在这里当过郡太守，多少有些人脉，曹休被吴郡太守收留。

一次，曹休在官邸里看墙上挂着昔日太守的画像，其中就有爷爷曹鼎，他跪下长拜，涕泣不已，在场的人都深受感动。

曹休听说叔父曹操在己吾招兵，立即前来，此行很辛苦，是绕道荆州刺史部才来的。曹操见到曹休很高兴，对左右说："这是我们曹家的千里驹呀（此吾家千里驹也）！"

曹真字子丹，父亲名叫曹邵，和曹操是本族的同辈人，曹邵听说曹操招兵，也在当地招了兵，他的想法是多招些人马带上投奔曹操，结果却引起了当地官员的警惕，曹邵因此被杀。

曹真后来被人带着辗转找到了曹操。和曹休相比，曹真的年龄小得多，跟曹丕差不多，曹操就让他跟曹丕一起生活学习。

史书还有一个记载，说曹真本来不姓曹，而姓秦，他的父亲叫秦邵，和曹操关系很好，有一次曹操遇险，被人追杀，到秦邵家避难。追兵到了秦家，问曹操在哪里，秦邵说我就是，结果被害。曹操感念好友的救命之恩，就收养了他的孩子，给秦真改名为曹真。

人招得很顺利，很快就招到了5000人，谯县来的、己吾县本地的、陈留郡其他县以及附近郡国的约各占三分之一，相比于此时的袁绍和袁术，曹操已经很有成就感了。

现在最大的困难是经费不足，这么多人要吃要穿每天都是一大笔开销，还有武器也不足，总不能让大家拎根棍子就上战场吧？

为解决后勤保障和武器供应问题曹操想了很多办法，他命令支起了铁匠炉打造兵器，有时自己也亲自上手，和工匠一起研究兵器如何打造。

一次，曹操正和工匠一块打造一种叫卑手刀的武器，就是一种短刀，类似于日后说的匕首。这时，有个叫孙宾硕的朋友来看他，孙宾硕很不解："你现在考虑的应当是大事，干吗干工匠的活？"

这个小个子回答说："既能做大事又能做小事，有什么不好呢（能小复能大，何苦）？"

还有一个说法，认为曹操起兵之初为解决军费问题曾设置摸金校尉、发丘中郎将专门去盗墓，仅在梁孝王的坟墓里就盗取金银财宝数万斤。盗取梁孝王坟墓时曹操还亲自去了现场，看着大家破棺盗宝，梁孝王的尸体被拉扯到地上，宝物被洗劫一空。消息传出举世震惊，皇帝听了都流下了泪，士民无不伤心（圣朝流涕，士民伤怀）。

这个说法流传很广，历代以来很多人都相信是真的，不过这很有疑问，不仅因为它从未见诸正史，而且根据当时的情况，曹操这么做似乎也不可能。

曹操起兵时什么名分都没有，曹洪、曹仁等人顶多是个司马，为盗墓专门设个校尉甚至中郎将，不符合当时的情况。

而且盗取梁孝王墓更不可能，梁孝王是汉武帝的兄弟，死后葬在刘邦斩蛇起义的芒砀山，己吾在谯县的西北方，芒砀山在谯县的东北方，两地相距几百里，分属不同郡国，曹操起兵时影响力还到达不了那个地方。

那么，会不会是曹操以后去盗的呢？可能性不能说一点儿没有，曹操本人此后也有几次来过芒砀山所在的梁国，但都是路过，而且那时他已兵强马壮，没有盗墓的时间和动机。

在己吾，曹操克服困难一靠卫兹的帮助，二靠自力更生。作为一支典型的民兵组织，大家参军的积极性很高，穿上军服腰里别把刀走在亲戚熟人面前那叫一个威风，但没有系统性的训练就是新兵，上战场的经验还明显不足。

好在曹操当过典军校尉，是专门负责练兵的，他对这5000来人开始了训练，分别任命卫兹带来的赵宠等人以及曹洪、曹仁、夏侯惇、夏侯渊当司马、假军司马。

但不管怎么说，"曹家军"就此诞生了。

曹操是这支队伍的创始人，和他一同参与创立这支军队的还有曹家、夏侯家的兄弟、子侄，以及卫兹、乐进、典韦、史涣等人，他们算是"曹家军"的创军元老。

二十五、缺席的总指挥

这时还是中平六年（189）的年底。

在张邈等人的串联下，愿意参加讨伐董卓的几支人马陆续向陈留郡北部的酸枣县一带集中，预示着这里将有重大行动。

酸枣县临近黄河，河的北岸是司隶校尉部所属的河内郡。

张邈既是东道主也是这次集体行动的实际负责人，他的弟弟张超担任广陵郡太守，该郡属扬州刺史部，辖区在今江苏省扬州市一带，现在也千里迢迢率部来到了酸枣。张超有个手下名叫臧洪，不到30岁，体貌魁梧，目前担任郡政府人事处长（**功曹**），是个不简单的人。

臧洪字子原，广陵郡本地人，父亲臧旻当过太原郡太守、扬州刺史，为官有声誉。臧洪上过太学，举过孝廉，当过县长，看到天下已乱，他辞官回家，被张超聘为功曹。

张邈见臧洪虽然只是个功曹，但见识不俗，口才又好，就派他为代表，负责与各路人马进行联络。

很快，兖州刺史刘岱、豫州刺史孔伷、东郡太守桥瑁、山阳郡太守袁遗、济北国相鲍信等人都明确表态，愿意同时起兵讨伐董卓。

还有曹操，虽然没有正式职务，手里却有5000来人，算重要的一路。

袁绍虽然不在这里，但这些人跟袁绍都有着密切关系，张邈、曹操不用说，过去都是朋友，桥瑁、鲍信是袁绍派出来的，刘岱是袁绍的亲戚，和袁绍关系非同一般，袁遗是袁绍的从兄。

上面这些人能当上刺史、郡太守，也都是袁绍和他的朋友们秘密策划的结果，他们都是整个讨董大业中的一部分。所以，袁绍人虽然不在这里，但却是大家的精神领袖。

事实上，酸枣方面早已派人到冀州刺史部及渤海郡联络过韩馥和袁绍，还去豫州刺史部和南阳郡联络袁术等其他人，袁绍暂时还在渤海郡不能前来，袁术等人相距较远，可以就地起事。

各路人马陆续到达酸枣后，张邈让人临时修起了一个大坛，作为会盟的场地。

马上就要举行会盟仪式了，大家才突然想到一些具体问题，比如盟约如何措辞？要兴兵讨伐董卓，你的依据呢？

这看似不是个问题，但却是一个严重的问题，如果不对外界说清楚，那就成了造反，被董卓抓住把柄反戈一击，无疑就在舆论战中先输了。

所以，这么大的行动必须有一个合法的理由，最好再弄一个合法的程序，这样才能称为义举，关东联军才能称为义军。

这可难坏了大伙，要程序合法必须天子发话，天子掌握在董卓手里，怎么解决这个问题呢？

正在这时，东郡太守桥瑁很神秘地拿出了一件东西，解决了当下的难题。

桥瑁拿出来的是一封信，这封信是当朝三公共同签署的，是一封告知天下百姓的公开信（三公移书）。在这封信里，三公告知天下，说恶徒董卓胁迫君臣，窥伺社稷，无法无天，天子面临危险的境地，希望天下人跟随袁绍等共举义兵，以赴国难。

这封信不早不晚，来得正是时候，如此一来大家的行动就有了理由，成为响应三公号召的义举，铲除国贼、拥戴皇帝，程序就合法了。

这封信是桥瑁伪造的，他一来要帮关东联军的忙，二来想借机捧袁绍一把，因为他是最崇拜袁绍的人之一。

不过在当时很多人都认为它是真的，董卓就任相国后朝廷的三公现在分别是太尉黄琬、司徒杨彪、司空荀爽，加上太傅袁隗，清一色的党人，都忠于皇帝，说他们联署签发了这封公开信，不是没有可能。

桥瑁是已故太尉桥玄的侄子，高干子弟，和洛阳上层人士来往密切，有理由都认为这封信是三公悄悄托人捎给桥瑁的。

张邈等人于是把这封信四处散发，这封信很快在社会上传开了，产生了很大影响，只是他们只顾了自己这一头，没有考虑仍控制在董卓手里的黄琬等人的处境。

说话之间就过了年，天子下诏改元为初平。

初平元年（190）正月，反对董卓的各路人马在酸枣设立坛场，共同盟誓。

谁来上坛宣读誓文？带头大哥不在，大家又互相谦让起来，谁都不敢上台（莫敢当），最后一致推举臧洪来读。

臧洪于是走上坛场，宣读誓文：

"汉室不幸，皇纲失统，贼臣董卓趁机作乱，弑杀天子，残害百姓，我们非常担心他会灭亡整个国家，颠覆天下。兖州刺史刘岱、豫州刺史孔伷、陈留郡太守张邈、东郡太守桥瑁、广陵郡太守张超等人，聚合天下义军，共赴国难。凡是参加结盟的人，都要齐心协力，以臣子应有的节操，虽抛头颅洒热血也绝无二心。如果违背了盟约，不但让他丧命，还要让他断子绝孙（有渝此盟，俾坠其命，无克遗育）！皇天后土，祖宗神灵，请共同见证！"

誓文写得言简意赅、掷地有声，臧洪读得辞气慷慨、涕泣横下，产生了极大的感染力，无论是将校还是普通士兵，都万分激动，为莫大的正义感所激昂。

这篇誓文里只提到两位刺史和三位太守，没有提曹操的名字，因为他目前没有合法的官衔，不方便写进去。

几乎与此同时，冀州牧韩馥、河内郡太守王匡在冀州刺史部起事，后将军袁术在南阳郡的鲁阳县起事，大家都推举渤海郡太守袁绍为盟主。

综合起来，反董的关东联军共有11路，分为4个方向：

冀州方向：冀州牧韩馥屯邺县，河内郡太守王匡屯河内郡；

酸枣方向：兖州刺史刘岱、陈留郡太守张邈、广陵郡太守张超、东郡太守桥瑁、山阳郡太守袁遗、济北国相鲍信，曹操没有职务，行动多有不便，袁绍后来表奏他代理奋武将军（行奋武将军），上述各部屯酸枣；

豫州方向：豫州刺史孔伷屯颍川郡；

南阳方向：后将军袁术屯南阳郡鲁阳县。

101

这4个方向自北向南形成一线，对洛阳构成了一个半月形的包围圈，总兵力达10万人以上。

这一步，几个月前袁绍和他的智囊们已经为董卓设计好了。

这时，关东联军公推的总指挥还远在冀州刺史部的渤海郡。

冀州牧韩馥虽然参加了关东联军，但内心里对酸枣会盟很有意见。会盟时大家提出要团结在袁绍的旗下，韩馥不太愿意接受。

别人可以拿袁绍当领导他不可以，因为他现在是袁绍的领导。

韩馥受命来到冀州，前期超乎寻常的顺利，天时、地利、人和都让他占了，他虽然不是一个有雄才大略的人，但架不住运气太好。

如果袁绍不来冀州，韩馥就会以此为基地慢慢向外扩张，成为一路诸侯。现在有袁绍，烦恼也跟着来了。

不用说他也明白，袁绍不是投奔他来的而是来接管他的。但韩馥很郁闷，现在所有的一切是自己凭双手奋斗的结果，与袁本初何干呢？要把这些拱手送上，韩馥心里实在不甘。

可袁绍这小子丝毫没有退让的意思，人虽然待在渤海郡，眼睛却紧盯着邺县，韩馥派去监视的人报告，外面不断有人去找袁绍，也不知道密谋些什么。

大概既得利益者韩馥心里认为，当前袁绍才是心腹之患。至于董卓，只要他不打到冀州来，反不反他倒无所谓。

正当韩馥的立场出现摇摆不定的时候，董卓的特使也到了。

董卓以汉献帝的名义诏令韩馥讨伐刚刚起兵的酸枣方面关东联军，同时将关东联军的领袖袁绍捉拿归案，押送到洛阳。

何去何从，必须马上决断。

如果接受董卓的命令，意味着自己的冀州牧将继续合法，而且可以得到董卓集团的支援。拒绝接受，他就不得不把自己与袁绍等人彻底绑在一起了。

后世评价韩馥这个人保守而懦弱，不明白乱世生存法则是不进则退，他只想守住自己的地盘，不想干任何冒险的事。

不过，韩馥的缺点里还应该加上一条，自私。

他想得到，又不想失去，更不想冒险。

懦弱而自私的韩馥经过一番思考，决定站在董卓一边。

不过，他心里没底，不知道手下人怎么看，于是先征询自己的心腹刘子惠的意见，问他应当帮助袁绍还是帮董卓（今当助袁氏邪，助董卓邪）。

刘子惠是中山国人，担任冀州州治中从事，跟酸枣的许多人都有交情，尤其跟刘岱很熟，常有书信来往。

刘子惠回答韩馥：

"现在起兵是为了国家，哪来的姓董还是姓袁（兴兵为国，安问袁、董）？"

这个回答让韩馥颇感惭愧。

在刘子惠的进一步说服下，韩馥打消了倒向董卓的念头，全力支持袁绍。

韩馥给袁绍写了封信，转告酸枣会盟的情况，支持他起兵。

袁绍被困在渤海郡，论实力身边没有多少人，如果继续待在这里，他这个关东联军的总指挥也只是个光杆司令，没有韩馥的允许，他无法离开这里。

正在焦急万分的时候，韩馥突然派人来请他去邺县。

到了邺县，袁绍发现韩馥对自己的态度发生了根本转变，韩馥表示愿意听从他的调遣，袁绍既高兴又有些不安。为避免和韩馥发生冲突，袁绍携许攸、逢纪等人去了河内郡，相比韩馥，河内郡太守王匡更让他放心。

袁绍一到河内郡，就自称车骑将军，以此为名号令指挥整个关东联军。

二十六、为什么不通知我

有个同志革命热情一向很高，对董卓也早有看法，一心想灭了他，但会盟讨董这样的大事，居然把他漏了。

这是一个彻底的猛人，他就是董卓的老同事、现任长沙郡太守孙坚。

长沙郡的管辖范围包括以今长沙市为中心的湖南省大部分地区，北到岳阳市，南到衡阳市，地盘很大，但在当时，这里属于偏远落后地区，跟关东地区没法比。

酸枣会盟霹雳一声响也传到了长沙郡，孙坚听说大家闹出这么大声势为的是讨伐董卓，不禁拍着胸脯感叹道："当初张公要是听了我的话，朝廷今天就没有这么大的灾难了（**张公昔从吾言，朝廷今无此难也**）！"

张公就是张温，之前说过，孙坚给张温当参谋，力劝张温除掉董卓，张温不敢。

孙坚二话不说，整顿人马，即刻北上。

长沙郡归荆州刺史部管，此时的刺史不是刘表，而是王叡。

书圣王羲之有个曾祖父名叫王祥，是晋初名臣，王叡是王祥的伯父。在政治倾向上王叡也反对董卓，他也想起兵响应关东联军。

但是，王叡和孙坚平时有很深的矛盾。孙坚在王叡指挥下讨伐过零陵、桂阳等郡的农民，王叡出身的琅邪国王氏是世家大族，孙坚出身低微，在王叡眼里孙坚只是个武夫，对他一向轻待。

孙坚是个有血性的人，受了气一直忍着，但总想找机会报复王叡。

长沙郡西邻武陵郡，王刺史跟武陵郡太守曹寅也不对付。

王刺史举兵后，扬言要杀曹寅，曹寅大为紧张，靠他的力量对付不了王叡，于是向孙坚求援。

当时朝廷正派温毅为特派员（**案行使者**）在荆州刺史部视察工作，曹寅和孙坚经过密谋，由曹寅伪造温毅的公文，列举王叡的罪过，让孙坚抓捕王叡。

孙坚拿了伪造的公文，立即带兵去抓王叡，那时荆州刺史部的治所不在襄阳而在汉寿，今湖南省常德市以北，就在武陵郡的地盘上。

王叡听说长沙郡的兵马前来，登城观望，在城楼上问下面的人想干什么。

孙坚的手下回答："我们长年征战，所得赏赐还不够拿来做衣服，只想到刺史您这里再要点儿钱罢了。"

王叡一听，对下面说："本刺史岂是吝啬鬼？"

于是命令打开城门和仓库，让大家自己去挑。

城外的士兵进城，王叡突然发现其中还有孙坚，大吃一惊："士兵讨赏钱，孙太守为什么也在里面？"

孙坚黑着脸，答道："接到特派员的公文，要我杀你（**被使者檄诛君**）。"

王叡一听大惊失色："我犯了什么罪？"

孙坚摇摇头："在下也不知道（**坐无所知**）。"

104

王叡知道无路可走，于是刮下金屑，吞服自杀（刮金饮之而死）。

孙坚继续北上，曹寅还在武陵郡当太守。后来，刘表来荆州整合地方势力，曹寅待不下去弃官而走，下落不详。

放在平时，孙坚、曹寅的行为等于谋反，假冒朝廷密令，擅自处死长官，罪过就太大了，而且这种事很好查。

但现在局势乱了，朝廷由董卓控制着，董卓的精力又都在如何对付关东联军上，根本无力过问下面的事，所以孙坚有这个胆。

孙坚率部很快到了南阳郡，郡太守张咨的情况虽然跟张邈等人差不多，也是袁绍秘密安排下来的，但他却不在11路讨董人马之列，他驻扎在南阳郡的郡治宛县，而袁术驻扎在鲁阳县。

这说明袁术对张咨的控制力有限，张咨有坐山观虎斗的想法。

孙坚到了南阳郡，他未必了解这么多内情，远道而来，急缺军粮，于是给张咨写了封信，要求提供军粮。

可能孙坚有点儿摆谱，张咨不爽，跟手下商量怎么应对。众人认为孙坚不过是本州相邻另一个郡的太守，大家平级平坐，互不隶属，无权调发粮饷。

张咨认为言之有理，对孙坚不加理睬。

这一下惹恼了孙坚，刚杀过刺史，又动了杀太守的心。

有一个说法，说孙坚给张咨写信之前已经与在鲁阳的袁术取得了联系，袁术以后将军的身份表奏孙坚假中郎将，由于有袁术的这项表奏，孙坚才向张咨伸手要粮。

孙坚大概以为袁术是关东联军在南阳郡方面的总指挥，张咨也得听他的，可是他不了解内情，张咨并不买袁术的账，更不会买他的账。

孙坚准备了牛、酒等礼物拜访张咨，按照礼节，张咨次日要来孙坚这里还礼。

孙坚摆下酒宴款待张咨，喝得差不多了，孙坚手下的主簿上前汇报："我们移师南阳，但南阳道路也不修，又不准备军需物资，请把南阳郡主簿抓起来问问，是什么原因。"

张咨一听，知道不妙，想走，但四面都是孙坚的人，走不了。

过了一会儿，孙坚的主簿又进来报告："南阳郡太守阻碍发义兵，迟误讨贼行动，请按军法处置！"

孙坚下令，把张咨拉到营门外，就地斩首。

南阳郡为之震怖，孙坚再提什么要求，都有求必应。

史书的另一个记载是，孙坚到南阳郡以后，张咨既不供应军粮，也不肯见孙坚，孙坚想直接对他动刀，但又怕留下后患。

于是，孙坚诈称得了急病，一会儿请巫医，一会儿在军营里举行仪式祷祀山川，弄得动静特别大。

孙坚还派心腹去见张咨，说自己病重，想把人马托付给张咨。张咨听了很高兴，以为可以白得孙坚的人马，就带了五六百人去见孙坚。

孙坚开始躺在那里与张咨相见，说着说着，突然跳起身，按剑怒骂张咨，亲手把他杀了。

杀上级，再杀同僚，孙坚把荆州刺史部闹了个底朝天。

孙坚敢这么做靠的是实力，他长期在基层工作，又在军队里待过，有勇有谋，还善于拉队伍，此时他的手下已经齐聚了程普、黄盖、韩当、朱治等一批日后的名将，很有战斗力，所以才敢如此行事。

但杀人总不是好玩的，孙坚一路北上、一路杀人，弄得人心惶惶，孙坚未免有点儿心虚。

更重要的是，王叡已经打出讨董的旗号，孙坚把他杀了；张咨和关东联军素有渊源，孙坚也把他杀了。孙坚本来是想参加关东联军的，现在弄不好就成了关东联军的敌人。

考虑到这种情况，他赶紧向袁术求助。

孙坚的行动让袁术吃惊，袁术担心这小子杀红了眼，会不会把刀舞到自己头上来。正在这时孙坚主动来见他，表示愿意听从指挥，态度极为恳切。

袁术确定孙坚不是在忽悠自己后，大喜过望，又表奏孙坚为军长（*破虏将军*）兼豫州刺史。

之前袁绍任命曹操为行奋武将军用的也是"表奏"，"表奏"这种任命官员的方式就此出现。

任命职务一定要有严格的组织程序，地方要员和军中的高级将领还要由天子亲自以诏令的形式任命，即使基层推荐，实行的也是报批制，没有正式批准即为非法。

可现在天子控制在董卓手中，报个请示上去让他批基本不可能。于是，下面的人便自作主张，把报批制改为报备制，自行批准，报你备个案就行了，这就是"表奏"。

具体的形式是，找块空地，弄个条案，摆上贡品点上香，冲着洛阳方向跪下念奏书，先把董贼骂一遍，然后表表忠心，再说要任命某某担任某某职务，最后祝天子万寿无疆。完了，再磕几个头，一套程序就完事了。

这个口子一开，大家都开始"表奏"起来，但凡有点儿实力的，都兼职替朝廷干起了组织人事工作，不仅大肆封官，而且你表我、我表你，互送人情。

方便归方便，但容易造成混乱，从此之后，经常出现同一个郡、同一个州有几个太守或刺史、州牧同时存在的现象。

比如，袁术表奏孙坚兼任豫州刺史就大有问题，豫州刺史部并不在袁术的控制范围内，豫州刺史也没有空缺，又弄出来个豫州刺史的头衔，只能添乱。

此时朝廷正式任命的豫州刺史是孔伷，11 路联军之一，反董阵营里的积极分子，他目前驻扎在颍川郡，袁术让孙坚当豫州刺史，不仅不合法，还是在故意挑事。

二十七、真正的实力派没来

南面又来了个孙坚，关东联军的气势似乎更足了。

但这只是假象，因为看过他们的名单就会发现一个问题，这里面的含金量实在不够，真正的实力派并不在其中。

现在洛阳以外的真正实力派，一个是幽州牧刘虞，他在幽州主政多年，现在还在幽州负责安抚北方少数部族，名义上归他指挥的公孙瓒也有不小的实力；另一个是徐州刺史陶谦，黄巾军起事时他就来到徐州，在此发展自己的势力已经有五六年了；还有一个是益州牧刘焉，刺史改州牧的始作俑者，去益州后加紧扩充实力，目前已形成规模。

除了上面这3个方面的4位实力人物，还有两个人在此前后发展得很快，也迅速成为真正的实力派。

一个是公孙度，另一个是刘表。

当然他们也没有来。

公孙度字升济，原籍幽州刺史部辽东郡，到他父亲公孙延的时候为了避难逃到玄菟郡，即今辽宁省沈阳市一带。

客居他乡，过的是朝不保夕的生活，甚至不能送儿子公孙度去上学，但一次机会改变了这一家人的命运。

公孙度原名叫公孙豹，这个名字给他带来了好运。当时的玄菟郡太守叫公孙琙，有个儿子也叫公孙豹，还跟公孙度同龄，但公孙太守家的儿子死得早，太守对这个儿子十分思念，见到公孙度以后很喜欢，把他当成了自己的儿子，出钱送他读书，又帮他娶了妻室。

在公孙太守的关照下公孙度开始了仕途，他被郡里推荐来到朝廷秘书局（尚书台）工作，靠着自己的努力后来步步高升，最后竟然做到了冀州刺史。

但不知道什么原因，公孙度又被免了官，推测起来也许跟黄巾大起义有关，公孙度当冀州刺史的前后，冀州刺史部的黄巾军发展得最快。

公孙度的仕途眼看就此结束了，但他又遇到了一个贵人。

这个贵人是董卓手下的一员猛将，名叫徐荣，老家刚好也是玄菟郡，跟公孙度是一个郡的老乡。董卓控制朝廷，徐荣也来到洛阳，因为是同乡，二人结识而且关系很好。

董卓很信任徐荣，为对付日益高涨的反董势力，董卓考虑派一批人到地方任职，徐荣得到消息，向董卓举荐老乡公孙度担任辽东郡太守。辽东郡大体相当于今天整个辽东半岛，治所就在公孙度的老家襄平县，管辖面积很大。

在关东联军还没起事的时候公孙度赴东北走马上任，开始并不顺利。因为在家门口当官，很多人知根知底，觉得这家人过去在这里见谁都点头哈腰的，怎么摇身一变成了人上人，有人心理上接受不了，不太服气，襄平县令公孙昭就是这么一位。

公孙度想必须找点事来立威，目标就选中了公孙昭，他找了个碴儿，将公孙昭抓起来，于集市上公开审判并处刑，一顿板子下去，把公孙昭活活打死了。

这还不够，公孙度还大搞扫黑行动，对于当地的不法豪强以及黑恶势力大开杀戒，将田韶等百余户豪强灭族（夷灭百余家），如此一来，举郡震撼，没有人再敢跟他叫板。

后来，公孙度整顿人马，讨伐玄菟郡的乌桓人和高句骊人，势力不断扩展。辽东一带与内地远隔千山万水，与幽州刺史部的治所蓟县也遥不相闻，幽州牧刘虞虽然是公孙度的顶头上司，但没有力量管他。

公孙度有了实力，就搞起了地方自治，在控制区不断新设郡县，自行任命郡太守、县令，成为朝廷管不了的一个独立王国。

另一个新崛起的实力派刘表担任的是荆州刺史。

刘表之前被何进任命为北军中候，是何进的人。但从政治倾向上看，刘表和激进分子袁绍等人不太一样，他对朝廷是比较忠心的。

这是因为刘表是刘氏宗亲，又是名师王畅的学生，与孙坚那样的草根以及何颙那样的江湖人士不同，他在社会上早就有一定的知名度，被党人列为"八俊"之一。

董卓掌权后重用名士，刘表被董卓看中，这时正碰到孙坚杀了王叡，荆州刺史一职空缺，董卓马上就派刘表去担任荆州刺史。

但是董卓什么都给不了，刘表拿着一张任书诏书单人匹马去了荆州。

荆州让孙坚搞得一团糟，不过孙坚北上南阳郡以后便在那一带活动，荆州除南阳郡外还有6个郡，刘表把精力放在了这些郡的整合和治理上。

在这6个郡里也有很多强人，大的势力有苏代、贝羽、张虎、陈生、蒯越、庞季、蔡瑁、黄祖等，他们要么是豪强、土匪，要么是豪族，各把一摊，谁来当刺史都不好使。

刘表是个很有本事的人，放在一般人身上该愁死了，索性就撂挑子不干了，他却没退缩。

刘表没有去荆州刺史部的治所汉寿，而是去了宜城，今湖北省宜城市，他有一个好朋友在这里。

刘表的这个好朋友就是和他一同在何进大将军府共过事的蒯越，蒯氏是荆州大族，在宜城一带很有势力。在蒯越的支持下，蒯良、蔡瑁、庞季、黄祖等人都愿意帮助刘表。

针对当时荆州纷乱如麻的形势，刘表向蒯越和蒯良请教："此时宗贼横行，民众不附，袁术又在南阳蠢蠢欲动，祸乱发展到今天已经难以解决了。我想在这里征兵，又怕民众不愿从军，二位有何高见？"

蒯良是蒯越的哥哥，对刘表说："老百姓不愿意归附是因为仁不足，老百姓归附后却无法兴治，是因为义不足（众不附者，仁不足也，附而不治者，义不足也）。如果施行仁义，那么老百姓就会像潮水一样来归附，又有什么可担忧的呢？"

仁义当然要讲，但刘表是个务实主义者，他满脑子都是现实问题，于是问蒯越怎么办，蒯越说："太平盛世重仁义，乱世则更重视权谋（治平者先仁义，治乱者先权谋）。"

刘表对这个更感兴趣，请他详细说说，蒯越接着说："兵贵精不贵多，重点是能得到他们的忠心和支持。袁术为人勇有余而智谋不足，至于苏代、贝羽，都不过一介武夫，不必多虑。宗贼的首领大多贪婪残暴，其部下对他们也心存顾忌。

"我手下有一些有本事的人，只要派遣他们到宗贼首领那里加以利诱，宗贼首领们必定率众而来。然后你只要把握时机，诛杀那些残暴无道的首领，安抚收编他们的部众就可以了。

"如此一来，荆州的军民百姓都会因为你的恩德扶老携弱而至，到时候军归民附，向南占据江陵，向北扼守襄阳，那么荆州七郡可以传檄而定！到了那时，即使袁术等人拥兵而至，也无能为力了！"

刘表听完很兴奋，就依蒯越的计策而行。

蒯越没有吹牛，他派手下人去游说宗贼的首领，前后有55个首领前来归附，刘表、蒯越把他们聚在一起，全部杀了（遂使越遣人诱宗贼，至者五十五人，皆斩之）。

刘表把这些首领的部下进行了收编，对其中的大小头领一一任命官职。

最后，只剩下张虎、陈生领兵守在襄阳城。蒯越和庞季二人亲自进城劝说他们投降，于是刘表占据了以襄阳为核心的整个南郡。

刘表索性把荆州刺史部的治所迁到了襄阳，不再去汉寿就任。正如蒯越分析的那样，南郡平定后，不费一兵一卒，荆州的江夏郡、长沙郡、武陵郡、零陵郡、桂阳郡等都先后归附了刘表。

徐州的陶谦、益州的刘焉以及幽州的刘虞、公孙瓒，再加上辽东的公孙度、荆州的刘表这两个后起之秀，以上6个人个个手握重兵，占据的地盘都很大，如果他们都参加了讨董会盟，董卓恐怕连放手一拼的信心都没有，只能乖乖回凉州放马去。

但这些真正的实力派都没有参加会盟，他们仍然尊崇洛阳的天子，按时纳贡，接受朝廷的诏令，言下之意也不反对董卓。

这些人里有的是朝廷一贯的忠诚拥护者，从来没想过造反，如刘虞；有的虽然对朝廷的感情一般，但也抱着坐山观虎斗的心理想看热闹，如刘焉、陶谦；有的是董卓任命的，让他们参加关东联军还缺少思想基础，如公孙度和刘表。

关东各路联军中除韩馥和他们还有一比外，像孔伷、刘岱这些刚上任的地方官员，实力都不怎么样。陶谦、刘焉、刘虞等人在各地深耕多年，已经拥有了一定实力，事业正蒸蒸日上，是既得利益者，对他们来说保住已得到的利益比冒险更明智。

当然，讨董是民心所向，董卓已经成了臭抹布，人人都恨不得踩在地上再踹上几脚，这些人也不会把它从地上拾起来当旗子打，所以他们也不会公开与关东联军为敌，在政治上持中立态度。

由于实力派没参加，声势浩大的关东联军内在底气很不足。

二十八、继续潜伏在董卓身边

那么多人口口声声要反他、讨伐他，董卓不淡定了。

虽然靠流氓手段把洛阳的局面控制住了，但背后有关中的皇甫嵩和河东郡的白波军，眼前又有关东联军添堵，董卓头痛不已。

他已经赦免了袁绍、袁术等人的罪状，还任命袁绍为渤海郡，但这些人看来丝毫不领情，现在公然打出了反叛的旗帜，矛头直指自己。董卓也看出了关东联军的政治主张，他们给自己所列的罪状里有一条是废黜天子，另立新帝，有篡逆之心。

董卓认为，袁绍这帮人还是对新立的献帝不服，难道还做着改立刘辩的打算吗？想到这里，董卓决定把刘辩除掉。

刘辩刚被废为弘农王，董卓命宫廷警卫司令（郎中令）李儒出面，给刘辩献上毒药，逼其自杀。

李儒不是董卓带来的人，他是个文人，还当过太学的博士，此时甘于被董卓驱遣，去干这种大逆不道的事。

李儒见到刘辩，献上毒药，骗他说："服下此药可以驱病。"

没生病有人突然给送药，刘辩当然不信："肯定是毒药！"

刘辩不肯喝，李儒强迫他非喝不可。

刘辩知道死期已至，只得饮鸩而死。

弘农王刘辩，是灵帝刘宏的长子、何进的外甥、何太后的亲生儿子，在位不满7个月，死时15岁。

来不及给刘辩准备陵园，已故宦官头目赵忠在洛阳附近有一个现成的墓穴，赵忠生前想必花了很多精力和财力进行准备，想等自己百年后好好享用，但他没有这个福气，这个墓园让刘辩用了（葬弘农王于故中常侍赵忠成圹中）。

刘辩安葬时，朝廷给了个怀王的谥号。

唐姬没有死，她后来回到老家颍川郡。

至于李儒，以后随献帝西迁长安，董卓死后李傕等人专权，想推荐李儒当皇帝侍中，献帝因为他毒杀了自己的哥哥，坚决不同意，还要治他的罪。

此人后来不知所终。

董卓这一手虽然残暴，也让他坐实了奸臣的罪名，但从政治博弈的角度看，这也不失为高明的一招。

那些口口声声反对他废帝的人，不少人心里确实想着要恢复刘辩的帝位，现在主角没了，戏也没法唱了。

少帝被弑杀的消息传出，袁绍等人悲痛不已，关东联军阵营里的大多数人都认为，既然灵帝的长子刘辩死了，次子刘协做皇帝就是顺理成章的了。

袁绍不这么看，他还转不过来这个弯，总认为献帝不合法，他宁愿再找其他人来当这个皇帝也不公开承认献帝。

袁绍在这个问题上还将长期执拗下去，不过与他应和的人实在不多，他后来虽然做过多次努力，但都没有成功。

关东联军起事后，周毖和伍琼在董卓身边卧底的日子也结束了。

他们潜伏在董卓身边，骗取了董卓的信任，一直在帮袁绍、袁术、韩馥、张邈等人说好话，帮助他们取得了合法地位，现在同志们真的造反了，董卓的怒火可想而知。

董卓下令把他们抓起来，咆哮道："我刚到洛阳，你们劝我擢用能人志士，我一一听从，可这些人一上任就公开起兵反抗我，是你们出卖了我，不是我要出卖你们！"

初平元年（190）2月10日，二人被斩首。

何颙也有联通关东联军的重大嫌疑，但董卓却没有怀疑他，可能是由于何颙平时做事一向谨慎，没有露出破绽，他现在的职务还是董卓相国府的秘书长（长史）。

周毖、伍琼的死是关东联军的一个重大损失，不过很快另一个卧底就补上了他们的位置。

这个人是郑泰，一个老资格的党人，时任朝廷参事室参事（议郎）。

关东联军不断壮大，董卓想重新调整战略部署，把主要兵力调集到东边来对付关东联军。

郑泰知道后为关东联军捏了把汗，他知道联军组建的时间不长，很多队伍刚刚完成长途跋涉，需要休整才能形成战斗力，这个时候董卓真的动用重兵征讨，联军肯定吃大亏。

郑泰于是跑到董卓那里继续忽悠说："政治成败，取决于恩德，而不取决于武力，所以讨伐无益。"

董卓听了有些不爽："照你的说法，要军队就没有用了吗？"

郑泰不着急，慢慢说道："不是说没用，我只是认为关东方面不值得您动用这么大的兵力，如果不信，请让我为明公陈述原因。

"现在关东合谋，州郡联结，百姓团结一致，不可说不强盛。然而，自从光武帝以来国家平安无事，百姓生活富裕，对战争早已淡忘。孔子说过'不教导人民，而让他们自己去战，这是抛弃人民（不教人战，是谓弃之）'，所以他们的人数虽然多，但不足以为害，这是第一点。

"您出身西州，年轻时即为国家的将帅，熟习军事，多次参加战斗，名震当世，人人怕您、服从您（人怀慑服），这是第二点。

"张邈不过是东平国的一个忠厚长者，不必多看一眼。孔伷只喜欢清谈高论，没啥见地。这些人都没有军事才能和打仗的经验，临阵决战根本不是您的敌手，这是第三点。"

郑泰从第一点一直说到第十点，喤喤喤，一通神侃让董卓听得入了迷。

郑泰最后总结说："如果我上面所说的还有一点点值得采纳，那就不要征兵以惊扰天下，也不要让害怕兵役的百姓集合在一起为非作歹，千万不能弃德恃众，自己亏损威重啊！"

郑泰在江湖上的名声真不是白来的，他的这一番话虽然空洞，很多都是东拉西扯，但却能正好切中董卓的心理。

董卓本来就不想打，他有更重要的事要做，听完郑泰的建议，他决定取消军事讨伐关东联军的打算。

董卓发现原来郑泰是个大材，一高兴，直接任命他为将军，担任阻击关东联军的前敌总指挥（**使统诸军讨击关东**）。

如果郑泰掌握了凉州军的前敌指挥权，董卓死得会更快。好在有人及时提醒董卓这个人有党人背景，跟关东那些人的关系也说不清楚，给他军权十分危险。

董卓清醒过来，赶紧收回成命。

二十九、最后的疯狂

汉献帝初平元年（190）春天，刚刚把持了朝政的董卓还没有来得及享受权力的快感，迅即遭到了关东联军的集体声讨。

按照董卓的脾气，应该立即放凉州军出关，把袁绍、袁术、曹操这些人全部解决了，论实力他有这个把握，但他却不能这么做，因为在他的背后有日益壮大的白波军，以及驻扎在关中地区的一支由名将皇甫嵩率领的中央军。

董卓考虑再三，认为当前不能对关东联军强攻而只能智取，要设法激化他们内部的矛盾，让他们产生分裂。同时也得做出另一手打算，如果不能消灭关东联军，干脆迁都长安。

董卓想到这个方案的时候一定很高兴，他召集朝臣开会，宣布了这个计划。原本以为经历了废立事件已经没有人再会反对他，但这一次他错了。

司徒杨彪、太尉黄琬、司空荀爽等重臣齐声反对，董卓看见反对的人分量很足，不敢轻易动粗，而是拿出了一本叫《石包谶》的神秘预言书，上面说后汉经历11世皇帝以后应该迁都。

但董卓又错了，因为玩这个显然更不是他的强项。

杨彪直接斥责《石包谶》为妖书："迁都是天下大事，盘庚迁都亳邑，百姓无不怨恨。过去关中遭王莽破坏，所以光武帝才迁都洛阳，经过这么多年，百姓安乐。现在无故放弃宗庙、园陵，必然使百姓惊动，势必如用滚开的水去煮稀粥一样，造成全盘混乱（**必有糜沸之乱**）。《石包谶》是妖邪之书，岂可相信！"

杨彪的父亲杨赐是灵帝的老师，向来以敢说真话著称，在这方面杨彪一点儿不输他爹。

董卓耐着性子听杨彪说完，然后说："关中肥沃富饶，所以秦得而并吞六国。陇右出产木材，杜陵有武帝留下来的陶器作坊，都可以利用。至于百姓议论，那算什么？如果敢反抗，我以大兵驱之，把他们都赶到大海里喂鱼虾！"

杨彪仍然反对："天下大事发动容易，收拾残局很难，请慎重考虑！"

董卓有些不耐烦了："你打算破坏我制定的国策吗？"

杨彪还没说话，太尉黄琬站出来支持杨彪："杨公所说有道理，值得参考。"

董卓黑着脸，不吱声。

荀爽一看杨彪可能有危险，赶紧出来打圆场："相国哪里喜欢迁都，只是关东兵起，不是一天两天可以解决，所以才迁都以应对，这正是效仿秦、汉，借山川之势来控制天下啊！"

听荀爽这么一说，董卓的气才消下去一些。

但是，董卓当场免除了杨彪、黄琬等人的职务，提拔王允当司徒，赵谦当太尉。

董卓还明确，王允作为自己的助手负责具体落实迁都事宜。

董卓一直想找个人当助手，尤其决定迁都后得长安、洛阳两头跑，自己一个人实在忙不过来，在选择王允之前，他看好的人是朱儁。

作为对黄巾军讨伐兵团中的三位中郎将之一，老将军朱儁在军中素有威望，还担任过右车骑将军，如能为己所用，那再好不过。

朱儁此时担任的职务是河南尹，董卓派使者向朱儁宣读委任诏书，任命他为太仆，并且明确是相国的副手，但朱儁不愿意接受，对董卓的使者说："朝廷要西迁，必然让天下人失望，正好助长了关东联军的声势，我不知道这行不行。"

使者对朱儁说："任命你你拒绝接受，没问你西迁的事你却说这么多，为什么（*召君受拜而君拒之，不问徒事而君陈之，何也*）？"

朱儁至少也是朝廷的太仆，一个下级官吏口气如此不敬，让朱儁很恼火："副相国不是我所能称职的，迁都是错误的，这件事很紧急。辞去不堪之任，陈述当下之急，没什么不妥吧？"

朱儁再三推辞，董卓只好作罢，让王允当太仆。

献帝继位后，王允受到董卓的重用，先让他当朝廷秘书局局长（尚书令），现在又一跃成为三公之一。

在用人方面董卓最近总是吃亏上当，上过伍琼、周毖的当，又上过郑泰的当，眼前这个王允曾经是一个党人，奋不顾身地同宦官做斗争，是已故大将军何进的铁杆粉丝，自然不会与他董卓搅和在一起。

王允，也将是一个让董卓上当的人，与刚刚被杀的潜伏在董卓身边的伍琼等人相比，他才真正深不可测。

但董卓现在特别欣赏王允，这是因为王允特别能装，对于董卓做出的决定，王允从不当面反对，派给他什么活，他都积极去落实。

董卓对王允很满意，让他负责具体的迁都事宜，好让自己全力以赴部署与关东联军作战的事。

要迁都长安，必须先解决在关中手握重兵的左将军皇甫嵩，董卓想了一个办法，他以天子的名义征皇甫嵩为洛阳城门校尉。

长安要成为新首都，长安所在的京兆尹就相当于河南尹了，也十分重要。目前担任京兆尹的是盖勋，就是洛阳大阅兵时跟灵帝在阅兵台上对过话的那个人，董卓以天子的名义征他为朝廷议郎。

谁都能看出来，这是要解除二人的兵权。

诏书送达关中，皇甫嵩的长史梁衍建议："董卓霸占京师，擅自废立，现在又征将军您，您如果去了，大则有生命之危，小则受困遇辱。趁现在董卓还在洛阳，天子即将西来，将军可以率众迎接至尊，奉令讨逆，袁绍等人在东，将军您在西，董卓可擒！"

和上次阎忠劝自己举兵一样，皇甫嵩仍不敢接受这一类的建议，而是到洛阳就任。

皇甫嵩一走，盖勋即使有想法也孤掌难鸣，只好随后去了洛阳。

看到皇甫嵩自动送上门来，董卓大为高兴。

去年朝廷改任他为并州牧，诏令他把手下的人马交给皇甫嵩，董卓坚决不答应，为此跟朝廷一度陷入僵持。

那时候，皇甫嵩的侄子皇甫郦在军中，劝叔父："本朝失政，天下倒悬，有能力决定安危成败的只能是大人您和董卓。现在您和董卓已经结怨，势不俱存。董卓违抗诏令，这是大逆之行，他看到京师混乱，故踌躇不进，怀有奸心。大人您现在是西线总指挥，仗国威讨之，上显忠义，下除凶害，可无往不胜！"

皇甫嵩想了想，说："董卓抗命虽然不对，但擅自讨伐他杀他也不对，不如上书朝廷，让朝廷定夺（不如显奏其事，使朝廷裁之）。"

皇甫嵩于是上书朝廷，朝廷下诏责让董卓，董卓与皇甫嵩进一步结怨。

现在皇甫嵩到了洛阳，董卓决定对他进行报复，马上授意有关官员上奏朝廷找个借口诬陷皇甫嵩，董卓令人把皇甫嵩抓了起来，想把他杀了。

皇甫嵩的儿子皇甫坚寿跟董卓有一定交情，目前也在洛阳。董卓摆设酒宴大会宾朋，皇甫坚寿在席间突然抢到董卓面前和他辩理，责以大义，又叩头落泪，为父亲申冤求情。

在座宾客深受感动，也纷纷替皇甫嵩求情，董卓这才离席而起，拉起皇甫坚寿和自己同坐，并派人释放了皇甫嵩，任命他为朝廷参事室参事（议郎）。

初平元年（190）2 月 17 日，朝廷正式开始迁都。

迁都前，董卓派兵到洛阳周边四处抢掠。

凉州军本来军纪就很差，对付老百姓以手段残忍而著称，接到董卓的命令，大家抢得更欢了，一时间洛阳周围地区成为人间地狱。

董卓下令把洛阳一带所有富豪集中起来，胡乱安个罪名集体处死，财产全部没收。普通百姓强迫迁往长安，不愿意走的全都处死。

董卓下令在洛阳周围 200 里范围内大行烧光、抢光、杀光，还命令士兵开棺掘墓，盗取珍宝，邙山一带密集地排列着本朝多位先帝的皇陵和许多贵族的墓地，大都无法幸免。

洛阳东边有个阳城，乡民正在举行祭神仪式，凉州军开到，立即大开杀戒，所有男人全部被杀，头颅割下来挂在车上，载着抢来的妇女，一路叩叩打打，宣称在前线打了胜仗。

前线被抓住的俘虏情况更惨，凉州兵用布涂上油裹在他们身上，然后从脚下点火，活活烧死，围观的人看着取乐。

经过半个多月的长途跋涉，献帝等一行于 3 月 5 日到达长安。

长安城原有未央宫，是萧何主持下在秦章台基础上扩建的，规模宏大壮丽，但王莽失败后汉军、赤眉军两次攻入长安，未央宫遭到焚毁。

献帝仓促西迁，后宫及朝廷各署衙纷纷涌来，只好因陋就简，未央宫还无法居住，献帝只能在京兆尹府临时下榻。

董卓还在洛阳，司徒王允全面负责长安事务，他协调内外，尽量保证各项迁都事宜有序进行。

未央宫在加紧整修下勉强可以入住，献帝不久搬入未央宫。

送走了献帝，董卓觉得有一件事该办了。

3 月 18 日，董卓命令司隶校尉宣播斩太傅袁隗、太仆袁基。

袁绍的生父袁逢、继父袁成都死了，袁隗、袁基是袁绍的叔父。董卓本想再留袁家人一阵，作为和袁绍、袁术谈判的筹码，现在既已决定西迁长安，留着也没用了。

袁家在洛阳的亲属有 50 多口，全部被杀，连婴儿也不放过。

袁氏遭灭门后，先被集中埋在洛阳城青城门以外、东都门以内的一个地方，上面做了标记。董卓后来担心有人来盗取，把他们又都挖出来，送到关中的郿坞。

消息传到河内郡和鲁阳县，袁绍、袁术痛哭，誓报此仇。袁氏灭门之祸，董卓是凶手，但袁绍、袁术也无法脱去责任，他们决定兴兵讨伐董卓的时候就应该料到有这样的结局。

但这为袁绍争取到同情，感其家祸，很多人都来投奔他们，有些人虽然没有来到袁绍手下，也打着袁绍的名义（莫不以袁氏为名）。

三十、白鹄救主战汴水

董卓知道，即使迁了都，也迟早免不了一场血战。

所以，杀完袁氏一家，董卓加紧了军事准备，把凉州军主力调往洛阳以东，自北向南分成三路进行布防，与关东联军的主力形成对峙。

北路以牛辅为主将，对抗河东郡、河内郡的关东联军以及白波军。

中路以徐荣为主将，对抗酸枣方面的关东联军。

南路以胡轸为主将，吕布、华雄辅助，对抗鲁阳的袁术和孙坚。

自北向南，这条战线长达上千里，中间有沁水、河内、酸枣、荥阳、阳翟、鲁阳等要地。在河内郡屯驻的袁绍、王匡离前线最近，他们的驻扎地在黄河北岸的怀县，与洛阳的直线距离不过 100 里左右，轻骑兵半天即可到达。

袁绍倒是想建个头功，让自己这个联军总指挥更加实至名归，所以他命令王匡在平阴渡口过黄河，向敌人发起进攻。

牛辅率部驻守在平阴渡口南岸，面对王匡的进攻，他一方面进行正面抵抗，另一方面暗中派出精锐从另一个渡口小平津渡过黄河，绕到王匡背后，抄了联军的后路。

这一仗王匡所部损失惨重，只得退回怀县与袁绍会合，不再出战。

这是关东联军的第一仗，虽然有袁绍亲自坐镇指挥，但仍以失利告终，这让酸枣方面的各位将领变得迟疑起来。

本来聚集酸枣的人马最多，如果一鼓作气往西打，也能形成一定气势，但大家似乎都不急着进攻，每天只是大吃二喝（置酒高会）。

虽然有共同的敌人，却没有共同的利益，大家内心里都想让别人去打头阵，自己跟着沾光，都不愿意早早就把本钱拼没了。

只有一个人比较着急，这就是曹操。

酸枣是陈留郡的地盘，陈留郡太守张邈是酸枣方面事实上的总负责人，曹操跟他也是老朋友了，多次向他请求发起进攻："咱们共举义兵讨伐董卓，现在人马已经聚集完毕，还等什么呢？董卓劫持天子，焚烧宫室，海内震动，这正是天要灭亡他的绝好时机（此天亡之时也），一战而天下可定，机不可失呀！"

曹操为什么比别人急？除了他更具有事业心并一贯积极之外，现实问题他也不得不考虑。与其他人不同，他既没有现成的地盘也没有正式的官职，手下 5000 多人每天都要吃要穿，虽说联军目前提供统一的物资供应，但时间这么拖下去对他最为不利，如果将来大家来个一哄而散各回各家，他就没地方去了。

所以，曹操比别人更迫切地希望尽快打起来，这种想法张邈不便于明确反对，但也不给予支持，曹操找他说了半天，等于没说。

曹操转而向其他几路联军求助，他和济北国相鲍信也是老熟人，就跑去找鲍信，希望他能与自己一块行动。

鲍信是一个有眼光、有胆识的人，这一点从当初他劝袁绍铲除董卓上就可以看出来，经过曹操的劝，鲍信愿意跟弟弟鲍韬一起听从他的指挥。

117

鲍氏兄弟有 1 万多人，有他们的加入，曹操手里就有了一支近 2 万人的队伍，不算少了。

这支队伍相当于一个军，军长是代理奋武将军曹操，下面有 4 个师长，曹操兼任 1 个，其余的是卫兹、鲍信、鲍韬。

曹操率领这支人马从酸枣西进，首先进入阳武县，这里已经归司隶校尉部所属的河南尹管辖了。

联军没有遇到抵抗，阳武县以及附近的原武等县连地方官都找不到了。凉州军还没有占领这些地方，这些地方的官员都是朝廷以前任命的，他们不敢得罪董卓，也不愿意跟关东联军为敌，所以溜之大吉。

一直到了中牟县，才遇到一个叫任峻的人，带着一支队伍没有走。

任峻字伯达，是中牟县本地人，这个县的县令名叫杨原，本来也打算弃官逃命，任峻劝他不要这样做："董卓作乱，天下没有人不怕他，其实他也没有那么可怕，只是没有人带头抵抗他而已，现在天下人不缺反董的心，而是都在等待时机，您如果能带这个头，后面必定有很多人追随。"

"那我具体应该怎么做呢？"

"现在咱们附近有 10 多个县，可以召集起来的人马不下 1 万。如果您暂时行使河南尹的权力，把大家集中起来调遣，没有什么事是不能办成的（若权行河南尹事，总而用之，无不济矣）！"

杨原一听有道理，决定不走了，就在中牟县自称河南尹，任命任峻为他的办公室主任（主簿），把临近的几个县都接管起来，招集散勇，扩充人马。

正在这时曹操率领的联军来了，中牟县已集结起来一部分人马，下一步该怎么办大家意见却不统一（众不知所从），任峻和本地另一个知名人士张奋主张加入曹操的队伍，但这个提议并没有获得其他人的支持，最后任峻、张奋率数百人投奔了曹操。

自称河南尹的杨原没有一块来，关于他的事后面也再无记载。

得到了任峻等地方人士的支持曹操很高兴，觉得这是一个好兆头，就把任峻、张奋带来的人马编为一个旅，表奏任峻为骑都尉。表奏这个东西看来很好使，曹操也学得很快，他这个行奋武将军就是别人表奏的。

任峻加入曹操阵营后深得曹操的信任，后来曹操把一个表妹嫁给了他。任峻以后主要负责后勤工作，成为一名出色的农业问题专家，是曹魏搞屯田的早期负责人之一。

队伍继续前进，很快到达荥阳、成皋一带。

这里附近有一条汴水，是一条人工运河，可以连接起北方的黄河水系和南方的淮河水系，东南各郡的物资通过这条河能很便捷地运来。所以，从秦朝开始就在附近的敖山上修建了一处仓库，用来囤积粮食等物资，也囤积一些军械，这就是著名的敖仓。

曹操率军一路西进，当然不能放过敖仓，如果把这里占领，不仅一举解决后勤保障问题，而且也会产生很大的震动。

曹操率领队伍渡过了汴水，这时候敖山的影子隐约都能看到了。

大家都很兴奋，以为大功即将告成。

认为张邈等人不愿意来，简直太傻了。

这里有吃不完的粮食，用不完的军械，只要到了那里，一切唾手可得！

然而，等待他们的将是一场惨败。

他们中的大多数人再也没有机会渡回汴水。

联军一路西进如入无人之境，这其实都是假象。

制造这个假象的人就是徐荣，凉州军中路总指挥，一个可怕的敌人。

在董卓手下的将领中徐荣虽然不是一线将领，但却是一个不折不扣的牛人，他不仅能打，而且最会动脑筋，这一点与其他凉州军将领有所不同。

董卓手下现在大约有10万人，大部分是他的凉州军，也有一小部分并州军等新归附的杂牌军，论人数不算太多，但战斗力却极强，凉州军个个都是精兵悍将，在战场上足可以一当十。

他们都是职业军人，出生在边地，由于各民族混居形成的基因优势，个个身体强壮。他们身经百战，战场经验丰富，家属子女又都在老家，打起仗来没拖累，一上战场就死拼。

他们还有一个要命的优势，那就是战马。

战车退出战争主角地位后，战马就成为冷兵器时代最制胜的武器。衡量一支队伍的战斗力，要看它骑兵人数的占比，以及马匹品种是否优良。在这方面，凉州军无疑占有绝对优势。

他们原先也都是朝廷的部队，但董卓抓队伍很有一套，在他的调教下，这支队伍早就只效忠董卓个人，成为董卓的私人武装。董卓在凉州时最高军职为四方将军之一的前将军，相当于大军区司令或兵团司令，他利用这一职务疯狂扩军，手下人马迅速膨胀，到底有多少人马朝廷并不掌握。

如果把现在的凉州军看作一个兵团，兵团司令就是董卓，下面至少有3个军长一级的将领，分别是牛辅、李傕、郭汜。牛辅是董卓的女婿，能力一般，但地位特殊；李傕字稚然，凉州刺史部北地郡人，作战勇猛，诡谲残忍；郭汜又名郭多，也出生于凉州，是一名悍将。

在牛军长手下，比较有名的将领有张济等人；在李军长手下，有名的将领有李暹、李利、张苞等人。还有一部分将领由董卓直接指挥，分别有徐荣、董越、段煨、胡轸、杨定、李蒙、樊稠等人。

作为非凉州籍的将领，徐荣在凉州军中显得很特殊，之前说过他是公孙度的老乡，是东北人，本来是朝廷军队里的下级军官，在凉州作战时因为勇猛职务不断晋升，后来归董卓指挥，由于有勇有谋，所以深得董卓的信任。

徐荣看到联军队伍冲自己而来，考虑到人数不足，不宜把战线拉得太长，所以他主动放弃前沿的武阳、原武、中牟等据点，把重兵布防在成皋一带，在此以逸待劳。

联军刚渡过汴水，即遭到了凉州军的突然攻击。

联军人数占优，但战斗力却相差悬殊。联军的士兵多是新招募的，虽然也经过一些训练，但时间很短，战场经验几乎空白，手里的武器装备也很差。

凉州军不仅骑兵人数多，而且在此等候了多时，在他们的进攻面前，联军瞬时大乱。

但是，让凉州军也略感吃惊的是，这支很不齐整的队伍却没有望风而逃，而是展开了拼死血战。

战斗进行得异常激烈，联军一方处于下风。

混战当中，曹操的战马被乱箭射死了。

曹操从马上摔了下来，战场上失去战马，面临的危险系数就会大增。紧要关头，有个人过来把自己的战马让给曹操骑。

曹操一看原来是曹洪，他不愿意骑。

曹洪急了，恳求道："天下可以没有我曹洪，不能没有大哥你呀（天下可无洪，不可无君）！"

曹操这才上马。

曹操最后拼命杀出了重围，他能保住一条命，曹洪让给他的这匹战马立下大功，这匹马的名字叫白鹄，是一匹名马，骑上它即如乘风而行，闭上眼只听见风声在耳，马好像不曾着地一样（此马走时，惟觉耳中风声，足似不践地）。

联军重新退回到汴水边，他们刚从这里渡的河，但到了河边却发现一个搞笑的事，他们过不了河了，原因是水太深（水深不得渡）。

他们前面肯定是乘船过的河，当时没想到马上就得回来，所以没有把船准备好。徒步作战的曹洪命挺大，最后也安全撤了出来，他沿着汴水去找船，总算找到了，这才让大家过了汴水。

好在凉州军没有追来，曹操把人聚拢起来清点，卫兹、鲍韬战死，自己和鲍信都负了伤，所幸曹洪、曹仁、曹纯以及夏侯惇、夏侯渊、任峻他们倒没有什么大碍。

这一仗惨败，没有死在战场上的人大部分也都开了小差，几乎可以用全军覆没来形容了。

身边只有从谯县带出来的人还紧紧相随，这里离谯县不远，曹操就带着他们先回了趟谯县（还奔谯）。

三十一、胡大人发威

成皋之战凉州军虽然取胜，但联军的顽强精神让董卓吃惊。

面对这支军事素质很差的队伍，按照董卓的想法，派出凉州铁骑一个冲锋即可搞定，但最终结果却完全出乎意料，一度杀得难解难分。

董卓知道，和他们相比自己的老同事孙坚更生猛，所以在三路大军的安排上特别重视南面这一路，安排了胡轸、吕布、华雄等3员猛将共同对付。

胡轸和华雄都是董卓的嫡系，吕布手下主要是原并州军旧部，属于杂牌军。华雄是一员猛将，目前担任都督一职，但对他的情况所知甚少，他在后世的影响比他在凉州军中的实际地位大得多。

本来这支人马力量最强，但内部好像出了问题。

胡轸字文才，他和董卓手下另一个将领杨定关系很亲密，凉州军中有人称他们为"凉州大人"，凉州人习惯用语中"大人"的意思是大家豪右，也就是地方豪强。

胡轸的资历似乎比李催、郭汜还老，董卓对属下经常呼来喝去，想骂就骂，想打就打，但对胡轸相当客气，除了让胡轸带兵，董卓还给了他一个陈郡太守的官衔，这在凉州军众将领里算是特例。

但这个人的水平比牛辅高不到哪里去，脾气大、嗓门大、爱摆老资格，谁都不放在眼里。

一般来说，领导和下属在性格上最好形成互补，领导是急脾气，下属最好是慢性子；领导是慢性子，下属倒可以有几个急脾气，让胡轸去指挥徐荣不会有问题，因为遇事徐荣能耐得住，而让他指挥吕布、华雄，弄不好就得出事。

吕布是杂牌军，遇到问题比较敏感；华雄是个急脾气，考虑问题比较简单。

三路大军之中，北线、中线相继失利，但这没有影响到南线的士气。在南线，袁术主动发起了攻击。

倒不是袁术的积极性有多高，而是他手下现在有个最积极的孙坚，孙坚一路北上就是要来打仗的，袁术想摁都摁不住他。

孙坚向北行动，到达梁县境内一个叫阳人聚的地方。

这是个大壁坞，位于洛阳的正南方，霍阳山和汝水以北，距离洛阳的直线距离不到百里，相当于洛阳的远郊区。

董卓急了，立即催胡轸率部赶紧迎敌。

最近几天胡轸一直指挥属下在洛阳周边抢劫，他更乐意干这事。接到董卓的新命令，他不敢怠慢，指挥所部以及吕布、华雄部南下迎击孙坚。

凉州军正热衷于抢抢杀杀，角色一时难以转换过来，军纪十分涣散，胡轸大为光火。

胡轸发了一次大脾气，不断威胁大家，如果谁不听话就让谁没好果子吃，他甚至放出了一句狠话：

"这次行动相国给我了大权，我非斩杀一名青绶级官员，才能整顿好纪律（当斩一青绶，乃整齐耳）！"

无论文武，品秩大小可通过官印的材质和绶带的颜色来判断，本朝绶带分为黄赤、赤、绿、紫、青、黑等颜色，皇帝、太后、皇后用级别最高的黄赤色，诸侯王、天子的贵人等用赤色，公、侯、将军用紫色，"青绶"即青色的绶带，九卿、二千石级官员才能用。

在整个南线作战的各支队伍里，够这个级别的只有吕布和华雄，胡轸的话传到他们耳朵里，他们怎能服气？

胡轸率本部走在前面，吕布和华雄率部紧随其后。

胡轸到了梁县境内一个叫广成聚的地方，此时天已经黑透了，将士们远道而来，人困马乏，应该在广成聚就地宿营，秣马饮食，拂晓再对孙坚发动攻击。

但是胡轸不让大家休息，不知道他从哪里得到了情报，说阳人聚的贼人已走，应当一鼓作气追击。

大家无奈，只好向阳人聚发动攻击。

可惜情报有误，孙坚不仅没走，而且早有准备，攻击遇阻。

将士们又渴又饿，人马疲惫，无心再攻。

胡轸无奈，只得下令退回广成聚。

此时已是三更半夜，来不及修筑堑垒，将士们一个个都解开盔甲就地休息。

半夜，出事了，不知道谁突然在营中大喊大叫：

"城里的贼人出来了！"

这叫夜惊，行军打仗最怕这个，军士们从睡梦中惊醒，纷纷扰乱奔走，盔甲也丢了，马也跑了，弃营逃命，一口气溃退了十多里，确定后面没有敌人追击才稍稍安定下来。

天亮了，吕布和华雄率部也赶到了。

胡轸命人拾取兵器，提出再次攻击阳人聚。吕布和华雄率部随行，但孙坚那边已经进一步加强了防备，阳人聚外面的城堑也进行了加深，胡轸无法取胜，只好撤兵。

孙坚不依不饶，下令追击，凉州军一路败了下去。

眼看孙坚可以势如破竹直取洛阳了，突然一支人马从东北方向杀来，挡住了孙坚。

来的还是徐荣。

在汴水打败曹操后，徐荣接到董卓的命令，让他赶紧增援南线。徐荣不敢怠慢，马上率一部主力前来支援，结果正碰上孙坚。

徐荣不愧是凉州军里最能打的猛将，他堵住了孙坚，将其打败。

孙坚这一仗败得很狼狈，只领着程普等几十骑突出重围。

徐荣穷追不舍，孙坚头上戴着一个红色头巾，平时看着挺酷，这时候就要命了，红头巾成了一个标志，凉州军拼命追着打，孙坚手下将领祖茂提醒孙坚，把头巾摘下来给自己戴上，孙坚才得以解围。

祖茂被追到一片坟地，四处是敌兵，只好下马，把孙坚的红头巾绑在一根柱子上，自己爬在草中一动不动。

凉州兵看见红头巾，以为抓住了孙坚，就里三层外三层包围起来慢慢靠近，等到了跟前才发现是根柱子。

祖茂这才脱险。

孙坚被徐荣打败的地方在梁县以东（梁东），此地属河南尹，但紧邻豫州刺史部颍川郡。

失利后孙坚就退到了颍川郡，该郡太守名叫李旻，是豫州刺史孔伷的人。

孙坚如果见到孔伷，一定有些尴尬，因为他也是豫州刺史。

不过，人家的豫州刺史是正宗的，有朝廷的任命，他这个豫州刺史是袁术表奏的，是水货。

但孔伷、李旻还是给了孙坚以支持，协助他整顿残部，重整旗鼓，在很短的时间内又杀回了河南尹辖区。

孙坚率部一口气杀到了大谷关，这是洛阳八关之一，距洛阳南郊不到百里，董卓急命华雄率部阻挡，华雄被孙坚斩杀于阵前。

华雄死在大谷关，不是汜水关；斩杀他的是孙坚所部，不是关羽。

对孙坚这个又猛又冲的老同事，董卓简直没办法。

董卓跟自己相国府的长史刘艾围绕孙坚曾有过一次谈话。在谈话中，董卓回顾了当初在张温指挥下和孙坚共事的经历，认为当时孙坚地位并不高，但见解独到，在打仗上经常和他自己的想法所见略同，不可小视。

刘艾看领导很发愁，就宽慰说："孙坚看起来有些谋略，但比李傕、郭汜差得远，据说他在美阳亭吃过大败仗，官印、绶带都丢了，所以算不上有能耐。"

董卓不同意这种看法："那是孙坚有些仓促，装备也不如敌人，而打仗也是有胜有负的。"

刘艾还想替领导宽宽心："现在关东那帮人驱赶着老百姓跟我们捣乱，他们的锋芒不行，兵器更不行，难以长久。"

董卓听了才好受些："那倒是，杀了二袁、孙坚，天下就会顺从了！"

董卓下令给手下部将，让他们小心提防孙坚。

看到孙坚势头太猛，董卓想出一招，他派李傕带上自己的亲笔信去见孙坚，表示求和之意。

为了拉拢孙坚，董卓主动提出两家和亲，并让孙坚把自家子弟以及手下的人里愿意当刺史、太守的统统列一个名单出来，他照单全部任用（列疏子弟任刺史、郡守者，许表用之）。

董卓已经有了个女婿牛辅，还要再和孙坚和亲，看来他的女儿不止一个，不过没有儿子。

这些都被孙坚毫不犹豫地拒绝了：

"董卓逆天无道，荡覆王室，如不夷其三族、悬示四海，我都无法瞑目，还结哪门子亲？"

董卓只得亲自率大军迎击孙坚，结果不是孙坚的对手，又吃了败仗。

但反董势力也有损失，颍川郡太守李旻在作战中被俘，与他一起被俘的还有好友张安。

董卓命人把他们押送到洛阳，在毕圭苑里搞了个仪式，要把李旻和张安活活烹杀。

这是董卓惯用的一招，此前在北线作战中他俘虏了袁绍手下一个名叫李延的将领，就下令把他煮了。

大鼎支起，炉火熊熊，不用煮，一般人吓都吓尿了。

在历史上李旻和张安都没什么名气，二人在正史中出场也只有这一次，不过他们却留下了潇洒的一笔。

就义前，二人谈笑风生，视死如归。

临入鼎时还不忘调侃一下："咱们不能同日出生，却有幸同日被烹啊（不同日生，乃同日烹）！"

三十二、关东联军要散伙

三路作战中凉州军胜了前两路，但正是第三路，不仅距洛阳最近，而且战斗力最强，很要命。

董卓指挥人马坚守洛阳，同时做出随时西撤的准备。

孙坚率部不断向前推进，准备随时发起对洛阳的总攻。

关键时刻，孙坚的后方却出了问题。

孙坚一路高歌猛进，袁术心里不踏实了，他虽然是关东联军南线总指挥，但他靠的是孙坚，孙坚在前面打，袁术只是在后方负责后勤。

孙坚打了败仗他着急，打了胜仗，他更着急。

有人在袁术面前不断挑拨："孙坚如果攻入洛阳，就再也不好控制他了，这等于赶走了董卓这匹狼，又引进了孙坚这只虎啊（**坚若得洛，不可复制，此为除狼而得虎也**）！"

袁术心眼儿本来就小，经过这一挑拨，对孙坚更不信任了，于是停止了前方的后勤供应。

孙坚一下子傻了，如果断了军粮，将不战而败。

阳人聚距离鲁阳县有 100 多里，孙坚连夜骑马赶回鲁阳，对袁术说："我之所以不顾生死全力拼杀，上为国家讨贼，下为报将军家门的私仇。我孙坚和董卓没有骨肉之怨，但将军您受别人的挑拨，还对我有所怀疑！"

孙坚越说越激动："眼看大功将成，但军粮不继，这就像吴起当前叹泣于西河，乐毅遗恨于垂成啊，希望将军好好想想！"

袁术考虑了一下，发现自己现在离开孙坚根本玩不转，只得重新调发军粮。

以上是南线战场，再说中线。

曹操率领从成皋前线败下来的一点儿人马先去了他的老家谯县，曹操的父亲曹嵩之前已弃官回家，但他目前并不在谯县，而是带着曹操的弟弟曹整等家族几十口人到徐州刺史部的琅邪国避难去了。

曹操这次回乡情绪很低落，不仅因为打了败仗，而且看到家乡一带受战争的影响也变得很残破，人员大量外流，想在这里招募人马重整队伍看来比较困难。

于是，曹操带着大家重新回到了酸枣。

酸枣还是老样子，他们在前方浴血奋战，这里仍然整天醉生梦死，压根儿没人关心讨董大业。

曹操多次向张邈等人陈述自己的用兵计划，但成效都不大。大家表面上还听曹操去说，那是对他的客气，其实内心里早就幸灾乐祸上了，他们都在想，幸好当时没有被曹操忽悠去，否则就是鲍信今天的下场，部队基本上打光了，还搭上了自己的亲人。

在一次会议上，曹操建议采取以下军事行动：

"渤海郡太守袁绍从河内郡进攻，逼近黄河上的孟津渡口；酸枣的各路联军攻击成皋，占领敖仓，封锁辕辕关和太谷关，控制各战略要地；后将军袁术率领南阳郡的大军进攻丹水和析县，攻入武关，扰动关中。以上各路大军实现第一步目标后，高筑壁垒，不与敌人作战，多布疑兵，发动舆论和思想攻势（示天下形势），以正义之师讨伐叛逆，天下即可平定！"

曹操越说越激动，最后把难听话都说出来了："如果我们迟疑不敢进攻，天下人将失望，我也为诸位感到羞耻！"

即使如此，大家仍然无动于衷。

其实曹操的计划是可行的，凉州军虽然战斗力很强，但他们也有弱点，他们不仅在舆论上不占优势，而且四面是敌，如果大家心齐，行动上又协调一致，那么打败他们也不是什么难事。

但大家好像铁了心，任凭曹操怎么说，就是不行动。

失望之下曹操决定离开酸枣。

别人都有自己的地盘，曹操没有，老家谯县也不用去了，现在只能另找一个地方。

曹操决定南下，到扬州刺史部的丹杨郡去，那里自古出精兵，他到丹杨郡募兵，有了人马再回来战斗。

曹操在酸枣辞别了鲍信南下，经过汴水一战他跟鲍信结下了生死友情，鲍信尽管失去了弟弟，但对曹操的支持不改，他也重回济北国，利用在当地的影响招募人马。

再回到北线战场。

袁绍亲自坐镇河内郡怀县指挥联军在北线作战，但自从王匡主动出击被打败后，北线基本就处于无战事的状态。

袁绍、王匡的态度有些消极，因为他们的不作为，董卓就可以从这里抽调人马去对付中线和南线的敌人。

董卓也发现了这一点，所以把用兵的重点放在了别的地方，用重兵对付孙坚，对于袁绍，董卓想出了一个新办法。

董卓派出了一个特使团来到怀县，对袁绍等人进行招抚。特使团由大鸿胪韩融、少府阴修、执金吾胡母班、将作大匠吴修、越骑校尉王环等一批重臣组成，这些人品秩都在二千石上下，都是"部长级"高官，重量级人物。

但是，特使团刚到河内郡，还没有展开工作，就被袁绍下令抓了起来。

袁绍以联军总指挥的身份命令王匡把他们收押入狱，袁绍告诉王匡，让他做好准备，要拿董贼派来的这些特使来祭旗（欲杀以徇军）。

王匡大吃一惊，因为这些人虽然是董卓派来的，但本质上跟董卓并非一路人，他们都是士人，有的还曾是著名的党人，比如大鸿胪韩融，在士人中声名甚盛，在党锢之祸中曾受到迫害。

还有执金吾胡母班，早年就曾名列党人"八厨"之中，并且他还有一个身份，是王匡的妹夫。

所以袁绍的命令让王匡深为不解，也痛苦不已，但还是接受了命令。

胡母班更是无法理解，他在狱中写信给王匡：

"你把我抓进监狱，听说又要拿我们祭旗，这与暴虐无道之君有什么区别？我跟董卓有什么亲戚关系吗？我跟他做过什么坏事吗？

"现在，你张着虎狼之口，吐着长蛇之毒，把对董卓的愤恨迁怒于我，何其残酷！死，不是什么难事，但耻为狂夫所害。如果死后有灵，我将在皇天那里控告足下！

"唉，所谓姻亲，到底是福是祸，我今天算是知道了。过去是一家人，现在却是血仇！我有两个儿子，是你的外甥，我死后，拜托你千万不要让他们在我的尸体旁哀哭！"

王匡看到妹夫的信，抱着胡母班的两个儿子痛哭。

但是，胡母班最后仍然被处死了，特使团中除了韩融德高望重又跟袁绍的父辈、爷爷一辈都有交往而免于一死外，其他人都被杀害。

本来，董卓派特使团也没打算真能把袁绍等人劝回头，他知道有些事可以劝动，有些事是没法劝的，但董卓还是派了这些人去，名单是他精心挑选的，都是一些有声望的士人，袁绍为难他们，董卓才高兴。

袁绍把这些人杀了，董卓更高兴，这些人跟袁绍等人在本质上没有区别，袁绍杀他们，就是自相残杀。

这是董卓阴损的一招，而袁绍中招了。

王匡早年轻财好施，以任侠而闻名，和大学者蔡邕关系很好，但杀胡母班事件发生后，蔡邕对王匡的看法发生改变，再提到王匡就称他为"逆贼"。

胡母班被杀，他的亲属不胜愤怒，后来联合曹操把王匡杀了以报仇（**班亲属不胜愤怒，与太祖并势，共杀匡**）。

和曹操有关的这件事是怎样发生的、又发生在什么时候不详，曹操南下募兵很快就回来了，倒是有时间，但他在己吾起兵后相当长一段时间都在袁绍的领导下，他为什么去杀王匡、事后又如何向袁绍做出的交代，这些通通不详。

不过，这件事应该是有的，它的发生说明，关东联军内部的分裂情况相当严重。

所以，袁绍杀特使团让人实在看不明白。

有人认为，这是因为滞留在洛阳的袁氏一家刚刚被董卓灭族，袁绍出于报复，才如此残忍。

但也许袁绍想得更多，少帝刘辩被杀后，作为灵帝健在的唯一继承人，献帝刘协的合法性慢慢地不再被大家所提及，在袁绍看来，这将极大地削弱关东联军的斗志，时间长了有被对手瓦解的可能。杀了董卓派来的特使团，就是要告诉大家关东联军和董卓集团势不两立，斗争没有结束，而是刚刚开始。

但这似乎是袁绍的一厢情愿，关东联军各支人马都有自己的盘算，革命的坚定性也各不相同，有些事袁绍说了也不算。

各路人马中，兖州刺史刘岱和东郡太守桥瑁有很深的矛盾，他们不去打敌人，而是自己动起了手，刘岱杀了桥瑁，直接任命一个手下担任东郡太守。

关东联军于是四分五裂，整天大吃大喝让粮食也告竭，大家于是各找出路，作为关东联军的发起地和大本营，酸枣只热闹了几个月就变得冷冷清清了。

三十三、甄官井上的五色气

酸枣那边散伙了，讨董联军从此进入各自为战的状态。

但是，董卓的压力依然没减，因为南面这一路实在太生猛，打得凉州军节节败退，到了初平二年（191）春天，围绕洛阳的争夺呈现胶着之势。

凉州军打退了孙坚的进攻，但孙坚很快重新杀了回来，前锋已到了洛阳的南郊。

一向凶猛的凉州军之所以打不过孙坚，一方面孙坚确实是一员悍将，他久居凉州，知道凉州军的作战特点，所以有备而来。

另一方面，凉州军将士都知道马上要撤退了，连朝廷都迁走了，所以这段时间他们每个人的主要精力都放在了抢东西上，都在想着如何把这些东西运回去，最差劲的也要把自己活着弄回去，所以一打起来就往后跑，董卓约束部下很严厉，可这时也失去了效果。

董卓只好下令主力撤出洛阳向东运动，为了保证撤退的顺利，必须有人负责断后，这个光荣的任务落在了并州军身上。

董卓命令吕布、张辽率并州军守住洛阳，为大部队撤退做掩护，他率凉州军主力向西，暂驻于渑池一带，随时可以回师长安。

洛阳其实已经成为一座空城，朝廷不在了，百官要么去了长安，要么逃到了外地，吕布、张辽守着这座空城，等待孙坚的进攻。

孙坚率部向洛阳发起了进攻，吕布、张辽稍作抵抗后也撤出了，孙坚由洛阳南门之一的宣阳门攻入城中。

此时，洛阳基本上成了一片废墟。

南宫和北宫一带一向是重地，附近是朝廷的重要官署和重臣们的宅邸，此时也都荒无人烟，看到此情此景，孙坚怅然流泪（坚前入城，惆怅流涕）。

孙坚命令士兵打扫皇宫和太庙的卫生，又到太牢进行了祭祀，整理邙山一带被破坏的汉室诸陵。

城南有一口甄官井，有人发现有一个奇怪的现象，大白天井口不时发出异样的光亮（旦有五色气），大家都觉得奇怪，不敢到这口井里打水。

孙坚命人下到井中，在下面发现了一枚玉制印章，4寸见方，印上有一个由5条龙盘着的印纽（方圆四寸，上纽交五龙）。

这枚印章缺了一个角，印文是8个字：

"受命于天，既寿永昌。"

孙坚大喜过望，因为这就是传国玉玺。

相传这枚玉玺取材于著名的和氏璧，上面的8个字由秦朝首任丞相李斯所书，象征授命于天，是国之重器。

公元前207年冬天，刘邦率军打到灞上，嬴政的儿子子婴跪捧着这枚玉玺献给刘邦。秦亡，传国玉玺归于刘汉。刘邦很珍视这枚玉玺，一直带在自己的身上，并代代相传，作为大统合法的信物。西汉末年王莽篡权，天子年幼，玉玺藏在长乐宫太后那里，王莽派弟弟王舜来索要，遭到太后的怒斥。太后一气之下把玉玺扔在地上，摔破一个角。后来，王莽命工匠用黄金进行了修补。王莽兵败被杀，传国玉玺辗转到了刘秀手里，又开始了世代相传。

灵帝驾崩，这个玉玺神秘地消失了，董卓都没找到。

原来，张让、段珪等人劫持少帝仓皇出宫，当时一片大乱，负责保管玉玺的人（掌玺者）情急之下，把它投到了这口井中。

这枚玉玺应归献帝所有，但他去了长安，孙坚得到这枚玉玺，暂时由自己保管起来。

关东联军虽然各自为战了，但攻克洛阳仍然算是他们取得的一场最大胜利，只是这场胜利没有激发起大家的热情，反而让大家的思想更迷惘了。

关东联军各路人马的革命意志本来就很恍惚，讨伐董卓的道理大家比较明白，但讨伐完董卓之后怎么做，大家的想法就比较多，董卓这一走，大家失去了一个共同的目标，无疑进一步勾动起每个人内心里的"活思想"。

孙坚想乘胜追击，袁术却命令他赶紧回军，因为后方出了问题。

袁术表奏孙坚为豫州刺史后，孙坚在豫州也有了相当大的发展，豫州刺史部的一部分地区成了他的势力范围，当时的豫州刺史部基本控制在他和朝廷任命的豫州刺史孔伷手中，孔伷年龄比较大，身体也不好，没有多少野心，未来豫州刺史部就是孙坚的了。

谁知道袁绍这时来个了横柴入灶，派了个叫周喁的人当豫州刺史，公然来抢地盘。

周喁、周昕、周昂是扬州刺史部会稽郡周氏三兄弟，周昕当过丹杨郡太守，周昂当过九江郡太守，他们跟袁绍、曹操等人早年在洛阳相识，关系一直不错。

作为关东联军的总负责人，袁绍竟然带头把筷子伸进别人的碗里，孙坚听到这一消息后很气愤，慨然叹道：

"大家一同举义兵，救社稷，董卓刚刚被打败就干出了这样的事，我还能跟谁同心协力呢（逆贼垂破而各若此，吾当谁与勠力乎）！"

说着说着，孙坚又流出了泪。

孙坚是一员地道的猛将，一直以硬汉形象示人，但他似乎很容易动感情，动不动就流泪。

孙坚从洛阳撤出，回击周喁，周喁败走。

大概就在这个前后，孔伷因病去世，孙坚趁机把自己的势力进一步向豫州刺史部深入，想以此为基地徐图发展。

如果一切顺利，以孙坚的个人能力，在逐鹿中原的竞赛中他将发展得最快，超过袁绍、曹操，脱离袁术也是迟早的事。

董卓率主力西撤后，留守在洛阳一带的除了吕布还有朱儁，他也是董卓留下来对付关东联军的，但他的政治立场却是反董卓的。

当初朱儁不肯担任董卓的助手，董卓认为他不识抬举，很不高兴。

一次，朱儁向董卓汇报事情，陈述了自己在军事上的一些见解，董卓听着听着突然翻脸，当场骂道："论打仗，我从来百战百胜，怎么做我心里早就想好了，还容你在这里胡说八道，小心脏了我的刀（我百战百胜，决之于心，卿勿妄说，且污我刀）！"

董卓说着就要拔刀，按他的脾气，不管你是大师硕儒还是一代名将，说杀就杀，说剁就剁。

眼看朱儁就要伏尸在董卓面前，旁边有个人赶紧上来相劝，这个人说："从前像武丁这样的明君都主动求他人提建议，何况阁下，你想堵住他人的嘴巴吗？"

董卓竟然被问得一时失语，半天才说："我刚才是戏言（戏之耳）。"

这个人仍然不依不饶："从没听说过发怒的话可以当戏言（不闻怒言可以为戏）。"

董卓赶紧向朱儁赔礼道歉，才算完事。

关键时刻救了朱儁的人是前京兆尹盖勋，他被迫到洛阳后没有担任原先说好的朝廷参事室参事（议郎），而是先担任北军五营之一的轻骑兵旅旅长（越骑校尉），但董卓不想让他参与军队的事，又让他出任豫州刺史部颍川郡太守，盖勋还没到颍川郡，董卓又担心他跟关东联军搅和在一起，所以把他征回洛阳。

董卓不喜欢朱儁，但朱儁毕竟军事经验丰富，担任过全国武装部队副总司令（右车骑将军），在军中素有威望，所以董卓后来任命朱儁为河南尹，让他带领少量人马在洛阳一带活动，阻止敌人的进攻。

朱儁一脱离董卓的控制，马上就和关东联军建立了联系，他想趁机策应联军从东面进攻洛阳，但他势力单薄，酸枣方向的几路联军那时估计都在做着散伙的打算，所以响应得也不够有力。

朱儁最终失败，被迫逃往荆州避难。

董卓随后又任命了一个名叫杨懿的人为河南尹，接替朱儁在洛阳周围打游击，哪知朱儁又杀回来，打跑了杨懿，屯兵在洛阳以东的中牟县。

一直在政治上态度暧昧的徐州刺史陶谦看到董卓大势已去，突然表态支持朱儁，表奏他代理全国武装部队副总司令（行车骑将军），并派出3000精兵支援朱儁。

老谋深算的陶谦怎么突然来了这一手呢？

这一手与其说是针对董卓的，不如说针对的是袁绍等关东联军。陶谦肯定不会不知道袁绍早已自称车骑将军，现在又抬出来一个朱儁，分明是想和袁绍分庭抗礼，主导"后董卓时代"的领导权。

但朱儁没有成功，董卓派凉州军主力数万人突然回击，大败朱儁。

在吕布撤出洛阳的时候，在袁绍督促下河内郡太守王匡率部靠近了黄河北岸，把主力集结在黄河上的重要渡口河阳津附近，随时准备渡河作战。

董卓命令刚刚从洛阳撤出的吕布等人在黄河以南布防，防备王匡突然出击，给他的撤退计划造成威胁。

凉州军的主力击败朱儁后，仍然撤至洛阳至长安一线，董卓亲率董越部驻扎在渑池，段煨部驻扎在华阴，牛辅部驻扎在安邑，其他将领分驻在各个战略要地。

从上述部署中可以看出，并州军和凉州军的待遇很不一样，凉州军是董卓的嫡系，并州军是董卓眼中的杂牌军，说是掩护撤退，其实就是给自己垫背，如果关东联军一举把并州军消灭了，也没有多大关系。

叛徒，从来都无法让人尊敬。

但是，并州军也有很强的战斗力，他们没被消灭。

吕布负责驻防的这一段黄河上至少有3个重要渡口，河阳津居中，西边有一个平阴津，东边有一个小平津关，等了几天不见动静，吕布决定主动发起攻击。

吕布把并州军分成两部，一部从东边的小平津关渡河，作出向河阳津发起攻击的阵势，另一部悄悄移动到西边的平阴津，在王匡全力迎击前一部分并州军时突然由此渡过黄河，从王匡背后发起攻击。

这一招之前牛辅用过，对付的也是王匡。

两面夹击之下，王匡所部再次大败，死伤殆尽，王匡仅率少数人马逃走。

之后，吕布从容撤退，与董卓的大部队会合。

三十四、拿老领导开刀

初平二年（191）4 月，带着从洛阳搜刮来的巨额财富，率领仍然十分精锐的凉州军主力，董卓来到了长安。

司徒王允率三公、九卿等百官到郊外迎接，董卓所乘的车辆到达，众人一齐参拜在车前。

虽然是被敌人赶到关中的，但董卓的霸气一点儿不减，他睥睨着拜伏在脚下的人们，心里很满意。

董卓的目光在人群中搜寻着，突然发现了一个老熟人。

这个人是他老领导的侄子，曾经也做过他的直接上级，还做过他的阶下囚。

这就是皇甫嵩，扑灭黄巾农民起义的头号功臣，担任过车骑将军，也曾经位至三公。

前不久皇甫嵩被诬下狱，险些丧命，出狱后被降职为议郎，后又升任御史中丞，随百官先期到了长安。

皇甫嵩字义真，董卓停下车，故意对他说："义真，你现在服不服气（义真服未乎）？"

皇甫嵩实在厌恶董卓，但不敢跟他发生冲突："以前哪里知道您会如此显赫啊（安知明公乃至于是）！"

董卓也读过一些书，看过太史公所著的《史记》，这时突然想起了里面的一句话："鸿鹄本来有很远大的志向，只是燕子麻雀这些凡鸟看不到罢了（鸿鹄固有远志，但燕雀自不知耳）！"

皇甫嵩受到了羞辱，但他仍然忍住了："过去我和明公您都是鸿鹄，没想到今天您已变成了凤凰啊！"

董卓听了大为满意，高兴地说："看来你已经服气了，今天你可以不用参拜啦！"

一代名将甘拜自己的下风，董卓心情很好，他拉起皇甫嵩的手同行，不过还想再拿他寻开心，故意问："义真，说实话你心里到底怕不怕我（义真怖未乎）？"

皇甫嵩坦然回答："明公您如果以德能辅佐朝廷，大福刚到，何怕之有？如果滥施淫刑，那天下人都应该害怕，也不只是我皇甫嵩一个人。"

董卓听完，默然无语。

董卓来到了长安，关中百姓从此生活在水深火热之中。

董卓想选个人当司隶校尉，问王允谁合适，王允趁机推荐了盖勋。

盖勋当过京兆尹，对关中事务很熟悉，倒是个合适人选，但董卓听了直摇头："这个人过于聪明，不能担当这么重要的职务（此人明智有余，然不可假以雄职）。"

盖勋确实一直对董卓不满，要不是皇甫嵩太软弱他早就在长安扯起反董大旗了。

盖勋来到长安后一直郁郁寡欢，不久即病逝。

董卓最后选的司隶校尉名叫刘器，这个人名气不大，巴结奉承却有一套，对老百姓也比较狠。

在董卓授意下，刘器规定无论官民，有为子不孝、为臣不忠、为吏不清、为弟不顺的，一律诛杀，财产全部没收。

忠不忠、孝不孝，这都是不太好说的事，解释权在刘嚣掌握中，他说谁不孝谁就不孝，他想收拾谁就谁不忠，往往先看中人家的财产，再罗织罪名。

刘嚣还鼓励大家互相揭发，结果造成了大量冤假错案，冤死的数以千计（更相证引，冤死者以千数）。

长安立刻成了一个恐怖之城，大家平时路上见了面只能互相看一眼，话都不敢说一句（百姓嚣嚣，道路以目）。

谁要让董卓觉着不顺眼，那一定得倒霉，不管你是谁，资格有多老，威望有多高，概无例外。

现在长安城里有两位董卓曾经的上司，除了皇甫嵩，还有担任国防部部长（卫尉）的张温。

张温的卫尉此时也就是个头衔而已，但董卓还是气不顺。之前说过，董卓和张温早已结怨，现在张温落在自己手里，而且一直不太搭理自己（素不善卓），董卓就想找个机会报复。

这时，朝廷天文台台长（太史令）夜观天象，报告说根据天象来看，近日将有大臣被杀。

董卓很信天命，他怕此谶应到自己身上，赶紧给张温捏了一个秘密勾结袁术的罪名把他杀了。

初平二年（191）10月1日，指挥过千军万马的一代名将张温被人拖到街上，一顿乱棒之下被打死（笞杀之）。

董卓连老领导都随便杀，而且手段如此残忍，文武百官只能心惊胆战地伺候着他。

董卓的另一个老领导皇甫规尽管死去多年，也受到了董卓的污辱。

皇甫规的第二任妻子长得很漂亮，还能写文章，工草书，经常给皇甫规当秘书（时为规答书记），众人惊讶她的才能。

皇甫规死后这位妻子仍然年轻，容貌很美，被董卓看上了。

董卓用100辆彩车、20匹马组成豪华迎亲车队，还有许多奴婢、钱财做聘礼，要娶皇甫规的这位妻子。

皇甫规的妻子穿着便衣来到董卓那里，跪下来陈述自己的苦衷，言语哀痛，但董卓不理，命人拔出钢刀围住她，威胁说："我的威严可使天下降服，难道在你一个妇人身上就行不通吗（何有不行于一妇人乎）？"

皇甫规的妻子知道不能免于一死，站起来破口大骂道："你本是野杂种，害了不少天下人，还不够吗？我先辈的清德举世知道，我丈夫皇甫规文武全才，是汉室忠臣，你过去还不是他驱使的一个走卒吗？竟敢在你上级领导的夫人面前干出非礼的勾当（敢欲行非礼于尔君夫人邪）？"

一顿怒斥，把董卓骂得无地自容。

董卓恼羞成怒，让人把车子推到庭院里，把她绑在车辕上，命奴仆们用鞭子、棍棒使劲地打。

皇甫规的妻子忍受剧痛，对打手们说："怎么不重重下手打呢？死得越快越好（何不重乎？速尽为惠）！"

皇甫规的这位妻子最后死于车下，她的事迹后来被收进《烈女传》中。

到长安后，董卓一改之前重用士人的做法大肆封拜亲属，他的弟弟董旻被任命为军区司令（左将军），封鄠侯，他哥哥的儿子董璜为皇帝高级顾问（侍中），兼任中军校尉，掌握兵权，还有不少董家的人当了大官，一上朝，董家人能站成一排（并列朝廷）。

连董氏家族抱在怀里的婴儿也都封了侯，颁发金印紫绶，小孩不懂那是什么，拿着当成玩具耍。

董卓被封为郿侯，郿县在长安以西260里，即今陕西省眉县，此地离后来著名的战场五丈原非常近。董卓在郿县筑起高坛，边长2丈多，高五六尺，坛成，让他一个外孙女乘着轩金华青盖车来到这里登坛，在郿县的文武官员，包括都尉、中郎将、刺史等高级官员都到车前，引导着这个小女孩上到坛上，董卓让侄子董璜为使者亲自颁发印绶。

董卓还在郿县修筑了一座城堡，号称郿坞，城高与长安城相等，里面储藏够30年吃的粮食，董卓对外宣称："大功如可成，就称雄天下；如果不成，就守着它安度晚年！"

董卓还喜欢玩一些新花样，他亲自设计了一种奇特的车子，这种车用青色的伞盖，爪画两轓，大家给这辆专车起了个名字叫"竿摩车"。

董卓觉得很得意，也很威风，出门便坐着它。

只有担任皇帝高级顾问（侍中）的蔡邕平时还敢在董卓面前说几句，蔡邕认为天子和大臣乘坐的车子都有规定和讲究，董卓这么胡来很不妥，但又不知道该怎么劝。正巧，长安这时发生了一次小规模地震，董卓有点儿紧张，问蔡邕是什么原因，蔡邕趁机对董卓说："这说明地下阴气太盛，是大臣逾制所造成的。您乘坐的青盖车不符合制度，大家都认为有点儿不恰当。"

董卓还真虚心接受了蔡邕的批评，改乘皂色伞盖的车子。

一个暴君，通常周围少不了一群小人。

董卓很快被刘嚣这样的小人所包围，大家一致认为，董太师的丰功伟绩无人能比，当太师有点儿委屈了，于是参照周朝开国宰相姜子牙的先例，要给董卓再上一个尊称，叫"尚父"。

人家姜子牙不仅是宰相，还是武王的岳父，才称尚父，董卓是什么东西，也敢把自己抬得这么高？但心里想归想，没人敢说。

董卓吃不准，怕弄出个历史笑话来，就此向蔡邕询问，蔡邕趁机劝道："姜太公辅佐周室，受命讨伐殷商，所以才加上这个尊号。今明公的威德没有问题，不过我以为现在还不是时候，应该等平定了关东，车驾返回旧京，然后再做。"

董卓听了，觉得有理，采纳了蔡邕的建议。

在大家眼里，蔡邕是极少数被董卓尊敬的士人之一，董卓对他的话不仅相当重视，而且平时也非常尊重他。而蔡邕似乎也甘为董卓所用，每次宴会，董卓经常让蔡邕弹琴助兴，蔡邕也很用心（每集宴，辄令邕鼓琴赞事，邕亦每存匡益）。

然而，蔡邕内心却十分痛苦，他曾经对从弟蔡谷说："董卓这个人性情残暴，终究会失败，我想回兖州，但道路太远了，也不知道那里的人如何看我，真不知道该怎么办。"

蔡谷劝他说："你长得跟普通人不一样，走在外面容易招致大家围观（君状异恒人，每行观者盈集），你想秘密潜逃，那也太难了。"

蔡邕究竟长成什么样史书没有明确记载，听蔡谷的意思他长得应该不是一般的特别，属于那种见一面就忘不掉的人。

蔡邕听了从弟的话，这才打消逃跑的念头。

好在蔡邕身边有两个年轻人给了他很大的安慰，一个是自己的女儿蔡琰，另一个是王粲。

曹操小时候在河里与蛟搏斗的故事被梁代一个叫刘昭的人写进了《幼童传》中，这是当时出版的一本儿童教育读物，里面记录了大量神童的故事，和曹操一同入选为"神童"的汉末儿童里还有一个女孩。

这个女孩的父亲是个音乐家，把女孩也早早培养成了音乐天才。一天晚上，女孩的父亲鼓琴，琴弦断了，女孩看都没看就说："断的是第二根弦。"

她的父亲很讶异："你这是冒碰上的吧？"

于是父亲故意弄断了另一根弦，问她女儿这是第几根，女儿说："这一回是第四根。"

答案完全正确。

这个女孩就是蔡琰，一般人称她为蔡文姬。蔡邕当年流放朔方时，蔡文姬出生不久，现在才十几岁。

有人认为曹操和蔡文姬从小青梅竹马，那是完全靠不住的，曹操比蔡文姬大了20多岁，当年曹操和蔡邕同为朝廷参事室参事（议郎），二人相识，见过蔡文姬倒有可能。

王粲字仲宣，兖州刺史部山阳国人，他的父亲前面提到过，就是曾任何进秘书长（长史）的干谦。

王谦这时已因病去世，王粲不知什么原因也来到了长安。

蔡邕是名满天下的大学者，家里经常宾客盈座，如果来晚了，在蔡邕家门口的街巷里连个停车位都不好找（常车骑填巷）。

一次，蔡邕家高朋满座，他正跟大家谈话，家人递上来一张名帖，说有人在外面求见，蔡邕看了一眼，竟慌忙从座位上起来赶紧跑出去迎接，一着急把鞋子都穿反了（倒屣相迎）。

大家纳闷，这是什么样的重量级人物，能让蔡大师如此呢？

等进来一看，大家都傻眼了，蔡邕陪着的是一个只有十五六岁的少年，不光年龄小，而且其貌不扬，个子不高（容状短小），又黑又瘦，结果一座尽惊。

蔡邕给大家介绍："这是王公的孙子，很有才能，我不如他。"

王公就是王畅，著名的学者，王粲的爷爷。

蔡邕同时宣布："我家里的藏书，死后全部给他（吾家书籍文章，尽当与之）。"

蔡邕的反常举动让人十分不解，王粲即使再有才，也不至于以十几岁的年龄就能让名满天下的大学者折服吧？蔡邕厚遇王粲，要猜测一下的话，或许跟他的女儿有关。

蔡文姬和王粲同龄，但这时她已经有过一次婚姻，她的丈夫出身于河东郡的世族，名叫卫仲道，是个读书人，婚后夫妇很恩爱，但就在前不久卫仲道病故了。卫家人有点儿嫌弃她，认为她刚嫁进卫家的门就克死了丈夫。蔡文姬无法忍受，这才回到了父亲身边。

蔡邕刻意栽培王粲，并且说出那些不同寻常的话，也许有把女儿许配给他的意思。

当然这是猜测，不过有了两个年轻人的陪伴，蔡邕在长安的生活才增加了一抹淡淡的色彩。

三十五、孙坚身死岘山

再来说说朝廷西迁后的豫州刺史部。

该部一度曾同时存在着 3 位刺史，但这种局面并没有维持太久，袁绍任命的周喁被打跑，朝廷任命的孔伷病死了，现在只剩下了袁术任命的豫州刺史孙坚。

孙坚不仅军事经验丰富，而且很有亲和力，特别适合抓队伍，他的手下凝聚了一批能力突出，又对他忠心不贰的将领。

这些人包括两部分，一部分是孙静、孙香、孙河、孙贲、孙辅等孙氏族人，另一部分是朱治、程普、徐琨、黄盖、韩当等跟追随孙坚的外姓将领，他们中的大多数人日后还将活跃在江东的舞台上，这里简要做个介绍。

看三国都知道"曹家将"很厉害，曹洪、曹仁、曹纯、曹真、曹休等，还有和他们关系密切的夏侯氏兄弟，个个都很有名，曹操最后能成事，与他们的帮助密不可分。

和"曹家将"一样，孙坚以及后来的孙策、孙权身边也有一批"孙家将"，这些孙氏成员论名气可能不如曹洪等人大，但也都很活跃，尤其在孙氏起家时期，更是发挥着重要的作用。

在"孙家将"里，人数最多的是孙静一支。

孙静是孙坚最小的弟弟，孙坚起事时他也纠合乡曲及本族五六百人追随孙坚征战，当时还应该是孙坚参与打黄巾军时期。孙静的性格与哥哥孙坚不同，他没有太大抱负，比较恋家，不喜欢当官（**恋坟墓宗族，不乐出仕**），后来主动提出回乡养老去了。

孙静虽然淡出了政治舞台，但他有 5 个儿子，分别叫孙暠、孙瑜、孙皎、孙奂和孙谦，个个都是人物。

除了孙静，孙香也与孙坚同辈，他是孙坚的族弟，也早就跟随孙坚出来征战，但后来一直在袁术手下任职，最后死在了寿春，影响不大。

比孙静、孙香更有影响的是孙河，他与孙坚同族，深得孙坚的信任，被委以重任。

比孙坚晚一辈的族人里数孙贲、孙辅最有名，孙贲是孙坚的侄子，他的父亲是孙坚的哥哥，孙辅是孙贲的弟弟，他们兄弟二人能力比较突出，一直跟随在孙坚的左右。

在以上这些孙氏族人中，论辈分孙静、孙香比较高，论能力孙贲最强。

在异姓将领中，资历和地位最高的是朱治。朱治字君理，扬州刺史部人，早年担任过县吏，被举过孝廉，后来追随孙坚，在早期的这批将领中他最重要，曾受孙坚派遣带领人马帮助徐州刺史陶谦打黄巾军的余部（**特将步骑，东助徐州牧陶谦讨黄巾**）。

程普字德谋，幽州刺史部人，早年在郡里担任官吏，史书上说他有容貌风姿、计谋策略，善于应答论对，随孙坚四处征战，参加了宛县、邓县等地的讨伐黄巾军之战，在阳人聚打败过董卓的部队，攻城野战，屡立战功，曾多次受伤。

徐琨的字不详，他是孙坚的吴郡老乡，家里是地方豪族，他的父亲徐真和孙坚关系最好，孙坚把自己的妹妹许配给了徐真，生下徐琨。徐琨先在郡里任职，孙坚起事后辞去郡职成为孙坚的部曲，跟随孙坚征伐。

徐琨跟孙氏的关系最复杂，他是孙坚的外甥，有个女儿嫁给了陆尚，陆尚死后又改嫁给了孙权，他成了孙权的岳父。因为这些关系，徐琨就不是江东普通的将领，而是一位重量级人物，要不是死得有些早，孙吴建国后很可能就是武装部队总司令（**大将军**）的第一人选。

不过要论名气的话，除了程普要数黄盖名气大。黄盖字公覆，荆州刺史部人，少时生活艰难，但素有壮志，不同于凡庸，常在干活的空余学习，讲兵事。当过郡吏，被举过孝廉，征辟于公府。孙坚举兵，黄盖毅然追随。他生得很威武，善于和士卒打成一片。

与程普、黄盖齐名的还有韩当，字义公，幽州刺史部人，擅长骑马射箭，有膂力，受到孙坚的喜爱，跟随孙坚征伐周旋，多次遇到危难，陷敌擒虏，立下不少战功。

以孙坚现在的实力，让他放手在豫州刺史部一带发展，他将很快控制全州，并继而向洛阳及周边其他州郡发展，前途不可限量。

但袁术却另有打算，他不愿意看到孙坚发展得太快，那样一来将很难再控制住孙坚，没有孙坚，袁术自己只是一个空架子。

所以，看到孙坚在前方势头越来越猛，袁术老想找个借口把他调回来，而这时刘表给了袁术这样的借口。

刘表控制荆州刺史部后势力发展得很快，荆州刺史部共有7个郡，有6个郡都被刘表先后控制了，只剩下最北面的南阳郡大部分地区还在袁术手中。

南阳郡是本朝光武帝刘秀的家乡，是个大郡，人口达百万，地方多豪族，本来十分富有，但袁术缺乏治政才能，加上他向来喜欢奢华摆谱，不断向民间征税征粮征兵，一味搜刮盘剥，弄得民怨很大。自从袁术来了，南阳郡百姓便不断有人逃亡（**百姓苦之，稍稍离散**）。

刘表也一心想把南阳郡纳入自己的实际控制区，他是朝廷正式任命的荆州刺史，他这么想并不违法，但必须先把袁术赶走。

刘表不断整顿兵马做出举兵北上的阵势，双方在南阳郡的南部地区发生了摩擦，眼看由小打将变成大打。

要打刘表，袁术不想亲自出马，不是他懒，而是他没有信心打得过。

袁术自己不去，就支使孙坚去，他给孙坚下达了命令，让他从洛阳回师。

孙坚很听话，就去了。

所以说，孙坚这个同志尽管有时做事有些冲动和鲁莽，但内心里其实挺单纯。

初平二年（191）冬天，孙坚率所部攻打刘表，一直打到了襄阳的外围。

刘表手下最能打的将领是黄祖，刘表派他在襄阳以北的邓县、樊城一带迎击孙坚，黄祖不是孙坚的对手，被打得大败。

孙坚率军渡过了汉水，把襄阳城包围起来。

襄阳城两面环汉水，背靠群山，易守难攻，刘表来个闭门不战，想跟孙坚打消耗战。

同时，刘表派黄祖乘夜出城调集军队不断偷袭孙坚。

说话间就到了年底。

过了年，初平三年（192）正月初七，黄祖又被孙坚打败，逃往襄阳西郊的岘山里，孙坚追击，想把黄祖一举拿下。

哪知这里有埋伏，追到一片竹林中，提前等在这里的黄祖手下发射暗箭，孙坚中箭，当场身亡（祖部兵从竹木间暗射坚，杀之）！

史书还有另一种说法，认为孙坚追击的人不是黄祖，而是刘表手下另外一个名叫吕公的将领，孙坚追击吕公，进入山中，吕公命人用石头攻击孙坚，孙坚头部被石头击中，当场脑浆迸裂（应时脑出物故）。

孙坚死时年仅 37 岁。

消息传来，刘表额手称庆，袁术吃了一惊。

对袁术来说，孙坚的死有好与不好两个后果，好处是解除了他的后顾之忧，从此不再担心孙坚坐大；坏处是，就眼前来说让他的实力大受损伤，尤其是刘表这个敌人将更得势，南阳郡迟早待不住了。

吴夫人给孙坚生了 4 个儿子，长子孙策现在 17 岁，次子孙权 10 岁，三子孙翊 8 岁，最小的儿子孙匡年龄还小。除了这 4 个儿子，吴夫人至少还为孙坚生过两个女儿。

另外，孙坚还有一个儿子叫孙朗，又名孙仁，年龄比孙匡还小，并非正妻吴夫人所生（庶生也）。

孙策和弟妹们都没有随父亲在外征讨，而是跟母亲在一起，他们先在寿春，后来又去了舒县，离襄阳有 2000 多里。

孙坚死得很突然，没有任何征兆，也没有留下任何政治遗言，大家便推孙坚的侄子孙贲为首领，整合孙坚的旧部。

孙贲无心再与刘表作战，扶送孙坚的灵柩回到南阳郡。

孙坚自离开长沙郡北上以来，经过不断发展，手下已经有了不少人马，推测起来人数应该在数万之间，是袁术集团的主力。由于孙贲等人缺乏孙坚那样的号召力，这部分人马成为袁术借机侵吞的目标。

从中可以看出，孙坚的事业尽管发展得很快但基础并不稳固，孙氏集团内部除了他尚没有另一位可以领军的人物。袁术假装表奏孙贲为豫州刺史，让他继续带领孙坚旧部，但私下里却找各种借口把这些队伍打乱，编组到其他各部。

到后来，袁术索性改任孙贲为丹杨郡都尉，让他到江南打游击去，孙坚辛辛苦苦拉起来的队伍全让袁术给黑了。

三十六、嘴上是正义，背后是生意

董卓走了，孙坚死了，袁术消停了。

再来说说曹操，他南下募兵，来到了扬州刺史部的丹杨郡，这个郡在长江以南，今天的南京、芜湖、铜陵都在该郡所辖之内。之前说过，丹杨郡出精兵，丹杨兵自秦汉以来就扬名疆场。

此时的扬州刺史名叫陈温，丹杨郡太守名叫周昕。曹洪与陈温很熟，曹操与周昕关系很好，他们便分成了两路，曹洪到扬州刺史部治所历阳找陈温，曹操携夏侯惇等人去宛陵找周昕。

陈温和周昕虽然都没有参加关东联军，但他们也倾向于反对董卓，周昕有个弟弟名叫周喁，就是被袁绍任命豫州刺史的那个。所以，对曹操、曹洪此次南下募兵都给予了大力支持。

在周昕的帮助下曹操很快集齐了 4000 人，周昕还派弟弟周昂随曹操一同行动。

在陈温的帮助下曹洪在九江郡一带也募到了 2000 人，虽然人数不如丹杨兵多，但军事素质都是一流的（上甲）。

曹操带着人北渡淮水进入沛国境内，到达龙亢县，在这里与曹洪会合。两支新招募的人马加起来有 6000 多人，之前他们自己也带来了 1000 多人，现在手里终于又有一支人数可观的队伍了。

有了这支人马，曹操可以继续实施他的计划，如果鲍信在济北国的募兵行动也顺利的话，他们按照之前的约定合兵一处，继续讨伐董卓的大业。

但是，出现了意外。

夜里丹杨兵发生了叛乱，究其原因，可能是当初招募他们的时候没有说清楚，这些人发现自己离家乡越来越远，有种受骗上当的感觉，于是发动了叛乱。

还有一种可能，这些丹杨兵早就预谋了这场叛乱，按照募兵的惯例，参加队伍后大家都可以领到一些安家费，这些人把钱领了，假装北上，到半路上再逃跑，反正你也不能再追到丹杨郡去算账。

叛乱的人点火焚烧了曹操的大帐，曹操受到叛军的包围，他手里拿着剑，一连杀了数十人才得以脱身（太祖手剑杀数十人）。

曹操是个小个子，身体条件不占优势，但他平时重视骑射，加强锻炼，关键时刻派上了用场，一个人能杀数十人，即使这个记载有一定的夸张，但也足以说明他是个武术高手了。

最后，好几千人的队伍只剩下了 500 人，说明不仅新招募的人全跑了，连他们带来的一部分人也趁机溜了号。

曹操、曹洪只好整顿剩下的人，一边往回走，一边沿路继续招募人马。

这时候再去酸枣已经没有意义了，曹操也不想去陈留郡找张邈，他带着这支人数不多的人马渡过黄河，来到了河内郡怀县，找到了袁绍。

对曹操的到来，袁绍很欢迎。

刚刚失去50多位亲人的袁绍来不及悲伤，因为他眼下正有一件大事要忙，看到老朋友来了，赶紧招呼他一块商量。

作为联军的总指挥，袁绍此时的头等大事应该是把大家召集起来，研究朝廷西迁后联军如何行动，当务之急是组织力量逼近潼关，设法把献帝抢回来。

但是袁绍对献帝的感情并不深，他一直认为被董卓杀掉的前少帝刘辩才是灵帝的法定继承人，献帝不仅登基的程序不合法，而且是不是灵帝的血统都有疑问。这么说不是诬蔑袁绍，而是有证据的，袁绍曾经给袁术写过一封信，信里宣称刘协不是灵帝的儿子（**帝非孝灵子**）。

这就是袁绍与众不同的地方，大家反对董卓却不反对皇帝，袁绍是董卓和皇帝一块反对。

少帝刘辩虽然死了，但袁绍仍不甘心，他想在其他刘氏宗亲里挑选一位新皇帝，扶植他登基，之后宣布董卓挟持下的献帝为伪皇帝。

表面来看袁绍醉心于此是出于他嘴上所说的正义，是对汉室正统的维护，但与上次试图拥立合肥侯称帝一样，在他的任性和执意背后其实是一种赤裸裸的野心。朝廷西迁，潼关以东的地区事实上成为无政府状态，袁绍想把大家整合起来由他一个人说了算，但既缺乏由头更缺乏实力，关东联军的这些小伙伴还好说，像刘焉、刘表、陶谦、刘虞、公孙瓒这些人恐怕不会买他的账。所以袁绍想到了另立新帝的办法，他也想像董卓那样控制起一个朝廷，到时候一呼百应，谁不服气就打着朝廷的旗号收拾谁。

但这是一件大事，更是一个严重的问题，即使这边立了一位新皇帝，也不可能指望董卓那边马上宣布献帝退位，结果就是两个皇帝并存，国家将从此陷入分裂。

袁绍不管，他只管自己，其他的没想那么多。

问题是，找谁来当这个皇帝呢？

袁绍跟他的智囊们找来找去，觉得幽州牧刘虞最合适。

刘虞是光武帝刘秀之子东海恭王刘强的五世孙，出身正统，家谱清晰可查。本人德高望重，长期担任朝廷的九卿，资历深厚。外任幽州牧以来，整顿地方，安抚边界的少数民族，深得众望。不久前，董卓为了拉拢刘虞，把一个大司马的名号派人到幽州送给刘虞，大司马位在三公之上，同时晋封刘虞为襄贲侯。

人选确定了，袁绍就给各路联军首领写信，陈述自己的想法，寻求大家的支持。

不过袁绍被泼了一盆冷水，对于他的建议，除了冀州牧韩馥外大多数人都认为没有必要，还有一些人虽然没有立即反对，但是都迟迟不给答复，等于不支持。

就在袁绍感到郁闷的时候曹操来了，袁绍不关心他南下募兵的情形，而是急着向曹操征询意见。

曹操在这种事情上一向不滑头，这次当然明确反对："董卓之罪暴于四海，我们合大众、举义兵，天下无不响应，这都是因为忠义的缘故。现在幼主微弱，受制于奸臣之手，但是还没到亡国的地步，一旦改易天子，天下谁来安定（**孰其安之**）？"

曹操说得挺郑重，也很激动，最后说了一句："如果真是那样的话，你们且北去，我独自西行（诸君北面，我自西向）！"

刘虞在北面，献帝在西面，曹操告诉袁绍，如果他另立朝廷，自己将不惜分道扬镳。这种掷地有声的话不排除是亲曹派史学家为树立曹操忠君形象编造的，但从上一次袁绍、许攸等人搞的另立朝廷的未遂事件中曹操坚定而鲜明的态度上看，他即使没说过这几句话，态度也是不容置疑的。

在另一个场合，袁绍拿着一颗印在曹操面前晃了晃（绍又尝得一玉印，于太祖坐中举向其肘），故意让曹操看。

这颗印是一个名叫王定的济阴郡人所献，说是在一次意外中得到的，上面赫然写着"虞为天子"4个字，正好印证了刘虞应该当这个皇帝。

这是袁绍授意下造的假，假得有些欠缺水准。

曹操瞅了一眼，笑着说："我不相信！"

袁绍还想说服曹操，派人去做他的思想工作，对曹操说："现在袁公势盛兵强，二子已长大，天下群雄，谁能超过？"

但是，曹操仍然不表态，心里对袁绍从此产生了反感，甚至暗中打算要诛灭他（由是益不直绍，图诛灭之）。

不过以曹操当时的实力，这些事也只能想想罢了。在这段日子里，曹操只能依附于袁绍，慢慢寻找机遇。曹操的这种心情低落的日子大概持续了1年，远离家乡，看不到光明前景，队伍中的人不断开小差，人数还在逐渐减少，这恐怕是曹操一生最不愿意回首的日子之一。

为什么向来一呼百应的袁绍这一回说话这么不好使？

因为大家都清楚这是一个严肃的政治问题，另立朝廷、废帝立帝，弄不好身败名裂不说，还得在历史上留下恶名，所以不表态。

袁绍也试图去说服袁术，他再次写信给袁术，说我们全家都被董卓所杀，我们怎么能向他称臣？

袁术一向奸猾，不过这次倒也不含糊，他给袁绍回信说："全家被杀是董卓的主意，与天子何干？我的一片赤心，只志在消灭董卓，不知道其他的事（不识其他）！"

碰了这么多钉子，按说该收手了，但袁绍仍不死心，决定联合韩馥单干。

袁绍和韩馥声称，当年光武帝刘秀登基前担任的职务是大司马领河北军政，刘虞担任的大司马领幽州牧与其相仿，再加上王定所献的那颗印，这些都是天意。

袁绍、韩馥搞了个拥戴书，派前乐浪郡太守张岐带着前往幽州，向刘虞奉上皇帝的尊号。

谁知刘虞压根不领情，接见张岐时斥责道：

"天下分崩离析，天子蒙难，我等深受重恩，不思雪耻，反而行叛逆之事，于情于理何堪？"

张岐回来报告，袁绍这才心灰意懒。

袁绍打了退堂鼓，但韩馥不死心，他又派人恳请刘虞主持朝廷日常事务，代表皇帝封爵位任官（录尚书事，承制封拜）。

朝廷在长安，有天子、有百官，何须远在几千里以外的人主持日常工作？韩馥的意思还是造成两个朝廷的事实。

刘虞仍然拒绝，并且放出了狠话，如果再逼，他就投奔匈奴人，让大家断绝念头（**图奔匈奴以自绝**）。

韩馥只好不再提了。

这一回刘虞不仅拒绝了韩馥的建议，而且把他派去的代表给杀了，准备派人到长安走一趟，向朝廷表明自己的忠心。

由幽州刺史部去长安道路阻绝，一路上寇虏纵横，是一趟苦差，也很危险。刘虞跟手下的人商量派谁去合适，众人公推一个22岁的小伙子，说他最合适。

这个人名叫田畴，字子泰，幽州刺史部右北平郡人，好读书，善击剑，能文能武。

刘虞把田畴找来，谈话之后十分高兴，就派他前往长安。

田畴挑选了20个人，都骑马，不走中原，改出塞外，从漠北、朔方绕道前往长安，最后到了那里。

董卓见到田畴挺高兴，如果刘虞真的接受了袁绍、韩馥等人上的尊号，董卓还是挺紧张的。董卓的战略是，不与关东联军死磕，而让他们内斗。如果群龙有首，内斗的计划就不好实施了。

所以，董卓挺感激刘虞。

袁隗被杀后太傅的头衔空着，董卓想把这个名号给刘虞。但是道路阻隔，没人敢去宣布这项任命。

三十七、乱世里的窝囊人

袁绍和韩馥联合上演了一出失败的废立闹剧，但他们二人也是各怀心思。

韩馥虽然奉袁绍为关东联军总指挥，心里并不听他的。刘虞拒绝称帝后又去劝他主持朝廷日常工作是韩馥一个人干的，袁绍没有参与。

韩馥此举实际上矛头暗指袁绍，因为袁绍以关东联军首领自居，基本上垄断了反董阵营的发言权和表奏权，他自己任命自己为全国武装部队副总司令（车骑将军），然后想任命谁就任命谁，俨然成了天子第二。

韩馥很不满，如果刘虞肯出面"主持"朝廷的日常工作，等于把反董势力的领导权从袁绍手里接了过去，袁绍再也不能那么神气了。

韩馥的心思袁绍当然懂，不过他现在还不能跟韩馥公开闹翻，他这个联军首领还寄居在人家的地盘上，论势力自己比韩馥差得远。

袁绍于是加紧发展自己的力量，好在头上顶着关东联军总指挥的光环，又因为一家50多口被董卓诛杀而获得的广泛同情，所以不愁没人主动上门。

首先来的是张杨，这个并州军的旧将一直在河东郡、河内郡一带打游击，他不仅是丁原的部下，也在何进手下干过，正是有这层渊源，张杨觉得袁绍也有资格当他的领导。

继张杨之后，南匈奴的一支在单于于扶罗的带领下也归顺了袁绍。

匈奴曾经十分强大，是汉帝国的主要敌人，但到东汉末年匈奴力量逐渐式微，内部又发生了严重的斗争，最后分化为两部：一部南迁，即南匈奴，归附朝廷；另一部远上漠北，淡出了中原政治舞台，即北匈奴。

南匈奴原来的单于名叫栾提羌渠，于扶罗是他的儿子，3年前南匈奴内部也发生一次政变，栾提羌渠被杀，须卜骨都侯被立为单于，于扶罗率众赴朝廷申诉苦情，后来便一直留居汉地。

于扶罗想重回故地，却得不到朝廷准许。后来，须卜骨都侯也在叛乱中被杀身亡，可是朝廷一直把单于之位空悬着，让南匈奴的老王管理部族事务，于扶罗很有怨言。

灵帝驾崩前于扶罗趁乱与白波军联手，他自称单于，进犯并州刺史部的太原以及河内郡等地，朝廷当时让董卓当并州牧，给他的主要任务就是讨伐于扶罗和白波军，后来董卓和关东联军交战，没人再去管于扶罗，于扶罗的势力有所增强。

有这两支队伍的呼应，袁绍的力量壮大了很多。

韩馥当然不希望袁绍强大，袁绍让他当关东联军的后勤部部长，负责军粮供应，韩馥不好好干，常常克扣军粮，或者以次充好（每贬节军粮）。

同时，韩馥也在抓紧发展自己的势力。

韩馥是豫州刺史部颍川郡人，他当权冀州期间很重视人才引进，派人到老家招纳名士，荀谌、辛评、辛毗、郭图等一批人才来到了冀州。

当领导要坐稳位子，不能让下属太团结，而要设法让他们斗起来。韩馥可能就有这样的潜意识，作为一个外地人，他最担心的就是压不住本土势力，所以他有意引进外人，制造派系斗争，以此平衡各种势力。

但这样的领导通常都是没本事的领导，也没办法把手下的人真正凝聚在一起，韩馥手下虽然人才济济，但派系问题很严重，矛盾重重。

这一点让袁绍的谋士逢纪看到了，他对袁绍说："将军现在举大事，但后勤供应还仰仗别人，如果不能至少占据一个州，将来恐怕难以保全啊！"

袁绍想这不是废话吗？这个道理我还能不知道？

袁绍对逢纪说："可惜韩馥兵强马壮，咱们人马少，后勤供应又不足，如果办不到，连立足之地都没有了（设不能办，无所容立）。"

袁绍的意思是，你可想好，如果跟韩馥动手，结果偷鸡不成反倒蚀把米的话，咱们连怀县这个小小的立足之地都没了。

逢纪不以为然，他建议："可以和公孙瓒联络，让他率兵南下取冀州。公孙瓒肯定会来，那样韩馥就会害怕，到时候跟他陈说利害，韩馥一定会主动让位。"

逢纪这一招还是引外兵胁迫的老办法，有理由怀疑当初引董卓进洛阳的傻主意就是他出的。

但是这一次，逢纪料对了。

袁绍按照逢纪的主意给公孙瓒写了封信，相约合击韩馥，事成之后瓜分冀州。

袁绍和公孙瓒是人所共知的老对头，但那是以后的事，到现在为止他们二人还没有什么过节。

当时幽州的形势是刘虞强、公孙瓒弱，刘虞威望又高，又是公孙瓒的顶头上司，公孙瓒拿他暂时没办法，听说南面有便宜可占，公孙瓒欣然同意。

公孙瓒领兵南下，口口声声要去讨伐董卓，但目标直指韩馥（以讨卓为名，内欲袭馥）。

韩馥听说特别能战斗的白马义从来了，吓得要死，勉强在安平打了一仗，被打败。

袁绍本可以直接出面向韩馥下手，又觉得火候不够，于是走出了第二步棋，策反韩馥手下的头号将领麹义。

麹这个姓不多见，可能与边地少数民族有关，麹义早年长期生活在凉州，精通羌人的战法，手下的人马都是精锐（久在凉州，晓习羌斗，兵皆骁锐）。

麹义被策反的细节不清楚，作为一个派系严重的团体，有人被对手策反并不奇怪。

韩馥只得又去跟麹义打，结果又被打败。

这彻底摧垮了韩馥的心理防线，他有点儿顶不住了。

韩馥平时重用颍川派，但这些人当个谋士可以，却没有自己的势力，冀州的真正实力掌握在本土派手里，本土派的颜良、张郃这些武将以及沮授、田丰等人并不是真心支持韩馥，看到韩馥内外交困，他们也不打算真帮忙。

本土派甚至想借公孙瓒的手把颍川派挤走，在这种情况下，韩馥有了退让之心。

整个事件的幕后操纵者袁绍直到这时还没有公开出面，他看到火候差不多了，使出了倒韩的第三个步骤。

袁绍派人到韩馥那里展开了游说，派去的这些人包括郭公则、高元才、张景明等，这帮人到了韩馥那里连哄带吓，逼着韩馥让位。

郭公则即郭图，本是韩馥手下颖川派的成员，这时已暗中投靠了袁绍。高元才名叫高干，跟大学者蔡邕是一个县的人，也是袁绍的外甥，张景明的情况不详，只知道景明是他的字，他名叫张导。

除了他们几个，颖川派的荀谌也暗中投靠了袁绍，他吓唬韩馥说：

"公孙瓒乘胜南下，一路上各地纷纷响应，袁绍也带兵东来，搞不清楚他是什么意图，我真为将军感到担心呀！"

韩馥当然更担心，问荀谌该怎么办，荀谌继续忽悠道：

"公孙瓒势不可当，袁绍是一时之杰，不会甘做将军的属下。冀州是天下要地，如果公孙瓒和袁绍联合交兵于城下，危亡立待。将军跟袁氏有旧交，现在为将军计，不如举冀州以让袁绍。袁绍得到了冀州，公孙瓒就没办法来争，袁绍必厚待将军。把冀州交给亲近的人（冀州入于亲交），将军就有了让贤的美名，今后一定会安如泰山，请将军不要多疑！"

在郭图、荀谌等人车轮战式的忽悠下，韩馥被彻底洗脑，他坚定地认为目前只有让位这一条出路了，于是决定主动让贤。

韩馥的决定让很多人大吃一惊，因为他手下有亲袁派，但也有反袁派。

冀州别驾闵纯、州长史耿武、治中李历都反对把冀州拱手让给袁绍，他们劝韩馥说："冀州虽偏远，也有兵马百万，粮食够吃10年（带甲百万，谷支十年）。袁绍不过是孤客穷军，仰我鼻息，就像股掌之上的婴儿，断了他的奶马上就得饿死，怎么能把整个州让给他呢？"

说得可谓实情，但韩馥此时已经毫无斗志，对他们说："我是'袁氏故吏'，才能不如本初，度德而让是古人看中的，你们怎么不理解我呢？"

韩馥只想尽快解脱，谁也说服不了他。

韩馥派手下赵浮、程奂率精兵1万多人驻扎在黄河上的重要渡口孟津，其中有相当数量的水军，听到韩馥让位的消息他们也吃惊坏了，赶紧回师。

当时袁绍正在朝歌，赵浮等人率领的水军从这里路过，有数百艘战船，路过袁绍军营时正好是夜里，赵浮故意让大家整兵擂鼓，袁绍听得心惊肉跳。

赵浮见到韩馥，劝他说："袁绍正缺军粮，快要散伙了，不用十天半月必然土崩瓦解，将军只需闭户高枕，有什么可担忧的？"

但是韩馥的脑子已经严重不好使，他打定了主意，不再考虑赵浮等人的建议。

韩馥让儿子拿着自己的官印、绶带送呈袁绍，这些都是是朝廷颁发的，今后州牧、刺史、太守越来越多，而这种货真价实的东西却越来越少了。

韩馥主动搬出官署，住进已故宦官头目赵忠在邺县的一所旧宅。

这样，袁绍便以"和平手段"得到了冀州。

袁绍进入邺县时，韩馥昔日的手下们纷纷前往迎接，其中也包括沮授、田丰以及颜良、文丑这些人，大家都表现出很积极的态度，唯恐落在别人的后边。

只有耿武和闵纯二人拿着杖和刀相拒，袁绍命令田丰把他们杀了。

袁绍从此以车骑将军的身份兼任冀州牧，给了韩馥一个奋武将军的虚名，既不给兵也没有官属，挂了起来。

奋武将军的头衔袁绍给过曹操，大概袁绍觉得曹操手下反正也没有几个人了，就转手给了韩馥。

这就是袁绍的不对了，要么是他的粗心，但也有可能是他的故意。既然都是赝品，纯粹是瞎捏的，为何不多捏一个？袁绍的小算盘和小心思，从这件小事也可以看出一些来。

对韩馥的旧部，肯与自己合作的继续使用，任命沮授为奋威将军，协助自己分管军事；任命田丰为别驾，协助自己分管行政事务；任命审配为治中，协助自己分管人事和总务。

但是，袁绍不再提跟公孙瓒平分冀州的事，这把公孙瓒气得要命，这是导致了他们日后翻脸的重要原因之一。

不过，公孙瓒那边还有个刘虞，他只得吃了这个哑巴亏，下令撤兵。

冀州从此姓了袁，不过对大家来说影响并不大，除了被杀的耿武、闵纯等少数人外，其他人不仅没有什么损失，反而升官的升官，加薪的加薪。

大家可能在想，还是这样好，终于来了个能干的领导。

只有韩馥最失落，心里也很难受，人情冷暖、世态炎凉看得多了不看就是，但一些别有用心的人上门来找麻烦就没办法了。

作为曾掌管一州的前领导人，无论自己多么德高望重，多么积德行善，仇人总会有的，即使没有仇人，也有那些势利小人，你在位时给你当狗，可以舔你的脚指头，你一旦不在位、手里也没了权，这些人就会把昔日的屈辱加倍地找补回来，这种小人在任何时候都有很多，有个名叫朱汉的，就是这样的小人。

此人人品不怎样，过去韩馥可能不太待见他，现在世道变了，朱汉就想报复一下，出出气。

朱汉担任都官从事，负责执法方面的工作，他琢磨袁绍的心思，以为袁绍要除掉韩馥，于是找了个借口，把韩馥的住处包围起来，要进去搜查。

韩馥吓得跑到楼上躲起来，朱汉拔刀上楼，抓住了韩馥的大儿子，朱汉用铁锤将他的双脚砸断（收得大儿，槌折两脚）。

袁绍听到报告，赶紧派人过来制止，还好及时，否则韩馥非给朱汉拍成肉饼不可。

再怎么说韩馥也是过去的老领导，朱汉的做法太无耻，为了不让同情韩馥的人心寒，袁绍下令处死了朱汉。

可怜朱汉的马屁拍得太差，岂止拍到了马蹄子上？

但是韩馥心胆已裂（馥犹忧怖），他的胆子本来才有核桃那么大，现在只剩芝麻那么大了。他恳求袁绍放自己一条生路，袁绍同意了。

韩馥于是逃往陈留郡，投奔老朋友张邈。

这事还没有完。后来袁绍派使者到张邈那里办什么事，韩馥刚好也在座，使者有秘事与张邈协商，就凑在张邈的耳边说了几句话。

韩馥在一旁看到了，以为袁绍密嘱张邈对自己下手，于是跑到洗手间，用一把刻书简的小刀自杀了（起至溷，以书刀自杀）。

韩馥是个窝囊人，事做得窝囊，死得也窝囊。跟着这样的领导干不出大事业，当他的下属确实挺窝囊。

韩馥不明白在乱世中实际上只能前进不能后退，作为一方霸主，无论地盘大小，主权不能丢这是基本法则。

沮授、田丰以及麴义、颜良这些人，跟着韩馥干和跟着袁绍干差别没有多大，但韩馥自己不行，想退是没有后路的，摆在面前的路只有一条，就是跟袁绍一决高下，要么成功，要么失败，总还会有成功的机会，而退让的结果只有彻头彻尾的失败，而且会一败涂地。

韩馥之死教育了很多人，无论是日后的曹操还是孙权，他们都从韩馥这个反面教材中明白了一个最朴素的道理。

三十八、朝廷的"下派干部"

公孙瓒白忙活一场，什么都没捞着。

一回到幽州，就有让他更烦心的事，刘虞这个朝廷"下派干部"处处跟自己作对。

公孙瓒和刘虞的矛盾由来已久，刘虞刚来到幽州，他们二人就不怎么对付。当初刺史改州牧，刘虞是朝廷首批任命的3位州牧之一，公孙瓒只是个师长（*中郎将*），自然归刘虞节制。刘虞依靠怀柔手段和个人的威望让北部少数部族纷纷归附，朝廷表彰刘虞的功绩，先后拜他为太尉，还封了襄贲侯。

幽州刺史部在刘虞的治理下局势逐渐平和，刘虞当时上疏朝廷提出了一个让公孙瓒郁闷不已的建议，裁撤军队。

那时候朝廷还在洛阳，董卓还没来，刘虞的建议上报后受到了朝廷的欢迎，朝廷只在乎事情办得怎么样，同样的效果少花钱那是最好不过。

这样一来，公孙瓒好不容易积攒来的人马被撤得只剩下了1万来人，朝廷按照刘虞的意思，下诏命公孙瓒把自己的指挥部设在右北平郡（*虞上罢诸屯兵，但留瓒将步骑万人屯右北平*）。

这一下子公孙瓒更恼了，看着刘虞是个老好人，敢情手段也挺黑，所谓裁军其实是就冲着他来的，目的是削弱他的势力，还把自己赶到右北平郡给他站岗放哨。

但慑于刘虞的巨大威望和朝廷的强力支持，公孙瓒不得不忍气吞声，去了右北平郡。

就在公孙瓒唉声叹气的时候，他的机会来了，董卓进入洛阳，天下大乱，让公孙瓒重新焕发了生机。

董卓虽然控制了朝廷，发号施令，说一不二，但面对各地反对他的势力风起云涌董卓心里也没底，除了组织力量与关东联军交战，对没有参加关东联军或者没有公开表态的其他地方势力，他都想方设法予以拉拢。

董卓为拉拢刘虞，先给大司马，又给太傅，都属于史无前例的大帽子，目的就是想牢牢拉住刘虞，不让他跟袁绍那些人搅和到一起。

幽州刺史部的事董卓也很清楚，所以他一边不断抬高刘虞，另一边也拉着公孙瓒，在任命刘虞为大司马的同时，升任公孙瓒为奋武将军，封蓟侯。

奋武将军看来是个很受欢迎的头衔，袁绍先给了曹操，后给了韩馥，但如果追根溯源，只有公孙瓒的才是正宗。

公孙瓒虽然还远没有刘虞地位高，但也算是朝廷直接管的官员了。朝廷虽然姓刘，说了算的却姓董，在公孙瓒看来，董卓掌权后自己的地位在上升，对手刘虞的地位实际上下降了，他现在可以公开抗衡刘虞。

公孙瓒迅速扩充人马，打着讨伐黄巾军的名义四处行动，不再局限于右北平郡。在与青州刺史部黄巾军余部的东光之战中，公孙瓒一次就投入兵力两万人以上，可见实力增长得很快。

对于幽州刺史部的这种情况，不少人都看得很明白。田畴当初奉命出使长安，临行前曾和刘虞有过一次秘密谈话，田畴说："现在天子幼弱，奸臣擅命，而幽州又有公孙瓒为心腹之患，如果不早点收拾他，以后肯定会后悔。"

对田畴的建议，刘虞没有接受。

刘虞把精力还是用在了地方的治理上，过去因为幽州地处偏远，财政入不敷出，朝廷每年都要从青州、冀州的赋税里拨出两亿钱补贴给幽州。天下大乱后这一部分补贴就没了，只能靠幽州自己解决。

刘虞推行宽大政策，鼓励农业生产，开放和北方少数部族的贸易，开发渔阳一带丰富的盐铁资源，使幽州的经济得到快速发展，粮食也不断取得丰收，谷物 1 石只需要 30 钱，对比一下凉州军撤出洛阳前每石粮食数万钱的价格，简直有天地之别。

所以，青州、徐州不少百姓为躲避兵乱都跑到幽州来避难，仅这部分人口就多达百万，刘虞都加以收留，给他们安排生计。

刘虞虽然位至上公，但生活节俭，平时只穿破衣草鞋，每顿饭不超过两个肉菜（敝衣绳履，食无兼肉），身边的人看了都很感动。

有德行、有能力、有业绩，处世低调，严格要求自己，群众基础极好，刘虞确实是治世能臣的楷模。

可惜，刘虞生错了时代。

现在是乱世，天下并非有德者居之，而是强者为王，在耍手段方面刘虞就不是公孙瓒的对手了。

这时，发生了刘和事件，公孙瓒和刘虞之间的矛盾彻底爆发。

刘和是刘虞的儿子，在朝廷任职，当时地方大员都有儿子在朝廷，说是任职，其实是做人质。

献帝到了长安，他虽然年幼，又被董卓控制，但他是个很有想法的少年天子，一心想重返旧都。刘和是汉室宗亲，献帝对他十分倚重，经常跟他谈一些心事，后来派他潜出长安，从武关道出了关中，回幽州刺史部找刘虞带兵来救驾（令将兵来迎）。

献帝的想法倒也不错，但刘和出逃的路线似乎有问题，长安去幽州刺史部应该往东北方向走，捷径是走河东郡，或者由长安往东出函谷关，进入中原以后北上，而武关道是往长安的东南方向走了，大致走的是现在陕南的安康、商洛，再走鄂西北。

刘和还算不错，一个人冒险出逃，顺利地出了武关道。

但武关道一出来是南阳郡，是袁术的地盘，袁术发现了刘和。

刘和虽然告诉袁术自己肩负的使命（为说天子意），袁术还是把他扣了起来。

袁术这个人，只要有利可图都不想错过。作为关东联军中的一员，袁术理应支持刘和搬兵救驾，扣留刘和的动机实在不清楚，有一种说法是，袁术想通过扣留刘和把刘虞引为自己的外援（术利虞为援）。

所以，袁术答应刘和自己也会出兵西进，让刘和给他父亲写信，让刘虞派兵来，由他亲自指挥去长安讨伐董卓。

袁术当然没有那样的积极性，他让刘和写这封信，其实就是向刘虞要人，人马到了南阳郡就归他了，至于是不是去跟董卓打仗，到时候还不是他说了算。

刘虞接到儿子的信，没有判断出袁术的真实意图，他一心救驾，决定派一支人马南下与袁术会合。

这毕竟是大事，还得跟公孙瓒商量一下，谁知道公孙瓒一听就反对。公孙瓒的理由是袁术此人有异志，跟他合作落不下好。

应该说这个判断是相当准确的，公孙瓒没跟袁术直接打过交道，但从此心推彼心，公孙瓒知道袁术那样的花花公子根本干不出好事来。

可刘虞不接受，仍决定派兵。

这一下公孙瓒反而担心起来，他害怕反对派兵的事被袁术知道，袁术将来恨他（瓒惧术闻而怨之）。为了弥补，公孙瓒也派从弟公孙越率1000骑兵前往南阳郡。

公孙瓒之所以派的都是骑兵，是想抢在刘虞派去的人马之前到达，他让公孙越给袁术捎话，让他继续扣留刘和，并把刘虞派来的数千人马夺去。

这样，从幽州刺史部一时间就有两支人马先后到了南阳郡，本来与幽州事务毫不相干的袁术现在必须做出选择，是支持刘虞还是按公孙瓒密信中所说的行事。

经过分析，袁术在幽州两大势力中更好看公孙瓒，他接受了公孙瓒的建议，吞并了刘虞派来的人马，继续扣留刘和。

可是，刘和却伺机逃出了袁术的控制。

刘和想回幽州，路过冀州刺史部时又被袁绍扣下。

刘和把情况一说，袁绍当然放不过这个挑拨公孙瓒和刘虞关系的好机会，马上如实转述给了刘虞。

真相大白，刘虞深恨公孙瓒，二人矛盾不可调和。

事情还没完，公孙越虽然到南阳郡是来做客的，袁术却也给他派了不少活儿，让他率所部去打仗。

公孙越的运气不怎么好，在一次战斗中被流矢射中而死。

袁术有点儿头疼了，不知道如何给公孙瓒交代，想来想去，决定把这笔账算在他的老哥袁绍身上。

袁术写信告诉公孙瓒，说公孙越是袁绍杀害的。

这种事你得有证据，不能只听一面之词，但公孙瓒早就对袁绍产生了不满，新账勾起了旧账，愤怒之下不分青红皂白，当即咆哮道："我老弟的死，全因为他袁绍（余弟死，祸起于绍）！"

不怕神一样的对手，就怕狐狸一样的队友，经过袁术一搅和，整个北方的形势乱了套。

公孙瓒、刘虞、袁绍之间形成了互为对手的关系。

三十九、一个野心家

幽州牧刘虞有儿子在长安做人质,益州牧刘焉也不例外。

刘焉有4个儿子,其中3个儿子在长安,分别是刘范、刘诞和刘璋,只有最小的儿子刘瑁在自己身边。

当然,朝廷不可能把他们关起来派人整天看着,也都给他们任命了职务,刘范是禁卫军的左中郎将,刘诞是天子的治书御史,刘璋是皇家奉车都尉。

刘焉璋和刘虞虽然都是刘氏宗亲,但他们的志向完全不同,刘虞一心报效朝廷,刘焉整天想的是如何壮大自己的势力,在乱世中拥兵自立。

朝廷当初派刘焉去益州,对他抱有很大的期望,当时灵帝还在,刘焉出发前灵帝专门召见他,跟他有过一次谈话。

灵帝告诉刘焉,益州之前的刺史刘俊、郤俭都贪婪成性,待人残忍刻薄,胡作非为,弄得声名狼藉,益州百姓怨声载道。灵帝让刘焉一到益州就把他们抓起来依法处置,昭示百姓。

灵帝还专门提醒他,此事一定要做得保密,不要让消息走漏了,以免横生枝节,给国家造成不必要的损失(**勿令漏露,使痛痣决溃,为国生梗**)。

刘焉领命出发,他打算从荆州沿长江西上去益州,结果到了荆州得知益州发生了农民暴动,声势很大,刺史郤俭等州政府官员生死不明,吓得刘焉不敢再去,停在荆州观望。

益州的这次农民起义首领是马相和赵祗,他们在绵竹起事,也自称黄巾军,起事以后一呼百应,一两天里就聚集了数千人,杀了绵竹县令李升。

当时益州刺史部的治所还不在成都,而是在雒县,即今四川省广汉市,马相指挥人马攻打雒县。

益州刺史郤俭一向贪赃枉法,捞钱挺有本事,应对农民起义却毫无办法,结果被马相等人杀了,农民起义的声势大增,只用了1个月时间就接连攻占了益州郡、蜀郡、犍为郡等3个郡,人数发展到数万人。

马相干脆自称天子,与朝廷公开对立。

刘焉得知这些消息后悔得要命,他原来是想去交州刺史部当州牧的,董扶劝他益州有王者之气,他才改了主意来益州刺史部,没想到是这种局面。

正当刘焉干着急的时候,又有消息传来,益州的农民起义基本平定了。

州政府从事贾龙率领数百名家兵坚守犍为郡的东部,在那里集合力量反攻马相,居然把马相打败了。

从事是州一级政府里经常提到的属官,但它是一个泛称,具体说来有别驾从事、治中从事、部郡国从事、文学从事、武猛从事等。别驾从事简称加别驾,相当于副州长;治中从事职责类似于郡政府里的功曹,以人事和政府日常工作为主,相当于人事厅厅长;部郡国从事主要管理各郡,州里有几个郡就设几个部郡国从事,一人牵头管理一个郡;文学从事不是作协主席,而是管理文化和教育事业,类似于文化教育厅厅长;武猛从事大概相当

152

于武装部部长。

贾龙更具体的职务是什么不详，不过他应该是益州本地的大族，关键时刻有很强的号召力，从而力挽狂澜。

贾龙派人到荆州迎请刘焉，刘焉这才来到益州就任。

雒县已经残破，刘焉把治所迁往绵竹，任命贾龙为校尉，招抚离叛民众，实现宽厚的政策，安定社会，恢复经济。

刘焉很快发现，相对于农民，益州本地的大族更具有威胁。

贾龙能迅速平定叛乱，依靠的正是本地大族的支持，这些人可以帮你成事，必要时也能坏你的事，要想在益州站稳脚，必须解决这些大族。

刘焉的办法是搞权力平衡，他来益州时还带着几个人，除了董扶，还有时任国家仓库管理主任（太仓令）的赵韪，他们都是益州人，都自愿辞去官职随刘焉来益州。

除了他们，刘焉在荆州滞留期间也有一部分非益州的人士跟随他，这些人也来到了益州。益州虽然经历了一次大规模的农民起义，但毕竟是天府之国，经济基础雄厚，又远离中原战乱，有大量外州的人逃到这里来避难，他们中间也有不少人才，刘焉在他们中间抽调青壮年，组建了一支军队，名叫东州兵。

刘焉重用这些非益州的人士和东州兵，对本土势力既利用又打压，对于那些公然违背自己意志的本土势力，毫不留情地予以铲除。

刘焉先后杀了王咸、李权等10多个益州大族，以此树立起个人威望。

关东联军起兵讨伐董卓，刘焉不参与，闭关自守，但他也不再向朝廷按时进贡，董卓向他征调人员和财物，他也置之不理（董卓所征发，皆不至），董卓很恼火。

不久，贾龙联合犍为郡太守任岐反叛，合兵攻打刘焉，有的史书说这次叛乱背后有董卓的黑手，董卓派祖籍益州刺史部蜀郡的司徒赵谦前往益州，游说贾龙，让他造刘焉的反（使司徒赵谦将兵向州，说校尉贾龙）。

但是，这时的刘焉已经有了足够的实力，依靠东州兵他很快打败了任岐和贾龙，把他们杀了。

这次叛乱后，本土派势力被进一步打压，益州刺史部各郡中，只有最北边的汉中郡太守苏固不太听他招呼，刘焉决定用武力解决汉中郡。

刘焉派去解决汉中郡的人名叫张鲁，是一个很特殊的人。

张鲁字公祺，祖籍豫州刺史部沛国，跟曹操算是老乡，据传他是汉初留侯张良的十世孙，他的爷爷是天师道教祖张陵。

天师道又称五斗米教，性质跟太平道差不多，产生时间可能比太平道还要早。

张陵上过太学，他生性好学，博采五经，尤其热衷于黄老之道，他后来在太学当教授（博士），为了研修道术，又辞去了公职专心修道，最后创建了天师道，成为天师道的第一代天师。

天师道规定，凡奉其道者须出五斗米，所以该道在民间称为五斗米教。张陵传道的重点地区是益州，建有24个分中心，与太平道的三十六方类似，称为二十四治。

张陵的儿子叫张衡，与本朝那位著名的天文学家同名同姓，他是天师道的第二代天师，继续传承教义，不过死得比较早。

张衡的妻子长得很漂亮，也精通道术，丈夫死后，她经常出入于刘焉的府第（兼挟鬼道，往来焉家）。

这是一种比较隐晦的说法，暗指刘焉和张衡的妻子关系暧昧。

因为这层关系，加上觉得天师道可以借来为己所用，刘焉对张衡的儿子张鲁比较重视，任命他为督义司马，让他和别部司马张修二人带兵进攻汉中郡。

张鲁和张修率兵北上，打败了苏固，把他杀了，占据了汉中郡。

汉中与长安之间隔了一道秦岭，中间有多条栈道相通，刘焉为彻底闭关自守，命张鲁把栈道全烧了，断绝了与北方的联系。

后来，张鲁把张修也杀了，自己独据汉中，表面上仍接受刘焉的领导。

这样，刘焉便坐稳了益州。

看到天下大乱，朝廷无力顾及，刘焉的野心开始膨胀。

刘焉私自造了只有天子才能使用的车具千余辆，但这件事不知怎么回事让荆州牧刘表知道了，刘表密报了朝廷。

献帝接到密报，派刘焉的儿子刘璋回益州劝说父亲放弃僭越之举。刘璋回来后，刘焉索性把他留下，不让他再回去了。

还有一个说法是，刘璋回益州不是献帝的命令，而是刘焉策划安排的。刘焉假装生病，让刘璋请假回来探视，目的就是把刘璋留在自己身边。

刘璋的身边还有一个儿子刘瑁，但是这个刘瑁有狂疾，也就是精神病，这一直是压在刘焉心里的一件大事，今后自己如果真的称王称帝，没有一个智力健全的儿子接班，终究是问题。

刘焉的另外两个儿子还在长安，后来他们卷进了马腾、韩遂发动的一场叛乱，都被杀了。

刘范和刘诞自己的儿子也就是刘焉的孙子在长安眼看有危险，议郎庞羲跟刘焉有通家之好，他冒险把刘焉的孙子们带出了长安，并辗转送到了益州。

庞羲因此受到了刘焉的重用，成为益州举足轻重的人物。

对刘焉来说，打击还没有完，雒县突然发生了莫名其妙的火灾（天火），把他辛辛苦苦置办的车具全部烧光了，还烧毁了不少民宅。

刘焉心感不祥，雒县已残破，于是把治所迁到了成都。

四十、三次失败的密谋

再把视线转向长安。

关中历来是兵家要地，东有潼关、函谷关，又有黄河天险，南面是秦岭，西面和北面都是边塞。皇甫嵩臣服后，董卓不仅解除了一个心腹大患，而且将皇甫嵩所率三四万中央军纳入自己麾下。

曾经不断闹事的白波军也知趣地远走他处，关中这个四塞之地，背后又是自己的老巢凉州，董卓觉得迁都这件事再正确不过了。

董卓憧憬着自己幸福的晚年生活，可是有一些人不想看到恶贯满盈的董卓也有一个幸福的晚年，他们无时无刻不想把这个祸国殃民的匹夫除掉。

他们就是从洛阳被裹胁至此的士人。

在这些士人中，反董意志最坚决的是当初何进引进的那批人，他们和袁绍等人都有着割舍不断的联系，在伍琼、周毖被杀后他们继续忍辱负重，一方面迎合着董卓，另一方面继续在董卓身边当卧底。

他们认为现在的乱局都是董卓一个人造成的，如果把他杀了，然后夺取兵权，就可以趁着凉州军群龙无首，占据函谷关，以献帝的名义统领全国（挟王朝以号令天下）。

所以，他们开始了谋划除掉董卓的行动。

初平三年（192）春天，一连下了60多天的雨（连雨六十余日）。

在春季的关中地区，这比较反常。这一天，王允主持一个祈祷雨停的仪式（请霁），完事之后跟几个同僚在一起走，之中有朝廷尚书仆射士孙瑞、西部边防司令（护羌校尉）杨瓒。

杨瓒的情况不详，想必和王允等人也志同道合。士孙瑞字君荣，是关中本地的右扶风郡人，盖勋担任京兆尹期间的下属，很有能力。朝廷迁来长安后，士孙瑞担任过长安城防司令（执金吾），后在王允的推荐下仟现职。

他们这几个人之前秘密讨论过铲除董卓的事，看到现在天气这么异常，士孙瑞说：

"自从去年底到现在，太阳不照，霖雨不停，星宿运行紊乱，昼阴夜阳，雾气交侵，这种混乱的日子应该有个尽头，如果不把握天机，先发制人，恐怕以后后患无穷啊（几不可后）！"

士孙瑞劝王允早下决心，王允答应了。

为此，王允去找郑泰商量。

郑泰是个老官僚，最善于忽悠，尤其在忽悠董卓方面比较有经验。他出了个主意，由王允出面向董卓建议，任命杨瓒为左将军，士孙瑞为南阳郡太守，让他们二人领兵由武关道出兵攻击袁术。

郑泰的这个主意和他前面给董卓出的主意一样，还是尽可能抓兵权。一旦手里有了兵权，就有了突然向董卓发难的条件，武关道是关中通往南阳郡的捷径，控制了这条战略要道，进退都行。

郑泰的这个建议说是征袁术，关键时刻把袁术从武关道放进来才是真。

然而，这条建议被董卓否决了。

并非董卓识破了郑泰等人的密谋，而是他现在脑子里只有闭关自守，战略方针只防守，能守住就行，对主动出击没有兴趣。

董卓这个人看来相当狡猾，行动一筹莫展，大家焦急万分。

有个人等不及了，干脆直接对董卓展开了刺杀行动。

这个人名叫伍孚，豫州刺史部汝南郡人，跟袁绍是老乡。董卓不久前杀害的伍琼也是汝南郡人，有人怀疑他们是一个人，但只是推测，没有证据。

这个伍孚担任过何进大将军府里的东曹属，和袁绍、袁术、曹操这些人应该都挺熟。董卓掌权后他也潜伏了下来，一直不动声色地寻找机会。

由于伪装工作做得好，董卓没有识破他的身份，职务反而不断升迁，先后担任了侍中、河南尹等重要职务，目前的职务是北军五营之一的越骑校尉。

北军曾是中央军的主力，驻扎在京师附近，但此时的北军基本上是个摆设，所有的军权都在董卓手里掌握着，长安城内外防守归凉州军，伍孚要刺杀董卓，只能凭一己之力。

这天，伍孚在朝服内暗穿小铠，又身藏一柄短刀，借故向董卓汇报事情。

董卓对伍孚十分客气，说完事还把他送到院中，边走边说，还亲热地拍了拍伍孚的后背（起送至合，以手抚其背）。

看来董卓治军有一套，情报工作做得却很差，你既然杀了伍琼，就应该查查他的底细，眼前这个跟伍琼同姓同郡又有着相同经历的人，十之八九有问题，你还敢跟他勾肩搭背？

离得这么近，正是下手的好机会，伍孚见四下无人，拔刀便刺！

虽然是越骑校尉，但毕竟是个文人，这一刀满怀着仇恨而出，力气却明显不够。

董卓是个武人，人高马大反应敏捷，力气还大得惊人。伍孚没有刺中，反被董卓一把扭住，闻讯赶来的人把伍孚拿下。

董卓咆哮道："你小子要造反吗（虏欲反耶）？"

伍孚虽然被擒，仍很英勇，他大声喊道："你非我君，我非你臣，何反之有？"

伍孚只求速死，为此他继续激怒董卓："你乱国篡主，罪盈恶大，今天是你死之日，所以来诛奸贼，恨不车裂你于市朝以谢天下！"

董卓怒不可遏，当场杀了伍孚。

事后董卓应该感到后悔。

董卓应该把伍孚抓起来好好审审，看看他还有哪些同伙。一般来说，像这样的刺杀行动绝不会孤军作战，伍孚的后面还有人。

果然，伍孚倒下后，更多的"伍孚"站了出来，领头的人是何颙。

何颙不仅曾是袁绍的头号智囊，"奔走之友"的骨干分子，当时还是一个名人。作为最著名党人之一，何颙在党锢之祸中被迫害，辗转在民间活动，党锢之祸解除后，何颙被征辟到司空府任职，当时三公府经常在一起开联席会议，只要有何颙在场，大家便推举他当主持人（每三府会议，莫不推颙之长）。

正是由于何颙的名气，董卓也想让他为自己所用，让他当自己相国府的秘书长（长史），何颙以有病相推辞。

跟周毖、伍琼不同，何颙的斗争方式在地下，他秘密联络了很多反董的人，准备寻找时机对董卓下手。

他联络的人里有荀爽、王允，还有郑泰、种辑、荀攸、华歆等人。

荀爽担任司空，是何颙的老上级。王允、郑泰不用说，一直想下手但苦于没机会。荀攸是荀爽的侄孙，和华歆一样都是当初何进引进的士人，荀攸的职务是黄门侍郎，华歆的职务是尚书郎，都属于秘书一类的中层干部。种辑的地位比荀攸和华歆高一些，担任侍中。

他们这些人在一起密谋的时候，荀攸曾说过：

"董卓无道，天下人都怨恨他，虽然他聚集了不少精兵，但实际上不过是一个勇夫而已。我们应该刺杀他以谢百姓，然后借皇帝的诏令来号令天下，事情如果成功，这将是像齐桓公、晋文公那样的霸王之举（*此桓文之举也*）！"

眼看这一回要大干一场，但就在这时，荀爽去世了。接下来又不知道什么原因，他们的密谋也暴露了。

对于如何暴露的这个重要情节史书均无交代，一般来说，如果没有人告密，董卓不可能知道得那么及时和准确，但是谁告的密呢？无法猜测。

董卓随即展开了大搜捕，郑泰、华歆动作快，连夜逃出了长安，辗转由武关道投奔南阳郡的袁术去了。

郑泰、华歆到袁术那里后，袁术想利用郑泰的名气为自己服务，他表奏郑泰为扬州刺史，这时候扬州刺史部并不在袁术的控制范围内，袁术正考虑向那里发展，表奏郑泰一个空头衔，目的是让郑泰给他打个前站。

郑泰前往扬州刺史部，在半路上去世，时年41岁。

华歆被袁术留了下来，袁术想让他给自己当谋士，华歆劝袁术发兵长安去救驾，袁术当然不采纳。

荀攸、何颙没那么幸运，他们被董卓抓了起来。

董卓这一回学聪明了，没有马上杀了他们，而是展开了审讯。

何颙不招，董卓给他用上了刑，何颙不堪酷刑，在狱中自杀。

荀攸大概也被用了刑，但他比较经打，没招供也没自杀，在狱中活得倒泰然自若，该吃就吃，该喝就喝。荀攸一直坐牢到董卓被杀后，他出狱时还看到了胜利的那一刻。

而王允和种辑却侥幸没有暴露，继续潜伏了下去。

四十一、世间其实无貂蝉

士人们的密谋一次又一次失败了。

恶人难除，自己的同志反而死的死、逃的逃、抓的抓，侥幸漏网的王允、种辑感到非常着急。

王允协助董卓处理迁都事宜，为了尽可能保存汉室，临离开洛阳时让人把朝廷档案室——兰台和皇家图书馆——石室中的重要档案和图书典籍整理好带到长安，这些重要文献得以保存，王允功不可没。

王允虽然获得了董卓的信任，但他这时已经55岁了，作为政治家是一个成熟的年龄，但是搞暗杀却总有些力不从心。

但从此收手的话又很不甘心，这样做既对不起伍孚、何颙这些烈士，也辜负了汉室重臣的责任。每当看到恶人董卓继续逍遥地活着，继续危害国家社稷，王允的心里都充满了仇恨，心绪难平。

要接着干就得有人，王允看了看身边能帮上忙的，除种辑以及在尚书台供职的士孙瑞外，也就是杨彪、黄琬这几个人了，但他们年龄也普遍偏大，黄琬、杨彪比自己小几岁，但也超过了50岁，搞暗杀也都没有经验。

其实士人队伍里还有一个人，此时也深得董卓的信任，可以经常出入太师府面见董卓，这个人就是蔡邕。

但是王允对蔡邕没什么好感，蔡邕虽然是名满天下的大学者，是士林中的一员，但自从来到董卓身边立即跟变了个人似的，极尽讨好、奉承之能事，王允甚至认为，董卓之所以当太师，就是蔡邕带头倡议的。

王允跟蔡邕其实是老熟人了，二人的关系可以追溯到已故司徒胡广府共事的时候。王允曾是胡广的首席幕僚，蔡邕是胡广的得意弟子，二人一起共事，互相知根知底，但关系却很一般，这与他们的性格有关。王允好激动，蔡邕好沉静；王允路见不平一声吼，蔡邕唯唯诺诺明哲保身。

总之，王允有些看不惯蔡邕。现在王允和蔡邕都深受董卓的信任，但在王允看来这有本质的区别，自己是卧薪尝胆，等待时机消灭董卓，而蔡邕是确确实实的士林叛徒。

图谋董卓的事不仅不能跟蔡邕商量，还要提防他才行。

王允苦思冥想，不得要领。

这时一个人进入王允的视线，这个人是他的同乡李肃。

李肃跟王允一样都是并州人，现在像他们一样在长安的并州人还有不少，当年丁原手下人多势众，在吕布的带领下都归顺了董卓，并且一同来到了长安。

但是来了以后却感到很失落，与凉州军相比，并州军得不到重视，以李肃为例，不仅在并州军倒戈事件中立有大功，而且协助凉州军与关东联军作战，在抗拒孙坚的战斗中再立战功。但是，他的职务升得很慢，勉强当了个骑都尉，不仅与董家的弟兄子侄不能比，与凉州军的牛辅、李傕、郭汜、樊稠、张济等人也差得远。

李肃如此，并州军的领头人吕布也好不到哪里去，他为董卓立下的功劳更大，职务也仅比李肃高一点儿，是个中郎将，并州军其他人的情况更可想而知。

因为同乡的关系，李肃和王允有了一定交往，言谈间常流露出来不满和牢骚，这让王允重新看到了希望，觉得可以争取李肃，继而争取到吕布和并州军。

王允于是不动声色加紧了与李肃的往来，并通过李肃联络上了吕布。大家既然都是并州老乡，搞个同乡会什么的，一块吃吃饭、郊游郊游，总还不至过引起太多的注意。

一来二去，他们越说越投机，越说越能说到一块。

他们在一起谈话的中心议题是董卓太不够意思，太对不起并州军的弟兄们，大家舍生忘死、背井离乡跟随董卓到长安来，头上顶着忘恩负义、卖主求荣的骂名，为董卓的事业出生入死、玩命打拼，到头来得到的却是如此不公。

说心里话王允对吕布的为人倒也未必能看得上，仅是卖主求荣这一条王允就能鄙视他一辈子。但现在为了反董大业，王允也跟吕布套上了近乎，说到对董卓的不满时，王允随声附和，添油加醋，有时还会编一些不利于董卓和吕布团结的小道消息，让吕布越想越恨，越想越觉得跟董卓这一步棋错了。

这时又发生了两件事，坚定了吕布反董的决心。

第一件事情是，董卓曾经为小事和吕布翻脸，并差点儿把吕布杀了。

董卓这个人性格急躁，冲动起来做事不计后果，有一次因为一件小事对吕布不满意，拔出手戟就朝吕布扔了过去（尝小失意，拔手戟掷布）。

手戟是一种防身的短兵器，类似匕首，可以随身的携带，或刺杀或投掷，都可以立即要人命。

幸好吕布号称飞将，身手也不是一般人能比的，躲过了。

事后吕布主动承认错误，董卓的气也消了些。

对董卓来说这事可能就过去了，而对于吕布，心有余悸之下增添了新的许多不满（由是阴怨卓）。

第二件事情是，吕布勾引了董卓身边的侍女，心里很不安。

董卓让吕布负责自己的安全保卫工作，这样吕布就可以经常出入董卓的内室（中阁）。从这个安排看，董卓其实还是信任吕布的，这与吕布自己的内心感受有差别。

董卓已经明确吕布是自己的养子，他从来没有否认过这件事，只有最信任的人才能放在最关键的岗位上，这就是疑人不用，董卓做到了。

问题是，董卓的领导艺术过于粗放，如果信任吕布，就应该让吕布感到安心，既要疑人不用，更得用人不疑，对手下的人既要严厉，又要关心和爱护，随时掌握他们的心理变化。

董卓哪懂得这些？

董卓一方面重用吕布，另一方面表现得很严厉，说打就打，说骂就骂。

吕布利用工作方便，一来二去跟董卓的一个侍婢好上了，吕布很担心这件事最终会被董卓发现，所以很紧张（布与卓侍婢私通，恐事发觉，心不自安）。

这两件事中间并没有联系，史书对这两件事的记载也只有这些，没有更多细节。

但是，自唐宋以来大量诗文、平话、小说、戏曲对此进行了描写和演义，指出前一件事情的发生地点在凤仪亭，后一件事情中和吕布私通的奴婢名叫貂蝉，而且两件事其实是一件事，因为吕布和貂蝉私通，所以董卓要拿手戟掷他。

那么，就说说貂蝉这个人。

如果不分历史人物还是虚构人物，论起汉末三国最知名的女性可以列出不少来，比如曹操的卞夫人、司马懿的夫人张春华、著名的美女大桥和小桥，还有才女蔡文姬等，但她们在后世的名气如果跟貂蝉比起来，那还是相差不少。

按照一般的说法，吕布最终下决心反董貂蝉功不可没，而貂蝉的出现是王允一系列"连环计"所设计的，先把她献给董卓，再让吕布动心，最后让董吕反目。

貂蝉能做到这些，是因为她有十分出众的容貌，一曲"红牙催拍燕飞忙，一片行云到画堂。眉黛蹙成游子恨，脸容初断故人肠"，让她跻身于中国古代四大美女的行列。

但是，与西施、王昭君、杨玉环其他3位美女不同，貂蝉的事迹在正史没有留下任何记载，认为董卓的那个奴婢就是貂蝉，更多的是猜测。

有人认为貂蝉不是奴婢，而是董卓的小妾，并且有依据，在今甘肃省临洮县梁家村有貂蝉墓，貂蝉作为董卓的小妾，死后葬在董卓的老家，是合情合理的。

但这一说法有致命的错误，先不说这座墓建于何时、有没有后人的伪托，就说这个地方都不对。董卓的家乡确实是临洮，但汉末的临洮是今甘肃省岷县，而不是现在的临洮县。

还有人认为貂蝉是吕布的妻子，这也不太好说。

吕布有妻子，还有女儿，这在正史里都有记载，但他的妻子叫什么名字，史书却没有说。

推测一下，吕布从家乡五原郡出来的时候已经20多岁了，按照当时的风俗他应该已经成家了，吕布手下有魏越、魏续兄弟俩，吕布对他们格外信任，史书说吕布与他们有特殊的亲戚关系（有外内之亲），暗示吕布的妻子或许姓魏。

当然，吕布也可以娶小妾，但还是那个问题，证据呢？

而古人的姓氏中，似乎只有姓"刁"而没有姓"貂"的。貂和蝉都是动物，在汉代，皇帝的侍从官员们帽上经常装饰这两种东西，所以"貂蝉"合称时，借指达官贵人，不太像一个人名。

这多少会让喜欢貂蝉的人失望，但史实是不能虚构的。

迄今为止，唯一和貂蝉最接近的史料来自一本叫《汉书通志》的史书，这部书是给《汉书》作注疏的，作者是谁、成书何时均不详，该书已散佚，只有在其他典籍的引用中才能看到。

根据这部书的记载，曹操在尚未成事时想诱惑董卓，让他丧失斗志，给他献上了刁蝉（曹操未得志，先诱董卓，进刁蝉以惑其君）。

根据这个记载，给董卓献美女的事情是有的，但不是王允所献，而是曹操。美女的名字也不叫貂蝉，而是刁蝉。

这个记载，应该说可能性是很大的，不仅因为"刁"是个姓氏，刁蝉更像个人名，从当时的具体情形来推测，也有一定的合理性。

董卓到洛阳后让曹操改任骑都尉，曹操在董卓手下干过事，有过接触。在政治上曹操是反董卓的，史书记载过他以前曾秘密行刺大宦官张让，说明他是个激进青年，投董卓所好，给董卓献上美女来迷惑他，并以此接近董卓，这种事曹操完全干得出来。

这件事其他史书均没有提及，所以可信度也成问题，但相对于那个貂蝉，这个刁蝉毕竟还有一条像样的历史记载。

不过，不管有没有貂蝉这个人，都不影响王允的计划。

在王允的努力下，吕布、李肃被成功策反，吕布开始还有些犹豫，对王允说："我也想杀董卓，怎奈我们还有父子这层关系（奈如父子何）！"

王允觉得他的话可笑，劝他说："你姓吕，不是董卓的骨肉。现在大家都愁着怎么让他死，还说什么父子呢（今忧死不暇，何谓父子）？"

吕布最终答应参与王允的刺杀行动，除掉董卓。

当时，为防备关外武装，董卓把凉州军的主力都布防在了陕县、潼关一线，长安的势力相对薄弱，这为王允、吕布下手提供了机会。

四十二、唱上一曲《董逃歌》

就在刺杀行动秘密进行之际，长安城里发生了一些诡异的事。

不知道什么时候，社会上突然流行起一首歌谣，名叫《董逃歌》。

歌词是：

承乐世，董逃！游四郭，董逃！

蒙天恩，董逃！带金紫，董逃！

行谢恩，董逃！整车骑，董逃！

垂欲发，董逃！与中辞，董逃！

出西门，董逃！瞻宫殿，董逃！

望京城，董逃！心摧伤，董逃！

这首歌谣的旋律很简单，内容也是重复的，翻来覆去只唱了一个意思：不管你在做什么，只要看见那个姓董的家伙，赶紧逃吧！

这简直是对董太师的公然攻击和污蔑！

董卓手下的爪牙赶紧报告，董卓大怒，下令彻查。

像这种民间集体创作的东西一般很难查出它的作者和来源，董卓不管，只要跟这首歌谣沾边的，比如说唱过或者别人揭发你在朋友聚会时当成段子偷偷传播过的，一律都抓起来审问，而一旦被抓，再想活着出来就很难了，前后有上千人因此丢了命（死者千数）。

董卓下令禁止传唱这首歌谣，但很难彻底禁绝。

有人帮董卓想出了一招，把歌词改了，"董逃"改成"董安"，意思变成：不管你在做什么，只要你看见了董太师，你就平安了！

这不是逗着玩吗？而且欲盖弥彰。

效果可想而知。

这首歌谣的事还没完，另一首歌谣又传唱开了。

这首歌谣的词没有保存下来，只知道其中的两句：

千里草，何青青。

十日卜，不得生。

从字面来看，这两句实在不知何意。

其实这个是拆字游戏，"千里草"合起来是个"董"字，"十日卜"合起来是个"卓"字，歌词的意思是说，董卓将不得好死。

据说这首歌谣流传的时间更早，在献帝刚继位时就在洛阳一带偷偷有人传唱起来了，对董卓不满的人，通过这首歌谣表达愤懑和憎恶。

如果董卓下令追查，肯定也查不出来什么名堂。

除了这些"反动歌谣"，董卓还收到了直接的暗杀警告。

有个道士见到了董卓，在一块布上写了个"吕"字，这分明暗示吕布有问题，要董卓注意防范，但董卓没有看懂（卓不知其为吕布也）。

上面这些诡异的事，有些肯定是有的，比如歌谣，通常这些都是民意的反映，但有些却不一定，虽然写在史书上，也属于传奇一类，比如那个道士。

王允、吕布为刺杀董卓成功做了大量的准备工作，但这些一定是在极其保密的情况下进行的，外人根本无从知晓。

李肃担任骑都尉，手下有一些人，吕布又亲自挑选了几个身手好、不怕死的勇士，有秦谊、陈卫、李黑等人，让他们具体执行刺杀行动。

后来吕布手下有个将领名叫秦宜禄，他的妻子以后做了曹操的夫人，他的儿子是曹魏时期有名人物的秦朗，有人怀疑秦宜禄或许就是参与刺杀董卓的这个秦谊。

经过一系列秘密筹划，刺杀董卓的方案逐渐成熟。

万事俱备，只等机会。

初平三年（192）4月23日，机会来了。

在这之前献帝得了病，已经很久没有举行过朝会。献帝痊愈，按照朝廷制度，天子久病初痊也是一件大事，定于这一天举行朝会庆贺。

王允提前得知，董卓将参加朝会。

太师府戒备森严，王允、吕布肯定商量过，要在那里完成刺杀估计很难，即使勉强得手，要想脱身更是难上加难，如果不能将董卓一击毙命，或者被他的亲信立即反击，即使杀了董卓局面也将无法控制，刺杀行动也等于失败了。

所以，唯一可行的办法就是在别处将其刺杀，之后趁着他的心腹们以及城外的凉州军来不及反应的时候将他们一一击破，只有这样才能保证不仅刺杀成功，而且有夺下长安城的把握。

董卓经历过一连几次刺杀事件，已经学精了，他很少离开太师府。现在，他要出府进宫，那就有办法了。

吕布安排李肃以及秦谊等10多名勇士穿上卫士的衣服守在董卓必经的宫门附近（将亲兵十余人，伪著卫士服守掖门），如果董卓过来，就地诛杀。

为做到万无一失，王允还从献帝那里要来了一份诏书，必要时拿出来控制局面，为做到保密，诏书也由参与了刺杀行动的朝廷尚书仆射士孙瑞亲自书写。

这一天，天是阴的，刮着风。

董卓在大批步骑的保护下向未央宫行进，进了掖门，里面就是李肃和秦谊等事先埋伏的地方，保护董卓的人再多也不能进去，董卓的死期就要到了！

突然，有匹马嘶叫起来，怎么都不肯进宫（马踬不前）。

董卓很迷信，觉得这很异样，想掉头回去（卓心异欲止）。

准备了这么多，你一拍屁股就走了，那哪儿成？

吕布竭力劝董卓还是进去，不知道什么原因，董卓竟然听了（布劝使行，乃衷甲而入）。

说起来董卓还是信任吕布的，道士那么直白的提醒他根本没往吕布身上想，现在吕布冒险规劝他进宫，他也没有多想。

进了掖门，吕布就能看到李肃、秦谊他们，在众人毫无思想准备的情况下，吕布埋伏的刺客李黑率先举戟向坐在车子上的董卓刺来，其他人跟着便上。

李黑他们有的用戟叉住董卓的车，有的用戟叉住马（以长戟挟叉卓车，或叉其马），董卓大吃一惊，高呼："吕布在哪里？"

吕布其实就在他身边，此时手里持矛，举矛便刺，但不是刺向李黑他们的，而是刺向了董卓，董卓被刺中，应声坠落车下。

董卓在临死前还在冲着吕布大骂："狗东西，好大的胆子（庸狗，敢如是邪）？"

离董卓最近的是太师府主簿田仪，见状本能地想扑上来营救，被吕布杀了。

后面还杀了一个人，加上董卓，一共杀了3个人。

在其他人惊愕得不知所措之际，吕布亮出了献帝的诏书，没有人再敢乱动了。

恶贯满盈的董卓就这样被杀了。

史书记载，原本阴沉的天瞬间变得晴朗，原来刮着的大风顿时停歇（日月清净，微风不起）。

就连老天爷都在庆祝这个人间幸事。

没想到一个人的死会给另外那么多的人带来欢乐，董卓已死的消息传出，压抑已久的人们终于扬眉吐气，大家载歌载舞，举行了盛大的狂欢。有人卖掉了珠宝首饰和漂亮衣服，换来酒肉进行庆贺，长安城大小街道上都是欢乐的人们。

看到此情此景，吕布不仅自豪，大概更会感到庆幸，幸亏做出了正确的选择，顺应民心民意，否则他的下场比董卓也好不到哪里去，最终只能给董卓陪葬。

王允随即下令释放监狱里的荀攸等人，把董卓的弟弟董旻、侄子董璜等董氏家族成员全部诛杀，把董卓的尸体拖到长安城里最热闹的集市上示众。

又派人去郿坞，把那里的董氏族人就地处死。

派去的人还没到，守卫郿坞的军士闻讯已经动手，把董家的人全部抓了起来处死，包括董卓已经90多岁的老母亲。董卓搜刮、囤积的大量财物被充公，其中仅黄金就有3万多两，白银八九万斤。

董卓的尸体被拖走前，吕布专门赶了过去把他的首级割下来。

董卓没有头的尸体在集市上被人展览，不知是谁点了把火，尸体燃烧起来。董卓这个人肥头大耳，浑身流油，火烧得挺旺，一直烧了很久火都没灭。

有一群人格外恨董卓，他们就是袁氏的门生故吏，袁氏一家被董卓灭族，他们敢怒不怒言，连去收尸都不敢，他们忍辱负重地活着，原本已不指望还能看到独夫民贼受戮的这一天，没想到老天爷格外开恩，董卓死了。

他们觉得把董卓这厮烧了还不解恨，等火熄灭，专门跑过去收集了残渣灰烬，然后扬撒在路旁。

董卓被杀时，他的女婿牛辅率重兵屯驻在陕县一带，凉州军的其他重要将领李傕、郭汜、张济等分别率部在函谷关附近布防，负责守卫长安的是徐荣、胡轸以及胡文才、杨整修等。

徐荣所部虽然战斗力很强，但作为非凉州出身的将领，长期以来颇受压制和排挤，董卓已死，按理他不大会作拼死反抗。胡文才、杨整修是所谓"凉州大人"，是凉州地方上的豪族，此行是为董卓帮场子的，他们也不会为董卓拼命。

倒是胡轸，天生一个暴脾气，做事容易冲动，如果带头闹事，将不好收拾。

但是，长安民众庆祝董卓被杀所表现出来的狂热大概把胡轸吓傻了，没敢动一兵一卒，也跟徐荣等人一道直接投降。

董卓以最彻底的方式被消灭了，王允顿时感到一阵轻松。

多年来忍辱负重期待的正是这一刻，作为一名忠于汉室的士人，王允在关键时刻挽狂澜于既倒、扶大厦于将倾，他有理由为自己感到骄傲。

感到骄傲的还有吕布，是他一矛刺死了董卓，整个计划也是他制订和付诸实施的，没有他，一切都无从谈起。

四十三、书生治国必误国

献帝随即下诏，让王允以司徒的身份主持朝廷日常工作（录尚书事），同时擢升吕布为奋威将军，仪比三司，晋爵位为温侯。

仪比三司的意思是享受三司的仪礼。三司就是三公，普通的将军品秩与九卿相当，只有车骑将军、骠骑将军与三公相当，吕布之前是中郎将，和将军之间还有偏将、裨将，直接升为奋威将军算是破格了。享受三公的待遇则是更高的荣誉，因为吕布目前只不过30岁出头。

吕布之前的爵位是都亭侯，晋爵为温侯，亭侯变成了县侯。他的食邑温县在河内郡，司马懿就是这个县的人，此时的司马懿只有12岁，还生活在家乡。

不过，吕布还不是军队的最高领导，因为他不具备这样的资历。在王允的推荐下，老将军皇甫嵩重新出山，被拜为车骑将军，统领军事。目前凉州军主力仍在牛辅、李傕、郭汜、张济等人手中，必须由这样一位有相当威望的老将来掌握大局。

现在有两件事比较急，一是如何处置在长安的凉州军旧部，二是应对在陕县、函谷关等地集结的凉州军主力。吕布向王允建议，胡轸等人虽然投降，但不能掉以轻心，他分析说："凉州军中的一些人整个家族和全部产业都在凉州，你让他死心塌地跟我们走那是不可能的，他们暂时归顺，一旦有机会势必反叛，这些人始终是朝廷的大患，我认为应该把这些人关起来。"

王允不同意吕布的看法，他认为："那些有可能反叛的人，也仅是有可能而已，说他们反叛，现在没有证据，如何服众？"

吕布知道王允的文人气上来了，看来这一条很难说服他，只有出了事他才会明白。跟董卓这样的武人打交道让人心寒，跟王允这样的书呆子打交道更让人郁闷。

吕布又建议，从董卓府里和郿坞那边搜出来大量金银财宝和粮食，现在朝野都很关心这批东西，西迁以来朝臣们和将士生活都很贫苦，现在不如拿出一部分，以天子的名义赏赐给大家，以提振士气。

王允听完立即摇头："那怎么可以？这些都是董卓贪污盘剥而来，是朝廷的财产，理应归国库所有，将来朝廷东归，这些都要分毫不少地运回洛阳，将来关东的那些朋友问起来，我们也要能说得清，怎能随意处置？"

王允看起来是个很守规矩、很有原则的人，只是在当前情况下，他的这些想法太教条了，思路有些奇怪。

但无论吕布怎么说，王允那边都说不通。

人一旦掌握绝对的大权，本性中不为人知的某一部分也会暴露无遗，让人看到光鲜的表面下不够阳光甚至丑陋的一面。

王允不是小人，算是个君子，但更是个书生。

历史经验反复证明，书生不能治国，一旦治国，必将误国、误人、误己。

执掌大权后王允身上也发生了很多变化，作为诛杀董卓的第一功臣，王允获得朝廷的嘉奖和民众的称赞，所以不自觉地流露出一些小骄傲（每乏温润之色），他曾对人说："连董卓这样不可一世的大奸贼都死于我的手下，我还有什么可惧怕的呢？"

过去群臣集会，王允都能跟大家推心置腹，共同讨论，态度谦虚而随和，现在成了执政大臣，出现在大家面前时变得正襟危坐起来，一脸严肃，架子这么一端，跟大家的距离就拉开了，大家慢慢地不再像以前那样推崇和拥护他了（是以群下不甚附之）。

当时百废待兴，有很多事要处理，王允却放下不管，非要着急地先干一件事。

王允一定要治蔡邕的罪。

事情的起因是，蔡邕听到董卓被杀的消息时，情不自禁地当众叹息了一声（殊不意言之而叹），正是这一声叹息，最终要了蔡邕的命。

当时王允正好也在场，当即呵斥蔡邕说："董卓是国之大贼，几乎使汉室倾覆。你身为汉臣，理应同仇敌忾，怎么能因为个人受到董卓的际遇而忘记了大节！今天诛杀有罪的人，你反而感到难受，是不是跟他们是一伙的（今诛有罪，而反相伤痛，岂不共为逆哉）？"

王允越说越生气，当即命令把蔡邕抓起来押在廷尉处审理。

蔡邕落在了王允手中，他对此人最为了解，知道这一回难以保全，但他还想挣扎，于是在狱中写信向王允表示认罪，提出愿意像司马迁一样承受黥首刖足之刑以求活命，让自己能够完成正在写作的当朝国史《东观汉记》，但王允坚决不答应。

汉明帝刘庄曾命班固等人撰写《世祖本纪》，班固等人写成后又撰写了记述本朝功臣事迹的列传、载记28篇奏上。以后各朝不断续增，称《汉纪》，著书处先在兰台，后改在南宫的东观，又称《东观汉记》。

这部史书与现在流行的二十四史最大的不同在于，这是当代人写的当代史，所以不是一次成书，而是不断续修而成，参与编写的都是当朝最权威的学者。灵帝在位时，马日磾、蔡邕、杨彪、卢植、韩说等人都参与过编撰，其中蔡邕撰写得最多。

马日磾这时担任太尉，听说王允要杀蔡邕后，赶紧跑来营救，他对王允说："蔡伯喈是旷世逸才，对本朝的事情很了解，如果续成后史，肯定将是一代大典。而且他以忠孝著称，现在要治他的罪理由也不充分（所坐无名），如果非要杀他，恐怕会失去人望！"

马日磾是经学大师马融的族孙，除了和蔡邕一起续写《东观汉记》，他们还一起合校过熹平石经，所以深知蔡邕的学术地位和价值，但王允不给他这个面子："当初武帝不杀司马迁，让他写出来了《史记》那样的谤书，流于后世。现在国祚中衰，神器不固，不能让佞臣执笔在幼主的左右，既对圣德无益，又使我们这些人受到他的无端批评（使吾党蒙其讪议）。"

马日磾碰了一鼻子灰，对王允很失望，下来对人说："王公这个人，大概也活不多长了吧（王公其不长世乎）？有道德的人，是国家的纲纪；著术，是国家的典籍。废弃了纲纪与典籍，难道还能长久吗？"

这样，当代最知名的大学者之一、与宦官集团坚持不懈斗争的蔡邕就这样死在了长安，死时61岁。

以宦官的无情尚且留了蔡邕一命，以董卓的跋扈尚且对蔡邕礼遇有加，擅杀这样有影响力的人难免招致非议，所以有的记载说，王允下令杀蔡邕，但马上就后悔了（允悔欲止），但没有来得及制止。

这其实是不可能的，王允杀蔡邕并非一时起意，而是早有打算，他杀蔡邕的意志十分坚决。

有人认为蔡邕受到董卓的厚遇，王允早就看不惯，或者也有一些嫉妒，这是王允执意杀害蔡邕的原因。

但是董卓也厚待了王允，而且重用的程度超过蔡邕。

其实王允坚决要杀蔡邕另有原因，而蔡邕自己和马日磾的话又再一次提醒了王允。

蔡邕和马日磾都提到写史，这让王允下意识想到了司马迁。真的，如果当朝国史由蔡邕来写，会写成什么样?

这一两年来，王允之所以深得董卓信任，自然说过不少违心的话，干过不少违心的事，别人不太清楚，蔡邕知道得应该不少，如果让他写史，王允的形象算是毁了。

所以，蔡邕必须死。冠冕堂皇的理由往往只是虚晃一枪，真正的理由往往因为太卑鄙的缘故而说不出口。

辱行污名不可全推，留给自己一些，可以韬光养德；完美的名节不宜独享，应该分些与人，这样可以全身。王允应该读过不少圣贤书，应该深知这些道理。

可惜，即使读了他也做不到。

四十四、乱世奇才贾文和

杀了蔡邕，王允松了口气。

但是，眼前更急迫的问题仍然等着他处理，对陕县等地的凉州军该怎么办？经过几天的思考，王允决定以天子的名义下诏赦免他们，只要他们忠于天子和朝廷就既往不咎，仍留在原地驻守。

这本来是正确的策略，且诏书已经拟好，王允却突然改变了主意，决定解散凉州军，同时决定派人到陕县缉拿牛辅等凉州军主要将领来长安进行审判。

吕布主张对凉州军实施招抚，听说此事大吃一惊，赶紧来见王允，对王允说："凉州军素来不服朝廷调遣，董卓已死，众人正在惊乱，无所适从。如果朝廷肯既往不咎，想必他们不会闹事，因为这些人都很看重眼前利益，董卓死了，再拼也无益，只要保证他们的安全和利益，他们是会听命于朝廷的。现在要解散他们，并且缉拿其主要将领，为了生存他们肯定会集结造反，局面将不可收拾！"

王允不同意吕布的看法，理由是："凉州军跟着董卓作恶多端，关中百姓的怨气你也看到了，如果赦免他们的罪行，百姓不答应啊！"

王允的政治智商仍然没有跳出书呆子的范畴，吕布认为这么做会激起兵变，局面将不可收拾，王允却丝毫不担心："凉州军也不过屈屈几万人，长安城内外现在也有不下几万人，东面又有关东联军的策应配合，凉州军想造反得想想后果。现在董卓已死，群龙无首，天子的诏书下达，他们必作鸟兽散。这个我已经仔细考虑过，你不必担心。"

有人建议派皇甫嵩亲赴陕县，统率凉州军，以让他们安心。

对于这个建议王允仍然不同意，他的理由看起来更奇怪：

"不能这么做，关东联军那些人都是咱们的同僚（关东举义兵者，皆吾徒耳）。派皇甫嵩去陕县，在那里集结重兵，关东联军的诸君会怎么想？还以为我们要凭险据守跟他们对抗呢。"

王允的心里，看来藏着好多个小九九。

王允对吕布的建议一再给予否定，是因为在他内心其实是看不起吕布的，认为他不过是一名剑客而已（素轻布，以剑客遇之）。

董卓被杀后，应在第一时间明确对凉州军的政策，是杀是留，发出的信号必须清晰，王允不仅拖延了宝贵的时间，而且摇摆不定，使外面的各种谣言四起。

长安城里现在都在传，说王允要向凉州军大开杀戒，把凉州军的将士都处死（当悉诛凉州人）。

已经投降的胡轸、徐荣等人当然很紧张，留在关中地区的凉州军转而拥兵自守，观望下一步形势如何发展（其在关中者，皆拥兵自守）。

王允派李肃带人去陕县，向牛辅宣布天子的诏书。

要么是王允太自信，要么是王允太无知，派个人去就能把手握重兵的将领押回来审问，这种想法实在太幼稚。结果可想而知，正在犹豫不决的牛辅看到诏书后不再多想，立即反抗，李肃带去的那点儿人根本不是牛辅的对手，李肃大败。

一个说法是，李肃战败被杀；另一个说法是，李肃战败而回，被随后赶来的吕布所杀。

牛辅彻底跟朝廷翻了脸，不得不大干一票了，他虽然不缺实力，但缺干大事的头脑，过去凡是这样的事都由老丈人董卓去想，他只管出力气，现在要自己拿主意，他头疼得很。

夜里，牛辅在军帐中辗转难眠。

正在这时，突然听到外面人声顿起，哭喊声一片。

牛辅第一个反应是有人劫营，赶紧出帐迎敌。

月黑风高，伸手不见五指，借着火把的光亮，牛辅看到营中东窜西跑的兵士，整个大营已乱成一团，不知道对方来了多少人。

牛辅肝胆俱裂，只求活命，来不及叫上亲随，只身骑马向营外逃去。

但是他没能保住性命，混乱中被人杀了。

其实吕布指挥的人马还没有到，关东联军更在千里之外，也不是白波军，他们最近已退到太行山一带，更不是李傕、郭汜、张济他们起了内讧，这些人都还在陕县以东。

那是谁，能一夕之间解决掉凉州军的悍将牛辅？看来一定不是寻常人物。

其实说来很搞笑，干掉牛辅的不是别人，而是他自己。

事后查明，当夜牛辅军营里发生了夜惊，由于白天过于劳累，或者精神过于紧张，有人睡觉做噩梦，突然惊醒，晕晕糊糊间大喊大叫，旁边的人以为敌人来劫营，紧张和惊吓之下，也跟着乱喊乱叫，整个兵营很快乱成一团。黑夜中辨识不清对方，再动起刀枪，就更乱了。

古代行军打仗这种事经常会发生，有经验的人如果看见旁边有人突然乍起，不问青红皂白，先一拳或一棍把他打晕，让他安静下来再说。

倒霉的牛辅遇到了夜惊，丢了命。

牛辅手下有人把他的首级割下来送到长安，受到朝廷的嘉奖。

李傕、郭汜、张济等人听说陕县出了事，于是从不同方向率众赶来。

看到牛辅已死，他们都六神无主，他们都和牛辅一样，别看平时很骄横，目空一切，手段残暴，但智商确实不好评价，遇到棘手问题往往不知所措。

思来想去，李傕等人唯一能想到的出路是向朝廷乞降。

李傕派人来到长安，请求朝廷赦免他们的罪过。

这时已经有不少人看出了时局所蕴藏的巨大危险，纷纷劝王允接受，但王允仍然坚决予以拒绝了，他这一次的理由更是有点儿滑稽：

"今年已经大赦过天下，天子一年之内不可两次大赦（一岁不可再赦），要赦免他们得等到明年。"

正月里献帝的确下诏大赦过天下，一年不能两次大赦的祖制也许是有的，但非常时期面对非常之事，何必那么古板教条？

170

如果认为这是王允不想赦免凉州军的托词，那可能高估这位老夫子的政治智慧了，更可能的是，李肃被杀后他也有了一定的警醒，想赦免李傕等人，但内心里的确有个"祖制"无法逾越，要他颁发赦免令，或许真得再等一年。

王先生就是这么可笑的一个人，千万别跟他生气。

现在才 5 月，到明年还有大半年，王允能等，凉州军没法等。

王允拒绝接受投降的消息传到陕县，李傕等人如雷轰顶，最后一丝求生的希望也破灭了。

大家商议了半天，也想不出好办法，在这件事上他们的智商比王先生还不如。最后，大家决定就地解散，各自绕道逃回凉州（欲各解散，间行归乡里）。

运气好的话，老家见吧！

就在众人收拾东西准备散伙时，有个人站了出来，说了几句话，把大家说醒了："咱们分散逃跑，半路上一个亭长就能把大家活捉了（诸君若弃军单行，则一亭长能束君矣），此去凉州 3000 多里，千山万水，不知道有几个人能逃回家？"

大家听完，面面相觑，心情更加低落，这个人继续说："不如咱们团结起来，集结在一起向西攻打长安，我们也拥戴皇上，只杀王允、吕布，替董太师报仇。事情如果成功，可以挟天子号令天下，如果不成功，再跑不迟（若其不合，走未后也）！"

大家认为有理，李傕与郭汜、张济一商量，别散伙了，就这么干！

说话的这个人很不简单，是当世最具传奇色彩的奇才之一，名字叫贾诩。

贾诩字文和，凉州刺史部武威郡人，年龄有些大，此时大约 40 岁。

贾诩年轻的时候并不出名，只有凉州名士阎忠认为他与众不同，说他有张良、陈平那样的智慧（谓诩有良、平之奇）。贾诩后来被举过孝廉，在洛阳的朝廷里任职，后来生了病，辞官回家。

贾诩和十几个人同行，路上遇到了叛乱的氐人，一行人被抓了。氐人经常劫掠过往商旅，财物一抢，人全都活埋，手段很残忍，所以大家慌张坏了。

只有贾诩十分冷静，他对氐人说："我是段公的外孙，你们别伤害我，我家一定用重金来赎（我段公外孙也，汝别埋我，我家必厚赎之）。"

段公就是"凉州三明"之一的段颎，时任太尉，他久在凉州，威震西土，而贾诩跟段颎毫无关系，他这么说是故意吓唬氐人的。

氐人果然不敢害他，还和他盟誓，之后送他回去，而其余的人都遇害了。

类似这样随机应变的处理，在贾诩身上还有很多。

贾诩回到凉州后到了董卓手下，并跟着董卓来到了洛阳。董卓担任太尉时贾诩在太尉府当太尉掾，后来又到黄河上的平津渡口当平津都尉。

牛辅驻扎在陕县，军职是中郎将，贾诩被分派到牛辅所部接受指挥，职务仍然是讨虏校尉。

贾诩现在出了这个主意，对凉州军来说的确是一招胜负手，对朝廷来说，自然是个彻彻底底的馊主意。

所谓一谋动千危，后世多认为贾诩的这个主意闯下了大祸，使有可能出现的和平契机化为乌有，使帝国再次陷入混乱。

有人发出感叹，认为这个时候元凶已除，天地始开，但随之国家又四分五裂，黎民百姓再次遭受涂炭，这一切难道不都是贾诩的一句话吗（岂不由贾诩片言乎）？

不过，将天下重新陷入动荡的罪过全部归于贾诩一人未免夸大其词，没有贾诩，天下该乱还会乱。

四十五、叟兵打开城门

在贾诩的谋划下，凉州军重新集结，在李傕、郭汜、张济等人率领下浩浩荡荡向长安杀来。

李傕等人从陕县出发时也只有三四万人，但大军一路行进，不断有凉州军旧部加入，樊稠、李蒙等凉州军将领也闻讯率部赶来，人马越聚越多，到达长安时已经超过了10万人（比至长安，已十余万）。

各地的凉州军旧部本来都准备散伙，听说有人挑头讨伐王允，自然跟来了。

凉州军一到长安城外，立刻把城围了起来，看到这阵势，王允傻了。

王允这才想起和谈，他派胡文才、杨整修出城去见李傕等人，捎话给凉州军，只要撤兵一切都好商量。

但是晚了，李傕等人看到手下有了这么多人马，心里想的就不再是自己如何活命，而是想要别人的命。

而胡文才、杨整修二人一见到李傕，不提和谈的事，反劝李傕他们加紧攻城，告诉李傕城里的防守兵力很有限。

凉州军挑战，王允派胡轸和徐荣出城迎敌，不出所料的是，胡轸投降，徐荣战死。

徐荣这个人虽然出身于凉州军，但他很有原则，他的原则只有两个字，朝廷。

当年他在凉州追随董卓，因为董卓代表着朝廷；他跟着董卓来到洛阳，因为这是朝廷的命令；他与关东联军作战，因为那些人反抗朝廷；董卓死后他没有造反，因为董卓虽然不在了，朝廷还在；现在他义无反顾地与李傕等人厮杀，也是因为朝廷。

表面上看徐荣很矛盾，其实他活得最清楚。

这样的人，值得喜欢。

凉州军继续攻城，皇甫嵩以车骑将军的身份主持守城事务，吕布协助他。

长安也是京城，城墙相当厚实，攻起来并不那么容易，但凉州军好像发了疯似的，死多少人都不在乎，非攻下来不可。

他们个个嘴里嚷着为董太师复仇，其实大家心里最清楚，城里有粮食，有大量的财宝，仅收缴董卓的财宝就数不清。而粮食更重要，董卓被杀后李傕等人就断了供应，凉州军将士现在都饿得很。

打开长安城，一切都有了。

皇甫嵩是一名有经验的老将，在他的指挥下，守城将士打得还算顽强，王允不断给大家鼓劲：

"顶多坚持1个月，关东方面的援军准到！"

但是，只守了8天，城里出现了叛军，长安城被攻破。

叛变的是叟兵，叟人是西南的一个少数民族，叟兵以打仗勇猛而著称，这支叟兵人数有1000多人，是益州牧刘焉派来协助朝廷的，董卓执政时他们就来了，董卓死后，他们归朝廷指挥。

这是一群外形装束很有特点的人，他们个个曲着头发，耳朵上挂着环铁，穿着奇奇怪怪的衣服，他们善使藤牌、弓箭，初次交手一般人都会吃他们的亏，但是过上几次招，熟悉了他们的套路，他们的战斗力也就不怎么样了。

朝廷西迁后，不断向刘焉催税催人，刘焉大概为了应付，就派了这支叟兵来，他们不是刘焉的嫡系，更像一支雇佣兵，谁发军饷听谁的，在战场上随时会倒戈。

偏偏这群叟兵，皇甫司令让他们担任了防守长安城东门的重任。

叟兵打开东门，凉州军杀入长安城。

城破时，吕布带着几百名骑兵杀出城去，这一行人里应该有张辽、高顺等人。吕布临走时不忘把董卓的人头挂在马鞍上，这个东西他见着袁术、袁绍时还用得上。

路过青琐门，吕布看到了王允，招呼他一块走。

王允不想走，慷慨激昂地说："如果社稷有灵，可以保佑国家平安，这是我最大的愿望。如果这个愿望无法实现，我愿意为此献出生命（奉身以死之）！"

王允让吕布带话给关东联军的诸位首领："天子现在还年轻，现在都依靠我。灾难来时我只顾自己逃命，实在不忍心啊！你见到关东联军的各位同僚，一定要勉励他们时刻不能忘了皇上（谢关东诸公，勤以国家为念）！"

吕布只得自己逃命，皇家礼仪太常种拂虽然是个文臣，却很刚烈，慨然道："身为朝廷大臣，不能禁暴御侮，致命刀兵逼到了宫前，还能往哪里逃？"

种拂亲自与敌兵交战，战死。

李傕、郭汜率兵攻到未央宫南宫掖门，在这里杀了太仆鲁馗、大鸿胪周奂、城门校尉崔烈、越骑校尉王颀等朝廷高官。

长安城里，凉州军见人就杀，见东西就抢，官民死了1万多人，在当时这是一个很大的数字。

街道上到处是尸体和烧抢的痕迹，一片混乱（狼藉满道）。

王允扶着吓坏了的献帝登上宣平门，李傕等人来到城门下，伏地叩头，献帝打起精神，勉强对李傕等人喊话："你们放纵士兵，想做什么？"

李傕等人回答："董卓忠于陛下，而无故被吕布所杀，臣等为董卓报仇，不敢造反，请求的事批准后我们自会到有关部门请罪（请事毕诣廷尉受罪）！"

凉州兵围住楼，非要让王允出来对话，他们大声质问："董太师犯了什么罪？"

王允无法回答，只好下了城楼。

凉州军重新控制了朝廷，李傕胁迫献帝任命自己为扬武将军，郭汜为扬烈将军，樊稠为中郎将。

3个月后，李傕升任车骑将军兼司隶校尉，郭汜、樊稠分别升任右将军和后将军，他们共同主持朝政（擅朝政）。

张济也升任骠骑将军，按说这个职务高于李傕的车骑将军，但他似乎受到了排挤，率本部出屯潼关以东的弘农郡一带。

和凉州集团关系密切的韩遂、马腾等人听说长安大乱，也带兵前来凑热闹，想浑水摸鱼。他们只得任命韩遂为镇西将军，让他驻扎在金城，即今甘肃省兰州市，任命马腾为征西将军，驻扎在董卓昔日苦心经营的大本营郿坞附近。

李傕等人随即以天子的名义大赦天下。

谁说一年不能两赦？

对朝廷里原有的大臣，李傕等人分别对待，有的留任，有的被杀。

前车骑将军皇甫嵩因为有巨大的声望，凉州军不敢动他，改任他为太尉。不久，皇甫嵩因病去世，朝廷追赠他为骠骑将军。

赵谦被任命为司徒，接替王允，马日磾仍为太尉，杨彪担任了司空。

为凉州军立下大功的贾诩被拟任为左冯翊太守，并且准备给他封侯，被贾诩拒绝了："这不过是为救命被逼出来的，算什么功劳呢？"

贾诩大概很清楚，自己出的一个主意虽然是为保命所迫，但带来了严重的后果，他哪里再敢以此居功。

贾诩自愿到尚书台任职，李傕想任命他当尚书仆射，贾诩又推辞："尚书仆射是天下注意的焦点，我不孚众望，难以担当。"

最后，贾诩担任了尚书，开始慢慢和凉州军那些将领拉开了距离。

李傕等人想立即杀了王允，但他们还有顾虑。

王允主持朝廷后重用了两个和他同郡的老乡：一个是宋翼，担任左冯翊郡太守；另一个是王宏，担任右扶风郡太守，这两个郡位于长安的一左一右。

李傕等人杀王允前担心二郡造反，就以朝廷的名义征召宋翼和王宏，王宏接到诏书，派心腹去找宋翼，跟他商量："郭汜、李傕因为我们二人在外，所以没敢杀害王公。今日如果就征，明日就会一同赴死，可是不去不行，得想想该怎么办。"

宋翼回答说："虽然祸福难测，然而这是天子的命令，不能不执行！"

看来宋太守和王先生是一路人，王太守急了："关东义兵欲诛董卓，现在董卓已死，剩下的不过是他的党羽，容易对付。现在，如果咱们举兵共同讨伐李傕等人，和关东联军呼应，不失为转祸为福的计策！"

但是宋太守是个模范官员，他只打算接受命令去长安报到，王太守没法单独成事（宏不能独立），也只好就征。

人到齐了，李傕等人立即动手，王允、宋翼、王宏一同被杀。

王允死时55岁，妻子、儿女同被处死。

王宏临死前骂宋翼："宋翼，你这个书呆子，不足成就大事（宋翼竖儒，不足议大计）！"

应该说，王太守的计划也只能是送死，连皇甫嵩、吕布都对付不了的凉州军，他们两个文官上去等于自杀，至于说依靠关东联军，看来他们的信息比较闭塞，不知道那伙人早就散了，他们现在只关心自己的事，几千里之外长安城里发生的事，对他们来说恐怕跟不存在一样。

但是，人固有一死，唯有死法不同，与其束手就擒，像绵羊一样被宰杀，不如奋起一击，死也死得壮烈。

凉州军杀完王允，尸体暴置在长安街市，没人敢去收尸。

王允的老部下（故吏）、时任平陵县令的赵戬自愿弃官，给王允收尸，为他下葬。

对赵戬的义举，李傕、郭汜、樊稠竟然不敢加害，赵戬后来去了荆州避难，最后投身于曹营。

跟王允一起被杀的还有曾任三公的黄琬，李傕等人认为他也参与了暗杀董卓的阴谋，黄琬死时52岁。

当初董卓被杀，除了王允、吕布以外，士孙瑞也有谋划之功，杀董卓的诏书就是他亲笔书写的，但王允为了独享功劳，事后不提士孙瑞，结果士孙瑞没有因为诛杀董卓而被封侯，这反而救了士孙瑞一命（允自专讨卓之劳，士孙瑞归功不侯，故得免于难）。

李傕等人重新安葬董卓，但董卓的尸体被烧了，脑袋在吕布手里，他们只能把烧董卓留下的灰收集了一些，用一口棺材安葬在郿坞。

下葬的那天，突然刮起了大风，雨倾盆而下。

一道闪电击中了董卓的墓，劈开一道口子，水瞬间流进了墓室，把董卓的棺材都漂了起来（霆震卓墓，流水入藏，漂其棺木）。

大家赶紧重新弄好，但又被风雨雷电搞了一回。

如此反复，一共折腾了三四次（如此者三四）。

据《后汉书·董卓传》注引《献帝起居注》："顷户开，大风雨，水土流入，抒出之。棺向入，辄复风雨，水溢郭户，如此者三四。顷中水半所，稠等共下棺，天风雨益暴甚，遂闭户。户闭，大风复破其顷。"

四十六、成了不受欢迎的人

武关道也叫商山路，因为要路过武关所以通常称为武关道。

这是古代的一条重要交通要道，它起自如今的陕西省长安市，经蓝田、商州，至河南省内乡、邓州等地，这条路是连接关中与江汉地区的重要通道。

秦始皇一生共有5次出巡，其中2次走的是武关道。白居易当年走这条路的时候写过一首诗："高高此山顶，回望惟烟云。下有一条路，通达楚与秦。或名诱其心，或利牵其身。乘者及负者，来去何云云。"还有温庭筠那句"鸡声茅店月，人迹板桥霜"也写的是这条路。时至如今，武关道沿线仍然风光优美、山色宜人。

初平三年（192）夏天，至少有2队重要的人马从这条路上经过。

一队是荆州刺史刘表派来的，他们是来向天子进贡的。

不管政治多么动荡，不管谁实际控制着朝廷，都必须严格按照过去的制度按时进贡，向朝廷表示忠心，这样的地方大员现在越来越少了，除了刘表，大概只有刘虞和陶谦了。

长安的李傕、郭汜、樊稠对刘表的举动表示欢迎，把刘表的刺史改为州牧，单从品秩来说，就由六百石升为二千石，同时给刘表加上了南部军区司令（**镇南将军**）的头衔，封成武侯。

没有跟关东联军搅到一块，既避免陷入联军内部的势力争夺，又从朝廷那里捞到了好处，刘表一定觉得自己很聪明。

另一队人马是吕布率领的一支数百人的马队。

从长安城一路杀出来的吕布，根本没有心情欣赏武关道两边的景色，他的心境应该极其灰暗，回想起自己出道以来的人生经历，吕布心里肯定充满了感伤。他顶着骂名连杀了丁原、董卓两个上司，换来的仍然是逃难的命运。

所幸的是，吕布把最亲近的子弟兵和主要骨干都带了出来，在这数百人里有吕布手下的得力干将高顺、成廉、魏续、魏越、侯成、宋宪等人。

张辽归顺董卓后并不在吕布手下，而是由董卓直接指挥，董卓被杀后，张辽来到了吕布手下，所以在这一行人里还有张辽。

到了析县，就进入南阳郡的地盘了。

袁术此时驻扎在宛县，吕布等人便向那里进发，在这里见到了袁术。袁术此时40多岁，从年龄上说比吕布大一些。

这本是一次同僚之间的相见，袁术的正式职务是后将军，吕布的正式职务是奋威将军，论职务袁术比吕布高，但吕布有"仪同三司"的特权，又高于后将军。

但他们的职务已先后被朝廷剥夺了，所以他们的相见，就是一个走投无路的人去投靠另一个有实力的人。

大概吕布没有认清这种定位，在他的心目中，他还有另一种身份，那就是袁家的恩人，他杀了袁氏的仇人董卓，理所应当地接受袁术的谢恩（**以杀卓为术报仇，欲以德之**）。

袁术是个从来不做赔本生意的人，也许看在杀了董卓的面子上对吕布会忍耐一时，但时间长了肯定不会再待见他，要粮要钱没有，要人更不可能。

吕布不高兴了，不给就抢，在他的纵容下，手下的人故意在袁术的地盘上闹事（遂恣兵钞掠）。

袁术不是省油的灯，他最喜欢玩的是"空手道"，善于做无本买卖，之前就是这样对待孙坚的，孙坚死后袁术顺利地兼并了他的人马，尝到了甜头。

袁术也拿这一招对付吕布，你敢闹事，我就暗地里策反你的人，吕布还真玩不过他。

吕布在南阳郡待不下去了，只好走人。

以上是史书上的一种说法，还有一种说法是，袁术压根儿没有接纳他。

按照这个说法，袁术知道吕布这个人在丁原手下杀了丁原投奔董卓，在董卓手下又杀了董卓，现在来投奔自己，莫非自己就是下一个丁原和董卓？所以给吕布吃了闭门羹（术恶其反覆，拒而不受）。

袁术这个人一向很迷信，也经常神经兮兮的，有这些想法也难怪。

袁术不接纳，吕布无奈，只好领着人另找出路。

离开袁术，吕布下一个去依靠的人是张杨。

张杨现在拥有河内郡太守的正式头衔，同时还是朝廷任命的建义将军。

作为并州军的三大猛将之一，张杨没有随着吕布、张辽投靠董卓，而是选择了在黄河北岸的河内郡一带独立发展，只是势单力薄，一直没有太大起色。

关东联军起兵后张杨也想加入，于是跟南匈奴首领于扶罗一起投靠了袁绍，袁绍让他和于扶罗驻扎在漳水边。

这时于扶罗干了一件大事，他突然反叛袁绍，张杨大概拒绝和他同谋，于扶罗于是把张杨劫持为人质（执杨与俱去）。

于扶罗试图进攻袁绍的大本营邺县，袁绍派麹义迎战，麹义打败了于扶罗，于扶罗又劫持着张杨到了黎阳。

在黎阳，于扶罗打败了朝廷任命的度辽将军耿祉，势力有所恢复。

张杨在于扶罗手里做了差不多1年的人质，于扶罗没杀他。后来于扶罗忙着和袁绍交战顾不上张杨，张杨得以独立发展。

张杨收拾残部，招纳各地散卒，手下大约也有几千人马。

袁绍从韩馥手里夺取冀州前后，原河内郡太守王匡也死了，之前说过，有记载认为王匡死于他杀害的胡母班的亲属之手，做这件事的还有曹操，之后河内郡被纳入袁绍的势力范围中。

张杨没办法再回河内郡，于是来到了河内郡西边的河东郡，这里紧邻潼关，是关中的东大门，朝廷这时已被李傕、郭汜、樊稠控制，他们觉得张杨有利用价值，就任命他为河内郡太守、建义将军，让他牵制袁绍。

张杨跟活跃在这一带的黑山军、白波军以及南匈奴都有来往，相当于结成了一个松散联盟，他们相互呼应，在诸强争霸中争取各自的生存空间。对袁绍张杨也不得罪，因为他为了不背叛袁绍做过人质，所以袁绍也不认为他是敌人，至于朝廷那边，张杨也乐意保持联系。

所以，张杨的势力虽然不算大，却能左右逢源，混得还不错。

吕布到了河东郡，见到了老同事张杨。

张杨是个念旧情的人，尽管自己也有困难，但还是收留了吕布一行。

河东郡离长安太近，吕布到来后，大概李傕、郭汜、樊稠也听到了风声，他们对吕布恨之入骨，一直在通缉他，就给张杨发了一道悬赏捉拿吕布的诏令。张杨的手下看到长安那边开出的赏金很高，就想把吕布杀了换赏钱（受傕、汜购慕，共图布）。

史书上说张杨本人知道这件事，也参加了，这似乎不太可能，不符合张杨的性格，他一直视吕布为战友，以后还为救吕布义无反顾地起兵，直至被杀，说他为了赏钱而出卖吕布，应该不会。

张杨这个人性情比较温和，待人也很仁厚，没有什么架子，手段也不狠（性仁和，无威刑），即使手下人谋反，他发觉后也只是流泪，不予追究。

这是个好人，但在乱世中成大事的人必须果敢、心狠，仁爱只是妇人之仁，往往是失败的根源。连叛乱分子都不追究，很难想象平时如何治军，这也解释了为什么张杨占有天时和地利，但一生都没有成就什么大事，在群雄争战中始终是一个二三流的角色。

张杨的手下要对吕布下手，但在他们动手前，吕布提前知道了消息。

吕布有点儿害怕，主动找到张杨，对他说："我吕布跟你是老乡，你把我杀了其实还不够划算，不如把我押到长安，可以得到李傕、郭汜的封赏（不如卖布，可极得汜、傕爵宠）。"

张杨其实并不想为难吕布，听吕布这么一说，他就改变了主意。张杨一方面应付着长安那边，另一方面暗中保护吕布。

还有一个记载说，李傕、郭汜、樊稠这时又突然改变了对吕布的态度，过去的事既往不咎，还任命他为颍川郡太守（汜、傕患之，更下大封诏书，以布为颍州太守）。

如果真有这样的事，那只能是张杨从中调停的结果。但这种可能性不大，吕布跟凉州军之间的矛盾根本无法调和，李傕、郭汜等人必置吕布于死地而后快，杀了吕布，替董卓报了仇，他们在凉州军中的地位将会更稳固。如果放过吕布，还让他当什么郡太守，许多凉州军的将士恐怕都不会答应。

总之，老战友这儿也待不成了，吕布只得再寻出路。

吕布环顾四周，发现只剩下一个人他还可以去依靠。

这个人，就是袁绍。

吕布绝对不敢去投刘表、陶谦这些人，他们都打着拥护朝廷的大旗，自己去了，还不得让人家马上绑了送长安？

袁绍不同，他不承认朝廷，朝廷也不承认他，没有这方面的担心。

吕布杀了袁氏的仇人董卓，对袁绍也是恩人。

所以，离开张杨，吕布北上冀州，去邺县投奔袁绍。

四十七、袁绍的界桥之战

吕布见到袁绍的时候，袁绍刚刚打过一场大仗。

袁绍在公孙瓒的配合下从韩馥手里夺了冀州，事后绝口不提分赃的事，公孙瓒憋了一肚子火，加上刘和事件，公孙瓒更把袁绍恨得牙疼。

袁绍为了息事宁人也做出了一些姿态，把自己担任的渤海郡太守一职让给了公孙瓒的另一个堂弟公孙范，等于从自己的冀州刺史部划出一个郡给了公孙瓒，但公孙瓒的怒气仍无法消去。

公孙瓒以打黄巾军为借口大肆封官，任命严纲为冀州刺史，田楷为青州刺史，单经为兖州刺史，还任命了郡太守、国相以及县令等若干。

公孙瓒的做法摆明了就是跟袁绍对着干。任命冀州刺史是成心恶心冀州牧袁绍一下，任命青州刺史是趁原青州刺史焦和的死去抢地盘，兖州虽然现在还八竿子打不着，但先派个刺史去搅和他一下，这种未经允许把筷子往别人碗里伸的行为必然招打。

袁绍和公孙瓒的矛盾不断激化。

袁绍和公孙瓒都意识到一场决战不可避免，除了积极扩军备战，他们还都想方设法给自己拉外援，给对手制造敌人。

袁绍拉的外援是刘虞，因为敌人的敌人就是朋友，加上当初他曾力推刘虞为帝，虽然事情没弄成，但说明他对刘虞是尊重的，刘虞对他不会有恶感。

公孙瓒拉的是袁术，因为二袁此时已经交恶，周昂与孙坚之战就是证明。

从双方兵力对比情况看，公孙瓒的实力更胜一筹。

推测起来，公孙瓒这时可以调用的总兵力有10万人左右，且骑兵所占的比例较高，这与幽州跟北方少数民族地理相近有关。而袁绍人马数量明显不足，要守的地盘很大，能集中起来作战的也就不到5万人，其中骑兵的占比不大。

袁绍一方的主力大都是韩馥原来的人马，虽然张郃、麴义、颜良、文丑都是一流的猛将，但他们大都归顺不久，忠诚度尚待考验，万一战场上出现失利的情况，他们会不会落井下石不太好说，相比较而言，麴义投奔自己比较早，与韩馥曾经彻底翻脸，可靠度较高，关键时候可以委以重任。

而且，即使袁绍手下的人马跟公孙瓒一样多，他也很难打过公孙瓒，因为他没有白马义从，在华北平原这样的开阔地带，用步兵打骑兵是很吃力的事，袁绍要战胜公孙瓒，必须先过白马义从这一关。

从外围来看袁绍也处于被动，公孙瓒跟黑山军的张燕建立了联系，张燕站在了公孙瓒的一边，刚刚归顺袁绍的南匈奴单于于扶罗也加入了反袁阵营，如果把陶谦、袁术这些公孙瓒的盟友都算上，袁绍基本已处在四面作战的险境之中。

袁绍头疼坏了，整天和智囊们一块苦思冥想，试图找到一条破敌之策。

他还在想的时候，公孙瓒先动手了。

动手之前，公孙瓒对外发布了一道檄文，列举了袁绍的十大罪状。之后，初平三年（192）春公孙瓒亲自率大军屯兵于界桥。

界桥位于今河北省邢台市威县城东方家营一带，皇甫嵩讨伐张角的广宗之战就发生在这附近。当时这里有一条河，名叫清河，是冀州刺史部钜鹿郡和清河国的界河，河上有桥，故称界桥。

从地理位置看，界桥已深入冀州刺史部之内数百里，距袁绍的大本营邺县只有200来里，说明这时候公孙瓒处于上风，大军已经逼到了袁绍的家门口，袁绍不拼都不行了。

袁绍倾尽所能集中起所有人马随后开到，两军在界桥以南20里的地方摆开战场。

两军对阵，公孙瓒一方阵容齐整、甲盔鲜明、旌旗飘扬，很有气势，尤其是队列正中的白马义从，更是令人闻风丧胆。

而对面的袁军却摆出了一个奇怪的阵形，也许是来不及训练，也许不善于打这样的阵地战，袁军列在正中的只有800名步兵和1000多名弩兵，身后隐约有两三万人，但队列不整，斗志不高。

看到这种情景，公孙瓒的嘴角上一定露出过一丝轻蔑的微笑。

作为最擅长打骑兵突袭战的专家，公孙瓒太熟悉接下来的阵法了，打张纯、打青州黄巾军包括打乌桓都是这样的打法，号令一发，他的白马义从会风卷残云般杀过去，下面就只等后续部队上去给敌人收尸了。

公孙瓒下达了总攻的命令。

那一刻，公孙瓒抽出的指挥刀一定在空中划出了一道果断且优美的曲线。

5000白马义从席卷而出，马蹄声如闷雷，夹着数千人的号叫，仿佛不用刀剑仅凭这吓人的气势就足以把任何敌人撕个粉碎。

当敌人数千铁骑呼啸而来时，袁军的队形仍然没动，而列队于最前面的800名步兵突然伏下身子，用随身携带的皮盾蒙住身体，然后一动不动地等待敌人骑兵的到来。

敌人一点点近了，这些人仍然不动。白马义从都是马上的射箭高手，离对方还有一箭之地时，他们一边冲锋，一边在马上搭弓射箭，雨点般的箭支射来，但袁军有皮盾保护，没有人受伤。

说话之间，骑兵就到了，伏在皮盾下的这800人突然同时跃起，扬起阵阵尘土，他们还同时大声呼喊着（同时俱起，扬尘大叫），气势也足以令任何对手胆战心惊。

白马义从受到突然的惊吓，正迟疑间，发现这些人手里拿着一种样子奇怪的武器向自己刺来，他们好像受过专门训练，这些人把这种武器用得很老练，无论是刺人还是刺马，一刺一个准，把把不落空。

公孙瓒不知道，这种秘密武器是袁绍专门为白马义从设计和定制的，叫作大戟，是一种带钩带刺的长枪，具体样子可能有点儿像岳飞大破金人连环马的钩镰枪。

前段时间，为破白马义从袁绍可谓绞尽了脑汁，经过和部下们反复演练，他们发明了这种武器，并挑选了800名精锐士卒进行特殊训练，具体由麴义指挥。

他们是袁绍的撒手锏，数月来他们反复模拟，刻苦训练，为的就是这一天，他们被袁绍称为"大戟士"。

白马义从遭受了自诞生以来最残酷的重创，但这才是噩梦的开始。守候在这800名步兵后面的1000多名弓箭手，早已为客人准备好了丰盛的礼物。

181

这就是弓箭，待敌人接近时，一齐怒射而出。

弓箭手通常会分拨轮换射击，这意味虽然可以侥幸躲过大戟士的重创，但随之迎面而来的是由近距离射出的、密不透风的箭雨。

威名远扬、从未有过败绩的白马义从成了袁军弓箭手练习射击的移动靶，纷纷被射落马下（**强弩雷发，所中必倒**）。

汉末三国"五大主力"之一的白马义从遭受到第一次也是最后一次的惨败，作为一个独立的作战单元，他们从此在战场上消失了。

白马义从神话般的覆灭震惊了公孙瓒的阵营。

还在敌人错愕的当口，袁绍立即指挥后面的队伍全线出击，公孙瓒大败。袁军一路追杀，公孙瓒刚任命不久的冀州刺史严纲未及上任即战死。

按理说，这一仗可以就此结束了。

但是，这时却出现了惊险的一幕，险些让胜利的天平倾倒。

失败的一方固然陷入了慌乱，胜利的一方对突然到来的胜利也缺乏必要的思想准备，所以追击敌人的过程中不免乱了章法。

袁军将士都忙着追敌人，竟然把主帅袁绍给忘了，袁绍身边只有100多人，在混乱中与2000多敌兵相遇，袁绍被包围。

如果这个时候敌人展开猛攻，2000多人解决100多人应该只需一顿饭的工夫，把袁绍活捉或杀了，这一仗公孙瓒反而能转败为胜。但幸好对方不知道这里面有敌军主帅，所以攻击并不激烈。

袁绍指挥手下展开防卫，等待援军的到来。

敌人开始射箭，情况十分危险，田丰跟袁绍在一块，田丰拉着袁绍要到一处断墙后面躲避，袁绍不仅不去，索性把头盔也摔了，喊道："是大丈夫何惧向前战斗而死（**大丈夫当前斗死**）！"

有人说袁绍是"漂亮的草包"，有人说公孙瓒、董卓是一介武夫，也有人说刘表、陶谦没什么本事。凡此种种其实都是误解，犯了"胜者王侯败者寇"的经验主义错误，以为只有最终取得胜利的人才有资格被称为英雄。

其实能在风云莫测的历史舞台上崭露头角，能在群雄逐鹿中哪怕只是走个过场，都必然有过人之处。在袁绍的一生中，曾不止一次在危险关头表现出大无畏的气概，事实证明袁绍不缺英雄气，更不是贪生怕死之徒，关键时刻他也能拉得出，顶得上。

大多数时候，也打得赢。

袁绍在危急关头以行动给手下人做出了表率，激励了大家的斗志。在他的带动下，袁军士兵拼死抵抗，终于等到了袁军后援部队来增援，化解了一场危机。

界桥之战结束了，此战虽然没有全歼公孙瓒的主力，但给公孙瓒以重创，尤其是白马义从被消灭，公孙瓒手里少了一张制胜的王牌。

界桥之战是以步兵战胜骑兵的经典战例，也是以少胜多、以弱胜强的典范，此战的全胜使袁绍打破了四面楚歌的被动局面。

战前袁绍在与公孙瓒的对垒中处于被动挨打的局面，战后二人实力至少取得了平衡。

四十八、人中吕布，马中赤兔

吕布来投袁绍时，袁绍刚打完界桥之战不久。

从内心来讲，袁绍也不大喜欢吕布，牌子倒了，政治信誉没了，谁都不待见。

但袁绍对吕布的到来还是给予了十二分的热情欢迎，不是他一向喜欢报恩，而是他对吕布正有所需。

界桥之战虽然取胜，但没有彻底打败公孙瓒，双方仍然势均力敌，从冀州刺史部北部、幽州刺史部南部直至东边的青州刺史部一线，双方的争夺全面展开。

阵线自西向东一字排开，哪一边都吃着劲，不容丝毫松懈，好比两个人摔跤，膀子扣着膀子，脑袋顶着脑袋，脚底下也都使着绊子，谁也拿不下谁。

如果这个时候突然再出现一个人，朝着其中一人的肋下突然出拳，那是什么效果？

这一拳不必太猛，不用太狠，由于出的是时机，打的是地方，也足以立分胜负。袁绍很不幸，公孙瓒率先找来了这样的帮手，给袁绍的左肋上打出了一拳。

袁绍的左翼是太行山，在这一带山区最有实力的要算是张燕的黑山军，在孙公瓒的策动下，黑山军公开支持公孙瓒，从侧翼向袁绍发起进攻。

以黑山军的实力把袁绍彻底打败不太可能，但他们擅长游击战，又占据着绝佳的战略位置，频频出动，对袁绍进行袭扰，袁绍不胜其烦。

袁绍也集中兵力打了几次，试图把黑山军消灭，但黑山军利用太行山河谷纵横的特点，不进行大兵团对决，以游击战进行袭扰，打得过就打，打不过就逃进山谷，袁军成效不大。

袁绍还不能把兵力都用在这个方向，所以苦恼不已。

吕布的到来让袁绍大喜，吕布是并州军名将，"飞将"的名字已经叫开了，对付张燕应该没问题。更重要的是，太行山也是并州军的地盘，吕布擅长的也是山地骑兵作战，打运动战吕布并不吃亏。

袁绍给吕布增加了一部分人马，让吕布和他的手下专门对付张燕的黑山军。

就像当年董卓打不过张角，换成了皇甫嵩效果就完全不同那样，吕布打张燕，虽然人数并不占优势，但张燕被打得很吃不消。张燕的主力是一支数千人的骑兵，战斗力很强，以步兵为主的袁绍也曾创造过战胜精锐骑兵的战例，但那是在双方主力的对决战中，给袁绍施展谋略留下了空间。张燕的策略是你来我走，你走我来，比谁跑得快，这样一来袁绍就没辙了。

现在换对手了，你快，上来的人比你还快；你熟悉地理，人家也都是从小生活在这片土地上的人，动起手来熟门熟路，一点儿都不吃亏。

吕布让成廉、魏越等人挑了几十个身手好的人，他亲自率领，骑上快马组成一支突击队，专门冲击敌人的核心区，一会儿闪电战，一会儿斩首行动，来如疾风，去如迅雷，无人能挡，打得黑山军直犯迷糊（常与其亲近成廉、魏越等陷锋突陈，遂破燕军）。

论打仗吕布确实是一把好手，尤其是骑兵作战。吕布骑的马也跟着出了名，当时大家都在传颂着两句话：

"最好的战马是赤兔马，打仗最厉害的人是吕布（马中赤兔，人中吕布）！"

183

张燕被打败，退入太行山深处。

袁绍侧翼的威胁解除了，吕布又为袁绍立了一大功。但袁绍对吕布只是利用一下而已，驾驭吕布这样的人，袁绍大概并不认为自己比丁原、董卓、袁术高明到哪里去，所以用完之后准备来个卸磨杀驴，还没等他实施，吕布反倒咄咄逼人起来。

吕布的老毛病又犯了，他以功臣自诩，开始向袁绍伸手要这要那。

吕布向袁绍提出，他要到司隶校尉部发展，让袁绍帮他。

吕布的这个建议有一定眼光，司隶校尉部是天下 13 个州里最核心、最重要的一个州，目前处在四分五裂的状态，尤其洛阳一带反而没人去占据，洛阳城虽然残破，但如果有人在那一带挑起头来，重新集结为一处重镇也未必不可能。

吕布不会自己去，他要袁绍帮助，就是向袁绍要人。袁绍这边公孙瓒的事还忙不过来，哪能分兵帮吕布去发展？

还有一种可能，当初为打黑山军袁绍没准儿给吕布开出过条件，等他打败黑山军后就帮助他到司隶校尉部发展，事情办成了，袁绍又想要赖，这种事袁术最拿手，袁绍也能干出来。

吕布的目的没达到就故技重演，放纵手下在袁绍的地盘上四处抢掠（**更请兵于绍，绍不许，而将士多暴横**）。

袁绍忍无可忍，经过考虑，决心除掉吕布。

这绝对是背信弃义的做法，不管吕布的既往历史怎样，毕竟人家杀了你们家的仇人，还帮你打张燕解除你的后顾之忧，怎么说都是功臣吧，不答应他的要求可以，礼送出境就行，不必下此狠手。

但袁绍还是要决定解决吕布，他假装接受了吕布的请求，表奏吕布为司隶校尉，给他拨了 3000 名甲士一同去上任。

史书上还有另一种说法，说袁绍派的人不是 3000 人，而是 30 人（**绍遣甲士三十人，辞以送布**），这怎么可能？因为张辽、高顺等一直跟随吕布的嫡系将士应该一块同行，吕布的人都不会低于 300，派区区 30 个人来只能送死。

所以这个"三十"可能是古籍传抄的时候把"三千"少抄了一撇。

司隶校尉的办公地点应该在洛阳，吕布一行走的路线应该是由冀州往南经河内郡渡黄河，然后往西。

这是吕布计划走的线路，却不是袁绍的计划，袁绍没有打算把这趟旅行走得那么远，袁绍的人得到命令，半路上干掉吕布。

这些年来吕布常算计别人，所以他的警惕性比一般人高得多，他预感到袁绍会有小动作，所以提前有了准备。

晚上，吕布故意让袁绍的人住在自己大帐外，半夜里让人在自己的帐中弹筝（**伪使人于帐中鼓筝**），而自己悄悄逃走。袁绍的人冲进帐中，向吕布睡的床一通乱砍，却发现没有人。

袁绍得到报告，吓得够呛。

袁绍担心吕布回来报复，问左右谁愿意带兵去追吕布，飞将的威名居然让袁绍手下众人无人敢应征（募遣追之，皆莫敢逼）。

袁绍越想越害怕，一度下令关闭邺县城门，严加防卫。

其实，吕布没打算回去找袁绍算账。

他没有那个能力，也没有了那样的心气。逃出袁绍黑手的吕布更加体会到了穷途末路的含义，想了半天，发现只能再回去投奔老同事张杨。

要去张杨那里，最便捷的路径是走东方大道一直西行，如果吕布走的是这条道，现在他就首先要渡过黄河。站在黄河边的吕布，想来心情无比沮丧。吕布现在 40 岁左右，多年来他纵横驰骋，奋力拼杀，干的都是玩命的活儿，换来的却是众人的冷眼，以至于到现在都没有一块属于自己的立足之地。

吕布怀着这种低落的心情过了黄河。

过河之后正要向西行，却被一伙不速之客拦下了。

这些人好像是在此专门等候他的，问清是吕布本人之后，他们报上了自己的名号，原来是附近的陈留郡太守张邈的人，奉张太守的派遣专门在此迎候吕将军。

吕布很不解，他只听说过张邈的名字，知道这家伙跟袁绍关系不错，是当初关东 11 路联军中的一路，但从来没跟他打过交道。

张邈确实是袁绍的人，但自己是袁绍的敌人，张邈在此等候自己，一定凶多吉少，如果想到了这些，吕布应该很紧张。

但等对方简要说明情况后，吕布心里又大喜，马上跟着这伙人去了陈留郡。

四十九、曹操的首席智囊

吕布来到陈留郡的时间大概是初平四年（193）的夏末秋初。

吕布逃出长安后一直到处流浪，没有精力关注其他地方上的事，他不知道这两三年里位于黄河南岸的兖州刺史部发生了很多变化，他来到张邈那里，准确地说，这里已经是曹操的地盘。

如果要问这段时间中原地区谁的势力成长得最快、改变最大，那肯定非曹操莫属。所以先放下张邈为何接吕布过来不说，先来说说曹操。

3年前的初平元年（190）底，南下募兵失败的曹操到河内郡依附袁绍，寻找发展的机会。

大约在初平二年（191）冬天，曹操来到黄河下游北岸一座小城东武阳，此地属兖州刺史部东郡，曹操之所以来到这里，是因为袁绍给了他一个东郡太守的头衔。

东郡的大部分地方在黄河以南，并不在袁绍的控制下。袁绍让曹操到这里来是向南拓展势力的，当然这样做会跟兖州刺史刘岱等人发生摩擦，所以不能明火执仗地硬来，只能用打黄巾军余部的借口偷偷地去抢。

四处天寒地冻，曹操的心境比这天气还寒冷。

曹操的心里大概思考的是这些问题：下一步如何打算，是继续坚持讨董大业，还是先谋求自身稳定发展？是在袁绍卵翼下得以苟安，还是干脆独立单干？如果单干，胜算的把握有多少？选择什么方向？

四周强敌林立，曹操自己不仅人马有限，而且经过了一连串的失败，不说下面的士卒，就是和自己最贴心的几个将领，也都难免对前途产生了疑惑。

曹操急需要胜利，也急需要能为他指点迷津的人。

正在这时，一个人的到来给曹操带来了曙光。

这个人就是荀彧，字文若，反董斗士荀攸的叔父，已故司空荀爽的侄子，他出生于汉灵帝延熹六年（163），此时29岁，比曹操小了8岁。

荀彧的父亲叫荀绲，在"荀氏八龙"里排行第二，虽不如弟弟荀爽那么出名，但也做过济南国相，曹操也干过这个职务，时间上比荀彧的父亲晚。

荀彧年轻时便展露出突出的才能，被郡里举为孝廉，得以到朝廷里任职，后来逐渐升为守宫令。这个职务归九卿之一的少府管，具体职责是掌管皇宫所用纸笔、墨、封泥等办公用具，相当于"司局级"干部，对于一个20多岁的年轻人来说，仕途算是一路顺畅。

跟曹操很熟的何颙也认识荀彧，何颙看人很毒，不仅对曹操有过高度评价，也十分看好荀彧，对他的评价是："这是一个足以辅佐君王的大才（此王佐才也）。"

何颙给荀彧的评价与给曹操的完全不同，何颙曾评价曹操："汉室马上就要灭亡了，今后能安定天下的必然是这个人（安天下者必此人也）！"

在何颙眼里，曹操是能成为君王，而荀彧自己成不了君王，是辅佐君王的最佳人选。

一个是理想的君王，一个是理想的助手，二人如果结合，一定是最理想的创业搭档。如果天下仍处于治世，荀彧会慢慢干到九卿，再往后，依靠颍川郡荀氏的盛名，位列三公也指日可待。

可惜的是，天下出现了动乱，董卓之乱时袁术围攻南北宫荀彧就在现场，但他侥幸躲过了一劫。

董卓把持朝廷后荀彧深感不妙，在叔父荀爽的帮助下，他谋得一个亢父县令的职务。这个地方在哪里荀彧并不关心，因为他的目的只是逃离洛阳。

荀彧先回到了颍川郡老家，一看那里的局势就感到不能再待，他告诉父老乡亲："颍川是四战之地，现在天下有变，这里是各路人马都会争夺的地方（**常为兵冲**），必然会遭到劫难，应该尽快离开，不要久留。"

然而故土难离，乡人们心里都很犹豫，不愿走。

恰在这时，颍川郡人冀州刺史韩馥派人来家乡招募人才，荀彧便带着家人到了冀州。他刚走，董卓的军队果然侵犯到颍川郡、陈留郡等地，留在家乡没有走的人很多都被杀了。

荀彧有个哥哥叫荀谌，已先于他到了韩馥那里，和同郡人辛评、郭图等人受到了韩馥的重用。

荀彧到冀州不是时候，还没等发挥自己的能力，甚至没等到韩馥给他安排一份工作，韩馥的位子被袁绍抢了。

袁绍的老家也在豫州刺史部，不过是汝南郡。汝南郡和颍川郡都是出人才的地方，汉末有句话叫"汝颍多奇士"，就是说这两个郡不仅出人才，还出奇才、怪才、大才。

但汝南郡更胜一筹，当时还有一个话叫"汝半朝"，意思是半朝文武都来自汝南郡。虽然有点儿夸张，但有人做过统计，在东汉180年里，担任过三公有名可记的共226人次，其中出自汝南郡的33人次，东汉有郡国100个多一点儿，汝南郡人在三公中的比例是各郡国平均水平的10倍以上。

冀州刺史部进入袁绍时代，成为汝南人的天下，颍川人有些黯然失色了。

袁绍手下的人才很多，仅智囊就有逢纪、许攸、郭图、审配、荀谌、辛评、辛毗、田丰、沮授、陈琳一大堆，和他们相比，荀彧不仅年轻，是新手，而且没有做出过任何成绩，自然也引不起袁绍的关注。

荀彧大概对自己在这里发展前景也不看好，袁绍此时帐下已精英荟萃，自己的发展空间有限，这个想法颇类似于后来的诸葛亮。

同样的人才在不同组织里获取的发展空间不一样，一个组织在创业阶段虽然知名度有限，未来发展不确定，投身其中有风险，但是因为它的发展空间大，给人才预留的发展资源也多，在这样的组织里进步快。等到这个组织发展壮大起来，知名度、美誉度都达到一定水平，人才发展的空间也不大了，人力资源方面的活力反而降低。

袁绍掌管冀州后更喜欢用汝南人和早年一直跟随自己的那几个人，开始他还对荀谌、辛评、郭图等人不错，但渐渐地更加重用许攸、逢纪这些人，对沮授、田丰等冀州本地人袁绍本不喜欢，但他们在冀州当地影响力很大，袁绍不得不给他们面子，如此一来颍川人受到了全面冷落。

荀彧的哥哥荀谌也很有才干，在袁绍夺取冀州过程中也出过大力，袁绍开始很欣赏荀谌，后来荀谌也慢慢被边缘化了。

干大事身边不能没有几个能人，但能力扎堆也容易出事，容易互相看不上，或因争权夺利而闹不和。偏偏袁绍的领导风格是对这种内部矛盾视而不见，只要对他忠心，搞内讧他都不管。

对一个有智慧的领导来说，手下人适度的派系斗争不是什么大问题，反而是领导平衡权力的契机，但必须有个度，不能太过，太过就成了双刃剑，就会导致组织内部的不安定，形成严重内耗，关键时刻正确的主张往往得不到支持，错误的战略却屡屡被通过，这就是有小智谋却没有大智慧。

基于这些原因，荀彧觉得自己在袁绍手下干毫无前途。

在这个时候荀彧想到了曹操，荀彧也知道，近一段时间以来曹操正处于事业的低谷，但以曹操的志气和能力，只要战略运用得当，很快便能重新崛起。而曹操身边没有什么有名气的智囊，也正是吸引荀彧的最重要因素。

与后来的诸葛亮一样，荀彧投奔曹操也有着英雄所见略同的考虑，但与诸葛亮不同的是，荀彧做出这种选择必须有更大的勇气，毕竟舍弃势头正如日中天的袁绍不仅有后悔的可能，而且会遭到袁绍的报复。

经过一番思考，荀彧还是下了决心，于是带着家人离开了邺县，来到东武阳。

让荀彧感到欣慰的是，曹操以极大的热情接纳了自己。

正在渴望人才的曹操跟荀彧进行了一番长谈，谈完后曹操兴奋地说了一句：

"真是我的张子房啊（吾之子房也）！"

张子房就是张良，曹操把荀彧比作张良，言下之意自己是刘邦，太平时节说这话得夷三族，但现在世道不同了，天下需要英雄。

荀彧从此投身到曹操手下，曹操自己才是个冒牌的军长（奋武将军），没法给荀彧一个较高的职务，先让他当独立团团长（别部司马），但主要工作是帮自己出谋划策，成为曹操的首席智囊。

荀彧的离开没有引起袁绍太大的反响，袁绍不仅没有追到这里要人，也没有为难还留在冀州的哥哥荀谌，想必袁绍手下人才实在太多，多一个少一个这样的人不会引起他的关注。

或者，在袁绍看来连曹操都是他的人，荀彧在哪里干都一样，在曹操这里干事也是为他效力吧。

刘备后来三顾茅庐，请来了诸葛亮，从此一改总是失败的命运，开始转机。同样的是，荀彧来到曹操身边以后，曹操也一改败运，连打胜仗。

荀彧大概也认为，曹操现在脱离袁绍独立发展是正确选择，但当前以不与袁绍闹翻为好，名义上接受袁绍的节制，但所有战略必须按照自己的意图制定和实施，对袁绍有利也对自己有利的事干，对袁绍没利对自己有利的事也干，对袁绍有利对自己没利的事坚决不干。

好在袁绍当前正面临着北面公孙瓒方向的巨大压力，无暇顾及这边，他反而需要曹操为其在南线做一道屏障。因此，这就是一个难得的战略机遇期，袁绍不仅不会打这边的主意，还会对这边的发展给予帮助，要充分利用好袁绍的这种心态。

这个机遇期可能很短暂，等袁绍解决掉公孙瓒，马上就是另一种格局。

所以，荀彧建议应该打着袁绍的旗号大胆地去抢占地盘，可以从东武阳渡过黄河，向兖州刺史部的东郡一带发展，立足东郡，着眼兖州，如果能占有一州之地，那就有了逐鹿中原的基础。

兖州刺史刘岱是袁绍的亲戚，袁绍的妻子刘氏出自刘家，刘岱的弟弟叫刘繇，是扬州刺史，这家人为什么这样牛？因为人家姓刘，是正宗的皇室宗亲。

从刘岱手里夺兖州刺史部，这个难度未免太大，曹操之前想过，但想想也就作罢了。其实，这是有可能的，但不能去抢，需要有人来帮忙，这就是黄巾军余部。

当时大股的黄巾军还没有深入兖州刺史部，但这是迟早的事，兖州各地一定心惊胆战，现在谁能帮助他们保家卫土，谁就能得到他们的真心帮助。

黄巾军一行动就是几万人、十几万人甚至几十万人，但那并不可怕，因为这是把男女老少都算上的人数，他们习惯于仗打到哪里就把家眷也带到哪里，对付这样的敌人，一定要坚决、勇敢，绝对不能示弱。如果他们看到你的意志坚决，即便有取胜的把握，他们往往也会知难而退。

恰在这时机会来了，活跃于青州刺史部一带的黄巾军想跟西边的黑山军会合，于是集合力量向兖州刺史部、冀州刺史部一带杀来。于毒、白绕、眭固等黑山军各部也离开太行山基地，向东边的河内郡、东郡进攻，策应青州黄巾军的行动。

在荀彧等人的策划下，曹操率主力离开东武阳，推进到离战略要地濮阳不远的顿丘县，寻找黑山军进行交战。

黑山军的于毒一支见状，悄悄集结人马向东武阳靠近。

东武阳是曹操的后方基地，家属和粮草辎重都在这里，消息传到顿丘，大家紧张起来。

曹操手下的大部分人主张立即回师救援。

但是荀彧认为不必，因为东武阳兵力虽然有限，但城池坚固，守上一段时间问题不大，不如趁此机会采取围魏救赵的办法直击黑山军后方。

曹操于是置东武阳于不顾，向西北进击，直扑位于太行山南部的黑山军基地，进攻东武阳的黑山军闻讯果然撤兵，曹操刚好在路上打了个漂亮的伏击，击败了黑山军。

回师途中，又遇到了刚刚归顺袁绍又趁袁军北上而反叛的南匈奴单于于扶罗，曹操再次将其打败，给了袁绍一个很大的面子。

两场胜仗打下来，东武阳之围应声而解，堪称经典战例。

在黑山军围攻东武阳时，青州刺史部的黄巾军也向这个方向运动，总人数达到百余

189

万人。

当然，上面说过这是总人数，而非总兵力。

青州黄巾军首先进入兖州的任城国，任城国相郑遂被杀。消息传到山阳郡的昌邑，在此据守的兖州刺史刘岱决定出兵迎击，结果竟然也被杀了。

刘岱死后，兖州刺史部的8个郡国处于群龙无首的状态，面对来势汹汹的黄巾军，当务之急是推出一个有实力、有能力的领头人带领大家打退黄巾军，保护地方安全，这是兖州本地官民共同的愿望。

在兖州地方人士陈宫、万潜以及曹操的老朋友鲍信等人建议和推动下，大家一商量，认为在最近跟黄巾军、黑山军交战中，曹操的战绩最好，应该请他来主持大局，以保证兖州平安。

陈宫亲自到东武阳拜见曹操，就这样，曹操就任了兖州牧。

在汉末三国历史上，陈宫算得上一个人物。

陈宫字公台，东郡本地人，性格刚直，足智多谋，喜欢结交各路英雄，他拥护曹操，完全出于保护家乡的想法。

当时的官职要么是朝廷任命的，要么是有人表奏的，像这种由地方人士一致推举"民选长官"在各刺史、州牧、郡太守中还绝无仅有。

名不一定正，有实惠就行，曹操率部渡过黄河。

到这时曹操的地位才有了一次飞跃，成为和刘焉、袁绍、刘表、陶谦等人并列的地方大员。

就任兖州牧后，曹操继续整顿兵马，收编了不少刘岱的旧部，实力明显增强。

黑山军退回到太行山不再出来，对青州黄巾军来说，袁绍、公孙瓒在他们后面也都加紧了进攻，目的很明确，就是要把他们从自己的地盘上赶走。

青州黄巾军只能前进，没有退路，再次进入兖州刺史部境内。

青州黄巾军拿出拼死的劲头，往日一打就跑的情况不见了，与曹军展开了殊死拼杀，战斗异常激烈和残酷。

有一次，曹操率领1000多人在战场间巡视，突然遭遇青州黄巾军主力的攻击，手下一下子死伤近半，不得不撤退。为鼓舞士气，曹操亲自披甲持胄，身临一线，严明军纪，明确赏罚，士气才稍稍提高。

这场战役中最惊险的一幕发生在寿张之战中。

寿张属兖州刺史部的东平国，今山东省东平县一带，当时其附近有个很大的湖泊叫东平湖，这里是山东、河南两省交界处，是山东省通往中原腹地的重要通道之一。当时青州黄巾军气势很盛，曹操于是决定在寿张地区设下伏兵。

担任伏击的部队还没有完全集结到位，鲍信陪同曹操去察看地形，这时与敌人仓促而遇。

敌兵人多，曹操、鲍信率领部下与敌人交战，为掩护曹操撤退，鲍信拼死力战，最后竟然战死了，时年41岁。

鲍信是曹操的老朋友，也是他最忠实的战友和最可靠的盟军，对曹操充满敬佩，多次给曹操以帮助。鲍信的战死是曹操的一大损失，曹操极度伤心。鲍信死后连尸首都没有找着，曹操下令悬赏寻找，仍然没有找到，只能让人用木头刻了一个鲍信的雕像来祭拜。

此战中，山阳郡钜野县人李乾给了曹操很大支持，李乾在乘氏县一带聚合了好几千人，他率众投奔了曹操，在寿张之战中立下功劳。

曹军日后有个名将叫李典，是李乾的侄子。

曹操这边打得很苦，对手其实更艰难。

青州黄巾军打不过曹操，想出了"劝降"的一招，他们给曹操写了一封信，在信中他们先套近乎，从曹操当济南相时禁淫祠开始说起，说曹操的政治主张与他们的太平道教义其实是一致的，然后劝曹操顺应天道，不要与青州黄巾军为敌。

曹操不理，昼夜不停地发起攻击，并不断取得胜利，青州黄巾军开始撤退（*昼夜会战，战辄擒获，贼乃退走*）。

青州黄巾军向济北国方向败走，曹操指挥人马追击，青州黄巾军没有退路，只好请求投降。

曹操接受了他们的投降，就地整编，组建了一支新的队伍。

按照史书的说法，这次受降共有降卒30多万人（*受降卒三十余万*），这个数字如果没有夸张的话，那就是把不管什么样的人都算进去了，不过曹操即使在里面挑选精壮士卒去组织他的新队伍，这支队伍也很可观。

从此，"曹家军"里便有了一个专用名字，叫作青州兵，负责指挥他们的是鲍信的老部下于禁。

于禁字文则，兖州刺史部泰山郡人，鲍信起兵后就跟随着他，鲍信死后曹操把他的旧部交给于禁指挥，现在又指挥了青州兵。

打败了青州黄巾军，曹操总算喘了口气。

这一仗打得异常艰难，也充满了危险，最后双方其实拼的是信心和韧劲，曹操最后取得了胜利。

这次大胜仗奠定了曹操这个兖州牧的基础，他自然进一步获得了兖州各郡县官民的支持，从而真正拥有了立足之地。

兖州刺史部的治所原来在山阳郡的昌邑县，这里不是今山东省的昌邑市，而在山东省钜野县一带，这里距黄河太远，与曹操的后方基地东郡也有相当距离，曹操于是把大本营迁到了济阴郡与东郡相交的鄄城，仍然把战略重点放在黄河一线。

刘岱死时，远在长安的朝廷也听到了消息，任命了一个兖州刺史，这个人名叫金尚，是一个老党人。

金尚带人想前来上任，曹操当然不干，就在金尚进入州界的地方布下了兵，金尚一看打不过，跑到南阳郡投奔袁术去了。

曹操便以鄄城为中心着手对兖州各地进行治理，他在这里任用了一批本地的名士。

日后曹操手下人才济济，人才数量远远超过其他阵营，这些人才投身曹营的时间有几个重要阶段，其中己吾起兵时有一批，兖州时期有一批，迁都许县有一批，北定冀州有一批，南下荆州有一批，曹营的主要骨干大都是集中在这几个时期来到曹操的身边。

除了陈宫、于禁、李乾、李典，在兖州时期加入曹操阵营的还有程昱、毛玠、满宠、边让、吕虔、吴质等人，他们的情况以后再做具体介绍。

曹操在鄄城有了自己的大本营，他想到的第一件事，就是赶紧把夫人和孩子接了过来。

曹操的夫人卞氏以及长子曹丕、次子曹彰还在冀州，那是袁绍的地盘，这大概是让曹操最为放心不下的事。

卞氏到鄄城后，很快又给曹操生下了第三个儿子，这人就是曹植。

此时曹丕6岁，曹彰3岁，曹丕日后在回忆文章中写道，他五六岁的时候，父亲曾亲自教他射箭，使他从小就养成好弓马的习惯，说的正是在鄄城的这段生活。

五十、给老朋友上堂课

这时，远在长安的朝廷已经被李傕、郭汜、樊稠所控制。

李傕、郭汜、樊稠尽管都是武人，但也想在政治上有所作为，他们以献帝的名义下达了一个罢兵诏，要求手里有兵权的这些人都不要再打了。

初平三年（192）秋天，朝廷派太傅马日磾、交通部部长（太仆）赵岐为正副特使，从长安出发来到内地，宣达罢兵诏。

马日磾是马融的族孙，是与蔡邕齐名的大学者，而赵岐的岳父马续是马融的哥哥。

正副特使都跟马融有关，这不是巧合，是李傕、郭汜、樊稠动了一番脑筋才想出来的，罢兵诏能否得到落实，袁绍、袁术的态度很关键，而袁家跟马家是亲戚。

被董卓杀了的太傅袁隗的妻子叫马伦，是马融的女儿，也是一个才女，事迹写进过《列女传》。袁隗是袁绍、袁术的伯父，马伦是他们的婶子，算起来马日磾跟袁绍和袁术是平辈，赵岐是他们的长辈。

马日磾和赵岐是不折不扣的老官僚，马日磾年龄不详，但此时不会小于70岁，而赵岐已高达84岁了。关东联军刚起事时董卓也曾派过一个特使团去招抚和调停，结果让袁绍不问青红皂白抓起来杀了，李傕、郭汜、樊稠担心袁绍再开杀戒，干脆把他的亲戚派来，要杀要剐你看着办吧。

马特使和赵副特使从长安出发后分成两路，马日磾去南阳郡找袁术，赵岐去冀州刺史部找袁绍。

马日磾到了南阳郡，结果没找着袁术，因为这时袁术已经率部离开了南阳郡。

孙坚死后袁术在南阳郡待得很紧张，因为南阳郡说起来应该归刘表管，刘表在荆州干得风生水起，实力日渐强大，来收拾他是迟早的事。

袁术于是决定向其他地方发展，目标是目前相对没有人关注的豫州刺史部和扬州刺史部，他现在已经到了扬州刺史部的寿春。

马日磾只好又赶了上千里的路，到了寿春，见到了袁术。

马日磾向袁术宣达罢兵诏，袁术对此不感兴趣，他现在正处在抢地盘的阶段，休兵止战，以后到哪里去混呢？

但袁术也不让马日磾走，把他扣了起来。

马日磾是天子的特使，随身带有天子的符节，袁术对这个东西更感兴趣，提出借来看看。马日磾无奈只得给他看，谁知道这小子要起了无赖，只看不还。

紧接着，袁术给了马日磾一份名单，让他以朝廷特使的身份任命这些人当官，马日磾把名单拿过来一看差点儿没气死，因为这份名单上列了1000多人。

马日磾多次提出回长安，袁术不放。

马日磾又急又气，最后在忧愤中死在了寿春。

赵岐去找袁绍就幸运多了。

一来袁绍好找，就在冀州刺史部的邺县；二来袁绍的修养比袁术强，知道礼义廉耻，也知道尊重长辈。

听说赵岐来了，袁绍亲自出迎，为表示隆重，袁绍一下子迎出了几百里，还把自己阵营里的重要人物都带上，其中包括刚刚当上兖州牧的曹操。

盛情归盛情，但这么做也挺危险，如果有人趁着后方空虚给他来个一锅端，那袁绍该哭了。

这绝不是假设。

赶了几百里的路，袁绍拜见了朝廷的副特使同时也是自家长辈的赵岐，袁绍当即表示尊重罢兵诏，他还与赵岐相约，不久之后将迎接献帝回洛阳（**与岐期会洛阳，奉迎车驾**）。

要奉迎车驾回归洛阳，李傕、郭汜、樊稠不可能有这样的想法，最有可能是的赵岐出发前献帝召见他，要他向关东的诸位传达这个想法。

赵岐在袁绍这里还分别给陶谦、公孙瓒等人写了信，要求他们罢兵，陶谦问题不大，口头上一向尊重朝廷，而且这几年也相对远离是非，应该会遵从。

公孙瓒回了信，出人意料地表示他尊重朝廷，热爱和平，立即停战。不是公孙瓒觉悟提高了，而是界桥战败后他急需要休整，目前正好不想打了。

袁绍恭送赵岐返程，之后率领众属下回邺县。

袁术大约是初平三年（192）秋天离开南阳郡的。

他这个时候离开南阳郡，一方面是要到别的地方去抢地盘，另一方面他要去参加一次联合军事行动。

这场联事行动的发起人是公孙瓒，参加的人除了袁术还有陶谦。公孙瓒为了对付袁绍建立起了一个军事同盟，把袁术和陶谦拉来成为自己的外援，他约好袁术和陶谦同时发起一次会战，从各个方向一起进攻袁绍和曹操。

为了参加这次会战袁术几乎倾巢而出，不是他够铁，而是这一趟出来他就不打算再回南阳郡了。

二虎相争，必有一走。按照当时的情况，袁术被刘表挤出南阳郡是迟早的事，刘表这段时间不断进攻袁术，重点攻击袁术的后勤补给线（**断术粮道**），袁术在南阳郡别说发展，就连生存的空间也越来越小了。

所以公孙瓒招呼袁术北上，袁术干脆利用这个机会来个转场，如果能重新占领一块地盘就待在那里不走了，省得跟刘表玩命。

初平四年（193）春天，袁术亲自带兵进入兖州刺史部陈留郡境内，这里已经成为曹操、张邈的地盘，几年前他们3个人都还是很好的朋友，都在洛阳供职，公务之余想必经常小聚，现在却假装不认识，一上来就刀兵相见了。

面对不请自来的客人，张邈立即通报曹操，请求增援。

袁术为了增加这次行动的把握，还联络了黑山军和南匈奴于扶罗部，袁术跟他们未必熟，但他们听公孙瓒的，在公孙瓒的统一协调下，黑山军和于扶罗对袁术给予了响应，从西北方向为袁术助威。

袁术的前锋由刘详率领，进驻到匡亭。

匡亭的位置在陈留郡的平丘县，这里已深入陈留郡100多里，再往前就是曹操的后方基地东郡了。

曹操不敢大意，亲自率兵来迎战。

荀彧等人分析，刘详北上只是袁术的试探性进攻，可以先围住匡亭不打，看袁术下一步如何反应。

曹操采纳这个建议，将匡亭围住进一步观察形势，袁术沉不住气，率主力北上增援。

这是一个围点打援的好机会，曹操在平丘、东昏一带设下埋伏，袁军开到，双方展开激战，曹军以逸待劳，加之袁军北上的只是一部分人马，实力上也稍逊一筹，结果大败。

袁术退到封丘，此地距离关东联军会盟的酸枣不远，也在陈留郡境内，曹操挥军追赶，又将封丘围住。

对曹操来说这是一个机会，因为袁军的主力部队还未赶到，袁术孤军冒进，如果曹军行动迅速一点儿的话，有可能将封丘城围死，从而打死或活捉袁术。

但那将是一件很棘手的事，无论是杀掉袁术还是将他活捉都不符合曹操的利益，因为曹操只想把袁术赶跑就行，所以围城的时候故意留下一个缺口（未合）。

袁术倒也识趣，知道老朋友诚心放自己一马，于是顺着缺口突围逃走。

但是袁术逃出来以后停在了襄邑，此地仍在陈留郡的地盘上。

这就不够意思了，曹操又追到襄邑。

这一回袁术聪明了，他发现自己根本不是老朋友的对手，所以没等到曹操赶到，主动撤到襄邑附近的太寿。

这时袁术的增援部队终于赶到了。

自起兵以来，这次北上说起来是袁术亲自指挥的第一仗，以前打了那么多胜仗，都是孙坚和其他手下将领打的，现在一败再败，袁术脸面全失。

想到这里，袁术决定不跑了，必须来一场胜仗赢回面子，不然今后还怎么在江湖上混？

但这只是袁术的美好愿望而已。

围攻太寿虽然不像前几次那么容易，曹军仍然取得了胜利，他们采取的办法是掘开附近的河渠，来了个水淹太寿（决渠水灌城）。

袁术不敌，放弃太寿，逃到宁陵。

襄邑和宁陵都与己吾相距不远，曹操曾在这一带募兵，这里是曹操事业的起点，曹操带兵再次追来。

袁术彻底在兖州刺史部没法待了，干脆向南面的扬州刺史部逃亡。

由匡亭到宁陵一共五战五捷，曹操开始显示出一名军事家的风采，他现身说法地给老朋友上了一堂军事课，把袁术打服了。

曹操的胜利来自在实践中的磨炼和个人超凡的天赋，也和荀彧等一批智囊的加盟有关。

雄心勃勃的袁术深受打击，这位仁兄一向很自负，但亲自带兵打仗居然水平这么差，如丧家犬般一路奔命。从此袁术心中的雄图大志锐减，不再奢望吞并中原、一统天下，到了扬州刺史部，就在寿春住了下来，能偏安于淮南一隅他已经很知足了。

逃到了寿春的袁术一直想不通一个问题，在他跟曹操浴血奋战的时候，另外两个哥们儿干吗去了？

其实公孙瓒和陶谦都没有失约，公孙瓒一边与袁绍艰苦对抗，一边派他任命的兖州刺史单经、平原国相刘备等人南下，配合袁术的行动，单经率部进驻平原国，刘备率关羽、张飞、赵云等人进驻高唐县，这个县也在平原国境内，但正好位于东郡的北部，其中高唐县距东郡的东武阳、东阿等地都不远。

刘备是怎么来到公孙瓒手下的呢？

当初刘备弃官之后无处可去，听说老同学公孙瓒在幽州干得很大，于是投奔了老同学。那个时候公孙瓒刚被朝廷升为奋武将军，他接纳了刘备，任命刘备为别部司马。

公孙瓒不断向南扩展，刘备当过平原国的高唐县令，于是被公孙瓒又派回平原国，先是继续担任高唐县令，后升为平原国相。

单经和刘备在北面，南面的陶谦也有所行动，史书记载他亲自率主力进驻到了发干。

但是，如果对照着地图看一下，这似乎又不可能。

发干县属东郡，距曹操的后方基地东武阳才几十里路，身为徐州牧的陶谦能否离开徐州，越过多个敌占区，到千里之外的发干县来，这是很大的疑问。

也许发干县确实有徐州的小股部队，但不是陶谦本人率领的。

陶谦如果配合袁术、公孙瓒的行动，可行的方案是攻击徐州的北邻，即兖州刺史部的泰山郡、任城国、东平国、山阳郡等地，给曹操制造麻烦，从后面的事态发展看，陶谦确实也这么做了。

这是一场精心策划的大会战，主战场就是曹操刚刚接手的兖州刺史部，它的北面、南面和东南面同时受敌。

从人数上说曹操明显处于劣势，袁绍虽然可以给他一些支援，但保卫兖州主要还是靠自己。

本来曹操凶多吉少，但却被他轻易就化解了，兖州不仅没丢，而且更加巩固，战役的来龙去脉有些复杂，以至于史书上对这件事也记载得只言片语。

除了曹操高超的军事指挥和曹军将士英勇善战之外，还有一个重要因素帮了曹操的忙，这就是时间差。

作为一次联合军事行动，必须在时间、地点等方面都达到协同和默契，北路的单经和刘备抵达预定地点后，袁术的队伍还在路上，这样曹操在袁绍的支持下，很从容地先解决了北面之敌，他们主动出击，把刘备和单经击退。

单经撤走，刘备退保平原国，这场会战的发起方公孙瓒方面事实上首先退出了联合作战。

曹操一路追击袁术的时候陶谦本可以帮忙，但一来路途还是有点远，二来陶谦想保存实力，抱着先看看再说的想法，想等到曹操和袁术消耗一阵再上前帮忙。

但让陶谦吃惊的是，呼声一向很高的袁术军事才能如此之差，被曹操一路打来没有任何招架之功，只有逃命的份儿。看到此情此景，陶谦放弃了增援，瞎咋呼一番，就算也参加了会战。

就这样，这场针对兖州的大会战被曹操轻易瓦解。

打退了公孙瓒派来的单经、刘备。

打跑了野心勃勃的袁术。

吓走了见机行事的陶谦。

五十一、又一场灭门惨祸

打退袁术的进攻，曹操顺势扩展了地盘。

兖州刺史部州域范围大致是今山东省西南部、河南省东部及江苏省的西北角，下辖东郡、济阴郡、陈留郡、任城国、山阳郡、东平国、泰山郡、济北国等8个郡国，现在东郡、济阴郡、山阳郡、任城国已被曹操直接控制，陈留郡太守张邈、泰山郡太守应劭也听从曹操的调遣，剩下的济北国、东平国处在和公孙瓒拉锯的状态。

曹操担任兖州牧后把东郡太守一职交由夏侯惇来代理，命他驻守在黄河岸边的战略要地濮阳，他自己驻守在鄄城，以这两处要地为基点，他已经基本上控制了兖州刺史部。

曹操命令队伍休整一段时间，认真思考下一步朝哪个方向发展。

北边是袁绍，往东以及东北方向目前是公孙瓒的地盘，不可能有发展的空间；往西是残破不堪的司隶校尉部，人口大量外逃，稍大一点的城市都成了废墟，又处在各种势力的交会之处，别说不好占，就是占住了也没法待；只有南边以及东南方向适合发展。

这个方向是徐州刺史部，对手是陶谦。

陶谦是个不好对付的人，他在西北打过仗，能带兵，有些谋略，手下也有不少能人，经营徐州好几年了，有很强的实力。

曹操跟陶谦之前没有正面交过手，也没有打过交道，在大的战略格局里，陶谦属于袁术、公孙瓒阵营，而自己属于袁绍阵营，双方的敌对关系已经形成。

这段时间曹操的目光一定会常在地图上的兖州刺史部与徐州刺史部交错的几个郡县间游走，他在寻找进攻的具体目标和契机。如果他的目光停在徐州刺史部最北面的琅邪国附近时，一定会想起来这里是他的夫人卞氏的老家，它东邻大海，远离中原，是个避乱的好地方。

曹操这时真的盯着琅邪国看的话，他的心里也会突然一惊，他应该想到，父亲曹嵩等一家几十口人此时还正在那里。

己吾起兵后，除弟弟曹德外，曹氏以及夏侯氏兄弟们纷纷离开家乡追随自己来了，曹家在谯县十分不安全，之前提到过，曹嵩在一两年前带着在谯县的曹家人去了琅邪国。

面朝大海，春暖花开。

即便是现在，原属琅邪国的今山东省日照市一带仍然是内陆的河南、河北、安徽以至陕西人到海边买房居住的首选地之一。但曹嵩一行到这里不是为了欣赏大海，而是来避难的，当时从中原地区到这里避难的人还有不少。

之所以选择这里，与卞氏的老家在此有一定关系，卞氏的老家开阳县是琅邪国的治所，曹家人来琅邪国应该就住在开阳县一带。

与一般逃难的人家不同，曹家人非常富有，尽管刻意保持了低调，但从他们的吃穿住行以及随行带来的众多仆人等方面也能看得出来。

不管怎样，琅邪国是陶谦的地盘，真要跟陶谦打起来，父亲他们留在琅邪国就成了陶谦现成的人质，开战之前必须先把他们从那儿接出来。

琅邪国紧邻兖州刺史部的泰山郡，曹操派人到琅邪国通知父亲准备离开，同时命令泰山郡太守应劭派兵接应，把父亲一行接到鄄城来。

但是，有人却抢先了一步，把曹嵩等数十口人杀得一个不剩，制造了一起血案。

关于这件事史书记载比较混乱，情节扑朔迷离。

一个说法是，凶手是陶谦派去的，曹操想到的事陶谦也想到了，他也派人去了琅邪国，但在那里扑了个空，曹嵩一行已经离开了，他们于是追赶，在泰山郡的华县一带追上，曹家人在这里等应劭来接应，还以为是应劭的人，没有防备，结果全部被杀。

根据这个说法，曹操的弟弟曹德先去开的门，被陶谦的人杀死在门口。曹嵩闻讯感到恐惧，跑到了后院想翻墙逃生，他还带着一个比较喜欢的妾，按后代的称呼曹操应该叫她姨娘，曹嵩想带着她一块逃。

曹嵩让这个妾先翻墙，但这个妾很胖，怎么都翻不过去（先出其妾，妾肥，不时得出）。他们于是躲进厕所里，结果被发现，一同被害。

跟随曹嵩的家人全部被杀（阖门皆死）。

另一个说法是，那些杀害曹家人的凶手不是陶谦派来的，而是陶谦手下的一个将领，此人当时驻扎在距事发地华县不远的东海郡的阴平，他手下的士兵听说曹家人很有钱，就在路上设伏，在华县、费县一带把曹嵩等人杀了，这个将领的名字史书没有记载。

还有一个完全不同的说法，说陶谦听说曹嵩想儿子，就派部将张闿带领200人护送，曹家人很有钱，值钱的东西就装了100多车，张闿等人见财起了异心，在华县、费县一带将曹嵩等人杀了，抢光了东西，跑到淮南去了。

这些说法各不相同，而陶谦在其中扮演的身份也各不相同。

按照第一个说法，陶谦就是直接凶手；按照第二个说法，他是间接凶手；按照第三个说法，他却是个好人，想办件好事，发生这样的事他也很无辜。

为什么会有这么多不同的说法？根本原因是杀人者来了个集体灭口，没有留下幸存者。没有见证人，很多事就说不清楚了。

几百年后这件事给司马光出了道难题，他在给皇帝编《资治通鉴》，不能把这一堆乱麻都端出去，必须有个明确可信的说法，于是他经过慎重分析，对这件事给予这样的记述：

"前太尉曹嵩到琅邪国避难，他的儿子曹操命令泰山郡太守应劭去接他。曹嵩随行有各种辎重车100多辆，陶谦手下有一个部将守在阴平，当兵的渴望得到曹嵩的钱财，在华县、费县之间设下埋伏，杀害了曹嵩等人（士卒利嵩财宝，掩袭嵩于华、费间），一同被杀死的还有曹嵩最小的儿子曹德。"

按照这个说法，陶谦跟整个事情没有直接关系，没干坏事也没有做好事。

应该说这个说法是有道理的，陶谦干好事的可能性确实不大，要说是他派的兵，追上曹家人之后应该把他们抓回来当人质，而不是全部杀害。

这是近年来发生的第二场灭族惨案，袁绍一家几十口刚刚被杀，现在又轮到了曹操。

消息传到兖州，曹操几乎不敢相信，他简直要气疯了。

自起兵以来父亲整天担惊受怕，不敢待在谯县，远避琅邪国，如今又举家命丧，说起来这一切都是自己造成的。

曹操除了悲伤、愤怒，还有深深的自责。

泰山郡太守应劭是朝廷任命的官员，也是当时一位著名的学者，他写过一部叫《风俗通义》的书，至今都是研究汉代民俗的重要著作。虽然这事与他无关，但他害怕曹操追究他的责任，于是弃官而逃，后来去了袁绍那里。

曹家没有一个人能够活着回来，应劭又跑了，曹操无法了解事件的整个经过，不过曹操肯定会认为，这件事一定是陶谦干的。

这么大的事，只有陶谦能做，也只有他敢做。

曹操本来就要跟陶谦刀兵相见，现在不用再找理由了，曹操迅速调整了计划，命令部队停止休整，全部进入战备状态，他要亲自领兵杀往徐州，找陶谦报仇雪恨。

可是，还没等曹操的复仇行动展开，陶谦先动了手。

初平四年（193）夏天，中原及华北地区出现了罕见的自然现象，正值炎夏，却刮起了寒风，像冬天一样（寒风如冬时）。这种神奇的自然现象鼓励了那些想造反或者正在造反的人，在他们看来这是天亡刘汉的又一明证。

徐州刺史部下邳国一带原本就有个叫阙宣的人领头造反，响应他的人很多，当他看到上天也出来惩戒当权者时，于是不再客气，自称天子，与长安的献帝分庭抗礼。

当时敢造反不算什么本事，而敢于自称天子那绝对勇气可嘉。

北有强敌曹操，随时要来复仇，内部又出了个不要命的阙宣，陶谦头很大。不过他有办法，他不去讨伐阙宣，而是跟他联起手来。

阙宣自称天子，是大逆不道、夷三族的人，跟他联手等于造反，为此刚刚接受了徐州牧头衔的陶谦耍了个两面派，一方面派人跑到长安向天子宣誓效忠，誓死讨伐叛逆，另一方面私底下跟那位自称天子的人称兄道弟。朝廷太远，就是不相信也没办法，陶谦既得到了名分，又增强了实力。

曹氏血案发生后，陶谦知道和曹操的一场决战不可避免，他这时候倒不太紧张，因为他有把握打败曹操。

作为一个老牌军人，一个在地方上深耕多年的实力人物，造反称王的人都搞得定，一个刚出道的曹孟德应该不在话下吧？

所以，曹氏血案发生后，作为最大的犯罪嫌疑人，陶谦没有派人去曹操那里解释，也没有向曹家人表示哀悼和慰问，直接出兵了。

自信满满的陶谦指挥人马进攻兖州刺史部。

兖州刺史部的南面和东面与徐州刺史部相邻，陶谦进攻的方向是东面，主战场是兖州刺史部的泰山郡。

泰山郡本来就不是曹操势力的核心区域，应劭弃官逃走后这里一时又群龙无首，泰山郡很多地方都被陶谦占领了，附近的任城国的一些地方也相继失守。

面对陶谦的先发制人，曹操立即兵分三路给予还击。

一路由夏侯惇统领留守兖州刺史部，重点是鄄城、濮阳、定陶、东武阳等战略要地，荀彧、程昱留下来协助他。

另一路由曹仁率领，由东郡的北部进入东平国、任城国，进而到泰山郡迎击那里的徐州军。

还有一路由曹操亲自率领，由济阴郡南下，进入已为陶谦所控制的豫州刺史部沛国的北部，进而攻击徐州刺史部的彭城国、下邳国等地，直捣陶谦的大本营郯县。

曹操的策略是以偏师对抗陶谦在东边的主力，而将自己的主力向敌人防守相对薄弱的南边发动进攻，对于已失去先发优势的曹军来说，这不失为一个正确的选择。

对手毕竟是陶谦，结局无法预料，曹操甚至做出了最坏的打算，离开鄄城前他告诉夫人卞氏说："我如果回不来了，你就领着孩子们到陈留郡投奔张邈吧（我若不还，往依孟卓）。"

初平四年（193）秋天，曹操的反击战开始了。

陶谦的主力都在东面，曹操亲自率领的南面这一路势如破竹，一口气拿下兖州刺史部南部十几座被陶谦占领的城池，直逼徐州刺史部境内的战略要地彭城。

陶谦完全没料到曹操会来这一手，放着东面不管出击南面，这就像两个人格斗，一个人举枪刺向对手的喉咙，按照人的本能反应，应该举刀去挡，但对手却没有，放着咽喉不管，一刀奔着对方的胸脯就去了。

这是自杀式打法，比的是谁更狠。

陶谦没有曹操心理强大，于是从东面撤军，亲自率主力到南面战场迎敌，双方在彭城一带展开了激战。

彭城即今江苏省徐州市，这是一座古城，也是一处古战场，400年前刘邦和项羽曾在此有一场大战，结果刘邦完败，项羽险些把刘邦生擒。

彭城四周虽然被大小不等的丘陵、高地所环绕，周边还有泗水、汴水在此交汇，但交通却十分发达，东汉时有一条起自洛阳的东方大道，基本走向在前半段约沿着现在的陇海铁路，后半段约沿着现在的京沪铁路，彭城就是这条大道上的交通枢纽，自古以来都是兵家必争之地。

曹操与陶谦的彭城之战没有楚汉相争时打得那么惨烈，战事呈现出一边倒的态势，曹军大胜。

陶谦向东撤退，退到郯县。

曹操攻克彭城后又率军东进，直扑郯县。

郯县属徐州刺史部的东海郡，今山东省临沂市的郯城县，是山东省最南边的一个县，这里是当时徐州刺史部的治所，陶谦的大本营。

陶谦退无可退，组织人马与曹军殊死一战。

双方在郯县以东的武原县又进行了一场恶战，曹军再次取胜，攻占了武原县，之后兵临郯县城下。

从鄄城出发到郯县，直线距离已有上千里，曹军远道而来，虽然节节胜利但自身消耗也很大，士卒减员，战斗力下降，对方又拼命死守，曹军攻城不克。

郯县难攻的原因还有一个，城里来了生力军，公孙瓒派来的刘备。

陶谦开始并没有把曹操放在眼里，本想一举把兖州荡平，没想到曹孟德这么厉害，眼看郯县危急，他赶紧派人向盟友公孙瓒求救。

对陶谦的求救公孙瓒不能不管，袁术被打跑后陶谦是他在南面能引为外援的主要盟友，陶谦如果再被消灭，公孙瓒对袁绍、曹操南北夹击的战略就要落空，所以公孙瓒命令距离徐州刺史部最近的青州刺史田楷、平原国相刘备驰援郯县。

刘备带着关羽、张飞等人率先到达郯县，他只带来了1000多人，随他而来的还有一些从幽州刺史部乌桓族骑兵以及数千难民，那阵势不像是来帮忙打架的，倒像是来吃大户的（自有兵千余人及幽州乌桓杂胡骑，又略得饥民数千人）。刘备这个平原国相当了也有三四年了，手下才这么点儿人，看来混得也不怎么样嘛。

但事情不是这样的，刘备在平原国干得挺不错，很受百姓的爱戴，事业发展得也很顺利，手下至少有好几千人马，不久前与平原国相邻的北海国相孔融被农民起义军围攻，孔融派人向刘备求援，刘备二话不说，一次就派去了3000人马。

公孙瓒此番派刘备南下增援陶谦，没有让他把人都带走，一来不想真给陶谦帮太大的忙，二来防着刘备一去不回了。

不过这好歹是生力军，兖州军和徐州军已经打了几个月都很疲惫了，郯县因为有刘备的加盟，防守力量有所增强，更主要的是气势得到了回升，所以尽管曹洪、夏侯渊等人亲自督战，试图一举拿下郯县，但猛攻了几次城，都没能攻下。

对曹操来说，长期围城是不现实的，因为这里是在敌占区，敌人是守城，而且后援也会逐渐聚集，而自己队伍将面临后勤补给方面的难题。

考虑到这些情况，曹操决定放弃攻城，回师兖州。

五十二、找顶钢盔戴头上

这时已经过了年，远在长安的献帝下诏改年号为兴平。

兴平元年（194）春天，曹操结束了为期近半年的第一次远征徐州之战回师鄄城，陈留郡太守张邈亲自到州界迎接他们凯旋，想到出征时未卜生死、以家室相托付的情境，两位老战友不禁很动容，都流下了热泪（垂泣相对）。

看到这种情形的人，肯定会为两个人的深厚友谊所感动，但大家不知道的是，曹操的眼泪是真的，张邈的眼泪却很勉强。

不久前，曹操还在徐州浴血奋战时张邈偷偷地见了吕布，在陈留郡吕布受到了张邈的热情款待，他们谈得很投机，但谈话内容谁也不清楚，只知道等到吕布要走的时候二人已经有点难分难舍了，还秘密约定了什么（临别把手共誓）。

作为知名度很高的敏感人物，吕布没有在张邈那里久留，他离开陈留郡后去了哪里也不太清楚，可能暂时投奔了张杨，也可能四处打游击，他在等待着和张邈约定的那件事。

哪件事？当时谁也不知道。

曹操回到鄄城，还没有来得及好好休整一下，突然接到了袁绍的一道密令，让他杀了张邈。

曹操、张邈都是一个阵营里的，袁绍是他们的首领，袁绍下达这道密令，不仅突然，而且很奇怪。表面上的原因可能是袁绍听说吕布来过张邈这里，二人有密谋，所以让曹操除掉他。

还有一点，张邈和袁绍之间最近关系也很紧张，张邈有侠士性格，比较仗义，曹操当年只身来到陈留郡，如果没有张邈的帮助什么都做不成，张邈待曹操很仗义，只要是朋友，帮人就帮到底，这与韩馥等人形成了鲜明对比。但张邈又是个直脾气，张邈很欣赏臧洪，原因就是在这方面二人脾气相投，都属于敢恨敢爱也敢说的人。

袁绍当了盟主后流露出骄傲自满（有骄色），张邈心直口快，说过他（邈正义责之），让袁绍在众人面前下不了台，得罪了袁绍，袁绍很不高兴。

基于以上两个原因，袁绍给曹操下达那样的密令也是可能的。

但是，这还不是更深层次的原因，袁绍要杀张邈，除了对张邈的不满，也有向曹操下手的意味，有一箭双雕的考虑。

凡是同盟，一般都不希望对方太弱，但也不希望对方太强，太弱帮不上忙，太强则不好控制，袁绍看曹操和张邈，就是这样的心态。

曹操和张邈替袁绍缓冲着南线袁术、陶谦造成的压力，让袁绍在北面可以放手与公孙瓒作战，这一点他很满意。

但是近一段时间以来，曹操和张邈的势力发展得都很迅猛，尤其是曹操，先得了东郡，继而又得了几乎整个兖州刺史部，陶谦那样的猛人都被他打得抱头鼠窜，差点全军覆没，照这样发展下去，徐州刺史部迟早也是曹操的。

还有张邈也不一般，他虽然只是个郡太守，地盘也只限陈留郡，但号召力很强，又善于找机会，别人都在大打出手时他一直埋头扩充实力，据陈宫在一次谈话中透露，此时张邈已拥有"十万之众"，这个数目可能有水分，但即使打个5折那也相当可观了。

按照这样的分析，袁绍突然密令曹操杀掉张邈，动机就不一般了。

因为要解决张邈不是派几个人到张邈营帐亮一下逮捕证就能把人带走的，先得解决掉张邈的"十万之众"。袁绍的这道密令说白了就是让曹操和张邈火并，无论最终谁胜都将两败俱伤，两个人正在上升的势头都将中止。

袁绍肯定想过曹操未必会接受他的这道命令，不是曹操不忍心下手，而是曹操识破了他的阴谋，同时也不会认为自己有吃掉张邈的把握，但没有关系，袁绍还有一手，他把给曹操的密令故意泄露出去，闹得社会上沸沸扬扬，目的是让张邈知道，这个直筒子不像曹操那么有城府，说不定会先动起手来。

这样狠的招袁绍自己未必想得出来，但此时他手下云集了许攸、审配、逢纪、荀谌等策反专家兼忽悠高手，想出这样的计策来并不费劲。

曹操果然置之不理，但不幸的是张邈中招了。

曹操对张邈的看法很单纯，张邈对曹操的感情却是复杂的。

从朋友的角度看，张邈跟曹操的关系处得不错，张邈比较讲义气，够朋友，对曹操也多有帮助，二人不说两肋插刀，至少也互相敬重。曹操托付卞夫人自己一旦出事就去投靠张邈，这种以家室相托的情谊不是假的。

但曹操来到兖州后跟张邈在地位上出现了反差，过去曹操在张邈的帮助下才有了立足之地，在张邈眼里曹操不说是他的下属最少也是平级，但很快曹操就出任了兖州牧，成了他的顶头上级，张邈心里多少有些不是滋味。

张邈与袁绍的矛盾逐渐公开，在张邈眼里曹操和袁绍的关系一直很铁，现在已经有了不少风言风语传到张邈耳朵里，张邈担心曹操顶不住袁绍的压力，迟早会向自己动手，张邈为了自保，产生了向曹操先动手的念头。

张邈的想法得到了陈宫的支持。

作为兖州本土派人士的代表，陈宫当初力推曹操为兖州牧，想的是引进一个强人来保卫自己的家乡。曹操确实是一个强人，袁术被他打败，陶谦也不是他的对手，但陈宫并不喜欢，因为曹操不仅是强人，而且太招事。

曹操就任兖州牧以来战事就不断，袁术打上门来当然该还击，但打跑就行了干吗还要追？陶谦挑事，把他拒于州境之外也就行了，干吗要深入徐州上千里，打到陶谦的家门口？这样的战略不符合兖州本土派的利益，陈宫在心里坚决反对。

前线一开打，后方就得供人、供粮、供支前，曹操让陈宫在后方搞后勤，陈宫感到给家乡人民造成的负担很重，思想压力很大。曹操打仗为的是他自己的事业，干吗让兖州人为他买单？陈宫想不明白。

陈宫也逐渐坚定了一个决心，一定要把曹操赶走。

张邈害怕袁绍和曹操加害自己，陈宫一心想把曹操赶走，二人一拍即合，他们的预谋或许开始的时间更早，甚至在曹操征徐州归来垂泣相对时已经有了，吕布的陈留郡之行就是这个预谋的一部分。

兴平元年（194）春天，曹操再次南征徐州。

鉴于上次征徐州时虽打到郯县城下，却没有组织力量攻城，致使整个行动没有达到预期目标，这次再征徐州曹操做了大量的准备工作，他不仅将能抽调出来的人马悉数带上，而且向冀州的袁绍请求增援。

袁绍倒也爽快，派朱灵率部前来听曹操指挥。

朱灵字文博，冀州刺史部清河郡人，后来成长为曹军中的名将，他这次带来的有三营人马。

当时正规军编制一般有部、曲、屯、队、什、伍六级，没有营。朝廷中央军之一的北军有五营，每营有1000多人。如果袁绍派来的援军是参照北军进行编制的，3个营应该是四五千人吧。

曹操留下夏侯惇、荀彧、陈宫、程昱等人分率不多的守军留在兖州，其他人都随他出征。曹操和手下大多数人的家眷都在鄄城，由荀彧、程昱留守；夏侯惇驻守在黄河上的重要渡口和战略要地濮阳；陈宫负责处理地方日常政务，并督办粮草，为前线提供后勤支持。

在曹仁的建议下，曹操这次改变了主攻方向，派少部分人马由兖州刺史部的济阴郡、山阳郡向徐州刺史部的彭城国、下邳国方向佯攻，而主力部队绕到泰山郡，攻击徐州刺史部北面的两个郡国，即琅邪国和东海郡，陶谦的大本营郯县就在东海郡。

这个进攻路线和上次刚好相反，上次偏师在东、主力在南，这次偏师在南、主力在东。这样的进攻路线可以避开陶谦重兵把守的彭城防线和下邳防线，攻击其相对薄弱的北部地区，并且可以直捣其大本营，令陶谦措手不及。

曹军还会进攻，这一点陶谦想到了。

但哪个方向是主攻，陶谦却猜不出来，上次搞错了敌人的主攻方向，结果吃了大亏。

每遇大事陶谦都要先问问他手下的著名佛教徒笮融，陶谦把笮融找来，问他这次曹军会从哪个方向主攻，笮融煞有介事地说要问问佛，结果昏天黑地弄一通，告诉陶谦说，曹操会从北面来。

陶谦深信不疑，把重兵摆在了徐州刺史部北部的彭城、下邳一线，结果又吃了亏。

曹军主力突然从东面的泰山郡杀出，防守在徐州刺史部北部的陶谦主力始料不及，琅邪国的5座城池先后被曹军攻占，曹军攻下这几个地方以后大搞破坏活动（多所杀戮，所过残破）。

这5座城池应该是琅邪国东南部的缯国、即丘、开阳、临沂、阳都等地，其中开阳是琅邪国的治所，是曹操夫人卞氏的老家，而阳都县一般认为是今山东省沂南县，是诸葛亮的老家。

陶谦赶忙调集人马，准备应战，同时派人给刘备送信，让他火速增援郯县。

上次保卫郯县的战斗结束后刘备没回青州，而是留了下来，陶谦表奏刘备为豫州刺史，增派了4000名丹杨兵给他，让他驻扎在小沛。

小沛是汉代对沛县的别称，即今江苏省沛县，当时属豫州刺史部的沛国。这里虽然与徐州刺史部的彭城国近在咫尺，却是豫州刺史部的地盘，这让刘备这个豫州刺史倒也多少有些实至名归。

陶谦对刘备如此优待，甚至不惜拿出自己最嫡系的家乡兵补充刘备的实力，做的不是亏本的买卖。陶谦看中的是刘备的能力，从而对他寄予了厚望，希望他能替自己抵挡曹操。

小沛的位置很微妙，它属于豫州刺史部的辖区，却远离豫州刺史部的中心地带，像一把剑插在了兖州刺史部和徐州刺史部的中间。

陶谦又送官又送人，说白了就是想让刘备给他当盾牌，曹军一旦来攻，自己好有一个缓冲区。这个思路后来刘备、吕布也都用过。吕布走投无路时投奔刘备，刘备如法炮制，让吕布守小沛给他当盾牌。有趣的是，后来刘备被吕布暗算，也走投无路，反过来投奔吕布，吕布一样把他安排在小沛，作用仍然是盾牌。

若干年后，仍旧走投无路的刘备南投刘表，刘表接纳了他，把他安排在新野，那个地方处在曹操和刘表势力的接合部，是小沛的翻版，刘备依然是盾牌。

盾牌相当于钢盔，在这么乱的世道里，给自己整一个戴在头上，睡觉都能踏实些。

刘备屯驻小沛期间纳本地人甘氏为妾，他的正妻名字无考，只知道他的几任正妻都死了（数丧嫡室），并且他的生育能力好像也有问题，至少到现在也没有儿子，甘夫人后来到荆州后给刘备生下了后主刘禅，刘备称帝后封她为皇后。

现在，曹操率军从琅邪国攻入东海郡，直逼郯县城下，而刘备率所部也从小沛赶到了，陶谦命手下将领曹豹率军出城与刘备会合，在郯县东郊与曹军展开激战。

战斗在郯县附近的沂水两岸展开，虽然对于这场战斗没有留下更多的文字记载，不过仍然可以推测出双方的参战阵容：曹操方面应该有曹仁、曹洪、曹纯、夏侯渊以及还是基层军官的史涣、典韦、乐进等人；刘陶联军方面，应该有关羽、张飞、赵云以及曹豹等人。

曹操和刘备亲自指挥了这场战斗，以后他们直接交手的战斗或战役还有很多场，像大多数情况那样，胜利的一方属于曹操，曹军占领了距郯县以东仅40里的襄贲。

有了落脚点，曹军攻打郯县就更方便了。

困守在郯县城里的陶谦日子很难过，让人把笮融找来问问这是怎么回事，下面的人回来报告笮融早已不知去向，陶谦气得要死。

派人一查，发现笮融前几天已经领着手下人以及平时的信徒共1万多人逃往广陵郡。陶谦气得要命，却又无可奈何。

眼见曹操大兵压境，陶谦也想一走了之，他也想学笮融，撇下徐州不管了，溜回丹杨郡老家养老去（谦恐，欲走归丹杨）。

如果没有后面发生的事，陶谦还真就那么做了。

关键时刻曹操那边出了大事，曹操只得再一次撤兵了。

五十三、只剩下三座孤城

曹操在前线和陶谦的人马打得难解难分，陈宫认为时机来了。

曹操留荀彧、夏侯惇、陈宫等人守兖州，陈宫的主要工作是负责督办粮草，他找了个借口，亲自赶到了陈留郡。

陈宫到陈留郡跟张邈一商量，决定马上动手。

他们派人把吕布再次请来，商量如何行动。

吕布再一次秘密潜回兖州，张邈看到吕布，灵机一动，想要个花招，在正式起事前不费什么事把荀彧、夏侯惇解决掉。

张邈派手下一个叫刘翊的人到鄄城，告诉荀彧说吕布将军听说曹将军攻打陶谦，特来帮忙，请提供粮草。

如果城里的人信以为真，吕布大摇大摆地进了鄄城，那鄄城不攻自破，曹操的大本营就没了。

但这只能算小聪明，骗不过荀彧的眼睛。

吕布的政治立场已基本明朗，他倾向于袁术一方，虽然帮袁绍打过仗，但目前是袁绍要抓的人，曹操是袁绍的盟友，吕布怎么能帮助曹操呢？

张邈要想背后给曹操来一刀，最有效的方法是突然发动袭击，同时攻占鄄城、濮阳等战略要地，虏获曹操等人的家眷，生擒或杀死荀彧、夏侯惇等人，则兖州的其他地方可不攻自破。

刘翊去了趟鄄城，目的没达到，反而给荀彧报了信。

张邈和陈宫的异动让荀彧马上判断出情况有变，张邈可能已经反叛，吕布也来到了兖州，情况十分危险。

荀彧迅速做出两项对策：一是派人火速前往徐州前线给曹操报信；二是派人通知夏侯惇放弃濮阳，率所部到鄄城会合，固守待援。

这两项对策都完全正确，曹操留在后方的人马有限，张邈、陈宫敢造反，肯定已经联络了兖州的各郡县，曹操虽然是兖州牧，但由于上任时间太短，大部分郡县不一定听他的，所以必须集中起兵力，固守待援。

还有一点也很重要，荀彧虽然是留守后方的总负责人，但他来曹营时间还不长，正式职务不过是个司马，夏侯惇军职比他高，是个折冲校尉，还兼着东郡太守，夏侯惇到鄄城对统一号令留守的曹军十分重要。

夏侯惇接到荀彧的情况通报大吃一惊，如鄄城丢失，怎么向大哥交代？

夏侯惇立即点齐所部人马，放弃辎重，轻军前往鄄城。

然而，半路上又遇到了险情。

吕布到陈留郡后和张邈、陈宫商议下一步的行动，决定分兵两路，一路由张邈、陈宫率领攻打鄄城，一路由吕布率领去取濮阳。

他们也想到了夏侯惇会和荀彧合兵，如果抢先拦住夏侯惇，让他进不了鄄城，那迅速攻下鄄城的把握就更大了，所以决定出兵阻挡夏侯惇。

吕布手下有一些人马，张邈又给吕布增了兵，吕布率领这支人马往濮阳方向开来。

吕布率领人马来到濮阳和鄄城之间的地方，夏侯惇的人马还没有通过此地，吕布便在这里设下埋伏，准备给夏侯惇来个以逸待劳。

听说要打仗，大概大道上都是逃难的百姓，看到这种场景，吕布临时来了创意，他安排人想诈降夏侯惇（遣将伪降）。

这个计策竟然得逞，正觉得人手不够的夏侯惇听说有人来投，很高兴，亲自跟他们说话，结果被吕布的手下趁机给劫持了（共执持惇）。

曹军将士完全没有防备，一下子傻了。

主将被劫持，这种事还没遇到过，大家都不敢向前。

眼看吕布的计策大功告成，可以不战而屈人之兵。这时曹军中出来一个人，样子像是一个头目，他让人守住四周，然后严词道："你等凶逆之徒，竟然敢劫持我家将军，你们还想不想活？我们受命讨贼，怎么能因为个人原因而废了军法，去纵容你们呢（宁能以一将军之故，而纵汝乎）？"

这个人说完，又对夏侯惇流着泪说："这是国法，我等无可奈何！"

说罢，立即指挥人发动攻击，完全置夏侯惇的生死于不顾。

这一个举动十分突然，吕布的手下没有思想准备，按照他们原来的计划，劫持夏侯惇后如果能让他下令放下武器最好，如果夏侯惇宁死不肯，就采取拖延的办法，装扮成打家劫舍的散兵，勒索钱物，实际目的是迷惑敌人，待吕布的大队人马赶到这里。

万万没料到曹军中还有更生猛的人，敢置长官的性命于不顾，危急时刻一点儿都不含糊。

转眼一场乱战，夏侯惇竟然脱险，吕布的手下全部被杀。

曹军中那个临阵不乱的头领名叫韩浩，字元嗣，司隶校尉部河内郡人。天下大乱后韩浩的家乡匪寇横行，他聚起百姓保卫乡县，被河内郡太守王匡召为从事，韩浩随王匡参加了关东联军与凉州军的作战。

韩浩的舅舅杜阳任河阴县令，被凉州军抓了，对方以此来要挟韩浩，想让他投降，韩浩不从。后来王匡死了，很多旧部各奔前程，韩浩辗转来到了兖州参加了曹军，被派到夏侯惇手下。

随后，夏侯惇与吕布指挥的两军相遇，展开了一场厮杀。

这场仗双方都没有用心打，因为他们心里都惦记着别的事。

夏侯惇惦记着鄄城的安危，也不知道那里情况怎么样，只想早些脱身。吕布心里惦记着濮阳，因为那可是黄河沿线一个响当当的重镇啊！

后世对长江更看重，长江可以通航，沿江的各大重镇都是天下举足轻重的要地。但至少在汉代以前，黄河沿线比长江沿线更繁盛，黄河中下游的河段基本上都能通航，沿线的重要城市如洛阳、朝歌、怀县、濮阳、东武阳等名气更大。

濮阳一带历来市商繁荣、农事发达，是南北要津、中原屏障，也是兵家必争之地，晋文公在此退避三舍，春秋时期诸侯10多次在此会盟，被誉为战神的吴起就是濮阳人。

占领濮阳就拥有了一块很有分量的地盘，对于到现在仍然四处流浪的吕布来说，这里充满了诱惑。

吕布下令率先脱离了战斗，直奔濮阳。

夏侯惇也趁机脱身，赶赴鄄城。

夏侯惇到了鄄城才知道，鄄城已经风雨飘摇，城里谣言四起，人心惶惶。

鄄城也属东郡，陈宫在这里根基很深，城里有一部分人也参与了此次叛乱，或者暗中支持张邈、陈宫，这些人都在寻找机会里应外合。

夏侯惇进入鄄城，跟荀彧等人一道连夜查获想谋反的几十个人，全部处死，这才稍稍稳定了鄄城的局势。

这时，张邈、陈宫、吕布反叛的消息已经传到了兖州各地，不出意料的是，各郡县都给予了响应，全州一共有近80个县，仍支持曹操的只有3个，除了鄄城还有东郡的范县和东阿县。

这说明曹操入主兖州后重视发展军力，但在地方治理方面下的功夫还不够，打败黄巾军、打跑了袁术，保护了兖州，大家拥护，但此后发起了南征徐州的战役却不符合兖州地方人士的利益，张邈和陈宫正是看中了这一点才敢公开向曹操叫板。

鄄城里加紧防守、积极备战，这时城外又来了一支人马，人数很多，有几万人。

城里一下子紧张起来，荀彧和夏侯惇开始以为是张邈的人，或者是吕布从濮阳回击鄄城，后来城外的人主动通报，才知道他们是豫州刺史郭贡带领的人马，郭贡还点名要见荀彧。

郭贡在后世的名气虽然不大，但从他手下最少有数万人马这一点看，也绝不是一个可有可无的小角色。

这样一个重要的人物，又是从哪里冒出来的呢？

郭贡是袁术的人，他这个豫州刺史是袁术表奏的。袁术被曹操打跑后把发展的重点放在了扬州刺史部，这里北有陶谦、曹操，西有刘表，虽然在各路豪强中间但又处于几股主要势力暂时无法达到的地方，袁术又抓住了机会。

袁术以寿春为基地拓展了扬州刺史部在江北的九江、庐江两个郡，手下实力大增，于是又不断向西北面的豫州刺史部方向发展。

听说张邈、吕布反叛曹操，作为曹操的敌人，袁术大概觉得这件事可以利用一下，于是派郭贡横插一杠子，想趁机捞点儿便宜。

还有一种可能，郭贡是吕布专门拉来给自己帮场子的，吕布和袁术虽然闹得不愉快，但毕竟没有翻脸，基于敌人的敌人就是朋友的道理，吕布需要帮助之际，袁术也可以考虑帮一把。

但鉴于领教过曹军的厉害，袁术给郭贡下达的命令肯定不是全力相助，能站在一边帮帮忙就可以了，瞅着机会上去捞上一把更好，千万不能动真家伙。

所以，郭贡带着人马来到鄄城不是立即展开攻城，而是点名要见荀彧面谈。

荀彧决定出城与郭贡相见，大家都认为太危险劝他不要去，就连夏侯惇都不同意他去："您现在是兖州的主心骨（君，一州镇也），去了有危险，千万不能去！"

209

荀彧看出郭贡和张邈等人并不同心，觉得出去见见郭贡正好可以劝他退兵，所以坚持要去：

"郭贡与张邈等人交情并不是很深，现在来得这么仓促，说明他们未必是统一行动。趁着郭贡主意还没有完全打定，可以游说他，最少让他保持中立。如果不见，他心中起疑，倒有可能让他跟张邈等共同行动（若先疑之，彼将怒而成计）。"

最后荀彧只身出城，来见郭贡。

正如荀彧所料，郭贡点名要见荀彧确实是一种试探，当他看到荀彧毫无惧意时，猜想城里早有准备，未必好攻。

领导没有下达拼老本的命令，如果自己擅自做主攻城，打赢了还好说，一旦失利就无法回去交差。

想到这里，郭贡带着所部人马从鄄城外撤走。

五十四、曹操烧伤了左手

接到后方的急报，曹操顾不上即将能打下来的郯县，赶紧集合人马回撤。

陶谦又躲过了一劫。

曹操现在最关心的不是陶谦，而是鄄城能不能坚持到主力回师之时，所以他的心里特别急。

在鄄城，荀彧、夏侯惇分析了形势，认为鄄城要想守住，范县和东阿县两个据点也不能丢，这样才能形成呼应，让敌人不能集兵于一处。

范县的县令名叫靳允，东阿县的县令名叫枣祗，由于联络中断了，也不知道他们那边的情况如何，荀彧和夏侯惇商量后，决定派一个得力的人到那边去。

在荀彧眼里，目前能担当这项重任的只有程昱了。

程昱字仲德，老家就在东郡的东阿县，他的年纪比较大，今年52岁了，是曹营里的老大哥，比曹操还要大十几岁。

黄巾军起事时，东阿县县丞王度响应黄巾军，烧掉县里的仓库，县令逃走，程昱劝说县里的大户薛房等人趁机夺下了县城。刘岱当兖州刺史，知道程昱能力很强，想征召他，但程昱不应征。

刘岱后来遇到一个棘手的事，袁绍逃出洛阳北上冀州时曾把妻子和3个儿子送到他这里暂避，袁绍后来与公孙瓒争锋，公孙瓒派人到兖州，要刘岱把袁绍的家眷送到他那里，与袁绍决裂，不然就派兵攻打他。

两边都惹不起，刘岱不知道该怎么办，很苦恼。

有人对刘岱说程昱足智多谋，可以问问他。

刘岱请来程昱，问他该怎么办，程昱建议他应该继续站在袁绍一边，因为公孙瓒不是袁绍的对手。

刘岱听从了，没有搭理公孙瓒，不久发生了界桥之战，公孙瓒明显打不过袁绍，刘岱深感庆幸，想感谢程昱，表奏他为骑都尉，程昱再次拒绝了。

后来刘岱被青州黄巾军杀了，曹操来到了兖州，又一次征召程昱，大家认为程昱仍然会拒绝，没想到程昱一口答应了下来，大家问他为什么，程昱笑而不答。

程昱这个人很有智慧，对形势的判断力也很强，他后来成为曹操身边最重要的智囊之一，但在早期他是带兵的，像他这样能文能武的人，即使在人才济济的曹营也不是很多。

程昱到范县时，陈宫也派了个叫氾嶷的人来了，目的是说服范县投降。在程昱的努力下，靳允表示仍站在曹操的一边，程昱和靳允埋下伏兵把氾嶷杀了，稳定了范县的局面。

范县东边有一条河，名叫瓠子河，是黄河的一条重要支流，陈宫的军队已经抵达河对岸，程昱派人抢占河上的重要渡口仓亭津，使敌军暂时过不来。

敌人一时半刻攻不下范县，程昱又马不停蹄赶到了东阿县。

东阿县令枣祗不是兖州本地人，他的祖籍是豫州刺史部颍川郡，跟荀彧是老乡，荀彧近来为曹操推荐了不少人才，推测一下枣祗很可能也是荀彧推荐的人才之一，他日后成为曹魏著名的农业问题专家。

211

枣祗的态度也很坚决，程昱赶到时他正率领军民做好了在城里坚守的准备。

由于荀彧和夏侯惇处置及时得当，再加上程昱、枣祗、靳允等人的坚定支持，鄄城、范县、东阿县这3个最后的据点暂时守住了，为曹操回师反击赢得了时间。

曹军主力还在回撤的路上。

为了抢时间，他们走的还是来时的路，中途必须路过一个叫亢父城的地方，这是一处险地。

亢父故城遗址在今山东省济宁市附近，微山湖的西岸，这里与泰山余脉的梁父山紧夹着东西之道，战国时齐国在其地居高临下修建了城池，苏秦形容这里"车不得方轨，骑不得并行"，还有的说"泰山在左，亢父在右，亢父知生，梁父主死"，是一夫当关、万夫莫开的极险峻之地。

曹操兵力有限，也没料到要突然回师，所以亢父城没有派兵把守，但如果绕道别处，就得多走很多路，大大耽误时间。

曹操特别担心吕布已派人占据了此处，所以督促大军日夜行进，等到了一看，发现这里并没有吕布的军队，才放下心来。

曹操很高兴地对大家说：

"吕布虽然占得一州，但没有乘机占领东平国，进而占据亢父、泰山之道，凭险地截击我们，而是屯踞在濮阳，从这一点看，我就知道他也成不了什么大事（吾知其无能为也）！"

有人认为曹操说这番话是自嘲，或者是在给部下打气，其实不尽然，吕布真要有这样的战略眼光，占领濮阳之后迅速东进，趁着各地都在反叛曹操的有利时机，一举占领曹军回师的必经之地东平国，以亢父之险阻击曹操，迟滞曹军的行动，然后由张邈全力攻击鄄城，那将是另外一个结果。

万幸的是，吕布不了解兖州的战场环境，或者还沉浸在新得濮阳的兴奋中，没有走出这一步妙棋来。

按理来说，曹操既然回来了，应该马不停蹄赶往鄄城，但他却没有这样做。

曹操率主力直接奔了濮阳，到了那里也不打招呼，直接攻城。

曹操这么做要冒一定风险，鄄城危在旦夕，如果张邈组织猛攻，鄄城随时有被攻破的危险。但是曹操又不得不先解决濮阳，如果他此时直接回师鄄城，就要遭受张邈和吕布的东西夹击，战略上更加被动。

这种置之死地而后生的打法这段时间里曹操经常使用，算是围魏救赵的一种，这是劣势之下化被动为主动的一种战法，曹操强大起来以后这种战法就很少用了。

濮阳城外，曹操大概想尽快结束战斗，所以从4个方向都发起了猛攻，吕布指挥人马守城，城上万箭齐发，曹军死伤惨重。

正在曹操一筹莫展之际，有人从濮阳城里秘密潜出，给他带来一个好消息，濮阳城里的田氏愿做曹军内应，帮曹军攻城。

田氏是濮阳城大户，拥有大量庄园田产、佃户奴婢，这些人一定会向曹操解释说，吕布等人来到濮阳，把他们的财产粮食都征为军用，又强征他们的奴仆从军，引发他们强烈不满，所以愿意助曹刺史攻打吕贼，将其赶出濮阳，吕布或死或逃，他们别无所求，只愿发还所征财物以及奴仆就行。

曹操很老练，应该能看出一些破绽，但他此时急于拿下濮阳的心情太迫切了，迫切到忽视了很多细节。

如果濮阳之战变成了一场久拖不决的攻防战，鄄城一定不保，局面就太危险了，要破此危局，必须立即攻破濮阳，还军鄄城。

于是曹操相信了来人，和他们约定了里应外合的信号。

入夜，濮阳城一片寂静。

突然，东门方向发出了信号，城外的曹军见此从营中杀了出来。

这正是吕布的计谋，他最近迷上了反间计，鄄城骗荀彧、诈降夏侯惇都使的是这一招。吕布看到曹操中计，让人悄悄把城门打开，曹军像潮水一样涌入城中。

曹军杀进城，他们不忙进攻，却干了一件很奇怪的事，放火。

曹军士兵带着引火的东西，一杀进来就在城门处放起一堆大火，顿时火光冲天（烧其东门）。

吕布看了一定很纳闷儿，曹军这是在干什么，他有点儿看不懂。

其实这是曹操故意让人放的，目的是告诉将士们没有回头的路了，必须破釜沉舟。

曹操本人就在冲进城里的队伍中，这种冒险的仗他本来在城外坐镇指挥就行了，不过他实在太惦记着濮阳，这一仗输不起，让谁带队他都不放心，于是自己来了。

这种事曹操之前干过，以后也干很多次，经常把自己放到险境、绝境，尽管他的运气确实好，每一次都奇迹般地绝地重生，但这种做法并不可取，作为全军的统帅，安全不是个人的事。

曹操冲进濮阳城东门，后路却被吕布的人马迅速堵住，外面的人再也进不来，进来的人想突出去也不可能，双方打了巷战。

曹操发现上当了，于是折返回来，在东城门附近双方展开了激战。

这一战打得很惨烈，曹军进来的都是骑兵，在街巷中完全没有优势，吕布所部早有准备，又熟悉环境，所以曹军死伤惨重。

这一仗如果曹操战死，那一切都结束了。

曹军士气本来就低落，又处于明显的劣势，如果主帅死了，那将再无翻身的可能，兖州从此是张邈和吕布的天下，至于他们之间会不会打起来，那都无关紧要了。

濮阳之战仓促而起，但一不小心将改写历史！

好在，曹操的好运还没有结束。

曹操拼命杀到城门口，发现了很搞笑的事，吕布的兵马还好解决，但有一样东西很要命，那就是自己下令放的火。

这一带成了火海，要想冲出去，必须从火海里穿行。

无奈之下曹操带头冲进火中，结果被烧伤了左手，并且从马上掉了下来（驰突火出，坠马，烧左手掌）。

危急之中，曹操手下一个叫楼异的司马把曹操扶到马上，曹操才没有被奔驰的乱马踏成肉泥。

这是继汴水之战后曹操第二次在激战中从马上掉下来，但还不是最后一次。

楼异的情况不详，史书里以后也没有再提到他。

曹操重新上马，但更惊险的一幕还在后面。

曹操往外逃跑，遇到了吕布的人，他们把曹操拦住。

大概没有想到这个小个子会是大名鼎鼎的曹操，吕布的手下问他曹操在哪里，曹操随便一指说："那个骑黄马的就是（乘黄马走者是也）！"

吕布的手下于是放下曹操去追骑黄马的，曹操才得以脱险。

史书没有说明拦住曹操的人是谁，但应该不是吕布本人，原因很简单，吕布见过曹操。

吕布曾亲口说过，他早年在洛阳的时候曾经在温氏园里与曹操见过面，如果拦住曹操的是吕布本人，他应该能认出来。

五十五、有人想趁火打劫

曹军在濮阳失利，主动将营垒后撤，双方陷入僵持。

双方又在濮阳的外围地带展开了争夺，濮阳西面有一个县城叫白马，吕布分出一支人马守在这里形成掎角之势，令曹军再攻打濮阳时不得不分兵去防。白马的这支人马也屡屡出击，给曹军连连制造出麻烦，让曹操头疼不已。

曹操忍无可忍，亲率主力夜袭白马。

白马的城池不比濮阳，曹军顺利得手，天亮时就结束了战斗，但还在打扫战场之际，吕布亲自率领的援军赶到了，从北、东、南3个方向合围上来。

吕布亲自率队冲锋，战斗进行得异常激烈。

曹操手下虽然有不少猛将，但打这种仗更是吕布的强项，吕布志在必得，不肯罢手，曹军陷入苦战。

从早上一直打到中午，双方你来我往冲击了几十个回合，难分胜负（自旦至日映数十合，相持急）。

吕布的骑兵冲杀太猛，无法阻挡，让曹兵望而生畏。

曹操发现步兵人数再多都是送死，于是在战场上临时招募敢死队（募陷陈），来破吕布的骑兵。

典韦那时还是曹军里的一名中下级军官，自告奋勇应征，抢在了其他的人前头（韦先占）。

典韦挑了几十个人，身上都穿着两重铠甲，每人配备了长矛和撩戟两种武器。

吕布的骑兵冲过来，一边冲一边在马背上放箭，弓弩乱发，矢至如雨，典韦命人蹲伏下来，看都不看两边的箭，典韦对旁边的人说："敌人离我们10步时，再告诉我（虏来十步，乃白之）！"

过了一会儿，手下人报告："只有10步了！"

典韦仍然镇定从容，他高声道："5步再报告（五步乃白）！"

手下人大惧，大叫道："敌人到了！"

典韦应声而起，他背着十几支戟，一边呼喊着一边刺向敌人的骑兵，顿时有几个人被刺倒。

被典韦的气概所激励，曹军士气恢复，再不像以前那样望风而逃。

典韦因为此战而成名，事后曹操提拔他为都尉，正式成为曹军的高级将领。

曹操以后给了典韦亲兵数百人，每次布阵时都安排他们防护在指挥所周围（将亲兵数百人，常绕大帐），担任自己的警卫部队。

然而，双方势均力敌，曹军人马数量占优，吕布一方战斗力惊人，一直打到了天黑，仍然难分胜负。

曹操大概也不敢在此久留，于是撤回到濮阳城外。

吕布命人又重新占领了白马，之后率师也回到了濮阳。

215

曹操和吕布在濮阳城外激战了至少 3 个多月（相守百余日）。

在一次交战中，夏侯惇被箭射瞎了一只眼，军中从此送他外号"盲夏侯"。

双方都无法战胜自己的对手，但显然现在对吕布更有利，因为他还有张邈这个强大的外援。

可问题是，张邈好像突然人间蒸发了，既不见他来支援吕布，也不见他对鄄城发起进攻。

那么，这段时间里张邈在做什么呢？

张邈这段时间一直在陈留郡，他的弟弟、前广陵郡太守张超也率人马来帮他，如果真像陈宫说的那样，张邈此时手中握着近 10 万人马，他这时应该有所动作，不然就太说不过去了。

但他确实没有任何动作，他究竟是怎么想的呢？

曹操回师后虽然可以抽调一些人马去充实鄄城的防卫，但人数不会太多，因为原本负责鄄城防卫的夏侯惇都已经抽调到濮阳前线，并且在那里负了伤，说明曹操此时力量很有限，濮阳和鄄城只能顾住一头。

张邈如果举全力攻击鄄城，曹军将陷入两面作战的极被动局面，在首尾不能相顾的情况下，全线溃退不是不可能。

当初袁术进攻曹操，一口气快打到了东郡，几乎横穿陈留郡全境，袁术进军那么快，说明张邈早已闪在了一旁。现在张邈又看着吕布和曹操相持于濮阳，事实证明在张邈的战略里第一条就是坐山观虎斗，别人打的时候保存自己的实力，等别人打得差不多了再出来收拾局面。

这种思维方式很害人，不仅害别人，最后也会害到自己头上。

这时已经到了兴平元年（194）4 月。

快到夏天了，天下发生了大旱，还闹起了蝗灾，粮价暴涨，谷子一斛 50 万钱，与太平年景相比涨了上万倍，豆麦一斛也要 20 万钱。各地都出现了人吃人的惨状，田野里、道路边白骨堆积。

这场天灾波及面非常广，关中地区也一样，献帝命令侍御史侯汶调出太仓的米和豆子为难民熬粥，但杯水车薪，救不了那么多的人，饿死者仍然无数。献帝怀疑有人从中克扣粮食，就亲自坐在大锅边看着熬粥，但根本原因是粮食太少，灾民太多，无济于事。

献帝这一年才 14 岁，已经表现出一位少年天子的爱心与持重。在徐州刺史陶谦的辖区里有一个 14 岁的少年此时也在目睹着家乡的战乱和饥荒，这个少年的名字叫诸葛亮。

诸葛亮与献帝同年出生，以后又同年去世，他们都比曹操小了 26 岁，不过关于他的事，还是等以后再说。

现在，在严重的天灾面前曹操和吕布同时陷入了粮食危机。

兖州地区夏粮严重减产，秋粮还未跟上，双方都无力再打下去了，曹操从濮阳撤军。

这次粮荒严重的程度超乎想象，程昱是本地人，他回到自己老家东阿县弄粮食。程昱弄粮食的方法不是向老百姓买，因为有钱也没人肯卖，程昱的办法是抢（略其本县）。但即使这样，把全县粮食抢光了，也仅够曹军 3 天的口粮（供三日粮）。

这些粮食分发到士兵手里，大家惊讶地发现里面有一种恐怖东西，人肉干（人脯）。

粮食不够，就连军中也到了人吃人的地步，普通百姓更是可想而知。

这件事让程昱的个人形象大受影响，曹魏建国后程昱担任的职务一直都是部长这一级，以他的资历和贡献早应该进入三公的行列，但由于程昱抢过自己的家乡，也给部下吃过人肉，被认为触碰到了人伦的底线，所以程昱到死都没有成为三公，只是死后被追赠了一个车骑将军的头衔。

这场粮食危机让曹操和吕布之间的激烈对抗暂时得以缓和。

这一年的9月，兖州刺史部一带发生了一件不可思议的事，原本一年只结一次果实的桑树，在秋天又重新结了果（桑复生葚）。

桑葚是桑树的果实，也叫桑实、乌葚、桑果、桑子、葚子等，可以生吃，也可以晒干食用。中国很早便有养蚕的传统，中原、华北地区种植桑树更多，桑木一身是宝，正如民谣里唱的："人吃桑葚甜如蜜，蚕食桑叶吐黄纱；桑皮造纸文官用，桑木雕弓武将拉。"

桑树一般春夏之季生桑葚，秋天桑葚又生出一茬来则十分罕见，它也因此救了很多人的命。

曹操和吕布一边嚼着桑葚一边想着下一步的打算。他们就像两个一流的拳击手，但每个人都打了几百个回合，体力已经严重透支，现在需要的是休整。但他们也都明白，对手不会给他们放大假，让他们缓过劲来再开打。

曹操退军到鄄城，与这里负责守城的荀彧以及养伤的夏侯惇会合。这时荀彧向他报告了一件事，吕布、张邈叛乱很突然，兖州州政府里很多办事人员家都在各地，吕布、张邈等人把他们的家眷抓了起来作为人质进行要挟，要他们离开曹操，荀彧感到这件事很棘手。

曹操说孝行是人之常道，不能因为我曹某人让大家都背上不孝的罪名，凡是这种情况，都让他们走吧。

兖州别驾毕谌是东平国人，吕布占领东平国之后把毕谌的母亲、弟弟以及妻子儿女都抓了起来作为人质，毕谌临走前，曹操亲自找他谈话，对他前面做的工作表示感谢，让他放心而去。

毕谌感激不已，向曹操叩首，并表示自己只是因为母亲而离开，心一直会在这里。说得很激动，听的也很激动，曹操握住毕谌的胳膊，二人都流下了眼泪。

曹操和荀彧等人分析了形势，大家普遍觉得情况很严峻。

迄今为止曹军占据的地方仍然有限，虽然收复了一些地方，但兖州的大部分郡县还掌握在张邈、吕布联军手中。当秋粮收完，对手的后勤保障将更优于自己，长期拉锯下去，将使自己更被动。由于有强大的后勤支持，敌人可以动员更多的人参军，敌众我寡的局面将进一步突出。

对手能等，我们不能等，于今之计必须尽快发起进攻，决出胜负。

然而就现在的实力对比而言，这一目标又不可能完成。

曹操想来想去，没有别的办法，只能向袁绍求援了。

回师兖州以来，虽然形势很严峻，但曹操一直没有主动向袁绍求援，因为这是他最不愿意做的事。

曹操虽然仍被视为袁绍集团的一部分，二人也有多年的交情，一块儿谋杀过宦官、反对过董卓，一块儿从洛阳出逃，但在曹操的眼里袁绍是个妄自尊大、自以为是的人，在遇到困难的时候，他更不愿意向袁绍张嘴。

袁绍头上顶着祖上留下来的光环，仪表堂堂，谈吐雍容，随便站在哪里手一挥立即就有一大片人响应。在这些方面，曹操全部与他相反，出身不好，长得不俊，还常被人误解。

但是没有办法，现在只有袁绍能帮自己，也只有袁绍有实力帮自己。曹操写信派人送到邺县，正式向袁绍请求支援。

袁绍的回信很快到了，奇怪的是他在信里不谈如何出兵援助曹操的事，而是大谈兖州形势如何危险，不如把弟妹、侄子等人接到邺县来住。这明显是趁火打劫，是给出的交换条件，就是让曹操把家眷送到邺县当人质。

曹操顿时觉得一种屈辱感涌上心头。

袁绍可能有点儿后悔当初让曹操轻而易举把家眷接走，没有人质在手里，虽然名义上是领导，但心里还是不踏实。袁绍可能喜欢用这样的方法控制手下的人，多年以后当曹操的事业又一次陷入低谷时，他还提出过类似的要求。

这一次曹操差点儿就答应了，不是他愿意，而是舍此已没有更好的办法。如果不是有个人恰好从外面办事回来听说了这件事，赶紧来劝他重新改变主意，夫人卞氏和几个儿子的户口真要迁到邺县去了。

五十六、发起冬季攻势

来劝曹操的这个人是程昱。

张邈、陈宫叛乱以来，程昱成了最忙的人了，作为曹操阵营中的东郡人，程昱利用自己在本地的影响力，一边忙着巩固最后的几个据点，一边替曹军搞后勤。

最近他被曹操任命为东平国相，一直在外地，刚回来就听说了这件事，他认为现在万万不可走此下策，就赶紧来见曹操。

程昱一见面就问曹操："听说您要把家眷送到袁绍那里以换取他的支持，有这样的事吗（窃闻将军欲遣家，与袁绍连和，诚有之乎）？"

曹操如实相告："是的。"

程昱提出了自己的看法："我猜想您大概是因为当前的困难太多而过于忧虑了（意者将军殆临事而惧），否则不会考虑问题这样不全面。袁绍占据燕赵之地，有吞并天下之心，但他的智谋不够，将军您能永远屈从于他吗？现在兖州虽然残破，但人马还有上万，依靠将军的神武，还有文若以及我等，一样可以成就霸业，希望您三思啊！"

把家眷送给别人当人质，不仅在战略上受制于人，还是一种公开的耻辱，除非你以后自甘给别人当马仔，否则就不能这么做。

也有人会说，人质我送了，将来翻脸，大不了你把人杀了，又怎么样？

有这种想法的人，不仅任性而且冷酷，人家轻松地把人杀了，你也别希望博取到同情，因为在众人的眼里，杀人凶手是你自己！

程昱为说服曹操，还举了田横的例子："以前田横在齐地称王，与刘邦等人地位相当，后来刘邦得天下，田横成为败将，在这种情况下，他能够心甘吗？"

秦末，陈胜、吴广大泽乡起义后，田横等兄弟3人也反秦自立，占据齐地为王。刘邦统一天下，田横不肯称臣，率500门客逃到海岛，刘邦派人招抚，田横被迫乘船去洛阳，在距洛阳30里的首阳山自杀，海岛上500部属听说后也全部自杀。

田横五百士，尚能守义不辱，曹操当然不愿意屈从于别人之下："是呀，这的确是对大丈夫的一种羞辱！"

程昱继续说："我很愚钝，不明白将军为何做出那样的决定。把家眷送到袁绍那里，就等于拥戴袁绍为主，我认为以将军这样的英武，不应该屈居袁绍之下，如果真是这样的话，我都为将军感到羞愧！"

曹操听完程昱的话，打消了原来的念头。

这次谈话很重要，核心不是程昱说的这些道理。

这些道理曹操怎能不知道？

最终使曹操改变想法的是程昱的态度。

以程昱为代表的一批东郡本地人关键时刻坚决支持曹操，这重新给了曹操以信心和决心，曹操决定对袁绍的要求置之不理。

同时，曹操也考虑到现在自己需要袁绍，但袁绍何尝不同样需要自己？兖州刺史部处在南北对攻的要冲，自己在这里挡住了袁术的进攻，拖住了吕布、张邈，对袁绍而言这是相当重要的。

曹操决定跟袁绍赌一把，兖州如果真丢了，看谁更着急？

袁绍没等来曹操的家眷有点儿生气，不过他是个聪明人，坐视兖州的局势不管那将带来可怕的后果，吕布如果消灭了曹操，袁绍在南线将直接与吕布、袁术两个强大的对手照面。

袁绍决定给曹操以支援，他命令青州刺史臧洪率部进入东郡，不久之后又任命其为东郡太守，治所设在东武阳，以黄河以北为基地，伺机进攻濮阳等方向的吕布主力。

原青州刺史焦和死后，袁绍和公孙瓒分别任命了臧洪和田楷为青州刺史，在今天的山东半岛一带展开争夺，臧洪率领他在青州的主力进入东郡，之后袁绍任命自己的儿子袁谭为青州刺史。

从这项人事变动中可以看出，臧洪虽然投身于袁营，但他还算不上袁绍的嫡系，袁绍派臧洪支援曹操，趁机把他排挤出青州。

袁绍的这点儿小私心自以为得计，但他的这个决定马上就将使自己付出极为惨重的代价。

除了臧洪，袁绍还派朱灵率领上次支援曹操的三营约5000人马直接归曹操指挥，协助曹军从鄄城、东阿一带向北攻击，对濮阳的守敌实施南北夹攻。

兴平元年（194）冬天，沉寂了一段时间后曹军发起了冬季攻势。

虽然有袁绍的强力支援，但这一仗仍然打得很艰难，吕布在濮阳又坚守了3个月。不过，在袁军和曹军的夹击下，吕布终于感到了不支。

濮阳虽是战略要地，但它距张邈在陈留郡的主力太远，曹军的主力刚好位于吕布和张邈之间，将二人隔断，濮阳与黄河北岸的袁军主力又太近，地理位置十分不利，所以吕布决定放弃濮阳。

这或许是他迈出的第一步错误。

吕布的正确选择应该是守住濮阳，由张邈从后面对曹军实施包抄，那将是一场混战，结果如何很难料定。

从兵法上讲，守和撤都蕴含着战机，但该守的时候撤了，或者该撤的时候还继续坚守，都是大忌。

吕布要撤出濮阳是有机会的，他可以在当年夏天撤往济阴国、陈留郡一带与张邈会合，巩固出一块根据地来与曹操对峙，现在敌人围上来再撤，那不是战略转移，等于是溃败。

作为一支败军，往哪里撤就不由你挑了，对手不会让你轻松前往最想去的地方，有了错误的第一步，就会有第二步，也会有第三步。

吕布由濮阳撤出，退到济阴郡的乘氏县一带，这是吕布错误的第二步。

因为这里靠近钜野泽，那时候这里是一处面积数千平方公里的天然湖泊，周围河网纵横，吕布擅长的骑兵突袭战术在此根本无法施展。

而吕布在当地没有群众基础，乘氏当地人李进倾向于曹操，他指挥一支类似于民团的武装居然将吕布击败，吕布退到山阳郡。

这就是他错误的第三步。

吕布此时进军的方向仍然应选择陈留郡，山阳郡境内多山，泗水、济水等河流又在其间流过，擅长骑兵野战的吕布应该尽可能向平原地区转进。

陈留郡辖区内地势平坦，面积广阔，曹军在这里很少活动，这里目前还在张邈的控制之中。

吕布不往西进，而选择向东，离友军越来越远。

吕布难道不明白这些简单的道理吗？

他当然是明白的，但他没办法，路是曹操给他定的，他决定不了。

济阴郡太守名叫吴资，其人情况不详，但他不是吕布的人就是张邈的人，他守在济阴郡的治所定陶。吕布乘氏失利后即使不去陈留郡与张邈会合，至少也应该继续向定陶进军，而不应该去山阳郡。

曹军的战略似乎更为明确，他们很快打到定陶城下，吴资奋力还击，曹军攻城不利。

这时，已进入山阳郡的吕布似乎才明白过神来，向定陶回援。

近年来曹操跟黑山军、袁术以及陶谦交战，多次使用围点打援的战法，收到了很好的效果。

这一次，面对向定陶增援的吕布，曹操故技重演，先置定陶于不攻，以坚定吕布驰援的决定，然后在吕布进军的路上设下埋伏。

吕布钻进了曹军的埋伏圈，大败。

曹军回过手来，一举攻克定陶。

定陶战役后，曹军继续扩大战果。

曹操命令曹仁、曹洪、夏侯渊、于禁以及典韦等人分别率兵，去平定兖州刺史部的各郡县（分兵平诸县）。

这些郡县原来都是支持张邈、吕布的，但他们更务实，看到张邈、吕布打不过曹操，于是很快转向，即使有不愿意归服曹操的，也被曹仁等人消灭了。

山阳郡最北面的钜野县是一个重要据点，已投奔曹操的李乾是钜野人，曹操之前派他回老家安抚民众，吕布抢先一步派薛兰、李封占领了钜野。

薛兰、李封把李乾打败并抓了起来，他们试图招降李乾，李乾不从，于是被杀。

曹操进攻钜野，把薛、李二人击破，全部斩杀。

曹操收集李乾的旧部，让李乾的儿子李整继续率领。不多久，李整也死了，曹操又让李乾的侄子李典统领这支队，提拔他当中郎将。

李典字曼成，少时好学，曾拜名师读《春秋左氏传》，是曹军高级将领中文化程度比较高的一个。这支由山阳郡人为主组成的军队以后发展到数千人，一直由李典率领，立下不少战功。

在发动钜野战役期间，曹操估计吕布还会来救，于是又演了一回围城打援的战法，在吕布进军的路上设伏，又将吕布击破。

至此，吕布完成了他的"错误三部曲"，实现了四连败。

吕布现在终于明白了，照这样打下去根本不行，他这才想起来要与张邈联合行动，他派陈宫前往陈留郡，向张邈求援。

这段时间最不可思议的人仍然是张邈这位仁兄，他坐视盟军被打得落花流水而不管，依然没有任何行动。

张邈似乎认为守住陈留郡就可以高枕无忧了，他亲率主力守在陈留郡的治所陈留县，即今河南省开封市东南，让他的弟弟、前广陵郡太守张超守在离陈留县不远的雍丘县，即今河南省杞县。

陈宫要去张邈那里必须经过济阴郡，这里目前已经被曹操控制，陈宫冒险穿越敌占区，到了陈留郡。

陈宫说动了张邈，从他那里要到了1万人，由陈宫率领回援吕布。

这时的主战场已经移到山阳郡，陈宫率军抵达山阳郡的东缗县与吕布会合。这支生力军的到来，让战场局势发生了改变。

曹操此时正亲自在山阳郡指挥作战，吕布、陈宫很快摸到了曹操总指挥部的位置，立即率人马杀来。

这时曹操身边的人马并不多，史书上说只有1000人。由于战事发展得太快，曹军的战线拉得太长，很多将领率人马在各地作战，曹仁此时在攻打句阳的吕布军刘何，于禁先在须昌攻打吕布的部将高雅，后又转战到寿张、离狐。

这一仗，敌我对比至少是十比一。

事情来得太突然，曹操险些丧命。

面对敌人的突袭，曹操沉着应战。

他迅速调集周围的部队投入战斗，顶住了敌人的压力。

面对数倍于己的敌人，曹操命令妇女们都登上屯营的城墙守卫，把精壮士兵集中起来迎敌。

屯营的西面有一个大堤，大堤的南面是一片茂密的树林，吕布率军来到，看到树林怀疑里面有埋伏。

不是吕布生性多疑，而是他最近实在是被曹军打怕了，他对手下说："曹操一向多诈，千万别中了他的埋伏（曹操多谲，勿入伏中）！"

于是率军离曹军屯营10里处扎寨，从而错过了一个最佳的进攻时机。

第二天又来，此时曹操把队伍隐藏在大堤内，派一半兵力在堤外，吕布率军进攻，曹操派少数人迎击，等敌人逼近，伏兵杀出堤外，吕布大败。

曹军缴获了不少敌人的鼓车，一直追到吕布大营才回军。

以上是史书对这场发生在山阳郡内战斗的描写，很生动，却不符合事实。如果有人拿这个当案例指挥打仗，结果只有一个，敌人打不垮，自己反而要全军覆没。

打仗不能脱离一些基本常识，其中一条常识是，除非有极特殊的情况，在冷兵器时代的白刃战中区区几百人是打不退上万人的，更不要说对方是吕布、张辽、高顺这样一流的猛将了。

曹军获胜是有可能的，但不是这样的打法。

面对远远优于自己的敌人，曹操可选择的只有两条路，一条是突围，承认自己失败，能不能安全冲出去全靠命了，另一条是固守待援。

曹操身边的人马虽然不多，但附近的人马不会离得太远，曹操再弱智也不可能只带几百人深入敌后。所以，曹操应该选择固守，等大批曹军闻讯赶到一举把吕布击退。

其实，曹操的战绩不用猛夸就已经很耀眼了，在最近几个月时间里，他指挥大军一路杀来，打得有章有法，完全是像给对手上战术课。

山阳郡内的战事进入尾声，曹操派人攻占了山阳郡内的各县，兖州8个郡中的东郡、济阴郡、山阳郡、东平国基本为曹军控制，任城国、济北国、泰山郡的一部分也到了曹军的手中。

吕布在兖州已经彻底无法立足了，只好率残部向南逃走。

五十七、两场攻城战

吕布跟曹操打了将近一年，这一年时间里张邈有很多机会。

但是张邈毫无作为，放任吕布的战略空间被曹操一步一步压缩，最后不得不退出兖州，摊上这样的队友，吕布很受伤，也很无奈。

历史经验多次证明，这种坐山观虎斗的人最终都很难看到自己的预期结果，坐视盟友被消灭，最后一定会轮到自己。

果然，曹操看到吕布逃出了兖州，就不去管他了，立即挥师西进，冲着陈留郡来了。

张邈如果打算这时候跟曹操拼一下，那也算是条汉子，可惜他却不敢一战，放弃了自己经营了多年的老巢陈留县，集中起本部人马，让他的弟弟张超守在雍丘。

张邈这时或许可以考虑放弃整个陈留郡去追随吕布，但他也没有那么做，他在陈留郡多年，乡亲、部下、家属、财产都在这里，弃之不顾，张邈下不了决心。

即使他能下了决心，手下的人也不干。

张邈走了，说是要去搬救兵。

老鼠敢招惹猫，一定先看看身边有没有洞。张邈当初决定在背后捅曹操一刀的时候就应该想好退路，除了吕布，陶谦、袁术、公孙瓒这些人其实都可以为自己所用。但是，此一时彼一时，那时候去找人家，人家会搭理，现在再去，恐怕就难了。

张邈大概此时才认真地去想这些问题。公孙瓒太远，陶谦自身难保，唯一可能向他伸出援手的，只有袁术。

张邈决定亲自走一趟，不过也只能碰碰运气了。

但是，张邈连碰运气的机会都没有了，他没能见到老朋友袁术，因为他在半路上被自己的部下杀死了（**请救未至，自为其兵所杀**）。

就连身边的人都看到了大势已去，干脆杀了领导向敌人邀功，至少能保住自己的命吧。

不过还有一个记载，认为张邈其实见到了袁术，但袁术没有派兵来，考虑到袁术的一贯作风，这也是意料之中的事。

张邈随后就滞留在了袁术那里。

兴平二年（195）8月，曹操率主力围住了雍丘。

救兵迟迟不到，张超不断给大家鼓劲："不要紧，很快就有人来救咱们了，别人不来，臧洪肯定会来（**唯恃臧洪，当来救吾**）！"

张超当广陵郡太守时，是他发现了臧洪这个人才并延揽到自己手下，臧洪后来到袁绍那里发展。

大家都认为臧洪现在是袁绍的手下，不可能来，张超不相信："臧子源是个义士，我相信他一定会来的！"

子源，是臧洪的字。

臧洪在哪里呢？

被袁绍改任为东郡太守的臧洪此时还驻扎在黄河北岸的东武阳，听到雍丘被曹操围住了，他大吃一惊，马上向袁绍提出请求，要袁绍给曹操下令停止进攻。

这当然不可能，袁绍让他别管闲事，原地待命。

如此一来雍丘城真正成了一座孤城，内缺粮草，外无救兵，曹操亲自指挥大军攻城，非把它拿下来不可。

应该说，城里的这支孤军打得异常顽强，他们守了5个月。

直到兴平二年（195）12月雍丘城才被攻破，乐进立下头功，第一个登上城墙（先登）。

张超在破城前夕自杀。

曹操下令夷灭张邈、张超的三族，按照汉代刑法，三族包括父母、妻室儿女、同胞兄弟姐妹。

消息传到了东武阳，臧洪无比悲痛。

臧洪光着脚在地上走来走去，号啕大哭（徒跣号泣）。

一怒之下，臧洪在东武阳宣布与袁绍正式脱离关系（绝不与通）。

袁绍听了更生气，什么意思？在你心里朋友比领导还重要？袁绍于是亲自率兵来攻打东武阳。

但是奇迹又出现了，一个小小的东武阳城也硬生生打不下来，这一次坚守的时间更长，前后达1年之久。

臧洪就是东武阳人，袁绍的大笔杆子兼首席秘书陈琳也是这里的人，二人是老乡，很熟，并一度想结成儿女亲家，袁绍让陈琳给臧洪写信，责备他忘恩负义，让他明智一些尽早投降。

大家都知道，陈琳的文笔十分厉害，他写的信一定慷慨激昂，有理有据，但他的这封信没有保存下来，因为在史学家眼里对方的回信才算精彩，这封回信有1500字，在古人的书信里算是超长的，它完整地保留在史书中。

臧洪给陈琳的回信写得义正词严，其中写道：

"自从我跟随袁绍起，袁绍对我的提携超过了一般人，我在任青州刺史时想干点儿大事，也认定袁绍能成大事。然而，我的老家广陵郡被洗劫，是不孝；我对不起张超和张邈，是不忠；我和你们交战，又是不友。"

"是选择不忠不孝还是选择不友（衰忠孝之名与亏交友之道）？我想了想，还是不友算了，毕竟这个罪行轻点儿。"

臧洪随后指责袁绍缺乏义气，他举了3个人的例子，分别是张景明、吕布和刘勋，认为袁绍对他们的处置失当，让人寒心。吕布的事之前已经说过，他为袁绍杀了仇人还立了功，袁绍却要暗杀他。刘勋带着人马投奔袁绍，袁绍却因为小事杀害了他（以小忿枉害）。

张景明又叫张导，也确有其人，他为了让袁绍当上盟主并从韩馥手中夺得冀州四处奔走拉关系（登坛喋血，奉辞奔走，卒使韩牧让印），为袁绍立了大功，但后来出使朝廷，受到朝廷的厚遇，就因为这个，张导遭到了灭门之祸，连辩解的机会都没有。

臧洪认为，上面这3个人即使都该死，但也应该有合法的程序，袁绍一句话，他们都得死。正是看到了这些事情，他才引以为鉴，并甘愿困死一战（故仆鉴戒前人，困穷

225

死战）。

臧洪最后写道：

"好了吧，陈琳老兄（行矣孔璋）！你为袁绍效命，我为天子效力，你说我身死而名灭，我笑你死而无闻，可悲可叹！咱们两个亲密无间的好朋友现在却成了势不两立的敌人，都别再说什么了！"

臧洪的这封信除了阐明了自己誓死不降的决心外，还揭了袁绍的短。袁绍这个人，的确经常在道义方面有所亏欠。

小智靠谋，大智靠德，要干大事必须做事端正，立言立行让人佩服，而不能什么都靠"智取"，依靠短线操作虽然可以兴盛一时，却不能坚持到最后。

陈琳把臧洪的信呈给袁绍，袁绍看完知道臧洪意志已决，不可能投降，于是增兵继续攻城。

这时候的臧洪是一位真正的悲剧英雄，因为城注定要被攻破，而可能会来救他们的人几乎没有。

臧洪对身边的人说："袁绍不行大义，我反对他，此事与大家无关，连累你们遭此大祸，你们现在逃命去吧。"

可没有人肯逃命，大家纷纷说："将军与袁绍无冤无仇，为的是申明大义，我们怎么能离您而去呢？"

臧洪先后派了几批人出城找救兵，其中有一个叫陈容的同乡，是个书生，跟随臧洪一块从家乡广陵郡出来的，很仰慕臧洪。陈容一出城就被袁绍抓住了，扣了起来。

东武阳被围1年之久，城里可以吃的东西基本没了，开始还能逮个老鼠什么的，后来连弓上的牛筋都给煮了（掘鼠煮筋角），最后全城只剩下3斗米。

手下人想拿它煮点粥给臧洪吃，臧洪流着泪说："我怎么能单独享用呢（独食此何为）？"

臧洪让大家一块吃。

臧洪还做出了一个惊人的举动，把自己的爱妾杀了，分给将士们吃（杀其爱妾以食将士）！

但是和雍丘城一样，东武阳最终还是被攻破了。

袁军进城后发现城里饿死的就有七八千人，大家一个个互相枕着躺在那里（男女七八千人相枕而死）。

臧洪被抓，袁绍一直很喜欢他，有意留他一条生路，袁绍说："臧洪，你为什么辜负我？到了这个地步，你现在服了吗（臧洪，何相负若此！今日服未）？"

臧洪虽然饿得发晕，但还是抖擞精神，当着众人的面痛斥袁绍："你们袁氏事汉，四世五公，可谓受恩。今王室衰弱，你没有扶翼之意，反而趁机有非法之想，杀忠良以立奸威。我亲眼见过你把张邈称为兄长（洪亲见呼张陈留为兄），你们本应共同勠力为国除害，怎么能拥有重兵却坐观兄长被人屠灭？可惜我力量有限，不能为天下报仇，哪来的服不服？"

袁绍无奈，下令把臧洪杀了。

226

当时陈容在座，冲袁绍叫道："将军举大事，欲为天下除暴，而先诛忠义，难道合天意吗？"

袁绍不想再杀陈容了，让人把他拖出去。

陈容不干，继续喊道："仁义是天常，遵守的人是君子，违背的人是小人，我宁愿与臧洪一同死，也不愿意跟你一同生（宁与臧洪同日而死，不与将军同日而生）！"

袁绍无奈，下令把陈容也杀了。

袁绍手下人有人目睹了这一场景，私下里叹道："这是怎么搞的，一天之内竟然杀了两位烈士（如何一日杀二烈士）！"

臧洪被视为烈士，他因重节义历来受到推崇，但客观地说，他的行为也有很大问题。

张超固然是老领导，曾经对他有恩，但这似乎构不成他反对现任领导的理由，他的这种行为到底能不能完全算作忠义，还存在疑问。

要带好队伍，个人利益必须服从集体利益，局部利益必须服从全局利益，看来袁绍对部下在这方面的教育还得多搞一点。

东武阳之战规模不算太大，但对袁绍的打击是沉重的，长达1年的时间里袁军主力被拖在南线，在北线只好采取守势。

假如没有这场攻城战，兴平二年（195）这段时间袁绍可以专心对付北面的公孙瓒，他解决幽州的问题就会提前。仅仅在1年后献帝就回归了中原，袁绍也就不会因为受制于公孙瓒而无法分身了，抢得历史先机的或许应该是他。

袁绍虽然最终消灭了臧洪和公孙瓒，但却打乱了他的发展节奏，使他在与曹操的竞赛中总是落后了一步。

袁绍打臧洪的时候，让公孙瓒有了喘息之机。

袁绍消灭了臧洪，可以腾出手来打公孙瓒的时候，使曹操迎接献帝东归有了机会。

从这个角度说，雍丘之战以及随后连带发生的东武阳之战，这两场不算太著名的攻城战，都足以改变着历史的走向。

现在，曹操终于可以喘口气了。

从兴平元年（194）下半年开始，曹操用了不到1年的时间重新收复了兖州，到次年的夏天，也就是雍丘战役结束时，整个兖州重新回到了自己的手中。

想起当初回师时的狼狈以及整个形势的严重程度，曹操自己都没有想到胜利来得这么快。

通过这场战役，年轻的"曹家军"得到了一次全面的锤炼，不仅在军事实力上，在心理上、意志上也都有了很大的提高。这场战役拼到最后其实成了毅力的较量，在都已经精疲力竭的情况下，谁还能多坚持一会儿谁就可能成为赢家。

在劣势情况下曹操没有被对手弄得惊慌失措，而是收缩防线，集中兵力，固守战略要地，寻找机会发动反击，这些战略都是十分正确的。

从战术层面上看，在与凉州军、黄巾军的作战中"曹家军"可能还着重于拼杀，在战场上硬冲硬打，而到了两次征徐州之战以及这次收复兖州之战时，"曹家军"已经开始了多种战法的综合运用，经常声东击西、围点打援，在战场上表现得不急不忙、游刃有余。

一批将领也在快速成长，过去每有战事基本上都是曹操亲自出马，而在收复兖州之战期间，曹仁、乐进、于禁、李典、程昱等人均有带兵独立作战的记录，说明"曹家军"已经发展成为一个相互呼应、配合作战的集团军。

当然，有一个重要因素也不得不说。

在这次战役中袁绍对曹操给予了实实在在的支持，他不仅派兵进驻东郡在黄河北岸的地区，与曹操形成战略上的呼应，而且还派出人马直接听从曹操的指挥，使曹操实力大增。

所以，袁绍得意地认为他这次帮了曹操的大忙，他在日后给朝廷的一道上表中曾指出，是他在曹操快死的时候救了曹操一命，并帮助曹操重新夺回了地盘（拯其死亡之患，复其方伯之位）。

袁绍的这个说法也不算夸张，不过双方既然是同盟关系，这也是互惠互利的事，曹操的存在也帮助了袁绍。

这场战役也是对各路英雄实力与智慧的检阅，张邈的短视、吕布的无能都加速了曹操收复兖州的进程，假如张邈和吕布看得更远一些，他们的私心再少一些，少犯一点儿错误，团结起来与曹操死拼，结果怎么样真的很难预料，也许最终获胜的仍然是曹操，但那将是一场惨胜，曹操从此也许会一蹶不振，彻底沦为袁绍的下属。

曹操用行动证明了他的实力，这样的实力货真价实，远在长安的朝廷也不得不给予认可。

这一年10月，几乎在兖州刺史部8个郡国重新回到曹操手中的同时，被李傕、郭汜、樊稠控制的献帝下诏正式任命曹操为兖州牧。

当初曹操派王比历尽千辛万苦前往长安进贡时也曾想得到朝廷任命的这个职务，但那时候李傕、郭汜、樊稠对他并无好感，尽管老朋友钟繇从中斡旋，最后他也只得到了几句冠冕堂皇的慰问而已。对曹操的看法改变了，不是朝廷变了，而是曹操自己变了，近一段时间以来，曹操打败了黄巾军、黑山军，又打败了袁术、陶谦、吕布，已经没人再怀疑他的能力和实力。

尽管心情有些复杂，但接到朝廷的诏书后曹操立即按惯例上表谢恩，在这份上表中曹操回顾了爷爷曹腾、父亲曹嵩以及自己本人深受皇恩的情况，表示将效忠帝室，继续努力进取。

曹操还以兖州牧的身份向献帝进贡，进贡的东西大体上都是兖州当地的土特产，其中有山阳郡特产的美梨2箱，以及一种青黑色的椑枣2箱等。

在很多人心目中曹操是汉室的奸臣，但至少到现在曹操的内心对汉室都是充满敬意的。即使在以后的岁月中，曹操也很少说汉室的坏话，相较于同时期的那些空发议论的人，曹操对汉室的贡献更大，相较于袁术、袁绍这样对当今天子充满敌视的人来说，曹操似乎更应该受到尊敬。

曹操把精力放在对兖州的治理上，他多次向程昱、毛玠等兖州本土人士征求意见，毛玠提出要重视农业，发展经济，毛玠认为："随着局势的进一步动荡，国家的经济将陷入更大的困难，决定战争胜负的关键因素就是物资装备，对此必须早做准备，唯今之计应该鼓励农业生产，积蓄力量，成就霸业。"

这是一项重要的政策建议，对曹操日后事业的发展起到很大的作用。毛玠的看法体现出对战争后勤重要性的认识，仗打到这种程度已经不是拼人数了，甚至连战略战术也退居到次要位置，决定战争胜败的首要因素变成了后勤，有吃的才有人，或者说有吃的就有人，有了人，手里还有武器的话，接下来才能打胜仗。

在当时的各路群雄中没有人比曹操对此更有体会的了，他跟吕布的这一仗，受过苦，挨过饿，更知道粮食的重要，后勤的重要。

曹操接受毛玠的建议，下令在所控制的地区全面恢复农业生产，经过努力，第二年夏收时兖州刺史部的农业得到很大的恢复，曹操的手里积累了足够的粮食。

粮食现在是最有力的武器，攥在手里比什么都踏实。

下篇

天下新格局

五十八、韩遂的反间计

东面的事暂时告一段落，西边又有了情况。

帝国的西部是临时首都长安，李傕、郭汜、樊稠等人的天下，兴平元年（194）新年刚过，14岁的汉献帝刘协在此举行了加冠礼，下诏大赦天下。

2月1日，有关部门上报，说天子行加冠礼后应迎娶皇后（奏立长秋宫）。

这道奏疏被少年天子驳回，因为献帝想到了自己的母亲，心情很沉痛，他连自己的母亲死后安葬在哪里都不知道，怎么有心情去做选美的事？

献帝随后亲自拟了一份诏书回复群臣："朕承受不弘之业，遭值祸乱，未能继续先祖之志，光大汉室的基业。皇母先前逝世，没有占卜选择墓地，礼仪规章有缺，朕心里就像有个疙瘩那样难受（中心如结）。在3年守丧期间不能谈婚事（三岁之戚，盖不言吉），这件事等以后再说吧！"

献帝的母亲王美人被何皇后害死，尸体被抬到洛阳郊外草草埋了，14岁的刘协虽为天子，但也是一个少年，父母、弟弟这些至亲的人都死了，内心里充满了孤寂。

王美人遇害是10多年前的事了，早已过了3年守丧期，献帝之所以这样说，是想给自己的母亲讨个说法。

几天后，三公同时奏请上尊号给王美人，称灵怀皇后，改葬文陵。

文陵是汉灵帝刘宏的陵墓，远在洛阳，所谓改葬也只是空谈，但给个说法很重要。

之后，献帝选不其侯伏完的女儿伏寿为贵人，并于次年册立为皇后。伏完是前司徒伏湛的七世孙，徐州刺史部琅邪国人，跟诸葛亮是同乡，当时担任朝廷高级顾问（侍中），随朝廷西迁到长安。

另外，伏完还有一个特殊身份，他是汉桓帝刘志的女婿。

伏完的夫人、伏皇后的母亲是汉桓帝刘志的长女阳安公主刘华，伏完和刘华共有6个儿子，伏寿是他们唯一的女儿。

因为这层关系，东汉第13任皇帝成为第11任皇帝的外孙女婿。

随后，伏完升任长安城防司令（执金吾）。

但是，长安的城防并不掌握在献帝的岳父手里，长安的一切都是李傕、郭汜、樊稠说了算，都是凉州军阀说了算。

董卓死后，凉州军阀已不再单指董卓的旧部，新近被朝廷收编的征西将军马腾和镇西将军韩遂也应该属于这一阵营。

马腾驻扎在关中地区的郿坞，韩遂驻扎在金城，他们和李傕、郭汜、樊稠的政治基因没有任何联系，向前追溯的话，他们一个是官兵，一个是土匪。自古以来，官和匪就有不可调和的矛盾，马腾和李傕、郭汜、樊稠终于动起手来。

事情的缘起是，兴平元年（194）初马腾到长安公干，顺势率部移住到了长安东郊的灞桥。

马腾因为私事想走一下李傕的后门，结果李傕不理，马腾觉得很丢面子，于是翻脸

（腾私有求于催，不获而怒）。

这只是表面的，其实背后隐藏着更大的玄机，因为马腾此行不是出差，也不是来度假的，而是有一个阴谋。

这就是之前曾提到过的刘焉的儿子刘范所参与的那场政变活动，参与的人除了马腾、刘范，还有侍中马宇、前凉州刺史种劭、中郎将杜禀等人。

这是一场由几个高干子弟和年轻军官策划的政变，实力派军阀马腾是幕后推手，那个马宇有可能是马腾的族人。

李催没给马腾面子，马腾便以此为由要和李催、郭汜、樊稠翻脸。眼看矛盾升级，朝廷希望息事宁人，动员韩遂前来调解。

狼和狐狸干架，不请老虎当裁判，却请来了一只狐狸。

韩遂堂而皇之离开金城进入关中，一到这里，就公开和马腾站在了一起。

兴平元年（194）2月，马腾、韩遂的联军进军到长安以西50里的平乐观，他们的计划是，由马宇等人在长安城里做内应，一举把李催、郭汜、樊稠赶出去。

不巧的是马宇等人的计谋败露，马宇、种劭还有刘范等人逃了出来，带着一部分政变武装退守到槐里，即今陕西省兴平市。

李催命令郭汜、樊稠和自己的侄子李利等人率兵与马腾交战，失去内应的马腾、韩遂不敢在长安周围久留，向凉州撤退。

郭汜、樊稠进攻槐里，马宇、种劭等参与政变的人被杀。

史书上说造成政变计划外泄的不是别人正是刘范，事情败露后，他先逃到了马腾的军营，之后又逃到了槐里，因为这两个地方在不同的方向，刘范此去可能是给槐里的政变武装传达马腾的某项命令。

刘范同时还向父亲刘焉求救，刘焉派遣一个叫孙肇的旅长（校尉）率领5000蜀兵前来助战。

但是，这一来一往肯定需要很长时间，孙肇还未到槐里，刘范跟马宇等人就一同被杀了，刘焉留在长安的另一个儿子刘诞随后也被杀。

李催、郭汜、樊稠既恨马腾和韩遂，又害怕他们卷土重来，于是以献帝的名义赦免了参与此次叛乱的人，重新任命马腾为安狄将军，任命韩遂为安降将军。

二人的军职都比之前降了一格，算是惩戒，此事暂告一个段落。

这次军事行动没有直接打败李催、郭汜、樊稠，但在与马腾、韩遂的交战中却发生了一些事，动摇了李催、郭汜、樊稠的根基。

李催的侄子李利参加了这场战斗，他仗着叔父撑腰，平时比较摆谱，不太听郭汜、樊稠的招呼，让郭汜和樊稠很看不惯。

李催、郭汜、樊稠名义上都可以开府，也就是组建各自的办事机构，加上三公，这样朝廷之下就有了6个办事机构，大家都想揽权，尤其是人事权，结果6家机构都管人事工作（合为六府，皆参选举）。

都管实际上都没法管，而且他们之间的权力也并不均衡。比如，一个职位空缺，首先要看李催推荐的是谁，如果李催没有推荐，再看郭汜的，最后看樊稠的，轮到三公说话也就不怎么顶用了（先从催起，汜次之，稠次之，三公所举，终不见用）。

这叫什么事？但群龙治水，就得这么办。

李催、郭汜、樊稠也逐渐有了矛盾，因为虽说共同执政，但李催常以首席领导人自居，让樊稠、郭汜本来就心生不满，现在就连李催的侄子都能在他们面前耀武扬威，他们更不能接受。

郭汜没吱声，樊稠却忍不住了，当面教训李利道："现在天下人提起你老叔都恨不得杀了他（人欲截汝父头），你这条狗还仗什么势？难道我不敢杀你吗？"

看到李催与郭汜、樊稠之间发生了矛盾，韩遂在退回凉州之前又顺手使了一次离间计，让矛盾彻底爆发。

马腾、韩遂失败后樊稠一直追杀到陈仓，即今陕西省宝鸡市，韩遂突然派人给樊稠送了一封密信，说你我都是凉州出来的，咱们又没有什么个人恩怨，虽然有一点小小的不和，但大的方面利益还是一致的，以后难免还要打交道，天下改朝换代的事谁能说得准，干吗不留条后路？

樊稠想一想也是，就命令士兵撤退。

樊稠还应邀与韩遂在战场上相见，他们各自催马来到阵前，靠得很近，别人只能看到他们言谈甚欢，却听不清说什么，他们一起说了很久才完事（却骑前接马，交臂相加）。

李利也在场，目睹了整个过程，回来立即向叔父打了小报告。

李催于是怀疑樊稠和韩遂之间有什么说不清楚的事，就通知樊稠来开会。樊稠和韩遂之间什么都没有，所以他毫无戒备地来开会了，结果被李催手下一下骑兵旅旅长（骑都尉）胡封刺死，一同被杀的还有与樊稠关系密切的凉州军将领李蒙。

这个胡封，是樊稠的外甥。

两位高级将领一同被杀，凉州军的内讧开始了。

所以说，权力是不能分享的，尤其是最高权力。

那时没有长老院，没有议会，唯一可行的权力模式是强人统治，失去董卓的凉州集团，缺少的就是万众归一的强人，而不是什么李催、郭汜、樊稠。

李催、郭汜、樊稠正式瓦解，只是樊稠死得挺冤，真要密谋什么，有当着几万名将士面的吗？

韩遂的离间计玩得漂亮，没准儿给一个人留下了深刻印象，这个人就是贾诩。贾诩如果当时在现场，他一定记住了这一幕，16年后曹操领兵西征潼关，他的对手也是凉州军阀，不过换了马超和韩遂的组合，曹操问计于贾诩，贾诩想起了这一幕，微微一笑，只说了"离而间之"4个字曹操便意会了，两军阵前同样上演了这一出，曹操约韩遂拉家常，引起马超的疑心，也造成了凉州军的内讧。

曹操的这一招并不新鲜，发明人原来是韩遂自己。

这样看来李催是个蠢材，连这么明显的计谋都没识破。其实也未必，李催大概也看出来这是敌人的一计，但他与樊稠之间的矛盾由来已久，加上樊稠打仗勇猛，爱护部下，很有威望，让李催早就心存不满了，一场火并早已在所难免，现在正好有一个借口，在宁可信其有不可信其无和宁可错杀也不能漏网思想的指导下，李催还是下决心把樊稠干掉了。

233

但是，李傕干这件事一定没有跟郭汜商量。

郭汜素来跟樊稠关系不错，樊稠被杀，郭汜立刻有了兔死狐悲之感，二人表面相安无事，但私底下都在做着刀兵相见的准备。

樊稠的死也让凉州将领变得疑神疑鬼起来，大家都担心，说不定自己哪一天也会稀里糊涂地被人给算计了（诸将转相疑贰）。

凉州军真正的危机来了，但李傕仍然毫无察觉，依然挥霍着权力，当起了"董卓第二"，个人感觉相当良好。

兴平二年（195）前后的大饥荒也波及关中地区，为了筹集军粮凉州兵在关中地区公开抢掠，他们本来军纪就糟糕，现在更成为民害，大量难民出逃，关中地区人口急骤下降。

由此造成了物资的缺乏，就连献帝宫中的人以及文武百官穿衣服都成了问题，献帝想从御库里调一些布来做衣服，李傕不同意，说宫人们已经有衣服了，干吗还要再做？献帝只好自力更生，下令卖掉了100多匹马，又让大司农朱儁想办法弄些绢绸，准备给大家做新衣服。

李傕得到消息，说我们正缺这些东西呢，就把钱和绢绸给黑了。

贾诩听说后，劝说李傕不要这样，李傕压根儿不听。

大权在握的人容易丧心病狂，李傕还差点儿干出一件荒唐事来。

当今天子的嫂子、已故少帝刘辩的妻子唐姬是豫州刺史部颍川郡人，少帝被董卓杀害后她离开洛阳回到了家乡，她的父亲名叫唐瑁，当过会稽郡太守，他想让女儿再嫁。

唐姬跟少帝感情很深，她发誓再也不嫁。后来，李傕的军队在和关东联军作战时路过唐姬的家乡，把唐姬虏获，辗转带到了长安。

李傕看到她很漂亮，想霸占，唐姬坚决不从。

还是贾诩听到了消息，赶紧报告给献帝。

献帝大悲，派侍中带上他的信物（持节）到李傕那里才把人要来。

五十九、两个女人闹长安

李傕和郭汜最终动了手，导火线是郭汜的夫人。

郭夫人是个醋坛子，一天到晚总担心哪个女人把她丈夫从自己身边抢走。李傕经常留郭汜在家里过夜，这让郭夫人头痛不已，总想找个机会离间他们，让丈夫不再夜不归宿。

女人有这样的想法倒也无可厚非，一切源于爱，爱是没错的。但是在目前这个阶段，在双方矛盾一触即发的情况下，这样的想法实在是太可怕了，弄不好就会血流成河、人头落地。

这些，郭夫人哪里想过？

郭夫人终于等来了机会，李傕派人送来一些食物，郭夫人提前弄了些毒药放到了里面，郭汜刚要吃，郭夫人突然说："从外面送来的食物，还是检查一下为好。"

于是查了一下，果然发现了毒药。

郭夫人进一步挑拨说："一山难容二虎，对于李傕这个人，我早就怀疑了（一栖不两雄，我固疑将军信李公也）。"

这件事来得很奇怪，郭汜的智商本来就很一般，不敢相信李傕真会害他，但也不敢不相信，整个人都被弄得疑神疑鬼起来。

没过两天，李傕又请郭汜喝酒，郭汜因为有心事，没喝几杯就高了。这也是常有的事，平时8两的量，心情不佳时也许喝到半斤就醉了。

但郭汜不那么想，尽管喝得晕晕糊糊，他仍然保持了高度的警惕，自己酒量还可以，今天怎么这样不经喝？他怀疑又是李傕搞的鬼。

于是，郭汜离席偷偷跑到厕所里，弄了点粪汁喝下去，把胃里的东西都吐了出来（绞粪汁饮之）。

看来，二人确实已经到了貌合神离、只差动手的程度。

郭汜实在无法忍受这种煎熬，先动了手。

李傕迅速展开还击，长安一带成了凉州军内斗的战场。

恶人相斗，受难的还是百姓，献帝命令侍中、尚书等分别前往二人的军营展开调解。但这是两个任性的人，他们都表示不接受调解，非分出你高我低不可。

李傕接到报告，说郭汜密谋把天子及百官劫持到自己那边去，于是他先下手，命令另一个侄子李暹率领数千人包围了未央宫，要把天子及百官转移到自己的大营里。

刚刚被提拔为太尉的杨彪上前分辩："自古以来天子就没有住到大臣家里的先例（自古帝王无在人家者），你们怎么能如此行事？"

李暹大概也不认识这位前国师的儿子、现在的三公，没好气地对他说："李将军的决定，任何人不能更改！"

献帝无奈，只好跟着走。

但是，李暹只带来了3辆车，献帝及伏皇后各乘一辆，还有刚入选掖廷的董贵人也得单独乘一辆，这样宫人以及百官只好徒步跟随。

天子一离开未央宫，李暹的手下就蜂拥而入，到皇宫里抢夺御用物品以及尚未离开的宫女。之后，将皇宫以及政府办事机构一把火烧成灰烬。

李傕、李暹的思维跟董卓差不多，我把皇宫给你烧了，让你想回都回不来！

可惜，一座洛阳宫和一座长安宫，两汉近 400 年来的精华，先后毁于凉州军人之手。

献帝派百官到郭汜那边调停，郭汜趁机把大家扣下来当人质，被扣的人包括太尉杨彪、司空张喜、尚书王隆、光禄勋刘渊、卫尉士孙瑞、太仆韩融、廷尉宣播、大鸿胪荣邵、大司农朱儁、将作大匠梁邵、屯骑校尉姜宣，2 个三公和 5 个九卿，可以组成一个临时内阁了。

大司农朱儁是员老将，也是帝国的功臣，从来没受过这样的窝囊气，一气之下死了。

郭汜召开大会，商议如何进攻李傕，杨彪当场质问："臣属互斗，一个劫持天子，一个劫持高官，你们这算什么事儿？"

郭汜大怒，拔刀就要朝杨彪剁。

以董卓的生猛，当年杨先生顶撞时他也只是发发狠话，可见凉州军的素质一代不如一代了。

幸好边上有人赶紧上来劝住，郭汜才愤愤不平地停下手。

为了对付李傕，郭汜秘密联系了李傕部下张苞，准备从背后下手。

李傕那边也没闲着，他招来了羌人、胡人充当雇佣军进攻郭汜，先赏给他们一些从皇宫里刚刚抢来的金银财物，并承诺事成之后赏给他们宫女。

4 月 25 日，郭汜首先发起进攻，一路杀到李傕大营的门口。

一阵乱箭，就连献帝御帐的帷帘都被射中了，有一支箭还贯穿了李傕的左耳朵。

混乱中张苞临阵反水，去烧李傕的营帐，但不知何故，死活点不着火，李傕指挥部将杨奉展开反击，打退了郭汜和张苞。

李傕看大营不安全，就把献帝一行转移到他在长安城北的另一处军营里，献帝与外界的联系完全隔绝。

这里条件极差，正常的饮食都供应不上，献帝还好一点儿，一天勉强有两餐可吃，但其他人就有一顿没一顿的了，饿得个个一脸菜色。

献帝向李傕要 5 斛米、5 具牛骨，打算赏赐给身边的人吃，李傕不给，反而教训道："已经给你早晚两顿饭了，还要米做什么（朝晡上飰，何用米为）？"

献帝再要，李傕就让人送来几根已经发臭的牛骨头。

献帝大怒，打算派人质问李傕，朝廷高级秘书（侍中）杨琦在帝边，劝献帝说："我看陛下还是算了，这个李傕分明自知自己犯的错很多了，已经不在乎了，听说他还要把陛下送到黄白城，陛下还是能忍则忍吧！"

黄白城在长安城的北面，今陕西省三原县。

三公中唯一留在献帝身边的是司徒赵温，也听说了李傕想把献帝送到黄白城，写信质问李傕。

李傕大怒，要杀赵温，李傕的弟弟李应等人劝了又劝，李傕才稍微消点儿气。

李傕似乎有点儿神经错乱的征兆，他找了一批巫士、神女做法术，又在军营门口修建了一座董卓庙，经常用三牲进行祭祀。

李傕见到献帝，一会儿称陛下，一会儿又称明帝，弄得献帝丈二和尚摸不着头脑，只好含糊其词地随便应和。

李傕经常在营门口以及朝廷各办事机构门外装神弄鬼，完事之后进去向献帝请安。大家看李傕，见他背着3把刀，手里还拎着1条长鞭和1把刀，大家还以为他要行凶，献帝身边的侍中、尚书也都抄起家伙围到献帝身边，以防不测。

李傕挺纳闷，这些人要干吗？他有点儿不高兴。

有一个叫李祯的，跟李傕是老乡，平时挺熟，看出来李傕不高兴，赶忙上前打圆场，说了不少称赞李傕的好话，李傕才感到舒服点儿。

其实，李傕带的那些家伙都是刚才祭鬼神仪式用的，他来见天子的目的是告郭汜的状。李傕一说起郭汜的不是，立即滔滔不绝，说得义愤填膺，别人连话都插不上，献帝只好唯唯应付。

如此这般，李傕隔三岔五必然要来上一回。

李傕这个人看来领导能力有问题，张苞反水的事刚过，他手下另一员大将杨奉也要反他，准备直接下手把他干掉。

但是，这次又提前泄露，杨奉和另一名叫宋果的将领脱离李傕。

李傕和郭汜在长安附近打内战，几个月里死了上万人。看到这种局面，凉州军里的另一位重量级人物坐不住了，这人就是张济。

当初李傕、郭汜和樊稠把张济排斥在权力核心之外，让他驻守在弘农郡的陕县，即今河南省陕县。

眼看闹成这个样子，张济从陕县来到长安，进行调停。

百官的调停李、郭二人可以不理，但是老朋友、老同事出面他们不能不给面子，在张济的撮合下，李傕、郭汜同意和解，并愿意交换儿子互做人质。

眼看和平的曙光不太远了，但还是出了问题，这一回问题出在李夫人身上。

李傕的夫人非常喜欢儿子，听说要送到敌营里当人质就不干了，如此一来交换儿子互为人质的计划就搁浅了。

一个郭夫人还不够，又来了一个李夫人，偏偏李傕和郭汜又都是"妻管严"。

一天，献帝正一个人生闷气，忽然听到营门外人声嘈杂，喊声不断。

献帝让人出去打听，才知道是李傕找的那些雇佣兵，一个个在营门外高喊："皇上是不是在里面？李将军答应给我们的宫女，在什么地方啊？"

献帝又气又怕，侍中刘艾出了个主意，说贾诩这个人还不错，在凉州军里也有一定威望，不如请他出面摆平此事。

刘艾找到贾诩一说，贾诩表示没问题，一切包在他身上。

贾诩摆下酒宴，请雇佣军的头目们吃饭，代表天子允诺封给他们侯爵，又赏赐他们不少东西，这些人心满意足后，开始打道回府。

失去雇佣兵的支持，李傕实力大减。

张济趁势提出了新的调解方案，双方不再互换儿子为人质，改换女儿为人质，同时鉴于长安已经残破，粮食也极为困难，张济愿意把天子及百官接到他的弘农郡去。

激战了数月，李傕和郭汜都有点儿打不动了，对于新的调解方案，他们都表示同意。

这样，被扣押在郭汜军营里的百官重新见到了天子，大家都觉得必须趁着李傕、郭汜没有反悔，立即离开长安。

六十、奔跑吧，皇帝

兴平二年（195）7月，献帝携文武百官离开长安，这个时间大约是在曹操把吕布赶出兖州的前后。

赶快跑，慢了就来不及了，献帝一刻都不想在长安待了。

献帝在长安一共待了6个年头，这6年每天过的都是心惊胆战的日子，这段时间可以说是东汉帝国最黑暗的一页。不过对于今天的古都西安来说这段经历又非常重要，西安现在被称为"十三朝古朝"，这13个朝代里就包括短暂迁都此的汉献帝初年的东汉，如果没有这段经历，西安只能称为"十二朝古都"了。

护送献帝一行的主要是张济所部，除此之外还有杨定、杨奉和董承所部，他们也都是凉州军将领，手里都有一定人马，他们初步商定的目的地弘农郡，之后再想办法回洛阳。弘农郡在今洛阳市以西，献帝一行行进的路线大约相当于出今西安市沿陇海铁路一直往东走。

杨定在凉州军中的地位仅次于李傕、郭汜、樊稠，被封为安西将军，他跟樊稠十分要好，樊稠被杀后杨定一直心存不安，想尽快远离李傕，所以在献帝东迁的问题上他竭力支持，并愿意一同东进。

杨奉的情况之前说过，他原是李傕的部将，临阵反水，自然不愿意留下来。

董承之前也说过，他是灵帝刘宏的母亲董太后的侄子，论起来是献帝的表舅，何进上台后侥幸没被清算，董卓掌权以后他时来运转，因为董卓一度跟董太后攀过亲戚，董承也就成了董卓的本家，因为这个缘故董卓对董承给予了特别关照，让他到自己女婿牛辅的军中带兵，是献帝目前唯一能拉上血缘关系又能和凉州军搭上话的人。献帝对董承很看重，董承对献帝也忠心耿耿，献帝纳董承的女儿为贵人，董承不仅是献帝的表舅还是岳父。

为了保证东归的顺利，献帝下诏擢升杨定为后将军，杨奉为兴义将军，董承为安集将军，为了让郭汜痛快放行，还擢升他为车骑将军。

但是，献帝一行刚离开长安郭汜就反悔了。

郭汜发现天子还有很高的利用价值，掌握天子就能发号施令、随意拜官封爵，跟自己当皇帝差不多，所以他不想失去对天子的控制，提出让献帝一行改去长安以北不远的高陵，那里是他的地盘。

但是天子和百官都不愿意去这个鬼地方，他们只想尽快离开长安，所以一致坚持去弘农郡，张济等人也都表示支持，双方相持不下，论势力又旗鼓相当。

献帝使出了最后一招，绝食。

郭汜担心事态恶化，同意献帝一行一边往前走一边再商量，就这样献帝一行到达了长安以东的新丰，即今西安市临潼区。

郭汜还不是甘心，他表示不去高陵也行，但天子必须留在关中，他想让天子迁都郿坞。郿坞是董卓生前修筑的城堡，是打算自己养老的地方。

郭汜的想法还没有提出，侍中种辑提前得到了消息，他秘密通知杨定、杨奉、董承等人，把所部人马悄悄集结起来，准备跟郭汜硬拼。

离开了长安，郭汜的实力就不占优势了，他害怕出意外，就离开了军队仓皇逃到附近的终南山里，后来又回到了李傕的军营。

郭汜的做法看来有些奇怪，即使目的没达到也不至于逃跑，更不至于逃向对手那里。

史书上的另一条记载解释了原因，郭汜的迁都建议提出后遭到了众人的一致反对，郭汜动手，献帝一度被郭汜弄到了自己的军营里，但杨奉等人随后率兵攻打，又把天子抢了回来。

郭汜看来是被打败逃走的，由于没了人马，最后只好依附李傕。虽然是仇家，但现在有了共同的敌人，李傕还是接纳了郭汜。

献帝一行在新丰一共待了两个月，到这一年的 10 月初才继续东进，来到了华山脚下的华阴，在此迎候的是凉州军将领段煨，他的军职是宁辑将军。

段煨是"凉州三明"之一的前太尉段颎的族弟，后来成为董卓手下的重要将领之一，也是贾诩的老领导，此时驻扎在潼关附近，听说天子路过，特意到华阴来迎驾。

段煨为献帝一行准备了充足的食物、衣服及各种器物。

作为帝国的名将之后，段煨对天子的感情较一般的凉州军将领深得多，所以迎驾的态度很积极。

但是，在段煨迎驾的时候发生了意外，突然有人喊了一声："小心，段煨要造反（段煨欲反）！"

献帝很纳闷，一看是朝廷高级秘书（侍中）种辑，就问他："段将军是来迎驾的，怎么看出来他要造反？"

种辑看来有些神秘，他总能打探到一些内幕消息，他回答说："段煨不到境界迎接，迎驾又在马上不下来（迎不至界，拜不下马），再看他的脸色，就知道他必有异心！"

这一回，敢情种秘书都是猜的。

原来，杨定跟段煨曾有过严重的矛盾，段煨的心里对杨定很忌惮，迎车驾时都不敢下马，只是在马上作了个揖，而种辑偏偏跟杨定关系很好。

太尉杨彪等人不同意种辑的看法，认为段煨不会造反，愿意以死相保。

但是杨定和董承认为段煨会造反，杨定还神秘地说，据他的可靠情报，郭汜本人当天就会率 700 名骑兵潜入段煨的军营。

这把献帝弄糊涂了，不敢轻易进入段煨的军营，只好露宿在路边（遂露次于道南）。

杨定等人随即向献帝请令，要求讨伐段煨。

献帝说段煨还没有谋反的迹象，为什么要攻击他？杨定派去的人不甘心，仍然苦苦纠缠，一直到了半夜都不走，献帝仍然不松口。

杨定、杨奉、董承不管，直接向段煨展开攻击，双方势均力敌，打了十多天没分出胜负来。

段煨继续供应天子及百官饮食起居，毫无二心，献帝派人从中调解，杨定等人勉强接受，暂时休兵。

这一闹，耽误了东进的时间，同时也提醒了长安的李傕和郭汜，这二位如今已尽释前嫌，和好如初。他们突然明白过来，当初是如此愚不可及，让天子脱离了自己的掌握，于是挥兵向华阴杀来，要重新夺回天子。

李傕、郭汜打的旗号是援救段煨，这一招有点儿损，因为他们跟段煨本不是一伙的，通过造这个势，让段煨更加受到怀疑，把水搅得更浑。

杨定不仅跟段煨有怨，跟李傕也有仇，眼看李傕气势汹汹杀来，他有点儿害怕，干脆开溜，离开部队跑到荆州投刘表去了。

杨奉、董承保护天子一行赶紧东进，张济不知何故与杨奉、董承又起了矛盾，这时站在了李傕、郭汜一边。

杨奉、董承护卫天子一行在前面跑，李傕、郭汜、张济带兵在后面追。

追到弘农郡内的一个山涧，终于追上，双方激战，董承、杨奉大败，文武百官和士兵又死伤不计其数，天子的御用品、符节、皇家档案丢得满山涧都是。

最后，逃到了一个叫曹阳的地方，此地在今河南省陕县境内。

献帝一行只能在田野中露宿，董承、杨奉假装和李傕、郭汜、张济和解以争取时间，暗地里派人渡过黄河，向活跃在这一带的白波军首领李乐、韩暹、胡才以及南匈奴右贤王栾提去卑求援。

这是东汉历史上最不堪回首的一幕了，堂堂一国之君，不得不向曾经被视为异族首领的人求救，但舍此也没有更好的办法了。

李乐、韩暹、胡才这些人有点儿类似黑山军的张燕、于毒、眭固，常年在潼关、中条山和太行山一带打游击，现在听说皇帝走投无路到了门口，立刻来了精神，赶紧带兵来接应。

他们的想法很朴素，天子是奇货，先弄到手里再说。

李乐等人率数千人马渡过黄河，与李傕、郭汜和张济的联军交战，结果把李傕等人打败。

董承提出边撤边往前赶路，李乐和董承护卫天子在前，杨奉、胡才等人断后，开始撤退。

李傕等人重新整顿人马，又杀了上来，这一回杨奉等人大败，死伤惨重。

光禄勋邓泉、廷尉宣播、少府田芬、大司农张义战死，司徒赵温、太常王伟、卫尉周忠、司隶校尉荣邵被俘，李傕本来打算把他们全部处死，经过贾诩的苦苦相劝才作罢。

这里的周忠，祖籍扬州刺史部庐江郡，他是周瑜的堂叔父。

天子一行人狼狈不堪地逃到了离黄河更近的陕县，追兵紧跟着也到了。

此时，天子的虎贲、羽林卫士加起来不到100人，李乐、董承的兵力损失也很大，凉州军日夜不停地在城外鼓噪，城里的人胆战心惊，只想早点儿逃出去。

商议如何逃，大部分人主张顺黄河滩东下，到黄河上著名的渡口孟津，由那里到达黄河以北的白波军控制区。

从地图上看这倒是一条捷径，但实际上它是一条死路，因为里面充满了危险。

幸亏太尉杨彪就是弘农郡本地人，对这里的地形很熟悉，他说：

"从这里往东，有一个地方叫三十六滩，那里十分险要，根本无法通过。"

侍中刘艾曾在陕县当过县令，他证实杨彪的话没错。

于是，决定直接在陕县附近强行渡河，命李乐先行探路，准备船只。

随后，献帝以及百官悄悄出城，开始向黄河边上徒步行进。

大家形迹匆匆，都怕走晚了命就没了，所以什么多余的东西都没带，只有皇后伏寿的哥哥伏德例外，他一手搀扶着妹妹，另外一边夹着十几匹绸缎。

大家都有点儿纳闷，这哥们儿够贪财的，都什么时候了，还舍不下这点儿布？

可很快大家都将明白过来，这些绸缎是如此重要，成为救了很多人命的稻草。

一行人向黄河边上奔命，一路上拥挤不堪。

就连皇后的卫士们也只顾往前跑，大家把路都堵住了，符节令孙徽急了，在人群中挥着刀，一通乱剁，连皇后伏寿衣服上都溅满了血（杀旁侍者，血溅后衣）。

不过，总算来到了黄河边。

到了以后，大家都傻眼了，黄河的大堤太高了，离下面足有十来丈，相当于好几层楼那么高，无法下去。

这时候伏德把随身携带的绸缎拿了过来，董承又弄来几个马笼头，就用这些东西捆扎成一个简易坐辇。行军校尉尚弘劲大，由他背着献帝刘协坐在辇上，由上面的人拉着往下吊。

其他人用伏德的剩余的绸缎结起来陆续往下滑，排不上号的索性跳了下去，有的当场摔死，有的摔伤。

李乐弄来的船很有限，装不下那么多人，大家一拥而上，都想往上挤，董承、李乐只好用暴力阻止，有人仍然不愿意放弃，跳到水里死死抓住船帮不放，船上的人举刀乱剁，船舱里到处是砍断的手指（手指于舟中可掬）。

只有少数人上了船，保住了一条命。停留在岸边的人遭到了随后赶来追兵的劫杀，侥幸没有被杀的，衣服也被乱兵给扒了。

此时是 12 月底，黄河中下流最冷的时候，这一段的河道虽然没结冰，但异常寒冷，有人被活活冻死。

从曹阳到陕县，这一路上是献帝东归以来最悲惨的一幕，消息也很快传遍了全国，举国震惊。

有人甚至传说献帝不仅遇险，而且已经遇难了，身在寿春的袁术第一次动了自立为皇帝的念头，就是在听到这个传言之后。

六十一、都不愿意来迎驾

经历了惊险的一幕，献帝一行总算渡了河。

李傕不甘心，派出侦察兵——斥候去追赶，董承害怕他们放箭伤着献帝，就在船上找了条被褥当盾牌护在献帝周围。

不管怎么样，献帝一行总算到达了黄河北岸。

这里距李乐的军营最近，献帝一行进驻军营，这个地方名叫大阳，在今山西省平陆县境内。

黄河是一道天险，估计李傕的人一时半会儿不会发起渡河攻击，献帝一行暂时安全——不过吃饭却成了问题，李乐本来就不富裕，要供应献帝及百官的饮食，显得一筹莫展。

正在此时，送粮的人来了。

来的是个老熟人，建义将军兼河内郡太守张杨。

听说献帝东归渡过了黄河，正朝自己所在的方向行进，张杨赶紧派了一支人马前来接应，他是个细心人，估计献帝一行现在面临最大的问题可能是没吃的，于是让接应的这几千人每人都背上足够的粮食（使数千人负米贡饷），这真是雪中送炭。

张杨的地盘在河内郡，这里是它的西邻河东郡，河东郡太守名叫王邑，是朝廷任命的，前太尉刘宽的学生，政治上没有倾向性，他也随后赶到，送来了一些布帛，正值冬季，这更是现在急需的物资。

献帝下诏封王邑为列侯，拜韩暹为征东将军，李乐为征北将军，胡才为征西将军，张杨为安东将军。

王邑和张杨好歹都是朝廷任命的高官，而韩暹等人不过是东游西逛的流寇，仅仅因为关键时刻搭了把手，不仅身份洗白，而且一跃成为帝国的高级将领，真是来得早不如来得巧。

就这样，献帝一行在董承、杨奉、李乐、胡才、韩暹、张杨、王邑等人护卫下暂时停驻在黄河北岸的大阳。

在黄河南岸，李傕、郭汜和张济的联军还没走。

他们手里有在黄河岸边俘虏的百官、宫人，以及此前在弘农郡俘虏的司徒赵温等人，献帝特别惦记这些人的安危，派太仆韩融到对岸与李傕等人谈判。

李傕接受和谈，把俘获的赵温等百官以及宫人们放了回来，并送还了一部分缴获的御用器物。

李傕他们通过和谈得到了什么不清楚，此后他们也没有再向这边发起进攻，说起来还是实力问题，折腾了这么长时间，他们现在已经实力大损，尤其后勤保障也严重不足，献帝能宽恕他们的罪行，不把他们当逆臣，有个台阶下这伙人就撤了，他们陆续回到了关中。

大阳是个名不见经传的小地方，因为献帝的到来而充当了临时国都的角色，只是条件实在有限，献帝及百官的日常起居、办公只好因陋就简。张杨虽然送来不少粮食，但此时聚集在这一带的部队越来越多，后勤供应很快又成为一大难题。

献帝议事的地方外面只围着篱笆，他与大臣们议事时士兵们都挤在外面看，这些兵大部分前不久还是农民起义军，刚刚被收编，一点儿军纪都没有，一边看，一边嘻嘻哈哈（兵士伏篱上观，互相镇压以为笑）。

司隶校尉管邵可能长得有点怪，成为取乐的对象，每次他进去向献帝汇报工作，门口的人都向他扔东西，逗他开心。

曾经，司隶校尉号称"三独坐"，除了充当州牧的角色，还可以纠察百官，官员们见了都胆战心惊，何等威严，现在却沦落不堪。

大阳看来无法久留，献帝一心想早些回到洛阳。

但是，献帝的想法不是这些护驾首领的共同想法，这些人情况很复杂，各有盘算，没有多少人关心献帝的意志，他们每天都在琢磨的是如何利用这个千载难逢的好机会向献帝伸手要官。

不仅给自己要，还给手下的人要，就连各位将领的私人医生、警卫员等一眨眼都成了校尉这样的高官，负责刻制公章的御史们忙得不可开交，最后只好改用锥子往上面画字（御史刻印不供，乃以锥画）。

这还不够，这些人整天琢磨如何斗法，如何把别人甩掉，让自己成为最终的受益者，终于又爆发了内讧。

为平息纷争，河内郡太守张杨亲自来到大阳，提出迅速护送献帝到洛阳的计划，但得不到其他人的响应，张杨一怒之下走了。

对于献帝下一步的行动，大家其实都没有更好的办法。

马上就要过年了，看来这个年只能在大阳过了。

过了年，正月初七，献帝下诏改年号为建安。

自灵帝以来年号频繁更换，有时一年换了3个年号，一般人很难记住，到了这时才算稳定下来，建安这个年号使用了20多年。

建安元年（196）春天，献帝仍滞留在大阳。

护驾的各位首领内讧继续扩大，韩暹攻击董承，董承不敌，逃到河内郡找张杨搬救兵去了。

白波军另外一个首领胡才联合杨奉又来攻击韩暹，被献帝劝阻。

几路人马势均力敌，谁也不服谁，但谁也无法一口把对手吃掉，未来怎么办？个个面面相觑，不知如何是好。

献帝能做的就是给各地有实力的人写诏书，让他们到大阳来迎驾。

献帝现在能想到的有刘表、陶谦、刘虞、刘焉、袁术等人，献帝不喜欢袁绍，但他的势力最强，又离这边最近，想必也给他写了。

还有一个人，献帝一直怀有好感，很想让他来，只是不知道他现在的情况怎么样，这人就是吕布，吕布奉献帝的诏书亲手杀了董卓，给献帝留下了良好印象。

献帝也给吕布写了诏书，诏书是献帝亲自写在一块木板上的（手笔版书召布来迎），听说吕布在兖州、徐州一带，就派人前往那里试试。

能想的人都想到了，唯一漏掉的人是曹操，这是为什么呢？

不是献帝对曹操的实力有怀疑，也不是他对曹操怀有敌意，朝廷已经任命曹操为兖州牧，承认了他的实力和合法身份，成见是不存在的。只是在当时很多人看来，曹操并不是一个独立的势力，他是袁绍集团的一部分。

曹操这种身份上的尴尬存在了很多年，从起兵到现在，袁绍不仅表奏了曹操的职务，还给人给钱，曹操遭遇失败时都是找袁绍避难，遇到困难时也是向袁绍求援，从这一点上看，大家可能会觉得曹操的地位跟臧洪等人差不了太多。

诏书派人送到了各地，最先来到大阳的是袁绍的特使郭图。

袁绍确实离这里最近，按说不等献帝的诏书他应该主动来，但他最近很忙，还有点闹心。

袁绍现在不在邺县，还在东武阳，他目前正处在南北两线同时作战的艰难局面。东武阳当时还在臧洪手中，袁绍不肯撤兵，非把臧洪抓起来不可，所以亲自在那里督阵。

这段时间公孙瓒在北面也频频给袁绍制造麻烦，他大修易水防线，袁绍不敢等闲视之，命令麹义配合刘虞的儿子刘和以及刘虞的旧部鲜于辅等攻击公孙瓒。

袁绍的主力全部压在这两条战线上，没有富余人手。

在对待献帝的感情上袁绍也大有问题，他对当今天子多有不恭，不仅多次试图另立他人，而且扬言天子的血统有问题，不是合法继承人。对于这些，献帝肯定早有耳闻，所以对郭图一行态度也较为冷淡。

双方没有商谈下一步如何行动，郭图到大阳看了看就走了。

但是，在郭图看来献帝此时已走投无路，如果得不到妥善安置，就有可能落于他人之手，比如袁术，或者刘表，甚至是吕布和刘备，到那时候将对袁绍集团更加不利。

所以，郭图回到东武阳前线向袁绍报告此行情况时，建议把献帝一行迎接到邺县来，然而这个建议被袁绍否决了（图还说绍迎天子都邺，绍不从）。

这是一种说法，还有一种说法是提出迎接献帝来邺县建议的是冀州本土派人士沮授，他对袁绍说："将军一家几代人辅弼朝廷，累世倡导忠义。现在朝廷遇到困难，宗庙毁坏，各州郡嘴上说起兵为了行仁义，而内心里真实的打算是如何灭了别人，没有人考虑皇帝的安危和百姓的死活（外托义兵，内图相灭，未有存主恤民者）。现在冀州初定，可以迎请大驾，来邺县临时安都。"

沮授还说了一句很有名的话："到那个时候，就能以天子为旗帜号令各地的实力派，再积蓄兵马，谁不服就收拾谁（挟天子而令诸侯，畜士马以讨不庭），谁还能打败我们？"

但这个想法遭到了不少人的反对，前面说是主张迎请献帝的郭图就是其中一位，支持他的还有老将淳于琼，他们的理由是："汉室凌迟，为日已久，现在要重新振兴，那是多么困难（今欲兴之，不亦难乎）！现在各路英雄据有州郡，个个人多势众，正所谓秦失其鹿先得者为王。如果迎接天子到自己身边来，以后干什么事都要先请示报告（动辄表闻），如果听天子的就削弱了自身的权力，不听天子的就是违命，这实在不是什么好主意。"

一般都认为郭图、淳于琼这番谈论属于目光短浅，只看到眼前的一点，没有着眼于长远，结果让袁绍错失了一次"挟天子而令诸侯"的好机会。但是，如果真从更长远的眼光看，他们的观点也并非全无道理，"挟天子而令诸侯"固然风光，也会带来严重的副作用。

大家都看到了天子是一个"奇货"，掌握天子就拥有了发号施令的权力，谁反对自己形同于反对朝廷。但问题在于，当今天子不是3岁孩童，已经举行过加冠礼，按道理应该亲政而不是当摆设。

当今天子聪明睿智，经历了很多坎坷曲折，得到了历练，面对凶残的董卓和强悍的凉州军他都能无所畏惧，有勇有谋，这样的天子不是谁都能轻易玩弄于股掌之上的。

郭图、淳于琼的话没错，有事你向天子汇报不汇报？不汇报，说你专权。汇报了，天子一高兴，来个指示什么的，执行不执行？

不执行，就会跟天子发生冲突，那奸臣的罪名就背定了。

如果敢加以谋害，那就更惨了，不管你以前多么英名盖世，也不管你确实做了多少好事，你都将登上历史的恶人榜，子子孙孙都不能翻身。

所以，看着是妙手，却很容易下成臭棋。

把天子接来之前，必须做好充分的思想准备，要么真心实意地拥戴天子，当一名汉室的忠臣，要么横下心去，甘背历史的骂名，否则天子这个烫手的山芋还是不碰为好。

袁绍大概也想到了这些，他没有做好思想准备，也没有跟天子每天周旋的耐心，加上他对刘协在潜意识里不大接受，又有当前南北两线战事的困扰，所以放弃了迎接天子的打算。

还有刘表、刘焉、袁术等人，想法大致也差不多，接到献帝的诏书，要么找个借口拖着，要么干脆装聋作哑。

吕布对献帝相对真诚，但他现在自顾不暇，要是有实力他倒是会去，但他打了败仗，自身难保，长途远行需要后勤保障，他也没有（*布军无畜积，不能自致*），所以遣使上书，向献帝作出解释。

献帝理解吕布，虽然没有来，仍然晋升他为平东将军，爵位晋封为平陶侯。

但吕布运气不好，献帝的使臣路过山阳国境内时，把任命书弄丢了（*使人于山阳界亡失文字*）。

六十二、朝廷的生存危机

献帝一行在河东郡一直待到了6月。

各路人马谁也说服不了谁，谁也都不愿意放弃自己的利益，没人关心献帝是怎么想的。天慢慢热了，大家仍莫衷一是。

不过到最后大家还是妥协了，张杨重新来到大阳进行调停，杨奉与韩暹和好，董承也回到了献帝的身边，4个人坐在一块儿开了个会，最后商定还是先离开大阳，护送献帝回洛阳再说。

不是这些人突然觉悟提高了，而是他们都面临着同一个问题，那就是缺吃缺穿，物资越来越匮乏，不仅献帝及百官的供应不好办，他们自己也耗不下去了，本着"人挪死，树挪活"的精神，大家决定往前走一步看看吧。

建安元年（196）7月1日献帝一行终于回到了洛阳，此时距上一次离开共5年4个月零15天，5年多来朝廷一直被凉州军人控制着，至此才算真正摆脱了他们。

李傕、郭汜、张济等凉州军阀退出了政治舞台，献帝东归后盘踞在关中的各派势力继续陷入内斗，百姓大量外逃避难，献帝当年来的时候三辅一带还有数十万人口，到这时长安城竟然出现了40多天空无一人的奇景（天子东归后，长安城空四十余日）。

在生存危机面前李傕、郭汜等实力派四散而去，到处打起了游击，哪里能弄到吃的就去哪里待一阵。3年后曹操经营关中，派裴茂到长安，联络当地将领把李傕杀了，夷灭三族。

郭汜后来退守在郿坞，实现着老领导董卓当年制定的踞守郿坞以观天下的夙愿，但他的部将五习背叛了他，把他杀死。

张济率所部离开了关中，辗转来到了南阳郡，在转战途中被杀，所部由他的侄子张绣率领，张绣在贾诩的建议下南投刘表，刘表让张绣驻防在南阳郡一带，成为自己的北部屏障。

白波军出身的李乐和胡才留在了河东郡，胡才以后被仇家杀死，李乐病死。

虽然回到了洛阳，但呈现在刘协眼中的是满目疮痍。

洛阳，这个当年世界上首屈一指的大都市此时到处是废墟，南北二宫多成瓦砾堆，罕有人迹。城里只有已故宦官头目赵忠的住宅可住，献帝一行把这个地方作为临时行宫。

赵忠这个人好像特别热衷于投资房地产项目，投资对象房产、地产、墓地都有，当初韩馥让位给袁绍后搬离位于邺县的州政府，住的也是赵忠的宅子，还有少帝刘辩被董卓杀害，临时借用的也是赵忠生前为自己准备的墓地。

为庆祝重返旧都，7月14日献帝下诏大赦天下。

张杨等人在南、北二宫里寻找相对完整的宫殿，最后在南宫找到了一处，经过一番整修，献帝搬了进去，张杨认为自己在迎接献帝重返洛阳一事上功劳最大，将这座宫殿命名为杨安殿。

朝廷有制度，除了北军、中央禁卫军、守护皇城的卫尉、执金吾等部队外其余武装力量不得常驻京师，张杨比较自觉，主动撤退到他的大本营河内郡。

杨奉无奈，只好跟着撤了出去，驻扎在洛阳以南的梁县，今河南省临汝县一带，不是他高风亮节，而是没办法了，他的人马最多，所以吃饭的问题最严峻，手下没有吃的，快散伙了。

韩暹赖在洛阳不走，洛阳除他的人马外就是手里有些兵权的董承。

献帝下诏擢升张杨为大司马，前面说过这是一个很崇高的职务，地位超过三公，擢升韩暹为大将军，同时兼任司隶校尉，擢升杨奉为车骑将军。

他们3个人都享受持节的殊荣，可以代表天子视察工作，任命一定级别的官职，代表天子发布某些命令。

此时在洛阳除了天子、百官及守卫部队之外已经没有什么百姓了，也找不到吃的东西，为了解决吃饭问题，献帝不得不下令尚书台的秘书（尚书郎）以下的官员都到洛阳郊外挖野菜充饥。

人太多，野菜都没地方挖，有些人就在残垣断壁间饿死了，有的死于乱兵之手（或饥死墙壁间，或为兵士所杀）。

如果再没人伸一把手的话，献帝和百官都得困死在这里了。

但是有实力的人仍然都没有动静，袁绍不来，刘表不来，刘焉也在装聋作哑，再这样下去，献帝只得考虑带着百官离开洛阳去当乞丐了。

这时，终于有人主动伸出了援手。

这个人就是曹操，他一直敏锐地注意着献帝东归事件。

对于要不要迎请献帝，曹操的智囊团也有分歧，史书没有记载哪些人反对，但想必他们的理由跟郭图、淳于琼差不多，认为把天子接来得不到什么实质性好处，还会带来许多麻烦。

朝廷现在成了一个包袱，单就后勤保障就是个大问题，现在粮食比什么都紧缺，已经有价无市。

同时大家认为兖州周边还有吕布、袁术这些敌人（山东未平），而洛阳及周围的韩暹、杨奉、董承、张杨等人个个都不是省油的灯，插手洛阳的事务，没有特别的把握（未可猝制）。

但是，也有人主张应该迎请天子，持这种意见的以毛玠为代表，他认为："现今国家分裂，君主流离，民众饥饿流亡，朝廷缺乏储备，百姓没有安定的生活，这种状况难以持久。袁绍、刘表虽然人多兵强，但都没有长远的考虑。用兵之事合乎正义才能取胜，所以应当拥戴天子以命令那些不肯臣服的人（宜奉天子以令不臣），大力发展农业，积蓄军资，如此霸业就可以成功了！"

同样是把献帝接来，沮授的说法是"挟天子而令诸侯"，毛玠的说法是"奉天子以令不臣"，同样的意思，不同的表达，立场、感情鲜明立见，也看出了水平的高低。

荀彧支持毛玠的看法，他认为：

"当年晋文公因为接纳周襄王而使诸侯影从，汉高祖东讨项羽时因为给被项羽杀害的义帝服丧而深得人心，这说明天子的号召力。之前将军您虽然力所不及，但仍然派使者到长安朝贡，说明您心在王室，有匡扶天下的素志。"

"现在天子蒙难，百姓忧愁（**百姓感旧而增哀**），如果奉主上以从民望，这是大顺；秉至公以服天下英雄，这是大略；扶持大义以招引天下俊杰，这是大德。天下虽然也会有不服的人，但必然成不了大气候，区区韩暹、杨奉又能怎样？我们如果不能早做决断，一旦其他人抢先一步，我们后悔都来不及了！"

他们的意见也符合曹操的心意，曹操决定去迎接天子。

但是，过程却并不顺利。

曹操的势力范围在兖州刺史部，与洛阳隔着豫州刺史部和司隶校尉部，要去迎接天子，他不如袁绍便利。

曹操行动还是比较早的，在建安元年（196）春天献帝一行还困在大阳的时候曹操就动身了，他亲自率主力从兖州刺史部出发向西运动，首先来到豫州刺史部的陈国境内。

这里现在是袁术的地盘，但袁术在这一带的势力并不强，他任命的陈国相袁嗣投降。

曹操继续西进，进入汝南郡和颍川郡，这两个郡都是天下知名的大郡，但目前都在黄巾军余部的控制之下，他们的主要头领有何仪、刘辟、黄邵、何曼等人，这些人过去曾依附过孙坚和袁术，算是袁术的盟友。

曹操命于禁指挥青州兵与这部分黄巾军作战，青州兵也出身于黄巾军余部，打起仗来路数都清楚，于禁的行动进展很顺利。

黄邵想来个出奇制胜，他想夜袭曹操的大营，于禁率麾下人马将其击破，斩杀了刘辟和黄邵，何仪等人率众投降，汝南郡和颍川郡基本被曹操占领，于禁因为有功被曹操提拔为平虏校尉。

这时天子已经到了洛阳，曹操派曹洪为先头部队向洛阳进发，但快到洛阳时曹洪所部遭到了董承、杨奉等人的武力抵抗，不能前进。

这说明直到现在献帝也没有把曹操当成未来的依靠，还把他看作不速之客。

杨奉有一定战斗力，因为他手下有一个能打的猛人，此人名叫徐晃。

徐晃字公明，司隶校尉部河东郡人，年轻时曾在本郡做一名小吏，后追随杨奉镇压黄巾军，因为战功逐步升至骑都尉，成为杨奉手下一名高级将领。

西行受阻，曹操心里有点儿郁闷，他的一片忠心换来的却是敌意，这让他多少有些无法接受。

但由此打退堂鼓的话，不仅失去了一个机会，白跑一趟，而且从此会被贴上"不受朝廷欢迎的人"这样的标签，今后在政治上反而被动了。

真是进退两难。

六十三、天道深远勿多问

就曹操进退不得的时候，又一次得到了贵人的暗中相助，这个人还是董昭。

董昭现在不在张杨那里，而在献帝身边。当初他找了个机会还是去了长安，被朝廷任命为议郎，后来也经历了千里大逃亡，并侥幸活着回到了洛阳。

董昭一向对曹操充满好感，认为曹操的前途不可限量，听说曹操来了洛阳，又在东面被阻，董昭决定用自己的智慧再次帮助曹操破解难题。

董昭发现董承、杨奉、韩暹、张杨这些人互相都有矛盾，就利用他们的矛盾做文章，他觉得这些人里数杨奉最好忽悠，于是找到他，给杨奉拿出一封信，说是曹操专门写给他的。

杨奉打开信，看见上面写道："久闻将军大名，早就想表达敬意。现在将军率领军队，不怕万难，让天子能重返旧都，这样的功勋举世无双啊（翼佐之功，超世无双）！"

对杨奉大拍一顿后，信中表示愿意与杨奉结盟："现今群凶扰攘，四海不宁，天子和朝廷至尊至重，我们的责任就是保护和辅佐，必须依靠众位贤士来重建王朝秩序，这不是一个人能够独立完成的。心腹与四肢相互依赖，互为支持，缺一不可。将军您应当作为京城内的主要力量，我愿意做将军的外援。现在我有粮食，您有军队，可以互通有无，互相接济，同生死，共患难。"

曹操给杨奉写信，为什么要通过董昭代为转交呢？

其实这封信是董昭伪造的，他模仿了曹操的笔迹和口气给杨奉写的信，看来他十分擅长模仿别人的笔迹，当年奉袁绍之命只身前往钜鹿郡平息叛乱时，因来不及向袁绍请示就伪造过袁绍颁发的命令。王比奉曹操之命出使长安被张杨扣留，董昭不仅说通张杨放行，而且模仿曹操的笔迹给李傕、郭汜写信，进行疏通。说起来这是董昭第三次搞模仿了，他应该算当时天下模仿别人笔迹的第一高手。

杨奉却信以为真，看完之后高兴不已，对手下人说："曹将军的人马就在附近，有兵有粮，正是国家现在要仰仗的呀（国家所当依仰也）！"

杨奉于是向献帝上书，任命曹操为镇东将军，承袭其父曹嵩的封爵费亭侯。

曹操接到诏书觉得很突然，他后来才知道是董昭暗地里帮了忙。曹操赶紧上表谢恩，《曹操集》中保存的《上书让封》《上书让封亭侯》《谢袭费亭侯表》等几篇文章都是此时依照惯例所上的奏章。

曹操被任命为镇东将军，董承对他的态度也发生了很大改变，他悄悄给曹操写了封信，让曹操带兵来洛阳。

董承跟韩暹一向不合，还曾刀兵相见，为了扼制韩暹，董承也想拉曹操为外援。

从被拒之门外到很抢手，曹操的地位一下子发生了反转，他立即率兵向洛阳进发。

建安元年（196）7月，曹操到了洛阳。

这里曾是曹操的家，他上学和工作过的地方，但现在已经面目全非了。曹操在南宫旧址上新整修的杨安殿里见到了献帝，君臣正深受粮荒困扰，曹操不仅兵力充足，还带来许多粮食，献帝很高兴，宣布由曹操主持朝廷日常工作——录尚书事，并授予代表天子的节钺，拥有临时决断之权。

曹操也见到了故人钟繇，经过长途跋涉和多次生死考验，他所幸也健在。曹操另一个想见的人是董昭，董昭目前已改任符节令，是少府。尽管曹操从没有见过董昭，但可谓神交已久，一见面曹操就让董昭跟自己并肩而坐（引昭并坐）。

洛阳周边目前还有董承、杨奉、韩暹、张杨等4个实力人物，不解决他们将来都是后患，曹操利用他们之间的矛盾给予分化瓦解，先联合董承和杨奉攻击张杨和韩暹。

曹操上书弹劾张杨、韩暹，韩暹势力较弱，以为曹操要对他下手，只身匹马跑到张杨营中躲了起来。

献帝念在二人迎驾有功的分上，要曹操不再追究。

8月，献帝下诏撤销韩暹司隶校尉的职务，改任曹操为司隶校尉。

司隶校尉可以纠举百官，在曹操的主导下，诛杀了尚书冯硕、议郎侯祈、侍中壶台等3人。

这3个人是什么情况史书没有详细交代，曹操为何掌权伊始就大开杀戒也不太清楚，也许这3个人早已恶名在外，诛杀他们既为自己立威，又顺应了民意。

献帝还下诏封13个人为侯，奖励他们一路上护卫天子的功劳。这13个人是：卫将军董承、辅国将军伏完、侍中丁冲和种辑、尚书仆射钟繇、尚书郭溥、御史中丞董芬、彭城国相刘艾、冯翊郡太守韩斌、东郡太守杨众、议郎罗劭、议郎伏德、议郎赵蕤。

一罚一赏，曹操进一步确定了自己的权威，加上兵力最强，有充足的后援保障，曹操对朝廷的控制力迅速增强。

但是，洛阳周围十分残破，没有老百姓，朝廷在这里生存下去十分困难。而且董承、杨奉、张杨等人都掌握一定实力，随时可能向曹操发起突然攻击，这样的局面让曹操始终有如履薄冰的感觉。

如何摆脱这种被动局面？曹操问计于董昭："我现在已经到了这里，下一步该怎么做呢（今孤来此，当施何计）？"

"将军您兴义兵、诛暴乱，入朝天子，辅翼王室，建立了不朽功勋，然而洛阳诸将人殊意异，未必服您，您如果留在这里辅佐圣驾，很多事情会有所不利（今留匡弼，事势不便），不如迁都到许县。朝廷刚刚还都，上上下下都期望尽快安定，马上迁都的话可能大家不好接受，不过要做成非同寻常的大事，就得有超越常规的举措（行非常之事，乃有非常之功），希望将军您能果断行事！"

"先生的建议很合我的想法，不过杨奉驻扎在梁县，听说他手下都是精兵，不会影响到迁都吧？"

"杨奉这个人缺少外援，之前授予您镇东将军、承袭费亭侯都是杨奉决定的，听说最近他又写信约束部下，足见他没有太大野心（又闻书命申束，足以见信）。可以派人去向他表示感谢，以安其心。对他说京都缺粮，想让圣驾暂幸鲁阳，鲁阳那边粮食运输容易。杨奉这个人有勇无谋，他一定不会怀疑。"

曹操听完董昭的话，茅塞顿开。

251

董昭提到的许县属豫州刺史部的颍川郡，曹操进军洛阳走的也是这条路线，在基本肃清了颍川郡内的黄巾军余部后，这里已经为曹操所掌握。

颍川郡之所以人才辈出，与它独特的地理位置及自然条件有关。这里地处中原腹地，沃土千里，气候温和，雨量充足，生物茂繁，自旧石器时期以来，一直是人类文明的聚集区。

颍川郡共有15个县，几乎每个县都有不少名人，如阳翟县的辛评、辛毗、赵俨、郭嘉，襄城县的李膺，颍阴县的荀氏诸杰，许县的陈寔父子，长社县的钟繇，阳城县的杜密等等。许县位于颍川郡的东部，曾经是古代许国的国都，许国虽然不大，却前后传承了19世，存在600多年。

曹操也看中了许县这个地方，一来这里在自己的控制下，二来许县有600年作为国都的历史，城市建设有一定基础，三来这里物产丰富，颍川郡以及相邻的汝南郡、南阳郡一带是当时最重要的经济区，有利于长期的后勤保障供应，四来自己手下有许多谋士是这里的人，颍川郡乃至汝南郡的这些世家大族会站在自己这一边。

献帝本人可能也会倾向于迁都，原因很简单，再待在这里文武百官及宫人们恐怕都要饿死了，只要能提供粮食，迁到哪里去献帝都不会特别反对。

只要献帝不反对，董承也不会反对。

张杨驻扎在黄河以北，可以暂时不管他，韩暹已没有太大势力，反对不反对无所谓，几个实力人物中关键是杨奉，他驻扎在洛阳以南的梁县，又和颍川郡紧邻。

曹操于是派人去找杨奉，先对此前的事表达感谢之意，然后以洛阳残破、粮食不足为借口迁献帝到鲁阳。鲁阳这个地方属于荆州刺史部的南阳郡，和梁县很近，此时属杨奉的控制区，杨奉自然也乐意。

最近以来，杨奉对曹操确实印象颇佳。

杨奉过去是李傕的部将，但再往前他也出身于白波军，跟董承、张杨这些人没有太深的渊源，目前虽然实力数他强，但总觉得别人会在背后算计自己。曹操到来后，杨奉潜意识中把曹操当成了知己，杨奉希望曹操的到来可以使洛阳的权力结构更加平衡。

对曹操提出的迁献帝到鲁阳的建议，杨奉果然觉得挺不错，他举双手赞成。洛阳的残破有目共睹，后勤保障已经成了大问题，也只有离开洛阳一条路。与其让天子被张杨迎到黄河以北去，肯定不如弄到自己眼皮底下好呀。

杨奉支持，献帝愿意，董承不反对，曹操不再征求张杨、韩暹的意见，8月中旬护送献帝一行离开了洛阳，向南开进。

献帝一行到达洛阳八关之一的辕关，再往前就出了司隶校尉部，如果往鲁阳，还要继续向南走。

但大队人马却突然改变了行进的方向，向东面转进。

杨奉接到报告大吃一惊，等他派人再探的时候，献帝一行已经到了许县。

杨奉这才知道，原来上当了！

杨奉大怒，立即联合韩暹率兵来抢献帝，但曹操早有准备，派兵在颍川郡的阳城一带设伏，把杨奉、韩暹击退。

曹操把天子一行迎到了许县，因为还要对县城进行重新修整，新建天子的行宫以及明堂等祭祖之所，所以先暂时让献帝住在自己城外的军营中。

等大体上把许县的事安顿得差不多了，曹操亲自率军西征，进攻杨奉的基地梁县，杨奉不是对手，战败后投奔袁术去了。

此战中，杨奉手下第一猛将徐晃归顺了曹操。

但是杨奉似乎没有到达袁术那里，他后来又和韩暹联起手来，这二位仁兄，一个曾是天子正式任命的大将军，一个曾是车骑将军，居然又干起了老本行，成为一支流寇。

打败杨奉后曹操回师许县，着手朝廷内外的各项建设工作。

许县这个小城因为献帝和朝廷的到来，迅速成为帝国现阶段的政治中心，天子的后宫、朝廷办事部门以及曹操的军事指挥机构一股脑儿地涌到这里。

肯定有些拥挤，但也只能因陋就简，先安顿下来再说。

百废待兴，一切都还没理出头绪来，曹操却先听说了一件事，让他吃惊不小，太史令王立不知出于什么动机，多次跑去找献帝，让献帝直接把皇位让给曹操！

王立其人事迹不详，太史令在秦朝和汉初掌修史，最著名的太史令是司马迁，东汉时修史的职责转到兰台和东观，太史令专掌天时星历，国祭、大丧、皇室婚嫁及时节禁忌都要听取他的意见，虽不算部长级高官，但在一些国家大事上却有发言权。

王立找到宗正刘艾，对他说："我观察近来太白星守天关，与荧惑星交会，金星、火星又交会，这是新旧代谢的象征（革命之象也）。汉祚将要终结，下一步晋、魏将兴。"

这些话估计把刘艾吓得够呛，不敢搭理他。

王立干脆直接找到献帝，禀报道："天命有去就，五行不常盛，代火运的是土运，承汉祚的是魏祚，现在能让天下获得安定的人姓曹（能安天下者，曹姓也），应当把社稷委付于曹氏。"

献帝搞不清他是什么来路，想训斥又怕他是曹操授意的，听完只好一言不发。王立来了劲，又多次找献帝说这事。

曹操听说后，觉得得赶紧制止这个二杆子，他让人给王立捎话："知道你的心意，然而天道深远，请勿多言！"

献帝东归期间朝廷三公九卿等高级文官随驾同行，有好几个人死于战乱，目前已有不少缺员需要补充。此外，献帝一路上还封了不少将军，根据新形势，也要做出相应调整。

献帝近一段时间以来任命过的高级将领，按军职自高到低共有：大将军韩暹、骠骑将军张济、车骑将军郭汜、征北将军李乐、征西将军胡才、前将军公孙瓒、后将军杨定、右将军袁绍、卫将军董承、镇西将军韩遂、平东将军吕布、安南将军刘表、安东将军张杨、宁辑将军段煨、辅国将军伏完等。

曹操自己是镇东将军，和吕布的地位差不多。

袁绍虽然自称车骑将军，但朝廷从来没有承认过，朝廷给他的正式的军职是右将军，还是不久前郭图出使河东郡时由献帝正式任命的。

按照曹操的意思，献帝下诏重新明确了帝国高级将领，该撤的撤，该留的留。

韩暹、张济、郭汜、马腾、韩遂、李乐、胡才、杨定、张杨、段煨这些人，多出自凉州军和白波军，彼一时，此一时，他们现在大多数人已经成为朝廷的敌人，对他们的任命全部撤销，没有合适的人继任就先空着。

袁绍、吕布、刘表、公孙瓒等人属于地方实力派，虽然不在朝廷控制之中，但有个头衔在，名义上他们都归许县朝廷领导，还是保留着。董承和伏完二位都是献帝的老丈人，军职自然不能撤。

韩暹空出来的大将军一职，献帝下诏授给了曹操。

这个任命可能有点儿问题，因为大将军的地位很高，已经超过了三公，这样一来有人就会不服气。

后来，为了这个任命，有人差点儿要跟曹操翻脸。

随后，曹操还对朝廷的文官体系进行了大幅度调整。

现在的三公是太尉杨彪、司徒淳于嘉、司空张喜，他们倒是全都逃了出来，但对这几个位置曹操还想另作安排，在他的要求下，献帝下诏将这3个人同时免职。

曹操把太尉一职送给了袁绍。毕竟，袁绍曾经是关东联军的总指挥，也是自己名义上的领导，现在曹操担任了大将军，为了安抚袁绍，就把太尉一职让给了他。

司徒一职，曹操给了名士赵温。

司空一职，暂空。

近一年来，死在东归路上的高官包括：太常王伟，光禄勋邓泉，卫尉士孙瑞，廷尉宣播，大司农张义、朱儁，少府田芬等。

在曹操的主持下，朝廷先后征召名士赵岐、张俭、桓典、徐璆、陈纪等人补充进来，加上还在位的韩融、荣邵、杨奇等人，基本上保证了朝廷的日常运转。

赵岐快90多岁了，他是曾经出使过关东的老臣，当年是他与袁绍、曹操相约迎献帝回洛阳。张俭是个老官员，也已经83岁了。陈纪之前说过，也71岁了，不过他就是许县人，在这一带很有影响力。

这些人不大可能再做什么实质性的工作了，比如像张俭，一到许县来就关起自家的门不出，把公家配的专车挂了起来（阖门悬车），根本不问任何事。这倒正符合曹操的意思，把这些老官员抬出来本来就只是个招牌，目的是扩大新朝廷的影响力。

对于朝廷日常办事机构尚书台曹操比较重视，这可不是一个虚设部门，内外沟通、随时掌握宫内动态都全靠它了，对于由谁来掌管这个要害部门，曹操心里早有了合适的人选。

曹操属意的人就是荀彧，他曾在天子身边担任过守宫令，熟悉宫内事务，他性格沉稳，考虑问题周全，出身大族，容易与天子及各位老臣沟通，最重要的是，他对自己忠心耿耿，是可以信得过的人。

献帝下诏任命荀彧为尚书令，负责处理朝廷日常事务。曹操出征在外，荀彧实际上成了后方的大管家。荀彧也不负期望，把各项事务处理得井井有条，为曹操分了不少忧。

曹操还把程昱调过来当尚书，协助荀彧工作。

程昱的任命虽然下达，但兖州那边仍然离不开程昱，曹操让程昱以东中郎将、济阴郡太守的身份代替自己主持兖州的各项事务。

曹洪、曹仁以及夏侯惇、夏侯渊等人负责掌管部队，没有进入朝廷任职，随着控制区范围的扩大，曹操还让他们兼任一些地方行政职务，如夏侯惇担任陈留郡太守，夏侯渊担任颍川郡太守，曹仁担任广阳郡太守。

朝廷迁到许县后，洛阳方面也不能放弃，曹操此时兼任着司隶校尉一职，洛阳属于自己的辖区，他让为自己立下大功的董昭以洛阳令的身份留守在旧都。

六十四、大司马的爱民教育

就在曹操忙着收复兖州、迎接献帝东归的这段时间，天下还发生了许多大事，其中最重要的事情发生在北边的幽州刺史部和南面的扬州刺史部。

先来说说幽州刺史部的事。

界桥失利后公孙瓒退回幽州刺史部，虽然他对袁绍的绝对优势已经不存在，但实力仍然相当可观，原有的地盘并未损失多少，仍然控制着幽州刺史部的大部分地区和冀州刺史部、青州刺史部的一部分，经过短时间动员，还可以征调起 10 万大军。

袁绍则有些轻敌，想趁热打铁，一举灭掉公孙瓒。

袁绍既没做认真准备，也没有仔细收集对手的情报，派了几万人马就匆匆北伐了，用这点儿人马就想把公孙瓒消灭，基本上不可能。

更要命的是他派去带兵的这个人也很有问题，他的名字叫崔巨业，专业不是带兵打仗而是一名星象学家（星工）。

袁绍这个人很迷信，干什么事都要问个吉凶，身边有好几位专门干这事儿的人，崔巨业就是其中一位。袁绍特别信任他，认为他很有本事，所以这次北伐他既没有亲自出征，也没有派麹义、张郃这样的猛将来，而是交给了崔巨业。

事实证明，专业不对口是会害死人的。

崔巨业率兵北上，攻入幽州刺史部的涿郡，一开始比较顺手，把公孙瓒的军事重镇故安围住了。

公孙瓒的大本营在蓟县一带，其故址在今北京市宣武区附近，汉末的故安县属今河北省廊坊市，与北京市区紧邻，现在不少人白天工作在北京，晚上则住在廊坊等地。

星象学家马上就得手了。

但是，公孙瓒的地盘不是那么好抢的，他一边命令固守故安，一边带着 3 万精兵南下，要绕到袁军的后面彻底把他们消灭。崔巨业围城多日没有进展，晚上不知道偷偷跑出去看了多少回夜空，但脑子里仍然没有头绪，听说公孙瓒来了，他比较知趣，赶紧放弃攻城回撤。

就这样还是让公孙瓒追上了，在巨马河双方展开激战，袁军大败，死了近万人。

巨马河大捷让公孙瓒多少挽回了一些界桥失利的面子。

公孙瓒趁势向南推进，田楷当青州刺史、刘备当平原国相大致就在这个时期，冀州刺史部和青州刺史部北面的几个郡国都成了公孙瓒的敌后根据地或游击区。

袁绍损兵折将，心疼不已，他不敢再大意，亲自率军北上，要与公孙瓒展开决战。

双方又在龙河一带相遇，袁绍再摆迷魂阵，让老弱残兵在前面诱敌，等公孙瓒主力冲杀而来时袁军主力杀上，大败了公孙瓒。

龙河之战可以看作界桥之战的翻版，招数不在多么新鲜，好使就行，对付公孙瓒看来袁绍已经得心应手。

一胜一负，双方打成平手。

公孙瓒的主力不得不退回蓟县，田楷和刘备继续在山东半岛一带发展，袁绍则派长子袁谭与田楷、刘备等抢地盘，在其后的近两年时间里他们互相不分胜负，并且也都面临了严重的粮食危机，他们都去抢老百姓的东西，田野里连青草都看不到了（**互掠百姓，野无青草**）。

公孙瓒不敢放手与袁绍一搏，因为刘虞还在。

公孙越被杀事件发生后公孙瓒和刘虞之间的矛盾更加尖锐，公孙瓒这个人一向目无领导，自以为是，不执行上级决定，刘虞制定的民族政策是以怀柔为主，公孙瓒偏偏喜欢动武，刘虞为了搞统战，经常送给少数民族首领一些礼物，公孙瓒知道后半道上就给劫了，还在刘虞跟少数民族首领之间挑拨离间。

作为公孙瓒的顶头上司，刘虞对公孙瓒的愤怒到了无以复加的程度，刘虞通知公孙瓒来开会，公孙瓒每次都推说有病不来，老头子一向待人谦逊，脾气也好，就这样经常也被气得要死。

刘虞跟自己的心腹、太傅府东曹掾魏攸商量，想用武力解决公孙瓒，魏攸劝他不要这么做："现在天下人无不对您仰望，你手下也需要谋臣、爪牙，公孙瓒文武双全，是有用的人才。现在虽然有些小过错，应该对他迁就一下。"

魏攸大概知道动起手来刘虞根本不是公孙瓒的对手，但为了给领导留面子没有直说，而是换了个说法。

刘虞很信任魏攸，听他这么说也就算了。

魏攸不久就死了，公孙瓒还是一次次惹怒刘虞，刘虞再发火时没人劝了。

初平四年（193）冬天，刘虞调集10万人马攻打公孙瓒，单从实力对比看，双方可谓势均力敌。

可是，刘虞也许被公孙瓒气糊涂了，准备工作明显不足，这时要收拾公孙瓒有两件事必须先做，一是派人知会朝廷，历诉公孙瓒的恶史，取得朝廷的支持，做到师出有名；二是联合袁绍共同行动，让公孙瓒首尾不能相顾。

如果有这两手，公孙瓒就死定了。

但搞政治斗争和军事斗争都不是刘虞的强项，老实人又特别容易被激怒，盛怒之下的刘虞没有多想，直接单干了。

有人看出了问题，劝他说："公孙瓒虽然干了很多坏事，但还没有正式的罪名，明公不先晓示天下并让他改正就直接起兵，不是国家的幸事。另外，胜败也不好预料，不如先用武力给他施加压力（**以武临之**），公孙瓒必然悔过谢罪，这样就不战而使人服了！"

这个人名叫程绪，本来也是好意，公孙瓒虽然很坏，但你得让老百姓都知道，以朝廷的名义给他定罪，这样就合法了，也就更容易获得支持。但刘虞听了很生气，任何阻止用兵的话在他看来都是公孙瓒的同党，盛怒之下刘虞以扰乱军心的罪名，下令把程绪砍头示众。

公孙瓒不会料到刘虞敢向他先动手，要命的是他就在刘虞的眼皮子底下，刘虞要收拾他是相当容易的。

公孙瓒常驻蓟县一带，却不是蓟县城内，蓟县是幽州刺史部的治所，是刘虞的办公所在地，公孙瓒为了跟刘虞置气，故意在蓟县的东南面新筑了一座小城，平时就住在那里（瓒乃筑小城于蓟城东南以居之），现在麻烦了。

当时公孙瓒的人马都分散在各地，面对突然袭击，他再能打也逃不过这一劫了，关键时刻他在刘虞身边安排的卧底发挥了作用。

这个卧底名叫公孙纪，因为跟公孙瓒同姓，二人以前来往就比较多，后来发展成公孙瓒的耳目，此时在刘虞身边担任参谋，刘虞发起攻击前公孙纪连夜跑出去，及时把情报送出，为公孙瓒防守反击赢得了时间。

刘虞向公孙瓒的小城发起进攻时，公孙瓒已经有了防备，他下令坚守不出。

刘虞一向爱民如子，为减少百姓的死伤，总攻前特意发布命令："只杀公孙瓒一个人，不要伤及无辜（无伤余人，杀一伯珪而已）！"

他还命令士卒注意战场纪律，不要毁坏百姓的房屋，不拿群众一针一线。

刘太傅确实是个好人，一个有德之人，是幽州人民的好领导。

但是，他不是一个好统帅。

作为朝廷太傅和幽州牧的刘虞，理应爱民如子，行仁爱之心，但作为十几万大军的统帅，此时考虑的应该是如何取胜，为10多万条生命负责。刘虞的人马还没有开打先开展了一番仁爱教育，打起仗来果然畏首畏尾（不习战，又爱人庐舍），攻了半天也拿公孙瓒的小城没办法。

公孙瓒瞅准时机，晚上派精锐数百人出击，一边攻击一边顺风放火，刘虞军大乱，10多万大军居然一战而溃。

刘虞只好携带家属和一部分士兵退到上谷郡的居庸县，即今北京市延庆一带，公孙瓒追击，围城3日将城攻破，把刘虞和家人抓回到蓟县。

刘虞做了公孙瓒的阶下囚。

如何处置刘虞让公孙瓒颇费心思，他知道刘虞在幽州百姓心中拥有崇高威望，所以没敢直接向他下手，甚至州政府的往来文件还让他批阅（犹使领州文书）。

当时朝廷还在长安，李傕、郭汜、樊稠还执掌着大权，他们不知道怎么又想起了刘虞，派段训为使臣前来幽州刺史部，增封刘虞的食邑，并任命了刘虞一个督六州事的新职务，所督的6个州是幽州、并州、青州、冀州、兖州、凉州，简言之就是整个北中国。刘虞拥有这个职务，理论上就将集这6个州的军政大权于一身，这是一个史无前例的职务。

朝廷把一半江山给了刘虞，可惜对刘虞而言不仅毫无用处，而且会害了他。

北方这6个州目前被公孙瓒、袁绍、曹操、刘备、袁术这些人把持着，中间还有张杨、张燕、公孙度那样的二流角色，李傕、郭汜、樊稠抛出这项任命，打的还是分化瓦解各实力派的主意，想以党人来治党人，以诸侯来治诸侯。

但是他们晚了一步，刘虞已经成了公孙瓒的阶下囚。

李傕、郭汜、樊稠也升了公孙瓒的官，提拔他为前将军，封易侯，督幽州、并州、青州、冀州四州，范围不仅比刘虞小一些，还这4个州都跟刘虞的6个州重复。

现在公孙瓒面临着选择，如果承认朝廷的任命刘虞仍然是自己的顶头上司，如果不承认朝廷的任命，就要给个说法。

公孙瓒于是旧事重提，向朝廷特使段训揭发刘虞曾与袁绍合谋造反，想自己称帝，这件事完全是袁绍、韩馥等人一厢情愿，和刘虞毫无关系，刘虞不仅没有参与，还断然与袁绍、韩馥划清了界限，并把韩馥派来的人杀了，把首级送往长安。

公孙瓒不管，非说刘虞也参加了谋反，就以朝廷特使的名义把刘虞斩首于集市之上。

临刑前公孙瓒还耍了个花招，他公开宣称："如果刘虞真有天子的命，上天就会刮风下雨来救他（**若虞应为天子者，天当风雨以相救**）！"

这是瞎扯，此时华北地区已经旱了很久，没有一丝下雨的意思。

刘虞于是被杀，刘虞的老部下、原常山国相孙瑾以及在州政府任职的张逸、张瓒等人忠义奋发，愿意伴随刘虞一块赴死，公孙瓒成全了他们，把他们一起杀了，孙瑾等人在临死前都大骂公孙瓒。

刘氏宗亲的代表人物，刘虞有修养也有能力，他忠心为国，仁心爱民，更执行了正确的少数民族政策，在他执政期间保证了北部边疆的安定。但是他的仁爱拿到战场上就行不通了，战争就是战争，更何况面对公孙瓒这样强悍的对手。

公孙瓒下令把刘虞的首级送往长安，中途被刘虞身边一个叫尾敦的故吏劫下，进行了安葬。

当初被刘虞派往朝廷公干的田畴还在长安，听说刘虞被抓后马上往回赶，回到幽州刘虞已死，他跑到刘虞墓前痛哭祭拜，还拿出朝廷的公文向刘虞报告（**陈发章表**）。

公孙瓒大怒，悬赏捉拿他，把他给抓住了，公孙瓒问他："朝廷的公文你不报给我，什么意思（**汝不送章报我，何也**）？"

田畴毫无畏惧，正色而答："汉朝衰败，人怀异心，只有刘公没有失去忠信节操。朝廷公文里没说将军你什么好话（**章报所言，于将军未美**），恐怕不是你所乐意知道的，所以没有送上。将军已杀无罪的主君，又与坚守忠义的君子为仇，果真这样，燕赵的士人只会投东海而死，哪还有人跟随将军呢？"

说得公孙瓒理屈词穷，只得把田畴放了。

公孙瓒担心民意反弹，就拉朝廷特使段训下水，胁迫他当幽州刺史。刘虞在幽州多年，深得民望，有不少景仰者和追随者，公孙瓒杀了刘虞，在幽州的势力虽然有所扩大，但麻烦还没完。

六十五、公孙瓒的塔楼

公孙瓒杀了刘虞，势力一下子增强不了不少。

但此人打仗有一套，搞地方治理却不怎么行，尤其在用人上很失败。在公孙瓒手下世家大族出身的人都没有发展的机会，无论多么有才，都进步缓慢，不少人终老于穷苦之地。

有人问公孙瓒，为什么不用世家大族子弟，公孙瓒的回答是："对衣冠子弟以及品格高尚的人，你给他富贵他认为这是应该的，而不会感激你（皆自以为职当得之，不谢人善也）。"

看来问题出在心态上，公孙瓒的心态像个小市民。

而公孙瓒确实喜欢小市民，他所宠信的大多是平庸之辈，其中尤其以算命先生刘纬台、布贩子李移子、商人乐何当等3个人最受宠信，公孙瓒跟他们还结成了异姓兄弟。

公孙瓒字伯圭，据说他原来的字不是这个，这个字是他后来改的。一家如果有4个兄弟，他们的字里应该分别有伯、仲、叔、季这几个字，公孙瓒为了表示跟刘纬台等几个异姓兄弟很亲，所以自己把字改成伯圭，其他几个人则分别改为仲、叔、季（与之定兄弟之誓，自号为伯，三人者为仲、叔、季）。

有公孙瓒撑腰，这些人很快富了起来，都成了亿万富翁（富皆巨亿）。公孙瓒还跟他们中的人结成儿女亲家，常把他们比作汉初的开国功臣曲周侯郦商、颍阴侯灌婴。

用人不拘一格是对的，但过了头就是另类了，靠这帮人给他出谋划策能有多高的水平？

有件事就很雷人，是其他割据军阀做不出来的。

公孙瓒手下如果有部将被敌人围困向他求援，公孙瓒一般不会出兵相救。他的理由是，如果救了这一个，以后将领们再遇到类似情况就有了依赖心理，就不会力战了，如果不救，以后大家肯定会奋力自救（今不救此，后将当念在自勉）。

这个说法貌似有理却不实用，因为人都有求生的本能，在生死考验面前有人会选择玉石俱焚，也有人会选择投降以求活命，公孙瓒的想法未免太理想化了。

面对敌人的大军压境，公孙瓒手下的将领肯定会想，守是守不住，又没有救兵，干脆投降算了。

公孙瓒的这个愚蠢决定不知道是他自己的创意还是刘纬台、李移子他们的建议，但公孙瓒手下如果有荀彧、贾诩、程昱这样的智囊，就绝不会让他干这种傻事。

公孙瓒还重用了太原郡人关靖，此人一贯严刑峻法、虐待百姓，在公孙瓒面前一味逢迎拍马却没有什么才能。

一流的人才思想才是一流的，一流的思想才能开创一流的事业，庸人不可能提出一流的规划。群雄相争，人才是最稀缺的资源，大家都在拼命抢人才，尤其对最优秀的人才更是让群雄心驰神往。

公孙瓒靠一己之勇起家，也开创了不小的局面，发展到一定阶段时应该把人才战略放在最突出的位置，但他偏偏不重视人才，也不会识才、用才和留才，身边缺少顶尖人才，这是他最终失败的主要原因。

由于他不识人，所以身边没有真正有水平的人才，即便有也纷纷离他而去，刘备、关羽、张飞、赵云等人都曾在他手下待过，但他们都很聪明，早早脱离公孙瓒自立门户去了。

之前还没有专门介绍过赵云，这里补充一下。

赵云字子龙，冀州刺史部常山国真定县人，该县在今河北省石家庄市一带。赵云身长八尺，合今天的 1.8 米以上，长得高大挺拔、仪表堂堂（姿颜雄伟）。常山国当时是袁绍的地盘，但有一部分人不满袁绍，他们聚集起来投奔公孙瓒，大家推举赵云为首领，一起来到幽州。

公孙瓒心里很高兴，问赵云："听说你们那一带的人都投靠了袁绍，你怎么偏偏跑到我这里来呢（君何独回心，迷而能反乎）？"

赵云很平静地回答说："天下讻讻，也没人知道谁对谁错，只知道老百姓正忍受倒悬之难。我们那里的老百姓都议论，看谁能施行仁政，倒不是对袁公有成见而私心于您（不为忽袁公私明将军也）。"

赵云在公孙瓒处的军职不详，但不会太高。他和刘备等人是一前一后来到公孙瓒这里的，互相接触后，双方印象都很好，很投脾气（得深自结托）。

刘备随田楷到青州刺史部以后，公孙瓒派赵云协助刘备，统领刘备手下的骑兵（主骑），这可能是刘备在公孙瓒那里争取的结果。

可惜没多久，赵云又离开了。

赵云的哥哥这时去世了，他要回老家奔丧，就向公孙瓒请了假。常山国当是袁绍的势力范围，赵云此去还能不能回来难以预料，刘备依依不舍，拉着赵云的手和他告别（捉手而别）。

赵云也深为感动，对刘备说：

"我永远不会忘记您的恩德（终不背德也）！"

幽州刺史部被公孙瓒和他所亲信的这帮人弄得民怨沸腾，大家都思念刘虞，对公孙瓒颇有怨言。

刘虞的旧部鲜于辅、齐周、鲜于银等人趁机反抗公孙瓒，当时广阳郡人阎柔在北方一带很有声望，他们就推举阎柔来挑头。

阎柔是一名汉人，自小被北方少数部族掳走，生活在乌桓人和鲜卑人中间，逐渐取得了他们的信任，鲜卑人后来帮助阎柔杀了朝廷任命的乌桓边防军司令（护乌桓校尉）邢举，让阎柔来当这个校尉。

阎柔在少数部族那里很有号召力，由他出面征召乌桓、鲜卑等少数民族的军队，加上汉人组成联合军团，人数多达数万人，进攻公孙瓒所署的渔阳郡太守邹丹。

双方战于潞河，今潮白河以北，邹丹不是对手，向公孙瓒求救。

按照公孙瓒的习惯性思维，在这种情况下是不会发救兵的。

公孙瓒让邹丹自己看着办，邹丹还不错，没投降，最后兵败被杀。

阎柔、鲜于辅等人比刘虞聪明，他们及时联络了袁绍，袁绍派麹义和刘虞之子刘和领兵北上配合他们的行动。

公孙瓒腹背受敌，马上就面临了将被消灭的危险。

就在这时有个人救了公孙瓒一命，这个人就是之前提到的臧洪。

袁绍任命的东郡太守臧洪因好友张超之死而和袁绍翻脸，袁绍一怒之下去攻东武阳，袁军主力在东武阳城下被臧洪牵制长达1年之久，北线只好暂时转入守势，让公孙瓒有了喘息之机。

公孙瓒趁机把主力集结到易水一带，利用袁绍无力北上的空当，在这里修筑了一道闻名于世的防线。

易水位于幽州刺史部与冀州刺史部的交界处，由上游的卢水、雹水、顺水、徐水等河流交汇而成，这是条古老的河流，战国时期燕国太子丹送荆轲刺秦王时就在此作别，高渐离击筑而歌，使此河名扬天下。公孙瓒不久前被封为易侯，封地易县位于易水之上，公孙瓒以易县为中心，沿易水河两岸大修军事工事。

他先下令在易水的北岸挖了10多重战壕，每隔一段又堆起五六丈高的土山，在土山上修起楼观，大大小小的楼观数以千计，公孙瓒手下的将领分别居住在这些楼观里。

这道防线就是由密网交织的交通壕所连接的碉堡群构成，这种碉堡被称为京，京是甲骨文里的象形字，即筑起的高丘，上面有耸起的尖端。

这上千个碉堡筑起了坚固的一道防线，其核心地带是公孙瓒亲自居住的易京，其下的土山高达10多丈，足有10多层楼高，在上面修有楼观，下面用铁门封死，公孙瓒平时居住在楼上，楼里只有婢女和女官，有需要公孙瓒批阅的公文，都通过绳子吊上来，等公孙瓒批示完再用绳子吊下去。

公孙瓒在这些堡垒里囤积了300万斛粮食，他告诉手下："从前以为天下事可以挥手而定，现在看来不是那么回事。兵法上说'百楼不攻'，现在我有上千座楼观，等到这些粮食吃完，也就能把天下事弄明白了（足知天下之事矣）！"

这让人想起了董卓，看来越是生猛的狠角色内心里越是柔软，也越是有逃避的一面，打了无数的仗，最后得出的结论竟然是躲起来才幸福。公孙瓒说的"百楼不攻"不知道出自哪部兵书，也许是公孙瓒个人的军事思想。

汉代1斛合如今约20升，即约80斤。300万斛约合2.4亿斤、12万吨，载重8吨的卡车要拉15000车。这么多的粮食不大可能都囤积在公孙瓒住的易京一座碉堡里，应该是易水岸边上千座碉堡屯粮的总和。

公孙瓒发明的易水河防线是对传统城池型防御工事的颠覆，它更注重立体作战和协同作战，一改拒敌于城外的战法，把敌人放进来打，凭借坚固的工事和充足的粮食，待敌军进入碉堡网后四处出击，将其击败。

在南线，袁绍费了九牛二虎之力，在付出了巨大牺牲之后终于将东武阳的臧洪解决了，等他缓过劲儿来重新审视北线战场时，吃惊地发现横亘在他眼前的是一道数百里长从未见过却牢不可破的超级防线。

袁绍试图展开进攻，却遭到了沉重打击，进攻的部队好不容易攻到堡垒下面，却被占据有利地形的敌军以弓箭、乱石等武器打得抬不起头来。

此后数年里，袁绍居然无法越过这道防线一步，他把主要精力都用在了如何攻破这道防线上，并为此付出了惨重代价。

易水河防线大大迟滞了袁绍统一北方的步伐，牵制了袁绍的行动，给曹操的发展壮大提供了战略机遇。

现在，公孙瓒待在他的坚不可摧的塔楼里再也不出去，在一大群婢女和女官陪伴下过着逍遥的日子。

六十六、孙吴版"隆中对"

说完了幽州刺史部，再来说说扬州刺史部。

扬州是古九州之一，到了东汉，扬州刺史部也是全国 13 个州之一，范围相当于今安徽省的淮河以南部分，江苏省的长江以南部分，以及上海市、江西省、浙江省、福建省的全部，还有湖北省、河南省的一部分地区。

论地盘十分大，放到现在，都是经济发达、人口稠密的好地方，但在当时，大部分还属于欠发达地区，尤其长江以南的部分，很多地方还没有开发。

扬州刺史部下辖 6 个郡，江北的庐江郡和九江郡，江南的丹杨郡、吴郡、会稽郡、豫章郡。在袁术到来前，扬州刺史名叫陈温，是朝廷任命的，各郡太守也大多数忠于朝廷，没有陷入群雄争霸的混战中。

初平四年（193）陈温死了，一个说法是病死的，另一个说法是被袁术所杀。陈温死后，袁绍也想插手扬州刺史部，他表奏堂兄袁遗为扬州刺史，但袁绍的势力达不到这里，袁遗在扬州刺史部没有站住脚，被乱兵所杀。

袁术也派了一个人当扬州刺史，名叫陈瑀，徐州刺史部下邳国人。

当年袁术北上兖州刺史部被曹操打败，袁术于是南下，但是袁术刚刚任命的陈瑀看到他打了败仗，前途黯淡，不再接受袁术的领导，拒绝其入境（瑀拒术不纳）。

袁术恼了，攻击陈瑀，陈瑀败走，袁术于是到达九江郡的寿春，即今安徽省寿县。

扬州刺史部的州治原来在历阳，即今安徽省和县，袁术嫌这个地方过于靠南，不利于和北方列强周旋，于是把大本营放在了寿春，他在此自称扬州牧，同时兼管徐州刺史部（遂领其州，兼称徐州伯）。

"徐州伯"这个职务有点儿不伦不类，当时徐州牧陶谦还没有死，袁术大概觉得陶谦毕竟是朝廷任命的老资格官员，自己再当徐州牧或徐州刺史都不太合适，干脆发明了一个"徐州伯"来盖住陶谦。

袁术那时侵吞了孙坚的人马，有一定的基础，虽然打不过曹操，但在扬州刺史部却没有对手，势力发展得挺快。

这时，孙坚的儿子孙策找上门来，提出要回孙坚旧部的要求。

孙策字伯符，孙坚死时，孙策年仅 17 岁，他下面还有 3 个弟弟，分别是 10 岁的孙权、8 岁的孙翊以及刚出生没多久的孙匡。

孙坚当年辞去下邳丞加入朝廷的军队，为家眷的安全考虑，把妻子吴夫人和儿女们都放在了寿春，孙坚死时吴夫人领着儿女们刚离开寿春，来到庐江郡的舒县，即今安徽省庐江县。

寿春靠近北面，离战乱地区较近，舒县距长江不远，相对安全些。

举家迁往舒县是孙策的主意，他把母亲和弟弟们接到舒县居住，除了安全上的考虑，还因为这里有一个好朋友。

这个人就是周瑜，字公瑾，舒县本地人。

周家在舒县是第一大户,周瑾祖父的兄弟周景当过朝廷三公之一的太尉,周景的儿子周忠此时正在长安的朝廷任职,先担任太尉,后改任卫尉。周瑜的父亲周异当过洛阳县令。周景在士人中名望很高,曾经提拔过李膺、陈蕃、杜密、荀绲、朱寓等人。

孙策年纪不大,性格却很豪爽,喜欢结交朋友,当时在社会上已经有了一定的名气(交结知名,声誉发闻)。

周瑜和孙策同年,长得相貌英俊,才能出众而且早熟(亦英达夙成),听说孙策的名声,专程从舒县到寿春拜访,于是互相推让着结为异姓兄弟(推结分好,义同断金)。

周瑜劝孙策迁居舒县,孙策答应了。

到舒县后,周瑜把府里最好的南大宅让给他们住,两家成为通家之好。

孙坚死后孙策承担了家庭的重任,他把父亲的灵柩移送到老家吴郡的曲阿安葬。按规定孙策可以继承父亲乌程侯的爵位,但他却主动让给了四弟孙匡。

处理好父亲的后事,孙策又带着母亲和兄弟们渡过长江,到了位于长江北岸的江都县,因为周瑜向他推荐了一个高人,说这个人很有眼光和头脑,建议他向此人当面请教。

父亲死后,正在上升的孙氏事业突然中断,下一步何去何从孙策没有明确的打算,不知道该怎么办。

周瑜推荐的这个高人名叫张纮,字子纲,徐州刺史部广陵郡人,早年上过太学,拜名师韩宗专习经学,成为一名学者。但他不读死书,喜欢把书本知识活学活用,视野开阔,看问题很有见解。

孙策大老远跑去找张纮,正逢张纮因为母丧在家守孝,见到了张纮,说明来意后,却被张纮婉言拒绝了。

孙策很着急,甚至流下了眼泪,对张纮说:"久闻您的大名,今天的事只有您能给拿个主意(今日事计,决之于君),请您务必给出个主意,以不负我对您的高山之望。如果我能微志得展,血仇得报,这是您的功绩,也是我心中所望啊!"

孙策的真诚打动了张纮,张纮帮孙策对形势进行了分析,指出了孙策下一步的行动方案。

这是一次很重要的谈话,被认为是孙吴版的"隆中对",因为这次谈话的地点在广陵郡的江都,也被称为"江都对",张纮说:"从前周朝国运衰落,但是有齐国、晋国一起来光复它,这是诸侯王应尽的职责。现在您继承了令尊的事业,又有骁勇善战的名望,如果现在投奔丹杨郡,在江南的吴郡、会稽郡一带发展,那么扬州、荆州日后也不在话下,您的家仇也可以得报(若投丹杨,收兵吴会,则荆、扬可一,雠敌可报)。之后据守长江,奋威德,诛除郡秽,匡辅汉室,功业岂不跟当年的齐桓公、晋文公一样?如果是这样,我愿意结盟同好,渡江辅佐将军!"

孙策听完茅塞顿开,觉得前途一下子光明起来。

张纮说得没错,不要在袁术跟前耽误时间了,应该及时向长江以南发展,开创新的事业。

陈温死后,朝廷派了个叫刘繇的人担任扬州刺史,袁术把他赶到了江南。当时江南4个郡的太守分别是吴景、许贡、王朗和华歆,他们多是朝廷任命的,政治上没有明显倾向性，现在朝廷鞭长莫及，他们便处在各自为政的局面，因为群龙无首，所以一团乱象。

袁术想一口吞下扬州，但他又有些力不从心，其他势力相距较远，暂时无法染指扬州，所以张纮劝孙策南渡长江，以条件较为成熟的丹杨郡为基地，统一江南，之后虎视荆、扬，成为一方霸主。

孙策认为有理，于是把母亲和兄弟们安顿在了江都，托张纮照料（以老母幼弟委付），之后跑到寿春，见到袁术，想要回父亲留下来的旧部，再渡江南下。

从感情上说，袁术很欣赏孙坚的这个儿子，他曾经对人说："假如我有孙伯符这样的儿子，死又何恨（使术有子如孙郎，死复何恨）？"

但是从理智上说，袁术压根儿不愿意归还孙坚的旧部。

他不答应，就找些理由拖着，孙策不停地找他，找得多了，袁术就出了个主意，说丹杨郡是个出精兵的地方，你的舅舅在那里当太守，你不如到丹杨郡去募兵吧。

孙策无奈，渡江去了丹杨郡。

丹杨郡太守吴景是孙策母亲吴夫人的弟弟，孙策的舅舅，孙坚起事后，孙氏族人也借势起家，吴景因为姐夫孙坚的带动逐渐成长为太守，推测起来，这个太守可能是袁术所表奏的。

孙策在舅舅的帮助下很快募得几百人，但是他带着这支队伍到泾县一带时，遭到当地土匪祖郎的袭击，队伍被打散，孙策险些丧命。泾县就是后来皖南事变的发生地，看来这里地势险峻，自古以来行军至此就很容易遭遇埋伏。

孙策只得再回到寿春，他还是隔三岔五去找袁术要父亲留下的队伍，袁术被弄烦了，就把孙坚当年队伍里还没有被拆散的1000多人还给了孙策，同时还开出了条件，让孙策带着这些人去平定九江郡，答应事成之后任命他为九江郡太守。

孙策给袁术出了力，拿下了九江郡，但到头来袁术却任命陈纪为九江郡太守。同时又让孙策帮他平定庐江郡，并且特别说明，上次食言是自己的不对，这回一定任命孙策为庐江郡太守。

孙策又帮助袁术平定了庐江郡，但袁术像是得了失忆症，再也不记得当初说过的话，任命刘勋为庐江郡太守。

摊上这种毫无信誉可言的领导，孙策真的觉得很受伤，但他也很无奈，他决心彻底离开袁术，按照张纮的建议到江南发展。

孙策又找到袁术，对他说：

"我们孙家在江东一带还有一定号召力（家有旧恩在东），我愿意到江南去，协助舅舅吴景平定江南各郡，到时候至少可以为您募得3万甲士，助您完成匡辅汉室的大业（可得三万兵，以佐明使君匡济汉室）。"

袁术很高兴，准许孙策渡江。

六十七、孙策席卷江东

兴平二年（195）初，孙策渡过长江，开始了拓疆之旅。

长江是条自西向东流向的大河，但流到安徽境内时有一段向东北方向斜流，古人习惯以此段长江为标准确定东西和左右，把今天安徽省芜湖以下的长江下游南岸地区，即苏南、浙江北部、皖南部分地区以及今江西的赣东北称作江东。

古人以东为左，以西为右，故江东又被称为江左，江西则称为江右。

孙策准备渡江作战时手下兵马少得可怜，士卒仅1000多人，骑兵更少，不到百人，此外还有几百人愿意追随他（**兵财千余，骑数十匹，宾客原从者数百人**）。

不过，正如孙策说的那样，孙氏在江东的确有不小的影响力，听说乌程侯的儿子回来了，许多人都跑来投奔，孙策渡江的地点在九江郡的历阳，即今安徽省和县，孙策到达那里时，手下已聚集起数千人。

此时，孙策的母亲以及孙权等诸弟已不在江都，他们又回到了曲阿，孙策派人把他们接到了历阳，后来安置在江北的阜陵。

这样，孙策在江东的行动就没有后顾之忧了。

精于盘算的袁术之所以答应孙策向江东发展，一方面源于九江郡、庐江郡2个太守都让孙策落了空，袁术担心孙策心里必然不满（**术知其恨**）；另一方面，袁术分析了江东的形势，认为江东现在也是诸侯割据的局面，吴郡有刘繇，会稽郡有王朗，孙策不一定能战胜他们，所以才答应（**策未必能定，故许之**）。

其实，当时的江东除了刘繇、王朗这些人，还有很多势力，形势相当复杂。

朝廷任命的扬州刺史刘繇也是汉室宗亲，关东11路联军中的兖州刺史刘岱是他的哥哥。刘繇打不过袁术，渡江来到丹杨郡，袁术命令丹杨郡太守吴景阻击刘繇，刘繇退到吴郡，在曲阿一带发展，他是货真价实的刺史，又是汉室宗亲，有一定号召力。

吴郡太守本是盛宪，许贡是他手下的都尉，后来盛宪因病离职，许贡接任。盛宪的太守是朝廷任命的，许贡的太守可能也是朝廷的任命，对孙策来说，与刘繇一样，许贡也是敌人。

会稽郡在吴郡的南面，是一个大郡，太守王朗是北方人，曾师从已故太尉杨赐，算起来他是汉灵帝和何进的同学，曾在朝中为官。杨老师去世后王朗不愿在朝廷混日子，弃官回到家乡徐州。陶谦推举他为茂才，和张昭不同，王朗接受了陶谦的征辟，被任命为治中从事，主官员升迁考核，后来被朝廷正式任命为会稽郡太守，在政治版图中不属于袁术集团。

豫章郡的郡治在南昌县，即今江西省南昌市，这个郡面积非常大，大体相当于现在整个江西省。名士华歆在这里当太守，他的情况有点儿像王朗，由朝廷所任命，袁术一直打着豫章郡的主意，表奏自己的好友诸葛玄到豫章郡任太守。

除了他们，扬州还有几股山贼、宗帅也很有实力。

一股是山贼严白虎，白虎是他的绰号，真名不详，他的祖籍就是孙氏的食邑地吴郡乌程县，他和弟弟严舆聚众万余人，屯聚于乌程等地。

另一股是地方实力派邹他、钱铜、王晟，邹他和钱铜也是吴郡人，王晟是嘉兴人，担任过交州刺史部合浦郡太守，跟孙坚关系还挺好（有升堂见妻之分），这几个人分别聚众数千到一万多人，结成同盟，也盘踞于吴郡境内。

还有一股是丹杨郡地方宗帅祖郎，祖郎是丹杨郡人，在地方上很有势力，拥兵自重，孙策之前到丹杨郡募兵在泾县附近被袭击，就是祖郎干的。

以上这些势力，或官或匪，或明或暗，势力都不容小觑，孙策所能依靠的，只有丹杨郡太守吴景和担任丹杨郡都尉的孙贲，不仅袁术不看好他，在当时大多数人眼里，也没有把他当回事儿。

孙策渡江后，首战目标选择的是扬州刺史刘繇。

在数股势力中之所以从刘繇下手，主要考虑的是袁术一向不满刘繇，早有吞并之意，攻打刘繇可以获得袁术最大限度的支持。同时，在这些割据势力中，刘繇不仅官职最大而且影响力很大，打败刘繇，可以迅速在江东立威。

不过，刘繇也非等闲之辈，他虽然退居曲阿，但还有两个盟友和一个帮手，不太好对付。两个盟友分别是彭城相薛礼和下邳相笮融，一个帮手是名将太史慈。

彭城和下邳都属于江北的徐州刺史部，薛礼和笮融先后跟徐州刺史陶谦闹翻，分别率所部南下，薛礼所部屯扎在秣陵，即今江苏省江宁县一带，笮融所部屯扎在秣陵县以南，他们与曲阿的刘繇结成同盟，互为犄角之势。

太史慈字子义，青州刺史部东莱国人，在郡政府当过奏曹史这样的基层官吏，后来由于得罪了上级避难辽东。孔融担任北海国相期间，听说太史慈很有名气，多次派人拜望太史慈的母亲，送上厚礼。后来黄巾军起事，把孔融包围起来，太史慈刚好从辽东回来，他就主动跑到孔融那里效力，后又冒死突围，向附近的平原国相刘备求援，救了孔融一命。

太史慈身高7尺7寸，合如今1.8米以上，在当时属于大个子。他美须髯，猿臂善射，弦不虚发，是个神射手，打起仗来非常勇敢，在与黄巾军作战中扬名。

孔融后来无法在地方上立足，被曹操召唤去了朝廷任职，太史慈无事可做，想起同郡的刘繇在扬州任刺史，就跑来找他，刘繇派他负责侦察敌情（使慈侦视轻重）。

孙策进攻刘繇，先攻击笮融，斩首数百级，笮融闭营不出。

孙策又攻击薛礼，薛礼突围而走。

孙策于是回过头来再攻击笮融。

这场战斗进行得十分激烈，在作战中孙策被流矢所中，伤到了大腿，不能骑马，被大家用步舆推着回了营。

有人报告笮融说孙策中箭已死，笮融大喜，派部将于兹攻击孙策，孙策一方面派人迎战，另一方面在敌人后面设伏，大破敌兵，又斩首千余级。

打败笮融和薛礼后孙策率兵来攻击刘繇，先后攻克了刘繇控制的海陵、湖熟、江乘等地，刘繇无法立足，率余部从长江上乘船逃往豫章郡辖下的彭泽。

在一场交战中孙策曾与太史慈相遇，当时太史慈是一个人，而孙策身后有13个人（策从骑十三），其中包括韩当、黄盖等人，太史慈毫不畏惧，上来便斗，孙策刺向太史慈的战马，二人互有胜负，孙策夺得太史慈挂在脖子上的手戟，而太史慈抢走了孙策的头盔

（揽得慈项上手戟，慈亦得策兜鍪）。

　　笮融后来也到了豫章郡，跟刘繇发生了矛盾，二人内讧。

　　再后来，刘繇病死，笮融被部下所杀。

　　太史慈则到了芜湖山中，自称丹杨郡太守，驻扎在泾县，设屯立府，附近一带的山越纷纷归附。

　　站稳脚跟后，孙策又一一消灭了盘踞在吴郡各地的许贡、严白虎以及邹他、钱铜、王晟等部，除王晟与孙坚有旧交，又有吴夫人帮助说话因而免于一死外，其他诸人及家族都被杀（族诛）。

　　吴郡全境被孙策控制，孙策任命部将朱治为吴郡太守，下令整顿军纪，不得侵犯百姓，受到百姓的欢迎（民乃大悦，竞以牛酒诣军）。

　　孙策又率兵向南攻打会稽郡。

　　会稽郡太守王朗的功曹虞翻建议避其锋锐，王朗不接纳，坚持守护城池到底，领兵对抗，最后被孙策击败。

　　王朗从海上向南逃跑，打算去交州刺史部避难，但在东冶被孙策的人马截住，只得投降，孙策自兼会稽郡太守。

　　王朗与严白虎、许贡等人不同，他是北方人，在当地没有宗族势力，又是名士，还是朝廷任命的官员，所以孙策没杀他，把他软禁在曲阿。

　　王朗手下的功曹虞翻投降，孙策仍任命其为郡里的功曹。虞氏是会稽郡大族，在当地很有影响，虞翻很有学问，在地方上知名度很高。孙策把虞翻当成朋友，并亲自到府上拜望（待以交友之礼，身诣翻第）。

　　孙策在江东的进展让袁术大吃一惊，江南四郡转眼间孙策已据有其三，这更是袁术不愿意看到的，于是在背后搞了个小动作。

　　袁术派人带上印绶秘密潜入丹杨郡境内，与宗帅祖郎等人接上头，让他们挑动山越与孙策对抗。

　　祖郎还与太史慈联起手来，结成同盟。

　　孙策率军来攻，先擒祖郎，后收服太史慈。

　　现在只剩下一个豫章郡，笮融和刘繇已死，豫章郡还是由华歆控制着，孙策先后派太史慈和虞翻前去游说，华歆投降，被孙策礼为上宾。

　　孙策让丹杨郡都尉孙贲过来担任豫章郡太守。

　　现在，丹杨郡太守是舅舅吴景，吴郡太守是部将朱治，豫章郡太守是堂兄孙贲，会稽郡太守由自己兼任，扬州刺史部的江南四郡尽归孙策掌握。

　　实现这一切，孙策只用了4年多一点儿的时间。

　　在孙策扫平江东的过程中，他的二弟孙权也逐渐成长起来。

　　论年龄孙权比孙策小了7岁，相差还是比较大的。父亲死后，孙策挑起了家庭的重担，而孙权由于年龄太小开始还帮不上哥哥什么忙，15岁之前孙权一直待在母亲吴夫人身边，主要任务是读书，先后辗转到过曲阿、江都、历阳和阜陵等地，其中在曲阿的时间更长一些。

随着孙权年龄的增长，他身上展露出来的聪明和才智令人耳目一新，他生性开朗，既有仁义的一面，又好结交各路俊杰，多谋善断，慢慢有了名气（性度弘朗，仁而多断，好侠养士，始有知名）。

孙权15岁便结束了读书生活，出来随兄长征战，他经常能提出一些很有见地的意见，让孙策每每感到吃惊（每参同计谋，策甚奇之）。

孙策大会宾客，经常回头来对孙权说："这些人，将来都是你手下的将领（此诸君，汝之将也）。"

读到15岁，孙策任命孙权为阳羡县长。阳羡县即今江苏省宜兴市，现在是太湖西岸一座美丽的城市，当时归吴郡管辖。孙策开拓江东的步伐越来越快，孙权后来不再当县长，而是到军队里任职，一开始军职就挺高，相当于旅长（奉义都尉）。

为了培养孙权，孙策还让吴郡太守朱治举孙权为孝廉，他想从一开始就让弟弟拥有一个较高的台阶和漂亮的履历。

孙权带兵打的第一仗是随孙策征讨祖郎和太史慈之战，孙策当时让孙权驻军于宣城，孙策手下有个别部司马名叫周泰，作战很勇敢，对孙策很忠诚（服事恭敬，数战有功），孙权很喜欢他，就向孙策提出把周泰调到他的手下。

孙权在宣城手下不到1000人，由于警惕性不够，结果遭到山贼的袭击，敌人多达数千人。

孙权赶紧上马，这时敌人已来到他的身边（始得上马，而贼锋刃已交于左右），孙权的马鞍都被敌人砍中了，大家一片惊恐。

这时，周泰仍然十分镇定，拼命来到孙权周围以身相护，他胆气过人，左右很被他的英勇感染，并力奋战，把敌人打退。

此战，周泰身负重伤，伤口多达12处（身被十二创），抢救了半天才醒过来。

这一天如果没有周泰，孙权也就完了（是日无泰，权几危殆）。

周泰，日后也成长为孙权手下的重要将领。

孙策拿下庐江、豫章二郡后，地盘与江夏郡等荆州牧刘表的势力范围相接，刘表是孙氏的老对头，尤其是被刘表任命为江夏郡太守的黄祖更是孙氏的仇人。孙策征讨一个叫刘勋的地方实力派，刘勋不是对手，向黄祖求援，黄祖派儿子黄射率5000人乘船来助刘勋。

仇人不请自来，孙策挥师迎击，把黄射打得大败。

此战刘表也派侄子刘虎以及部将韩晞率5000长矛军来支援，但都不是孙策的对手。

孙权也参加了这场战斗，战后孙策上表朝廷汇报作战经过，表中列举了参加皖城之战将领的名字，其中有建威中郎将周瑜、征虏中郎将吕范、荡寇中郎将程普、奉业校尉孙权、先登校尉韩当、武锋校尉黄盖等。根据这份名单，孙权虽然年轻，名字已经可以与程普、周瑜等人同列，职务也与韩当、黄盖等人相当。

这份战报还称，此战俘获黄祖的亲属7人，斩杀刘虎、韩晞以下2万余人，另有1万多人溺水身亡，缴获各类船只6000多艘。

从这些数字中可以看出孙策征战的规模，说明他的实力已经相当了得。

六十八、陶谦的临终托付

说完扬州刺史部，再回头说说徐州刺史部。

曹操二征徐州，因为后方生变撤兵，徐州牧陶谦又惊又怕，一病不起。

陶谦此时60多岁了，比曹操大了差不多20岁，比袁绍、袁术、刘表也大10多岁，比刘备更是大了将近30岁，在群雄中是一位不折不扣的老官员。

陶谦年轻时很有才华，也很桀骜，属于愤青一类的人物，成为一路诸侯后性情大变，变得保守持重，也变得胆小怕事。

陶谦有两个儿子，一个叫陶商，另一个叫陶应，但陶谦不想让他们接班，这两个儿子也没有当官（谦二子，商、应，皆不仕）。

陶谦并非淡泊名利，只是他经得多也看得多了，深知权力是诱惑也是陷阱，如果自己的儿子能力平平，把权力交给他们等于害了他们，所以陶谦是明智的。当前，徐州经过两次战火，已经成了一个烂摊子，曹操大军注定还会再来，陶谦更不会把这样的烂摊子交给儿子，陶谦在寻找更合适的接班人。

说起来，陶谦手下倒是人才济济，孔融、张昭、许劭、王朗、赵昱、糜竺、陈登等一批汉末风云人物要么在陶谦手下任过职，要么在陶谦这里做客。

但陶谦把以上这些人都打量一番，觉得都不满意。论名气，许劭、孔融最大；论学问，张昭不低；论才干，赵昱、陈登不错。但是，名气大的能力差，学问好的缺实践，有实践的又不放心。总之，有雄才的无大略，有大略的却无雄才，而有的人既无大略也无雄才。交班不是件小事，也不是一交了之，如果所托非人，势必连累自己及后人。

最后，陶谦想到了刘备。

陶谦跟刘备交往倒不深，刘备来徐州也很晚，但据陶谦观察，刘备这个人雄才大略兼具，手下人马虽然不多但战斗力很强，让他主持徐州事务，陶谦觉得比交给其他那些人更放心。

想好以后，陶谦把他的别驾叫来，告诉他自己可能不行了，徐州今后的人事，只能交给刘备了（非刘备不能安此州）。

陶谦现在的副手名叫糜竺，徐州刺史部东海国人，是个大富商，他们家世代经营垦殖、贸易，家里有仆人、奴婢上万人，家产好几亿（祖世货殖，僮客万人，赀产钜亿）。

做完这番政治交代陶谦就死了，那时候张昭还没有南下江东，尽管陶谦囚禁过他，他还是为他写了祭文。

办完陶谦的丧事，糜竺跟众人商量如何落实陶谦生前的交代，多数人拥护这个决定，不是大家对刘备多么有感，而是除了刘备的确没有更合适的人，大家便推举糜竺率徐州官民代表团前往小沛迎接刘备。

为了表示隆重，同时也担心刘备推辞，陈登、孔融特意同行。

刘备那时还驻扎在小沛。

听说陶谦的死讯，刘备并没有太多在意，他关心的是谁会接替陶谦主政，听糜竺等人一说，刘备简直不敢相信，这个人竟然是自己！

但刘备不敢贸然接受，他在徐州还没有左右时局的能力，目前手下也只有几千人马，活动范围仅限于小沛的周边。不说徐州内部如何，在徐州的外围，现在有袁绍、曹操、袁术等环伺着，水有多深实在摸不清。

在与迎接团座谈时刘备表示推让，无非说些才不足用、德未服人等等，陈登劝他道："现在汉室陵迟，海内倾覆，立功立事在于今日，徐州户数超过百万，虽然有点儿委屈您，但仍然希望您能屈尊就任（欲屈使君抚临州事）！"

刘备跟陈登不熟，继续客气道："袁术先生在寿春，离这儿也不远，袁先生的家族四世五公，海内所归，这个位子应该由他来坐（君可以州与之）。"

陈登看不上袁术，坚持劝道："袁术这个人既骄且豪，不是治乱之主，我们可以帮助阁下组织起 10 万军队，上可以匡主济民，成就春秋五霸那样的事业，下可以割地保境，在史册上留下英名！"

刘备仍然犹豫，陷入思考，这让一直没说话的孔融急了："袁术这个人不是忧国忘家的人，顶多是坟墓中的枯骨而已（冢中枯骨），又何足挂齿？现在百姓拥护的是有能力的人，天赐良机，您要不接受，将来后悔都来不及（今日之事，百姓与能，天与不取，悔不可追）！"

刘备一向敬重孔融，他们之前打过交道，见孔融发话，而且看到火候也差不多了，于是不再推辞，随同迎接团前往郯县，就任徐州刺史。

刘备到了徐州，去的应该是郯县。

他就任的是徐州刺史而不是徐州牧，因为他的资历还差得远。就任的方式有点类似于曹操当年的兖州牧，属于官民推选的，还没有得到朝廷的确认。

刚开始刘备应该还是挺激动的，不过这种激动的心情也保持不了几天，因为当他认真审视一下徐州的内外部情况时，他肯定高兴不起来了。

徐州刺史部下辖两郡三国，从北到南依次是琅邪国、东海郡、彭城国、下邳国、广陵郡。琅邪国和东海郡的大部分地区目前被以臧霸为首的泰山帮实际控制着，在陶谦与曹操的两次战斗中都没有看到臧霸参战的记载，可能他负责驻防在外围地区。

陶谦手下的孙观、吴敦、尹礼等泰山帮成员抱成一团，他们又拉拢了陶谦任命的东海郡太守昌豨，表面服从陶谦领导，其实只听臧霸的，陶谦拿他们没有办法，只能睁只眼闭只眼。

陶谦一死，臧霸领着孙观、吴敦、尹礼聚兵于琅邪国的开阳县，正式打出旗号，以臧霸为首领（收兵于徐州，与孙观、吴敦、尹礼等并聚众，霸为帅）。

一共只有 5 个郡国，琅邪国在臧霸手里，东海郡在昌豨手里，徐州没了一小半。

这还不算，最南面的广陵郡也不在目前的控制中，这里先是被笮融占着，笮融逃到江南后，广陵郡的大部分地区被袁术实际控制了起来。

说起来是堂堂的一州，其实手里能控制的，只有彭城国和下邳国而已。

更严重的是，徐州还隐藏着内乱的危险。

陶谦虽然死了，但他手下还有一支嫡系队伍，陶谦是江东的丹杨郡人，那里素来出精兵，陶谦能在徐州立足，靠的就是一支丹杨兵，他死后这支人马由将军曹豹率领。

曹豹出身不详，之前和刘备曾联手抗击过曹操，与麋竺、陈登等人不同，曹豹手里掌握着军队，是真正的实力派，在迎请刘备过程中，并没有看见他的身影，这让刘备很担心。

从外部形势看，徐州四周也是列强环伺，刘备一上任就面对着一个紧迫的问题，在天下总的格局中他要站在哪一边。

从中平末年到现在五六年时间过去了，汉室天下已经完全不再是原来的那个天下，一批军事强人崛起，在各处据地称雄，天子和朝廷成了摆设。群雄之中，除了益州的刘焉、荆州的刘表以及凉州军阀以外，其他人几乎都被搅进了两大集团的争斗，一个是袁绍集团，另一个是袁术集团。

袁绍集团里有曹操、刘虞，袁术集团里有公孙瓒、陶谦，现在刘虞和陶谦已成故人，吕布搅局，刘备、孙策异军突起，天下格局又发生了新变化。

孙策是袁术的人，不管有多少恩怨，孙策暂时还到不了袁绍那边；吕布尽管已经残败，但仍然是一支力量，他是袁绍和曹操的死敌，未来跟袁绍联手的机会很大。

只有刘备的政治倾向仍不明朗，他会继承陶谦的政治传统站在袁术一边，还是另辟蹊径站在袁绍一边，很多人都在关心着这个问题。

从渊源上说，刘备似乎应该站在袁术的一边。一方面，他曾经是公孙瓒的人，是同学又是部下，自然应该跟公孙瓒、袁术保持一致；另一方面，他接手的是陶谦的徐州，陶谦生前一直跟袁术站在一起。

但是，如果继续与袁术、公孙瓒联盟，那就要和袁绍、曹操成为敌人，曹操发展的势头很猛，他已经两征徐州，如果在政治没有什么改变，三征徐州一定会迫在眉睫，那时公孙瓒肯定指望不上，袁术这个老滑头也未必会帮忙，以徐州支离破碎的现状，去对抗曹操以及他背后的袁绍，刘备一定觉得没有任何取胜的可能。

对刘备来说最理想的状况是两边都不参与，都不得罪，你们打你们的，我只作壁上观。但这只是幻想，各方博弈渐深，已没有逍遥在外的空间。

群雄逐鹿逐到了这个份上，没有朋友可以，没有敌人，是万万做不到的。

退而求其次，那就只能与最强大的一方结盟，这是刘备面临的现实选择。

所以，刘备入主徐州刺史部后，马上授意陈登等徐州地方人士，以他们的名义给袁绍写了封信，信中写道：

"上天降下灾祸，这场灾祸横扫我们徐州（天降灾沴，祸臻鄙州），徐州主事的人已经不在了，生民无主。在这种情况下，我们担心一旦奸雄出现，趁隙袭取，那将有损盟主您的威名。所以，我们共同商议，推举前平原相刘备来主事徐州（辄共奉故平原相刘备府君以为宗主），使百姓有所依归。现在寇难纵横，我无法亲自登门解释，特派遣下吏奔告于您。"

信里说的"奸雄出现"暗指袁术，解释了徐州士民推举刘备出来的紧迫性。信中还称袁绍为盟主，这有两种理解：一是袁绍是公认的关东联军盟主，是习惯相称；二是徐州已决定投靠袁绍阵营，尊袁绍为盟主。

这是一种模糊语言，哪种理解是对的不明说，先把话递过去，就看袁绍本人的意思了。

这封信之所以用陈登等人的名义，是因为刘备不清楚袁绍的想法，先来个投石问路，避免自己直接送上门被拒绝的尴尬。

对刘备的好意袁绍当然不拒绝，马上给陈登等人回信："刘玄德宏量大度，又很有信义，现在你们徐州人士乐于拥戴他，这实在是众望所归啊（**刘玄德弘雅有信义，今徐州乐戴之，诚副所望也**）！"

袁绍的态度十分鲜明，他同意刘备当这个徐州刺史，也接受徐州加入他的阵营。

刘备松了口气，这个问题解决了。

如此一来北面之忧可以缓和，曹操应该不会马上来攻徐州，至于袁术和公孙瓒方面，走一步看一步吧。

外交方面取得了突破，内政也很顺利。

刘备主动与臧霸等人缓和关系，承认臧霸、昌豨在琅邪国、东海郡的现实利益，臧霸、昌豨等人纷纷表态，他们会像拥戴陶谦一样继续拥戴刘备。

为了换取臧霸、昌豨等人的支持，也为了有一个更加稳定、安全的后方，刘备把徐州刺史部治所由东海郡的郯县迁往下邳国的下邳县，即今江苏省邳州市的下邳故城。

对陶谦的旧部，刘备能拉拢的就拉拢，能包容的就包容，平衡好各方面关系，让大家都满意，只要能站稳脚跟，就能慢慢扩充自己的实力。

刘备任命陶谦的老部下曹豹担任下邳国相，以换取陶谦旧部对自己的支持，陶谦的旧部许耽等人担任着中郎将一级的军职，而刘备原来的手下职务都普遍不高，关羽、张飞等人目前还只是在平原国时任命的别部司马。

外部和内部都有了起色，刘备这个徐州刺史看起来似乎站住了脚，这时却来了一位不速之客。

兴平二年（195）春夏之交，正当刘备忙着徐州的内外部事务时，被曹操从兖州一路打出来的吕布来到了徐州。

吕布、陈宫率残部从兖州出来无路可去，只得向南来到了徐州刺史部境内，听说徐州已经换了新主人，州治也搬到了下邳，于是前来提出面见刘备的请求。

吕布对刘备这个突然崛起的徐州刺史未必有太多了解，但刘备却很了解吕布，吕布当时已经是天下闻名的人物，大家对他的评价褒贬共存。

从肯定的方面说，大家认为吕布是员猛将，称他为飞将，手下有一帮铁杆兄弟，战斗力很强，所以当时人人都在传颂着"马中赤兔，人中吕布"的话。

从否定的方面说，吕布出道以来，先后杀了自己的上司丁原、董卓，又和袁术、袁绍等人闹掰，也许原因各不相同，吕布每一次也有自己的理由和苦衷，但一般人不会细究那些，大家只看结果，自然得出结论，觉得吕布这个人缺乏政治诚信，甚至没有基本的道德底线。

丁原、董卓、袁术、张杨、袁绍、张邈，个个都是英雄好汉，他们都跟吕布打过交道，但他们不是死于吕布之手，就是吃过吕布的亏，至少没落到什么好处，大概有人已经做过总结，要想事业发达，必须远离吕布。

可是，对吕布的到来，刘备最后还是欣然相迎。

吕布见到刘备时一副毕恭毕敬的样子，跟刘备还套起近乎："我跟您都是边地人，真是缘分呀。我杀董卓，本应该得到天下人的敬重，但却没有人愿意接纳我，还都想杀我（关东诸将无安布者，皆欲杀布耳），所以来投奔您。"

吕布的老家是并州刺史部五原郡，今河套一带，刘备的老家在幽州刺史部涿郡，今北京市以南，二人本来拉不上老乡关系，但吕布认为五原郡和涿郡都属于边地，也算老乡吧。

吕布还把刘备请到自己营帐中做客，喝完酒，邀请刘备到内帐中，请刘备坐在自己妻子的床上，然后把自己的妻子叫出来拜见刘备，为刘备斟酒布菜（请备于帐中坐妇床上，令妇向拜，酌酒饮食）。

吕布的妻子叫什么名字史书没有记载，之前说过，肯定不叫貂蝉。

吕布称刘备为老弟，刘备生于汉桓帝延熹四年（161），小曹操5岁，此时虚岁35岁。吕布生年不详，他称刘备为老弟，可能比刘备年长。在一般人的印象中刘备是三缕长须飘在腮下，一副长者模样，而吕布则是英俊小生的打扮，女士们的偶像，看来都是误解。

对于吕布的热情，刘备给予了积极回应，答应收留吕布，并交给吕布一项光荣的任务。

刘备能实际控制的地盘除了徐州刺史部的彭城国、下邳国外，还有豫州刺史部沛国的一小部分，他头上还有豫州刺史的头衔，刘备表奏吕布为豫州刺史，让他驻扎在小沛。

事后证明，这是一项极其错误的决定。

刘备做出这个决定前肯定没有征求袁绍的同意，即使征求了，袁绍也不可能同意，吕布是袁绍的敌人，恨不得派人四处追杀他，不希望吕布这条咸鱼还能翻身。

刘备既然已承认袁绍盟主的地位，所作所为就不能损害袁绍的战略利益，否则，业已建立的良好关系将受损，甚至不复存在。

吕布同时还是曹操的敌人，曹操没有追击吕布，一来当时还有雍丘之战没打完，二来也是希望刘备替他收拾吕布，如果那样，今后刘备自然跟曹操成为一条战线上的，刘备遇到别人的攻击，曹操也会帮上一把。

现在吕布在刘备的帮助下起死回生，等于向曹操宣布刘备并不是他可靠的盟友。

刘备还应该从张邈的身上吸取教训，张邈、陈宫反叛曹操原来可以自己干，因为想借用吕布的名气所以把他拉来结伙，但最后一事无成，反受牵连，可见吕布所谓的名气并不能当饭吃，他的野心和善变倒一次次把事情推向不可收拾的地步，这样的队友比对手更可怕。

一向精明的刘备没有看到这些吗？为什么会做出这样的决定？

一个原因，可能是刘备看中了吕布和他手下仍具有的战斗力。

刘备入主徐州后，可依赖的只有关羽、张飞等人率领的有限兵马，徐州各路地方势力不会真心实意听他指挥，一旦有大的行动，防着敌人进攻的时候还得防内部人搞鬼，这是刘备焦心的事。

可能在刘备看来，引入吕布可以平衡徐州的各路势力，让自己这个徐州刺史坐得更稳。

另一个原因，和当初陶谦的想法一样，刘备觉得自己的头上也需要戴一顶钢盔，这就是小沛。作为抵挡兖州方面的前沿阵地，让吕布去守小沛是再合适不过了，正因为吕布和曹操是势不两立的敌人，所以不用担心他会阵前反水，同时吕布有一定的战斗力，就算曹操真的南下，也能顶上一阵。

但是，如果刘备真有这样的想法，那也只是他的想法。

事后证明，这样的想法有点儿太傻太天真，吕布不仅没有对徐州各路势力起到平衡作用，还与他们联合起来对付刘备；不仅没有跟曹操拼命，二人还一度和好，亲如一人。

刘备的这个错误犯大了，说明直到此时他还是政治和外交舞台上的一名新手。

六十九、差点儿去当渔民

刘备入主徐州惹怒了一个人，袁术。

近一段时间以来，袁术发展得还挺顺利，把大本营东迁到寿春后，他不断向四周拓展势力，基本占据了扬州刺史的江北部分，以及豫州、兖州、徐州的一些地方，手下有了郭贡、张勋、桥蕤等将领，孙策名义上也归他领导。

手里有点儿实力，此兄就容易张狂。

献帝当初在曹阳遇险，消息传遍全国，有人说天子在曹阳遇难了。

袁术听到后既不着急也不悲伤，反而迫不及待地召集会议，对手下人说："如今刘氏微弱，天下乱乱糟糟，缺乏统一领导。我们袁家连续4代人当过三公，是天下名望所归，我想'顺应民意'，大家看看这怎么样（欲应天顺民，于诸君意如何）？"

大家都听傻了，不相信自己的耳朵。

"顺应民意"说得再害羞也听得明白，那就是袁术想自己当皇帝。汉室不幸，皇纲失统，涌现出不少觊觎大位的人，称王称帝的事近几年来张纯干过，王国干过，笮融这样的人也干过，但"四世三公"出身的袁大公子也想干，把大家震住了。

震惊之余，没一个人吱声。

不吱声，那就是反对。

为打破尴尬，袁术的主簿阎象说道："当初周朝从后稷起以至于周文王，积德累功，三分天下已经占有其二，仍然服从商王殷纣的领导。明公您虽然出身世家，但还没有达到周王那样的强盛。而且现在汉室虽然微弱，还没有像殷纣王那样残暴啊！"

阎主簿的话说得相当委婉，但意思是明确的，您老人家比周文王差得远，献帝比殷纣王强得多，当初周文王那么大的势力了都甘愿服从殷纣王的领导，您有什么资本当皇帝呢？

袁术听了心里不高兴，半天不说话（嘿然不悦）。

但是没有人支持，这件事也就暂时放下了。

正在这时袁术听说刘备取代陶谦当了徐州刺史，并一改与自己结盟的现状转投袁绍，这让袁术无法释怀。

袁术一向心高气傲，本来就瞧不起刘备，他曾对人说："我袁术生平还来从来没有听说过天下还有刘备这个人（术生年已来，不闻天下有刘备）！"

袁术说干就干，率兵挥师北上，直取徐州。

刘备不敢怠慢，赶紧整顿人马南下迎击，双方在徐州刺史部南部的下邳国、广陵郡一带交战，这里就是如今的洪泽湖地区。

建安元年（196）春天，就在曹操把献帝接到许县的时候，刘备率关羽等南下迎击袁术，让张飞留守下邳。

曹操听说刘备和袁术开战，对刘备给予了支持，以朝廷的名义任命刘备为平东将军，封宜城亭侯。

277

曹操这么做是拉拢刘备，坚定刘备与袁术斗争的信心。尽管刘备收容吕布让曹操不快，但为大局着想，曹操还是把刘备当成自己人。对曹操来说，夺取徐州是上策，不战而把徐州由敌人转化为友军也是可以接受的。

刘备已经取得了徐州刺史的职务，但他还没有新的军职，刘备的上一个军职是公孙瓒授予的别部司马，平东将军在杂号将军之上，相当于军区或兵团司令，刘备的军职一下子升了好多级。

张飞此时的军职仍然是司马，在下邳城比他职务高的有曹豹，他是下邳国相，相当于郡太守。还有陶谦的旧部许耽，职务是中郎将，也比张飞高得多。

这样势必会产生矛盾，张飞是刘备的亲信，是后方的实际负责人，但职务却不高，更重要的是，刘备率嫡系南下后，下邳城的防务以陶谦的旧部为主，很容易出问题。

张飞是一员猛将（雄壮威猛），打仗比较在行，但处理复杂微妙的局面可能不拿手。如果刘备此去很快获胜，徐州倒不会出现大的闪失，但如果打了败仗或者陷入长期僵持，那就不好说了。

而这一仗，恰恰打成了拉锯战，刘备和袁术在淮阴的石亭一带交战，双方互有胜负，形成对峙的局面。

从人数上说袁术占优势，但从士气上看刘备更旺。

袁术挺郁闷，打不过曹操，现在连名不见经传的刘备都打不过，他一定觉得自己简直没法混世界了。

有人看到了这种局面，立即意识到机会来了。

这个人是吕布，他见刘备主力南下，于是乘虚袭取了刘备的后方，曹豹偷偷迎接吕布，夺取了刘备的下邳城（吕布乘虚袭下邳，下邳守将曹豹反，间迎布）。

吕布到了小沛，并不甘心给刘备站岗放哨，他曾偷偷地给袁术写过信（布初入徐州，书与袁术）。这封信里都写了些什么不详，袁术给他的回信却保存了下来，信中说：

"过去董卓作乱，破坏王室，祸害我袁家门户。袁术举兵关东，未能杀了董卓。将军诛杀董卓，把他的首级送来，替我袁术报仇雪耻，使袁术我明目于当世（为术扫灭雠耻，使术明目于当世），死而无愧，这是将军的第一大功劳。

"过去金元休到兖州上任，是朝廷正式任命的兖州刺史，但被曹操这个逆臣所拒，流离而走，差一点被迫害至死，将军你破兖州，为朝廷伸张了正义，这是将军的第二大功劳。

"袁术有生以来没有听过天下还有个刘备，刘备举兵与我对战，凭借将军的神威，让我得以攻破刘备（术凭将军威灵，得以破备），这将是将军的第三大功劳。

"将军有3件大功在袁术，袁术虽不敏，愿以生死相奉。我知道将军连年攻战，军粮短缺，现在特送来米20万斛，已经出发上路，而且不只这些，后面还会源源不断提供。如果兵器战具缺少，只管提出，将全部答应（若兵器战具，它所乏少，大小唯命）。"

在信中，袁术夸奖吕布的3件大功，具体情况已为世人所知，像打曹操这样的事，算不上什么光荣事迹，但袁术仍然拿出来当事说，目的是跟吕布套近乎。

袁术提到的金元休就是朝廷任命的兖州刺史金尚，这个之前已经说过，他被曹操打跑后到了袁术那里。问题是，袁术起兵时自己的身份也不合法，后来还扣留过朝廷的特使，随意任命官吏。现在就连朝廷都变得很务实了，献帝已经下诏承认了曹操的兖州牧身份，袁术还在旧事重提，有点儿无聊。

当然，给吕布戴高帽子并不是袁术回信的重点。

袁术和刘备开战后本来想得很简单，袁术认为刘备要么望风而逃，要么被他一战消灭，但没想到在他眼里不值一提的刘备战斗力居然如此强悍，顶住了他的进攻，双方打成了平手。

袁术也想到了利用吕布打垮刘备，当然让人替自己干活是需要付出代价的，袁术明白这个道理，所以在信中说愿意提供20万斛粮食给吕布。

近年来除了兵荒还有天灾，粮食稀缺，吕布在兖州被曹操打败，一个重要的原因就是缺粮，吕布深知没饭吃是什么滋味，20万斛粮食对吕布来说是一个巨大的诱惑。

从袁术的信里可以看出，吕布造刘备的反是袁术策动的。

其实这都是一样的，吕布想干，袁术也想干，双方一拍即合，就干了。

想干的还有上面提到的曹豹，作为陶谦的旧部，刘备到徐州以后心情有些郁闷，和张飞之间又有些矛盾，所以也想干一回。

不知道为了什么事，张飞要杀曹豹（陶谦故将曹豹在下邳，张飞欲杀之），曹豹于是派人秘密联络吕布。

吕布接到袁术的信很激动（得书大喜），又有曹豹主动投靠，愿意充当内应，就更不用多想了，立即引兵由小沛杀往下邳。

小沛在下邳城的西北方向，这两座城都临泗水，吕布除了走陆路，还带来一支水军（水陆东下）。吕布来徐州时间并不长，他是逃难来的，身边不可能有水军，这支水军应当是到了小沛后组建的。刘备让吕布守小沛，是让他替自己抵挡北方之敌，这并不需要水军，吕布组建水军，用意不是向北而是向南，由此也可见他早有居心。

吕布率部到了下邳城以西40里的地方扎营，负责下邳城防务的中郎将许耽派一个叫章诳的司马来见吕布，报告了下邳城里的情况。

吕布这才得知，张飞已经把曹豹杀了，城中大乱。

章诳告诉吕布城里现在人心惶惶，大家互不信任，张飞根本控制不住局面。丹杨兵有1000人屯驻在下邳城的西门，听说吕将军要来大家都特别高兴，好像看到了生的希望（大小踊跃，如复更生）。

章诳建议吕布引兵向西门，丹杨兵自会开门相迎。

吕布于是连夜进兵，于清晨时分来到下邳城下，丹杨兵果然打开西门，吕布进城。

吕布把临时指挥所设在下邳城西门城楼上，在这里指挥手下人马和丹杨兵四处放火，大破张飞。

张飞逃出城，刘备的妻子甘氏以及刘备手下将士们的家眷，还有大量军用物资都落入吕布手中（获备妻子军资及部曲将吏士家口）。

吕布没费多大的代价就抄了刘备的老巢，夺取了下邳城。

在前线作战的刘备听到后方有变，如雷轰顶，顾不上袁术，立即回师。

但是，刘备手下将士知道家里出了事，眷属们都在吕布手里，心里面已经大乱。刘备看到这样子回下邳根本没有战胜吕布的希望，只好带着人马再次南下，试图寻求与袁术决战，但被击溃（收散卒东取广陵，与袁术战，又败）。

前后都有强敌，刘备陷入绝境。

今江苏省灌南县在东汉属徐州刺史部广陵郡的海西县，现在它是个内陆县，东边还有响水等县，而在东汉，响水县和滨海县一带数千平方公里的土地尚不存在，这里是一片大海，海西县是个典型的滨海县。在群雄争霸战中，这里并不是各路军阀争抢的要地，虽然经济比较落后，但还算安宁。

建安元年（196）秋天，这里突然来了一干人马，顿时制造出紧张的气氛。这支人马有数千人，像是在别的地方打了败仗退到这里的，人不齐、马不整，还有许多伤兵，士气十分低落。海西是个小县，一下子涌来了这么多人，吃饭都成了问题。

这就是刘备率领的残兵败将。刘备一行来到这里，没吃的没喝的，不知道该往哪里去，饿极了，甚至发生了人吃人的惨剧（饥饿困踧，吏士大小自相啖食）。

落到现在这个局面，刘备怪不了别人，要怪只能怪自己，他十分懊悔。

但是后悔是没有用的，现在要考虑的是怎么办，不说下一步如何翻身，就说如何解决这几千人的吃饭问题，都够难的。没有吃的，缺少粮食，几天还能克服，时间再长，人马就得一哄而散。

在这个最艰难的时刻，随军出征的徐州别驾麋竺给了刘备以最大支持。

麋竺是亿万富豪，家底很厚，麋竺和兄弟麋芳散尽家财支持刘备，同时集合了仆人、宾客和族人共2000多人加入刘备的队伍中。甘夫人落入吕布手中，生死不详，麋竺把自己的妹妹嫁给刘备当夫人（竺于是进妹于先主为夫人，奴客二千，金银货币以助军资）。

麋竺是汉末商人从政的成功代表，在刘备事业最低谷时倾尽全力支持，看得出他不仅会理财，还很有政治头脑。在麋氏兄弟的大力支持下，刘备暂时可以不用下海当渔民了，但前途仍然黯淡。

七十、吕布辕门射戟

走投无路之下，刘备做出了一个让人不可思议的决定，他要向吕布投降。

换成袁绍或袁术，事业从巅峰一下子落入低谷，肯定会一蹶不振，说不定直接气得吐血而死，让他们弯下腰来向对手低头，那怎么可能？这种事只有吕布能做出来，因为他的脸皮厚，面子也不值钱。

刘备也能做出来，因为他没有别的办法。

刘备率领手下的人马重新北上，来到下邳城外，让人报告吕布说，他想投降吕布。

吕布刚进入下邳城，当了徐州刺史，听说刘备回来了，有些吃惊。听说刘备要投降自己，吕布更吃惊了。

但是，刘备的心思别人不好懂吕布却能读懂，吕布和刘备都出身于草根，都在底层奋斗挣扎过，知道人生冷暖、眉眼高低，遇到困境身上也都有惊人的忍耐力。吕布想起自己走投无路来投奔刘备的情景，有些感同身受，所以刘备请降别人不理解，他完全理解。

吕布手下有人反对，他们提醒吕布："刘备这个人反复无常，很难加以笼络，必须早点儿结果他（备数反覆难养，宜早图之）！"

说这个话的人，不知想没想过吕布听到这样的话会多心，这话简直就是在骂他们的领导吕布，要说反复无常，刘备比吕布差得远了。

吕布没有接受手下人的意见，还把这些话告诉了刘备（以状语备）。

刘备听完心里不安，他现在只想自保，别无他图，于是请人出面到吕布那里说情（使人说布）。

刘备请的是谁史书没有记载，不会是关羽等人，最有资格为他说话的人是孔融，如果孔融出面，吕布应该给个面子，还有许汜、陈登、陈群这些人，刘备对他们都很尊重，现在他们是吕布的座上客，请他们去说和一定不难。

为了打消吕布的顾虑，刘备让人带话给吕布，只要接受他投降，他愿意去小沛（求屯小沛）。

这正符合吕布的想法，于是答应了刘备的请求（布乃遣之）。

吕布收留刘备，同样也是错误，他的错误跟当初刘备一样。

但是，把徐州整个形势进行了一番梳理后，吕布发现自己的力量也并不强大，四周的形势仍然险恶，与其跟刘备拼命，不如把他收编。

不久前，吕布内部还发生了一次叛乱，差点儿要了他的命。

这场叛乱发生在建安元年（196）6月，也就是吕布刚刚到下邳城不久，有天深夜，吕布手下将领郝萌突然反叛，当时吕布住在下邳城内的刺史府，郝萌手下的人已经攻到了府门外，大声呼喊着向里进攻，但府墙坚固，一时不得进（同声大呼攻阁，阁坚不得入）。

吕布大吃一惊，不知道是谁反叛了，拉着他的妻子，乱着头发，衣衫也不整，在手下人的护卫下由厕所后面的墙上翻了出去（直牵妇，科头袒衣，相将从溷上排壁出）。

飞将也有这么狼狈的时候。

吕布径直来到高顺的营中，高顺问他："您刚才发现什么没有（将军有所隐不）？"

吕布想了想，说："听见那些人里有河内郡一带的口音（有河内儿声）。"

郝萌的祖籍是河内郡，吕布、高顺由此判定郝萌造反了。高顺立即整顿他的陷阵营，带兵攻入刺史府，弓弩并射，郝萌不支，逃回自己的营寨。

这时已天亮，郝萌回营，负责留守的是他的部下曹性。曹性发现异常，与郝萌对战，郝萌刺伤了曹性，砍掉他一只胳膊（性斫萌一臂），高顺赶到，将郝萌斩首。

有人用床舆抬着负了重伤的曹性来见吕布，吕布问郝萌为何突然反叛，曹性回答："这是袁术在背后指使的（萌受袁术谋）！"

这没让吕布觉得奇怪，他想知道自己手下还有哪些人被袁术收买了："除了郝萌，还有谁参加了（谋者悉谁）？"

曹性的回答让吕布大吃一惊："还有陈宫（陈宫同谋）！"

陈宫随吕布来徐州后，一直深得吕布信任，成为谋主，吕布对他言听计从，袁术挑拨手下将领谋害自己，吕布不吃惊，说陈宫参与了，吕布吃惊万分。

这时陈宫也在座，听了曹性的话脸一下子红了，他的这个反应旁边的人也都看在眼里（时宫在座上，面赤，傍人悉觉之）。

但吕布没有发作，也没有追问陈宫，只当没听见，安慰曹性一番，让他下去养伤。

曹性的话不可全信，但也不能不信，吕布这时应该对郝萌反叛事件做一次彻底调查，如果真的涉及陈宫，要果断处置，所谓"用人不疑，疑人不用"，对于受到怀疑的人一定不能再重用。把事件压下来，表面上是平静了，但却藏下了隐患。

这件事极大地刺激了吕布，不仅对陈宫失望，更对袁术不敢再相信。吕布主动向袁术靠拢，原指望在关键时刻能借他的光，现在看来不仅靠不住，还得防着点儿。

防曹操、防袁绍，还得防袁术，防徐州地方实力派和内部的叛徒，从里到外吕布都得提防，这是他不能再与刘备血拼到底的原因。

吕布归还了刘备的妻子，古文中的"妻子"通常指的是妻子和儿女，但这里仅指妻子，因为刘备的第一个儿子尚未出生，史书也没有刘备有女儿的记载，这个"妻子"指的是甘氏。

吕布命令刘备回豫州，和自己一道抵抗袁术（布令备还州，并势击术）。

史书上的这条记载一下子让人摸不着头脑，曹操、袁绍才是吕布当前主要的敌人，刘备到小沛的主要任务应该对付他们，而且小沛的位置也不对，如果抵抗袁术，应该把刘备派到徐州南部才对。

但这不是史书记载的错误，结合郝萌反叛事件对此就容易理解了。吕布这时已洞悉了袁术的居心，他们翻脸是迟早的事，所以已经把袁术当成了敌人。

至于曹操，吕布正考虑如何与他消除之前的恩怨化敌为友。

这段时间以来，袁绍、袁术、曹操、吕布、刘备等人一会儿是敌，一会儿是友，变化很快，让史学家们都凌乱了。

吕布按照刺史的规格为刘备准备了车马和仆役，在泗水河上举行了发还将士家眷的仪式，为刘备第二次担任豫州刺史饯行（发遣备妻子部曲家属于泗水上，祖道相乐）。

282

对刘备来说，虽然面子不好看，但最难的一关总算过去了，张飞也回归了队伍。

刘备率关羽、张飞等人再次来到小沛，这次待的时间比上一回要长得多。

听说刘备没被消灭，还去了小沛当上了豫州刺史，袁术不干了。

袁术派纪灵率 3 万人马攻打刘备，刘备刚到小沛，手下充其量也就几千人，面对几乎 10 倍于己的敌人，刘备自知不敌，赶紧向吕布求援。

接到刘备的请求，吕布手下众将都建议不要管这件事："您想杀掉刘备找不到机会，现在正好可以借袁术之手办成（将军常欲杀备，今可假手于术）。"

吕布不同意这么做，他的眼光更宏观："不对，袁术如果消灭刘备，那就会北连泰山诸将，我就被袁术包围在其中，没什么前途出路了，刘备不得不救（吾为在术围中，不得不救也）！"

刘备在徐州时泰山帮的臧霸、昌豨等人还跑出来照个面，表面上服从，吕布当上徐州刺史后，这些人连面都不照了。

前不久，吕布为扩大控制范围，想进攻琅邪国相萧建，吕布给萧建写了封信，萧建畏惧吕布，派人带上礼物来见吕布，但吕布还是想把琅邪国收归自己管理，于是亲自率兵赶到了琅邪国。

吕布的举动引起了臧霸的疑虑，臧霸和吕布开战。

战斗中，臧霸所部使用了毒箭，射中吕布手下不少人马，吕布不能取胜，退回下邳。

不过后来臧霸还是服软，表示愿意接受吕布的指挥，但进攻琅邪国一事也就不了了之。

吕布担心的是，刘备一旦被消灭，袁术将与臧霸等人联手，自己就处在袁术的包围之中了。

所以，吕布决定亲自去帮刘备解围，但带去的人马并不多，只有 1000 名步兵和 200 名骑兵（严步兵千、骑二百，驰往赴备）。

纪灵听说吕布来了，于是停止了对小沛的进攻。

吕布率部在小沛城西南方向扎营，之后发出请帖，宴请纪灵。

宴席上，吕布对纪灵说：

"刘玄德是我兄弟（玄德，布弟也），他现在被诸君围困，所以我来救他。我生性不喜欢跟人斗，只喜欢替人和解。"

吕布命人在营门外立上一支戟，对众人说：

"诸君请看，戟上有一小枝，我要一箭射中，诸君应当和解，不能再争斗；如果射不中，你们再斗我不管（一发中者诸君当解去，不中可留决斗）。"

戟的头部是一个不对称的十字形，用来横击的一端刃部长而尖，为主刃，另一端与主刃垂直，短而粗，称小枝。

吕布举弓射戟，正中小枝，众人皆惊，齐呼："将军天威也！"

第二天，吕布再请大家喝酒。

纪灵随后率军撤退。

283

七十一、解决吃饭问题

建安元年，也是曹操的元年。

把献帝安顿到许县，事情刚一理顺，曹操就决定推行他的政治改革。

为此，曹操向献帝上了一份《陈损益表》，提出了他的政治改革措施，前后达14项之多，可惜的是这份体现曹操治国理念的重要文件现在仅存序言部分，具体内容已不可考。

曹操在这篇上表中说：

"皇上即位，我承蒙重用，接受了大将军的重任，又统辖司隶校尉部和兖州刺史部，参与国家政务，实在力所不能及。

"从前，韩非指出韩国被削弱，是因为不致力于富国强兵和选贤任能。我以小小的才智承担国家的重任，以愚笨之才奉行清明政治，顾念皇恩，又考虑到所负职责，现在应该是我尽节献身的时候了。

"遵守旧章又权衡当前实际，我提出14条建议，希望像用众多萤火的微光给太阳增加一点光辉一样（庶以蒸萤，增明太阳）。"

虽然改革的具体内容不得而知，但从曹操接下来推出的一系列政治、经济措施来看，曹操的建议无外乎是富国强兵、选贤任能等方面。

在富国强兵方面，最重要的措施是推行了屯田试点。

当时，曹操面临着很大的经济压力，他的根据地在兖州刺史部，出于战略考虑把新首都定在了豫州刺史部的许县，但这一带都是新占领区，他的基础还不够雄厚，在后勤保障方面的压力很大。

近一两年来，曹操采纳毛玠等人的建议，在兖州一带积极发展生产，基本保障了自身的粮食供应问题，从而让自己处处居于主动。

许县以及周边的颍川郡、汝南郡虽然曾经是重要的农业区，但这些年来遭受战争的影响也最深，黄巾军在这里势力很大，有大量人口流失到了南面的荆州刺史部。

朝廷正常运转需要大量粮食、布匹等物资，军队也需要后勤保障，这些物资如果都依赖兖州刺史部的供应，浪费会很大，长期下去兖州刺史部那边也难以为继。

就拿军粮运输来说就是个很难解决的问题，从兖州运到这里来必须组织大量人力，还要考虑运输队伍途中的消耗，往往运一车粮食至少还得再准备一车粮食供路上吃，沿途安全又难以保证，这个办法基本上不可行。

许县的粮食供应问题必须立足于就地解决，曾在东郡任东阿县令的枣祗和夏侯惇的副将韩浩同时向曹操建议，在许县周边一带进行屯田。

枣祗是颍川郡本地人，他在当年抵抗张邈、陈宫之叛中立下大功，随曹操来到许县后，曹操让他担任献帝近卫部队的指挥官（羽林监）。

韩浩当年成功处置了夏侯惇被劫持事件，事后受到了曹操的表扬。

他们二人建议曹操效仿汉初以来的经验，把流民组织起来，开展农业生产，实施屯田。

屯田作为制度其起源可考的是汉文帝时期，当年著名改革家晁错分析了秦朝守塞北失败的教训，认为单纯以戍卒守边的制度有很大毛病，必须实行"且屯且守"的制度，把屯田与戍边结合起来。

汉文帝前元十一年（前169），朝廷下令在边郡屯田，到了汉武帝时，经济专家桑弘羊又建议屯田西域，都收效明显。

但是，晁错和桑弘羊所推行的屯田都与国防建设有关，属于半军半民性质，许县的情况和那时有很大不同，能不能参照前人的办法推行，还存在争论。

反对屯田的人也不少，曹军收复了大量无主土地，曹操手下有相当一部分人认为应该赏给有功之人，有人甚至提出恢复古代的井田制，大力推行土地私有化。

实行屯田实际上就是"国有化"，与私有化的呼声刚好相反，所以招致不少人的反对，这是曹操不得不考虑的问题。

曹操让枣祗找荀彧等人商议，荀彧支持屯田，在当时特殊的情况下，只有实行特殊的经济政策，才能度过危机。

经过内部讨论并逐步统一了思想后，建安元年（196）曹操颁布了《置屯田令》，从定国安邦的战略高度充分肯定了秦皇汉武奖励耕战，实行屯田的历史经验，阐述了屯田积谷的重要意义，下令开始屯田，标志着这项"战时经济政策"正式实施。

从建安元年（196）到魏元帝咸熙元年（264），这项制度推行了近70年，可以说它伴随着曹魏帝国兴衰的始终，成为曹魏势力崛起的经济基础。

屯田首先在许县附近试点，具体做法是，把已经找不到主人的土地收归国有，然后把丧失土地的流民组织起来，由国家提供耕牛、农具、种子，获得的收成由国家和农民分成。

当时能集中起来的土地很多，流民也很多，土地资源和人力资源都不发愁，屯田很容易就搞了起来。

农业工作本应由九卿之一的大司农管理，为了加大推行的力度，曹操决定亲自抓这件事，在许县试点期间，他任命枣祗为屯田都尉，任命自己的堂妹夫任峻为典农中郎将，具体管理屯田事务，直接向自己负责。

但是，试点刚一推开就遇到了波折，被组织起来的农民却不太适应，他们经常逃亡。

一项好政策为什么农民不愿意接受呢？原因是租税太重。

过去农民给地主扛长活，交租的标准一般是收成的一半，即五五分成。曹魏搞屯田，收租也按这个比例，国家就变成了地主。如果连耕牛一块租，交租的比例更是提高到60%。如此一来，大家的积极性自然不高。

汉代农业税的比例大部分时候是三十税一，即3.3%，现在屯田农民的税务负担是此前朝廷标准的十来倍。在农业生产技术很落后、生产效率不高的情况下，这么重的税率农民生活之艰辛可想而知。

但不这样又不行，军事斗争每天都需要巨大的开支保障，曹魏所能聚集的财富十分有限，屯田这一块是相对有保障的，课以重税既是循前朝惯例，也有不得已之处。

有地方官员建议，农民都有安土重迁的传统，不能一下子改变，必须因势利导，要让他自愿，不能搞强迫（宜顺其意，乐之乃取）。

曹操采纳了这个建议，对屯田政策尽可能予以改进，包括合理安置劳动力、分配生产资料、取消屯田户的徭役等，保证屯田制的健康发展。

对于屯田以外的普通农户，曹操下令重新清查户籍和财产，据此确定缴纳赋税的额度。

这有点儿像划分成分，又像是核定收入申报纳税。

这项工作在"曹操控制区"全面铺开，包括曹操本人在内都要评定"成分"，然后决定纳税标准。

曹操家乡的谯县令给曹操、曹洪二人评为同一等级，曹操对人说："我家哪里有子廉家富有呀（我家赀那得如子廉耶）！"

建安元年许县屯田开始试点，次年就获得了好收成，积余粮达百万斛。

曹操下令将这一制度全面推广，在"曹操控制区"掀起了一场规模浩大的屯田运动，自力更生，丰衣足食。以后曹魏立国，屯田又成为一项基本的经济制度。

根据所在地区的不同情况，曹魏的屯田分民屯和军屯两种，民屯在曹魏的腹地，军屯在边境地区，配备的屯田官级别都很高，郡国配品秩二千石的典农中郎将或比二千石的典农校尉，县配品秩六百石的典农都尉。

品秩二千石相当于朝廷的部长和地方上的郡太守，品秩六百石相当于县令，这些屯田官单独设署治事，不隶属于所在的郡县。

以后，曹魏最兴盛的时候控制区涉及了天下13个州中的11个州，共91个郡国，据现存史料统计，17个郡国有民屯，8个郡国有军屯，3个郡国既有民屯也有军屯，共计郡国28个，占总数的三分之一，当然实际比例肯定比这个高得多。

曹操亲自抓这项工作，他身体力行，亲自过问屯田事务，尤其对大型水利工程建设很关心。

中国古代以农立国，素有"重农抑商"的传统，但具体到官员体系中，农业等经济领域又是个容易被忽视的部门，这种状况到了献帝建安年间发生了改变，一大批优秀的"农业干部"在曹操手下脱颖而出。

曹魏"屯田系统"人才济济，他们有的专门从事农业工作，有的从农业领域起步后来担任更重要的职务，相比于其他朝代，这一时期是"农业官员"最吃香的时代。

在选贤任能方面，曹操也不遗余力地大力推进。

曹操的首席智囊荀彧转任尚书令后，曹操深感身边像荀彧那样能出谋划策的人才太少，有一次他问荀彧："谁能代替先生为我出谋划策（谁能代卿为我谋者）？"

荀彧向曹操推荐了两个人，一个是荀攸，另一个是钟繇。

荀攸因策划刺杀董卓而被关进了监狱，董卓死后他恢复了自由，作为反董斗士，王允主持下的朝廷对他很重视，准备任命他担任任城国相，但荀攸考虑到益州刺史部更容易躲避战乱，所以请求到那里为官，朝廷重新任命他为蜀郡太守。

荀攸去益州刺史部上任，他跟当年刘焉走的路线一样，先到了荆州刺史部，想溯长江而上进入益州，但是到了荆州后才发现路途艰险，很难到达，于是暂时留在了荆州。

而且，益州当时是刘焉的地盘，非亲非故，毫无渊源，荀攸拿着一张任命书就想到益州去上任，结果很难预料。

就在这时荀彧把他推荐给了曹操，曹操很重视，亲自给荀攸写了封信邀请他来许县，针对荀攸内心避世的想法，曹操在信中写道："现在天下大乱，正是有识之士建功立业之时，我观察蜀地那边的局势，也无法立足太久啊（顾观变蜀汉，不宜久乎）！"

荀攸接到曹操的信后决定回去，他辗转来到许县，曹操以朝廷的名义征召他为汝南郡太守，但没有去上任，随即改任他为尚书，在他叔父荀彧手下任职。

曹操跟荀攸进行了长谈，深感荀攸不是一般的人才，特别高兴（与语大悦），对荀彧说："公达真是个奇才，能够与他来共商大事，天下还有什么可以忧虑的！"

于是，重新任命荀攸为军师，到自己身边工作。

荀彧推荐的另一个人钟繇，他不仅与荀彧相识，更是曹操的老朋友，曹操让钟繇暂时在尚书台担任荀彧的副手（尚书仆射）。

此前，荀彧在曹操身边的实际地位相当于参谋长，在这个参谋班子里还有程昱、戏志才等人。

戏志才也是荀彧推荐给曹操的，但是前不久不幸病故，由于他在曹操身边的时间较短，关于他的事记载下来的不多。

荀彧去了尚书台，程昱还远在兖州，虽然身边有了荀攸，但曹操仍然觉得他的参谋班子力量太弱，就让荀彧再推荐几个像戏志才那样的人。

荀彧想到了一个人，认为让他来给曹操当参谋长，是再合适不过了。

这个人，就是郭嘉。

郭嘉字奉孝，比荀彧小7岁，此时27岁左右，也是颍川郡人，跟韩馥是同一个县的。

与荀彧不同，郭嘉出身寒门，但他从小就有远大的志向（少有远量），喜欢暗中交结有识之士，其中就包括同乡荀彧、辛评、郭图等人，在他们的影响下，郭嘉当初也到了冀州刺史部，先在韩馥手下，后来转到袁绍那里。

荀彧看不上袁绍，郭嘉对袁绍的评价更差，他曾对同乡辛评、郭图说："明智的人应该认真辨别领导（智者审于量主），袁绍只是效仿周公那样礼贤下士的做法，但却不领会用人的实质，他生性多疑寡断，好谋无决，想跟着他打大卜、定霸王之业，简直太难了。"

郭嘉劝辛评、郭图离开袁绍另寻明主，辛评和郭图不太同意这样做，他们认为袁氏的恩德和威风布于天下，现在人们都来归顺，力量越来越强，放着这么有前途的地方不干，为什么要离开？

郭嘉知道他们听不进去，不再多说，就自己离开，找了个地方闲居起来了。

郭嘉回到了家乡颍川郡阳翟县，在家赋闲了6年。

这6年时间里郭嘉都做了些什么不得而知，大家看到的是他喜欢交结天下英俊，不愿意与俗人打交道（密交结英隽，不与俗接），一般的人不知道他的才能，只有了解他的人才知道他是个奇才。

阳翟县离许县很近，献帝到了许县，朝廷各部门都在招聘人才，郭嘉被司徒赵温征辟，在司徒府任职。

荀彧对郭嘉很了解，让他在赵温手下抄抄写写太屈才了，于是推荐给曹操。

曹操把郭嘉找来谈论天下大事，谈完之后曹操高兴地说："让我能成就大事的，必然是此人呀（使孤成大业者，必此人也）！"

郭嘉也很高兴，在与曹操的谈话中他对曹操也有了进一步了解，深切感受到这是一个胸怀理想，想成就一番大事业的人，对时局的认识也很独到和深刻，是一个值得为之效命的人，他也对这人说："这正是我要找的主人呀（真吾主也）！"

曹操直接任命郭嘉担任军谋祭酒，"祭酒"本指古代飨宴时酹酒祭神的长者，具体到一个部门，就是"部门长"，比如太学里的博士相当于大学教授，博士祭酒就是大学校长。

军谋祭酒，相当于参谋长。

对于一个不满 30 岁、个人履历还几乎是一张白纸的人，直接破格提拔到如此重要的岗位上，说明曹操的用人确实不拘一格，把能力作为选人用人的最重要标准。

郭嘉也不负众望，成为一代传奇谋主。

除得到了郭嘉、荀攸外，在曹操的主持下，还以朝廷的名义多方延揽人才。

这一时期来到许县朝廷或曹操身边任职的各路人才络绎不绝，重要的有国渊、刘馥、杜袭、赵俨、华歆、王朗、郗虑、刘晔、司马朗、荀悦、徐奕、何夔、蒋济、梁习、张既、贾逵、郑浑、卫觊、陈矫、徐宣、卫臻、胡质、杨阜、孔融等人。

这些人里大部分是听说朝廷来到了许县而主动跑来效命的，也有个别人是朝廷点名征召来的，如孔融、华歆、王朗等人，原因是他们的名气比较大，朝廷在用人之际，需要他们来扩大朝廷的影响。

孔融近年来一直寄寓于徐州，先后依附陶谦、刘备、吕布，听说朝廷点名要他，他自然高高兴兴地来了，被任命为建设部部长（将作大匠）。

华歆和王朗都是朝廷之前任命的郡太守，又都受困于江东，现在江东是孙策的地盘，他们的日子都不好过，听说朝廷征召，也都乐意前来。

华歆担任朝廷议郎，王朗担任谏议大夫。

这一时期来许县的人太多了，先不一一介绍，以后涉及谁再重点说。这就是天子这块招牌的力量，对于大多数人来说，并不是冲着曹操来的，而是冲着朝廷来的。

"挟天子"的效应开始发挥了。

除了这些文士来到了许县，还要重点说说两个人，一个名叫李通，另一个名叫许褚。

他们不是文人，而是武将，都是带着一支人马来投奔曹操的。

李通字文达，荆州刺史部江夏郡人，这时大概 30 岁。他是江南一带的游侠，和同郡人陈恭在汝南郡朗陵县起兵，吸引了很多人归附。

李通先后战胜了周直、陈恭、陈部等人，又生擒了黄巾军的一个首领吴霸，势力大增。

李通爱护手下，很会带兵，在兴平年间的大饥荒中他散尽家财，买糟糠和士卒同甘共苦，所以手下人特别肯为他卖命，势力发展得很大，他活跃在汝南郡一带，周边有袁术、吕布、刘备等强敌，但他们都不敢轻易动李通。

汝南郡紧邻颍川郡，是许县的东部屏障。曹操的势力已深入该郡，但未能全部占领，李通的加盟让曹操的势力范围向东南方向得到了很大扩展。

曹操任命李通为振威中郎将，让他继续驻守在汝南郡的朗陵县一带，控制汝南郡的西南部。

许褚字仲康，史书说他是"谯国谯人"，汉末没有谯国，只有谯县，许褚应是"沛国谯人"，跟曹操是同一个县的老乡。

许褚是个有名的壮士，这从他的身形上就能看出来，他身高8尺，腰大10围。

汉代1尺合如今23.5厘米，许褚的身高约1.9米。三国时期1.8米的大个子有不少，像袁绍、诸葛亮都是，但有1.9米的就不多了。

汉代一围合当时的5寸，约合如今12厘米，许褚的腰围有120厘米，也就是现在的4尺，买裤子实在有点儿困难。

许褚容貌雄毅，勇力绝人，当时天下大乱，各地纷纷组织武装寻求自保，他聚合起本地的几千家人修筑壁坞抗拒外敌入侵。

一次，汝南郡葛陂一带的黄巾军1万多人来攻打他们，许褚率众死战，箭射完了，就让人拣了好多大石块过来，待敌人近前时，许褚发力以飞石迎击，把敌人打得粉身碎骨，不敢再靠前。

壁坞里的粮食快吃完了，许褚假意跟敌人谈判，拿牛换粮食，敌人来牵牛，结果有的牛又跑了回来，敌人上来抢，许褚趁势跑出营去跟他们对抢，他用一只手拽着牛尾巴硬是把牛拖行了100多步，把敌人看呆了，纷纷后退。

许褚的大名于是传遍沛国、陈国一带。

许褚虽然是个武人，但考虑问题一向稳重谨慎（性谨慎奉法，质重少言），他感到这种占山为王的日子终不能长久，听说曹操迎献帝来许县，他就率所部投奔了曹操。

曹操见到这个老乡特别高兴，把他跟樊哙相提并论，以他带来的人为基础组成一支近卫部队，任命许褚为都尉，出征时担任总指挥部的警卫部队。

曹操手下的另一个猛士典韦此时也担任校尉，他的部队也担任曹操的警卫工作。

李通和许褚都是活跃在许县周边的实力派，他们不想被人误认为是流寇，想得到一个朝廷颁布的正式名分，所以主动投奔。

由于他们的加盟，曹操的势力范围不断扩大，向东、向南逐步和袁术、吕布、刘备的势力范围接上了。

这更是"挟天子"以后取得的积极成果。

289

七十二、袁绍的醋意

曹操迎接到献帝后一切进展还算顺利，甚至有些风风火火。

看到这种情况，有个人后悔了，这个人就是袁绍，当初经过他的内部评估，认为插手现在的朝廷事务是弊大于利，所以他躲了。但现在看来这个判断似乎错了，袁绍觉得曹操占了便宜，心里不是滋味。

袁绍一直没拿曹操当外人，在他眼里曹操就是自己的手下，没有他就没有曹操的一切，尤其在曹操几乎走投无路的时候，是他出手相救才化解了危机。在袁绍看来，自己是因为腾不出手来而没去迎接献帝的，曹操既然去了，那就应该是代表自己去的，事情办完了，曹操理应向自己汇报汇报情况吧。

袁绍在邺县等着曹操来汇报工作，但曹操没有来。

甚至也没有派个人来，完全不把他这个领导和老大哥当回事儿，这让袁绍感到很不舒服。

终于有人来了，还带着献帝的诏书，袁绍接到一看，当时就气炸了，诏书是批评他的，措辞相当严厉，等于把他臭骂了一顿。

在这份诏书里献帝责备他虽然地广兵多，但只顾培植自己的势力，擅自征伐，不来勤王（**不闻勤王之师而但擅相讨伐**）。诏书虽然是以献帝名义下达的，但幕后指使一定是曹操。

袁绍大怒，也有些窝火，但既然是诏书，当然不能不理，袁绍马上很认真地给献帝上了一份奏疏，对献帝的批评给予回应。这份奏疏有1300多字，挺长，一看就是下了不少功夫写的。袁绍一再申明，自己对帝室忠贞不贰，一直以来都在做着匡扶汉室的努力，丝毫不敢懈怠。虽然出于辩解，袁绍也不喜欢献帝，但袁绍摆的这几件事，倒也说得过去。

这份奏疏送到了许县，不知是否与此有关，袁绍很快接到了第二份诏书，朝廷任命他为太尉。

太尉名列三公，以袁绍的年龄和资历能担任太尉一职无疑是件荣耀的事，数十年来，三公已经快要成了袁家的专利，从他父辈往上数一共4代人，出了5位三公，而他这辈人里还没有这个荣耀，如今能当上三公，且是朝廷正式任命而非自己表奏的，在家族的三公榜上再续一笔，那将是多么值得骄傲的事。

而且太尉是三公之首，等于是百官的领袖，袁绍比较满意。但袁绍多了个心眼儿，他得打听清楚再接受这个任命，等他仔细一打听，马上就火了，袁绍得知曹操也有了新职务，是大将军。

大将军位在三公之上，太尉要成为文武百官的首领，前提是不设大将军，有了大将军，三公的地位就矮了一截。

袁绍立即上表天子，表示不接受这项任命。

袁绍还给献帝推荐了一个人，认为他是太尉的合适人选，此人就是陈群的父亲、刚被任命为大鸿胪的陈纪。

当然，这是闹情绪。

曹操这才发现，在处理这个问题上他考虑得有些不周。原本他以为，袁绍无论担任什么职务都是名义上的，没有实质意义，对袁绍来说太尉已经是很不错的安排了，没费一兵一卒就白得了这个职务，应该满意。没想到袁绍丝毫不领情，双方的隔阂反而因此进一步加深了。

曹操虽然明白他跟袁绍迟早会有一场决战，但不是现在。

不仅如此，袁绍还是他现阶段要利用的力量，跟袁绍过早摊牌是极不明智、极不划算的做法，曹操越想越后悔。

曹操决定辞去大将军一职，让给袁绍，自己担任司空。

这是很伤威望的事，换成别人，宁可错下去也不会轻易低头，但曹操是个务实的人，他宁愿损失一些个人威望，也要把与袁绍的同盟关系继续维持下来。

这项任命很快以献帝诏书的形式下达，曹操辞去大将军，改任司空。可是袁绍那边却毫无反应，接到诏书后，如果接受，应该立即上书谢恩；如果不接受，也应该有所表示呀。

曹操明白，袁绍在面子上还有些下不来台。

过了年，曹操决定派个有分量的人到邺县走一趟，帮袁绍找回面子，让他消消气，把大将军的任命接下来。

建安二年（197）3月，孔融来到邺县，献帝不仅拜袁绍为大将军，而且封他为邺侯，这是一个县侯，较袁绍此前的伉乡侯高一级。赐给袁绍天子的节钺，以及只有天子才能拥有的虎贲卫士百名。

这还不算，献帝还给了袁绍一个新的行政职务，督四州事。

这4个州指的是冀州、青州、幽州和并州。

献帝下达这项任命时一定没有查阅过近几年的皇家档案，也许皇家档案已经全丢在了逃亡的路上，总之这项任命很有问题，因为几年前献帝也曾颁发过同样的任命，就连所督的这4个州也丝毫不差，不过那是颁给另外一个人的，这个人是公孙瓒。

公孙瓒仍然健在，而且没有被免职，这边又重新任命了新人，如果不是技术性错误，那就只有一个解释，让旧人和新人斗。

这可能是曹操故意安排的，当年李傕、郭汜、樊稠能想出来的主意曹操更是不在话下，袁绍和公孙瓒已经势如水火，给他们加把柴，让火烧得更猛些。

失去大将军职务的曹操也没有什么实质性损失，官位是死的，规定是活的，他担任了司空一职，同时兼任车骑将军。

曹操在任命自己为司空时顺便搞了一次职务改革，规定司空在三公中地位最高，是朝官的首领（**百官总己以听**），照样把政权和军权牢牢掌握在手中。这里说的"百官"如果从字面上理解自然也包含大将军，你想要给你，但我规定你还是不如我，因为我有解释权。

一场名位之争谁是最后赢家，看来还不好说。

七十三、刻骨铭心的一战

但是定都许县也有不利之处，许县的位置恰在天下的中央，四面都是强敌。

北面是袁绍，一个老大哥，表面是盟友实际是劲敌。

东面是吕布和刘备，一个是宿敌，另一个是不可等闲视之的新秀。

东南面是袁术，一个老朋友更是一个老对手。

正南面是刘表，一个修炼得差不多了的老滑头，也是一个真正的实力派。

西面是关中，此时已进入了"后董卓时代"，目前被一大群大大小小的割据势力所控制。

这还只是直接照面的，还有虽然照不上面却同样强大的公孙瓒、公孙度、孙策、刘焉、张鲁等人，这些人都拥兵自重，不解决他们，许县的朝廷就只能是个摆设。可是，先解决谁呢？

还没等曹操对东面和西面做出部署，南面先出了情况。

许县往南就是荆州刺史部的南阳郡，该郡治所在宛县，即今河南省南阳市，袁术曾经在这里盘踞过，后来受刘表挤压转向扬州刺史部发展。袁术走后这里的情况比较复杂，刘表派兵北上，也占领了一部分地区，但是没能把整个南阳郡控制起来，原因是这一带黄巾军的余部势力也很强大。

豫州刺史部的颍川郡、汝南郡以及荆州刺史部的南阳郡是黄巾军一向比较活跃的地区，近年来黄巾军余部又纷纷起事，声势十分浩大，动不动就能拉起几千、几万人，但他们缺少统一领导，各自为战，使南阳郡的局面呈现出混乱的状态。

这时，一支人马来到了南阳郡，情况发生了改变。

这是张济的人马，凉州军将领张济是与昔日凉州军李傕、郭汜、樊稠齐名的人，在凉州军里素有威望，不过他的政治态度经常发生变化，先是支持献帝东归，后又改变主意倒向了反对东归的李傕、郭汜一方。

张济曾担任过全国武装部队副总司令（骠骑将军），不过献帝到许县后这个职务应该被撤销了，张济的人马成为一支流寇，他们先在弘农郡，但那一带经过一系列内战和自然灾害经济已完全崩溃，人口大量外流，张济面临着严重的生存危机。

不得已，张济率部离开弘农郡，向南发展。

凉州军素以凶悍而闻名，刘表听说凉州军悍将张济冲着他来了，大吃一惊，赶紧下令在南阳郡、南郡一带的部队做好迎击敌人的准备。

张济的人马进入南阳郡后一路烧杀抢掠，可能也真是饿急了，有点儿不择手段，激起了南阳郡人民的反抗。凉州军攻打南阳郡的穰城，张济的命不好，被冷箭射死。

刘表松了口气，手下的官员都来向他道贺。刘表心里也挺高兴，但嘴上却说："张济穷途末路而来，作为主人咱们有失礼之处，双方交锋实非本意，我接受你们的吊唁，不接受你们来祝贺（牧受吊不受贺也）。"

刘表比较会装，不过他也的确没有乘人之危对这支凉州军斩尽杀绝，而是派人跟他们联系，希望收编这支队伍。

张济死后这支人马由他的侄子张绣统领，这也是一员猛将，早年在老家武威郡时就是出名的侠士，他当时在县里是一名县吏，有个叫麴胜的人造反，袭杀县长，张绣不久就找个机会刺杀了麴胜，从而声名大振，张绣干脆聚合一帮年轻人，成为当地的豪杰。

刘表派人找到张绣时，张绣正不知何去何从，出于生存的考虑张绣接受了刘表的建议，但不是投降，也不是被收编，而是结盟。

刘表同意了，结盟也不错，等于在他与曹操之间增加了一个中间地带，可以有效缓冲来自北方的压力。双方达成协议，刘表支持张绣在南阳郡一带发展，张绣替刘表守住北大门。

得到了刘表的支持，张绣势力大增，迅速在南阳郡站住了脚，他占领了宛县，并把大本营放在了这里。

张绣是一员猛将，但他觉得自己打仗还行，谋划大事自己就有些力不从心了，手下也没有这样的人才，在斗智斗勇、弱肉强食的世道里，如果没有高人经常指点自己，轻则会吃亏上当，重则会被人给收拾了。

论凉州军里谁最有头脑，张绣觉得非贾诩莫属。

张绣一打听，得知贾诩这时在段煨那里。

凉州军阀段煨驻守在华山脚下的华阴，献帝东归路过他的防区时，段煨曾出面给予保护，引起其他凉州军阀的不满。

长安大乱，贾诩没有跟献帝走，他留在了长安。之所以做出这样的选择，或许贾诩考虑到正是他的一个主意搅乱了时局吧。

后来贾诩发现长安也不能再待，于是到了段煨这里，段煨知道贾诩在凉州军里素来名望很高，担心被他夺了权（**内恐其见夺**），特别提防他，但表面上尊礼有加，这让贾诩觉得不自在。

这时，张绣悄悄派人来联络贾诩，贾诩便到了张绣那里。贾诩这时已经50岁了，张绣年龄不详，大概要小得多。作为自己叔父的同事，张绣把贾诩当作长辈看待（**绣执子孙礼**）。

段煨后来被曹操以朝廷的名义召去，任命为民族事务部部长（**大鸿胪**），于赤壁之战后的第二年故去，在凉州军将领中，他算是结局最好的一个。

张绣在南阳郡的快速崛起给曹操出了道难题。

本来他打算在许县稍加安顿之后便向东边的吕布、刘备发起进攻，但现在南面有了一个强大的敌人，好比在卧榻之侧来了只猛虎，这让他怎能安心劳师远征？

凉州军向来是不太好对付的敌人，曹操起事以来败得最惨的一仗就是跟凉州军打的，至今记忆犹新。张绣得到贾诩的辅佐，更是如虎添翼，背后又有刘表的支持，南阳郡的这只虎，可不是关在笼子里供人欣赏的，它是随时会吃人的。

如果曹操率主力东征，难保张绣、刘表不趁机袭取许县。在这种情况下，东征吕布之事只能先放下了，当务之急，先得打掉南边的这只虎。

建安二年（197）新年刚过，曹操决定南征张绣。

准确地说宛县在许县的西南方向，南阳郡最北边有两个重要据点，一个是鲁阳，另一个是叶县，已被曹军控制。

曹操命曹仁所部留守在鲁阳、叶县一带，自己继续率主力向宛县方向进发，他的儿子曹昂今年刚好20岁，也在南下的队伍中。

曹军主力很快抵达淯水附近。

淯水即今白河，与唐河汇合后称唐白河，在襄阳注入汉水，是汉水的一级支流，长江的二级支流，宛县就在这条河上，从宛县顺河南下就可以到达襄阳，这条河上还有一个著名的地方，就是新野。

曹军近在咫尺了，张绣当然很紧张，曹操是什么人物？袁术、陶谦、吕布这些人都不是他的对手，自己根本不值一提。

除了硬拼张绣还有两个选择：一是向刘表求援，作为同盟，刘表理应帮他一把，这同样是帮刘表自己；二是干脆一走了之，打不赢就跑，到别的地方打游击去。

前一阵张绣派贾诩到襄阳走了一趟，见了见刘表，目的就是探探路，看看刘表那边的反应。

这一趟看来效果不好，贾诩回来后对张绣说："刘表这个人，倒是有一些才能，和平年代做个三公应该称职（平世三公才也）。现在他看不到形势的变化，多疑少断，不会有什么大的作为。"

听贾诩这么一说，张绣打消了依靠刘表抵抗曹操的想法。

但他也没有跑，不是因为逃跑很丢人，而是现在已经不像过去，能打游击的地方实在也没什么了。

想来想去，张绣决定投降，这是不是贾诩的建议不得而知，但贾诩至少没有反对。

一场恶战看起来已经不存在了。

曹操很高兴，在淯水河畔扎下军营，设宴招待张绣及其手下。

酒席宴前，张绣等人看到有一个大汉站在曹操左右，威武异常，不禁暗暗吃惊，他们不认识，这个武士就是典韦。

在曹操行酒时，典韦手持大斧一直跟着，斧刃有一尺多，曹操走到谁跟前典韦不仅站在后面，而且使劲拿眼睛直盯着人家看（迫视），弄得客人根本没有心思吃好喝好。

直到酒宴终了，张绣及其部将都不敢仰视。

本来这次南征就可以圆满收场了，但发生了意外。

张绣有个亲信将领叫胡车儿，勇冠三军，曹操对像典韦、许褚这样的猛士历来见一个喜欢一个，总想弄到自己手下。这个胡车儿大概也是典韦那样的猛人，曹操看到胡车儿后特别喜欢，想笼络一下感情，于是亲自接见，并赠给他不少钱。

曹操此时应该没有通过胡车儿解决张绣的意思，因为此行目的已经达到，不需要把张绣彻底消灭，他拉拢胡车儿最大的目的恐怕也只是挖人。但张绣知道了这件事却不这么想，他认为曹操此举用心不良，是要收买胡车儿谋害自己。

此前还发生了一件事，曹操看到张绣的婶娘、已故全国武装部队副总司令（骠骑将军）张济的遗孀长得很漂亮，就纳其为妾，张绣觉得受到了侮辱，心里很不满。

两件事结合起来，张绣认为曹操肯定正在设计除掉自己，张绣决定先动手。

贾诩也同意张绣这么干，他出主意，让张绣向曹操报告，说部队想移防到地势高一点的地方，中间要经过曹营，并特意说："车辆太少，士兵得都背负着很多物资，请求允许士兵们披甲而过（车少而重，乞得使兵各被甲）。"

曹操没多想，答应了。

结果，张绣趁自己人进到曹营之机突然发起攻击，打了曹军一个措手不及。

张绣降而复叛，多少有些不可理解。

对张绣来说，此举实在太冒险，以他的力量对付曹操实在没有太大把握，仅仅因为觉得受到了屈辱和疑心就冒这么大的险，也许符合他的性格，却不像贾诩的作风。

所以也有记载认为，曹操纳张绣的婶娘为妾后张绣深以为恨，曹操知道了，于是设计想除掉张绣（太祖闻其不悦，密有杀绣之计），但计谋泄露，张绣才不得不放手一搏。

张绣趁曹军不备攻打淯水河畔的曹营，双方立即展开了混战。

在此之前曹操至少经历过 3 次十分危险的战斗，一次在龙亢，另一次在汴水，还有一次在濮阳，这几次都很惊险，但这一次曹军的狼狈样超过了前几次。

混战中，曹操座下的马被乱箭射中面部和马腿，曹操自己的右臂也中了箭。曹操现在骑的这匹马名叫绝影，是继白鹄之后的又一匹名马，此刻光荣就义于淯水河畔。

混战中失去战马，十分危险。

危急关头，有个小伙子从马上下来，把自己的马让给曹操骑。

曹操一看，是儿子曹昂。

打仗亲兄弟，上阵父子兵，关键时刻能舍身相救的还是自己家的父子兄弟，当年汴水之战如果没有曹洪让马，曹操可能早就没命了，现在曹昂又把马让给了曹操。

但曹昂没有曹洪那样幸运，他战死在乱军之中。

曹昂是曹操的长子，曹丕只是次子，曹昂的母亲也不是卞氏，而是刘氏。曹操的正妻是丁氏，没有生育，曹操后来娶了刘氏，并生下了曹昂，但刘氏死得早，曹昂一直由丁氏抚养，形同亲生母子。

这一仗对曹操而言不仅丢了面子，而且损失相当惨重，曹丕后来写过一篇文章追记了淯水之战，提到他的大哥子修和从兄安民都死于此战。子修是曹昂的字，而安民是谁不得而知，史书记载时都把他称为曹安民，认为是曹操的侄子。

一战之中，死了儿子和侄子，对曹操而言还没有过。

这还没完，曹操的心腹爱将典韦也死于此战，而且死得极为悲壮。

当时曹操率轻骑逃走，典韦为了掩护曹操撤退，留下来在营门口与敌兵激战。由于典韦勇猛异常，敌人无法前进，但他们分散从其他地方进入曹营。

这时典韦周围只有10多个人，这些人都是曹操精挑细选出来的勇士，平时主要职责就是保护中军的安全，现在无不以一当十，殊死恶战。但是，敌兵越来越多，他们渐渐不支，陷入重围。

典韦手持长戟，左冲右突，一戟刺过去，敌兵10多支长矛都能被折断（**一叉入，辄十余矛摧**）。

最后典韦的左右全部阵亡，他本人也有数十处受伤，但他仍然与敌兵近距离格斗。典韦一把抓过2个敌兵，徒手就把他们给杀了，其余敌兵吃惊不小，都不敢再靠近。

典韦又上前冲杀，杀了几个敌人，然而伤势严重，失血过多，最后怒目大骂而死。敌兵确信典韦已死，才胆战心惊地上前把他的头割下，互相传看，想观察一下这个奇人到底为什么如此生猛。

曹军从淯水河边一路惨败，一口气退到了宛县以东百里之外的舞阴。

曹军士气十分低落，这里还是敌占区，很不安全。好在留守在鲁阳、叶县一带的曹仁率部及时赶来，局面稍稍有些稳定。离这里比较近的其他各路曹军听说后，也都纷纷抄小道赶来救驾，结果路上拥挤无序，狼狈不堪。

时任平虏校尉的于禁率数百人负责为曹军主力断后，他们且战且退，迟滞了敌人的进攻，敌人见无法继续扩大战果，慢慢退去。

于禁下令整顿人马，敲着战鼓回营。

走在半道上，遇到10多个伤兵，一个个赤身裸体，惨不忍睹。于禁问他们怎么了，这些人说被青州兵趁乱打劫，于禁大怒。

这个青州兵就是曹操当年打败青州黄巾军后收编的部队，这支部队作战勇猛，很能打，但军纪一向很差，曹操对他们平时颇为关照，反而让他们更认为自己不得了，这次趁败军之机，公然抢劫到自己人头上。

于禁对青州兵很熟悉，曹操曾让于禁多次指挥他们打过仗，在汝南郡征讨黄巾军余部的战斗中还立过功，于禁这个平虏校尉就是在那时被提拔的。

虽然是熟人，但违反了军法于禁也不客气，他下令追讨青州兵，把他们收拾了一顿，之后于禁指挥所部安下营垒，防备敌军再来。

这时手下人劝他先不忙安营扎寨的事，应该先到曹公那里报告情况，防备青州兵恶人先告状，于禁不以为然："现在敌人在后，很快就会追到这里来，不做好准备，何以对敌？曹公明察秋毫，不必申辩！"

青州兵果然抢先跑到曹操那里告状，曹操也果然没听信他们。

见到于禁，听了汇报，曹操很高兴，对于禁说："淯水之难，我方危急，将军能乱而不乱，整治所部，惩治暴行，高筑坚垒，实在有不可撼动之节，虽古代的名将，也难以超过你呀！"

曹操依据于禁前后立下的功劳，上表天子封于禁为益寿亭侯，此时曹军的将领被封侯的还只是极少数。

在舞阴，曹操为典韦盛大发丧。曹操命人设法找回了典韦的遗体，送回老家安葬，在仪式上流下了眼泪。曹操后来拜典韦的儿子典满为郎中，作为自己的近侍。

典韦是陈留郡襄邑县人，以后曹操每次经过陈留郡一带，都要专门绕道襄邑县，亲自祭祀典韦（车驾每过，常祠以中牢）。

将士们看到曹操没有为儿子、侄子发丧，反而这么痛惜典韦之死，无不深受感动。之后，曹操从舞阴退回到许县，留下曹洪驻防于南阳郡境内，与张绣对峙。

张绣打退曹操之后，迅速扩大战果，在刘表的支持下，他将曹军曾经占领过的舞阴等地重新收回，把曹洪压缩到南阳郡最北面的叶县一带，曹洪在南阳郡处境艰难，只能勉强守住最北面的防线。曹操知道曹洪在南边很吃力，但此时他却无法迅速支援。

就在回师许县不久，又发生了一件大事，曹操不得不亲自去处理。

七十四、冒出一个伪朝廷

曹操还在转战于南阳郡时，袁术那边有了大动作。

建安二年（197）春天，袁术在寿春突然自称皇帝，震动全国。

袁术想当皇帝，这已经不是秘密，早在两年前献帝曹阳遇险时他就动过这个念头，但当时就连他手下的人都反对，只好作罢。

但是此人像他哥哥袁绍，非常固执，一直没有放弃这个打算。

从性格上分析，袁术是个典型的小事看不上、大事做不来的人，一般来说对小事不感兴趣的人常常会对大事发生错误的兴趣，这也许是他执意称帝的内在原因。

还有一个原因，袁术是个高傲且敏感的人。

高傲使人脆弱，敏感使人自卑，袁术想称帝，大概就是纠缠在脆弱和自卑的情结里无法自拔，他才执意地去做一些匪夷所思的事。

当时社会上流行着许多神秘预言，基本上都是一些不知所云的东西或者是别有用心之人编出来的无稽之谈，但有很多人相信，有人还深信不疑，袁术就是其中的一位。

在这些神秘预言里有一句话很知名，叫"代汉者当涂高"。

这一句话的前4个字好理解，就是接续汉朝国祚的人，灭亡汉朝的人。后面两个字却十分费解。

"涂高"是什么，谁也说不清楚。

但袁术认为这很好理解，这个"涂高"就是指他自己。

袁术字公路，"术"是城邑内的道路，"公路"指的也是路，而"涂"被他理解为"途"，也是路的意思。这种解释连东拉西扯都算不上，但袁术认为一定是这样的。

而且，根据"五行终始论"，汉朝属于火德，取代汉朝的一定属于土德，袁姓就属于土德，是有资格取代刘汉统治的姓氏。

这一条，又成为上一条的佐证。

而且，这时候河内郡一个叫张炯的人又帮袁术弄出来一个符命，以兆袁术的天子之应，袁术更觉得皇帝更是非他莫属了。

张炯的这个符命具体不知为何物，估计跟从河里挖出个写字的石头、鱼肚子里发现一条写字的绸子差不多。

有了这些理论基础，袁术觉得自己再不出来当皇帝实在对不起上天的眷顾。孙坚当年在洛阳宫里得到了传国玉玺，后来由孙坚的妻子吴夫人保管，吴夫人曾居住在寿春，袁术当时曾把吴夫人软禁起来，逼她交出了玉玺。

这一年春天，袁术不顾众人的反对正式称帝。

他这个皇帝很奇怪，既没有宣布国号，也没有下诏改元，他也不自称天子，而称"仲家"。

后世有人认为，"仲家"就是袁术新王朝的国号或年号，也有把袁术称为"仲家皇帝"的，但这些都是推测，"仲家"并不像个国号，更没有"仲家"作为年号的记载。

两年后，袁术走投无路之际，曾对自己称帝的行为进行过辩解，说他当时看到天下大乱，已经到了周朝末年诸国分势的局面，自己出于一片责任心，出来替汉室管管事，自称"仲家"，仲是第二的意思，在他心里还是把刘氏当老大，并没有真的想当皇帝。

一般认为这是袁术给自己的辩解，但对照实际情况看一下，也许并不完全是虚言，袁术想当皇帝是确定无疑的，但他也知道自己实力有限，于是留了条后路，先跨出一步称"仲家"，弄出来了一个不伦不类的东西。

但是，无论是当时还是后世，所有人都不怀疑袁术这个伪皇帝，因为除国号、年号以外，其他一切袁术都是按照真皇帝样子做的。

袁术改九江郡太守为淮南尹，类似于西汉的京兆尹和东汉的河南尹，寿春自然成了"京师"，他在这里任命公卿，建皇宫，设祠庙、明堂。

袁术大封百官，但大家似乎都不太给面子，主动来应征的并不积极踊跃。袁术有点儿犯愁，因为无论如何得找几位天下名士来撑撑门面，不能让三公九卿尽是阿猫阿狗之辈。

三公的人选袁术想到了两个人，一个是陈珪，另一个是金尚，袁术想请他们出山。

陈珪是陈登的父亲，是一个高干子弟，他自己的父亲陈球当过太尉，袁术和陈珪年轻时在洛阳就是哥们儿，此时陈珪和陈登都在吕布那里，因为上次合作对付刘备，袁术把吕布看作自己的盟友，给他要个人应该没问题。

袁术给陈珪写了封信，但陈珪却没有来，不是吕布不放人，而是陈珪压根儿不愿意。

陈珪不仅没来，还给袁术写了封措辞严厉的信，把袁术批评了一通，信中说，让我去阿附你干那些非正义的事，就是死我也不能去（欲吾营私阿附，有犯死不能也），袁术看完信气得牙痛。

金尚是个老党人，有一定名望，当年被朝廷任命为兖州刺史，被曹操赶跑后没地方待，来依附袁术。

袁术任命金尚为太尉，但金尚死活也不干，并且准备逃跑，袁术把他抓住，一怒之下把他杀了。

袁术又让徐璆当三公甚至上公，徐璆同样誓死不干。

徐璆字孟玉，徐州刺史部广陵郡人，是一个老臣，跟着名将朱儁打过黄巾军，因为得罪宦官被免官，后又被起用，担任汝南郡太守、东海国相。

献帝在许县征召各地有名望的旧臣补充朝廷缺员，徐璆也在征召之列，打算任命他为九卿。徐璆应召，在前往许县的途中被袁术扣留，袁术给他连升两级，授以上公之位。

徐璆坚决不从，以死相抗，袁术不敢再逼。

袁术的称帝行为曹操不能不管，这不仅是对汉室的叛逆，更是对他的挑战，许县新朝廷运转不到一年袁术就公然分庭抗礼，不给他点儿教训，势必会有第二个、第三个袁术冒出来。

在曹操的战略规划里解决袁术本来没有排在前面，他现在最需要解决的是南阳郡问题，其次是吕布和刘备，最后是关中的凉州军阀。现在袁术自己跳了出来，曹操的战略规划必须相应做出调整。

要收拾袁术，还得考虑袁术的盟友，一个是吕布，另一个是孙策。

说起来孙策也算是袁术的部下，只是现在的孙策已非当年可比，在江东发展得很快，听说袁术称帝，孙策给予毫不含糊的反对。

孙策马上写来一封信对袁术进行强烈谴责并断绝关系（以书责而绝之）。这封信有1100多字，写得洋洋洒洒，一个说法是张纮代的笔，另一个说法是代笔的人是曾经给陶谦写过祭文的张昭，他已离开徐州南下，受到孙策的重用。

这封信里提到，早在去年冬天就听到了一些传言，说袁术想当皇帝，听到的人无不惊悚（去冬传有大计，无不悚惧），后来袁术向朝廷献纳进贡，大家的疑虑才消除一些，但不承想现在果然做出了这种大逆不道的事。

对于袁术的称帝行为，这封信一口气谈了九点看法，都是反对他称帝的，在孙策写给袁术的这封信最后说："以上这九条想必阁下都有所考虑，这里不过再提醒一下，仅供参考罢了（九者，尊明所见之余耳，庶备起予），忠言逆耳，如能听进去，实在是万幸！"

这封信写得毫不客气，放在几年前，这是不可想象的事。但现在的孙策已非昔日可比，他在江东已渐成气候，跟袁术翻脸是迟早的事，袁术称帝无疑给了孙策一个最合适的翻脸理由，加上此前袁术为得到传国玉玺而扣押了吴夫人，孙策索性这次来个彻底了断。

跟袁术决裂以后孙策转而投向许县的朝廷，他主动派刘由、高承为特使到许县朝奉进贡。

尽管在孙策写给袁术的信里点了曹操的名，把曹操与公孙瓒、刘备这些人视为朝廷的"逆臣"，但不可否认的是，曹操现在控制着朝廷，孙策想表明自己是拥戴朝廷的就必须跟曹操合作。

曹操见到孙策派来的使者更是高兴，拉拢孙策可以瓦解袁术的联盟，孙策如能从背后夹击袁术，那袁术岂不死得更快？为此，曹操以献帝的名义，立即派议郎王甫为特使前往江东，对孙策勇于同逆臣做斗争的行为给予表彰，并任命孙策为骑都尉，封吴侯。

看来曹操得到的江东方面的情报也有限，只知道孙策成了气候，不知道具体气候有多大，人家在江东的势力已跨有数郡，手下有数万人马，你只给个都尉当怎么行？

即使孙策低调肯接受，他手下的人也不干啊，总不能让程普、朱治去当司马，让周瑜当连长、排长吧？孙策派人私下游说王甫，想直接要个军长当（欲得将军号）。

这个王甫倒挺不简单，在来不及请示汇报的情况下当机立断，自己做了回主，现场改任孙策为明汉将军。

当时袁术手下的陈瑀屯驻在长江以北的海西一带，曹操让孙策讨伐这股敌人。孙策领命，准备率军渡江作战。

孙策刚要出动，陈瑀那边先下了手，派人悄悄来到江东，结交祖郎、焦已以及严白虎等割据势力，准备趁孙策主力渡江之机从背后下手。这件事幸亏被孙策察觉，他派吕范、徐逸攻打海西的陈瑀，自己留在江东对付敌人。陈瑀最后被打败，只身一人逃走，跑到了袁绍那里。

吕范、徐逸大败陈瑀，俘获包括陈瑀老婆孩子在内的4000多人。

袁术的两大盟友，一个算是翻脸了。

而另一个盟友吕布，此时的态度却有些犹豫。

吕布从刘备手里抢到了徐州，这一阵日子过得还不错，势力也在迅速上升之中。他能夺来徐州袁术帮了大忙，所以在吕布的心里也一直把袁术当盟友看。

袁术称帝后派韩胤为特使专程到徐州去了一趟，除了向吕布通报情况，还提出一个要求，想与吕布结亲，娶吕布的女儿为儿媳。袁术至少有一个儿子和两个女儿，儿子名叫袁曜，两个女儿后来一个嫁给了孙权，另一个嫁给了黄猗，袁术提出与吕布和亲，指的应该是袁曜。

对于袁术的请求吕布开始倾向于答应，甚至把女儿交给了韩胤，让他带走。

听到这个消息，有个人特别紧张，这人就是陈珪。

陈珪拒绝袁术的征召，还把袁术谴责了一番，吕布跟袁术如果站到一块，将来对自己很不利。这倒还是其次，在陈珪看来如果扬州、徐州结成一体，袁术的这个伪朝廷势力就更不得了，天下就要受难了（徐杨合从，为难未已）。

陈珪是汉室名臣的后代，正统观念一向很强，在大是大非面前没有丝毫含糊，他急忙来劝吕布："曹公奉迎天子，辅助国政，将军您应当同他合作，共图大计。现在反而与袁术结亲，必受不义之名，将来恐怕会大祸临头啊（有累卵之危矣）！"

吕布也一向对袁术有些意见，尤其是在之前的合作中，袁术向来说话不算数，让吕布很伤心，对结亲的事他态度本来就不太坚决，经陈珪一说，吕布反悔，马上派人追上韩胤一行，把女儿抢回来，并且把韩胤押送到许县，交给曹操处置。

陈珪建议让他的儿子陈登去许县面见曹操，吕布开始不肯（欲使子登诣太祖，布不肯遣）。

这说明，吕布对陈珪父子还不是完全信任。

吕布派人去许县不久即迎来了朝廷的使者，为表彰他对朝廷的忠心，朝廷升他为左将军。

吕布大喜，同意陈登去许县，命他奉章谢恩。

陈珪、陈登父子虽然屈身事奉吕布，但一直心存不满，所以陈登一见到曹操就劝他除掉吕布。

曹操也发现陈登是个人才，将来会有大用，跟他交了底："吕布这个人狼子野心，轻与去就，难以久养，你看得很准！"

曹操以朝廷的名义拜陈登为广陵郡太守，增品秩为中二千石。

临别，曹操拉住陈登的手说："东方之事，全都托付给你了！"

陈登回到徐州汇报此行的情况，吕布听完却不高兴。

原来，陈登临出发前吕布还交给他一个任务，让他替自己求一个徐州牧的任命，朝廷却没有表示。

吕布生气地问陈登："州牧这样的小事曹操为何不答应？"

陈登早知道吕布得问，已经想好了怎么回答："我向曹公转达了您的请求，曹公说州牧确实是区区小事，但别人能给，唯独吕奉先不能给。"

吕布听了很惊讶："这是为何？"

陈登不急不忙地说："我也这样问，我对曹公说，奉先将军是一只虎，只有让他吃饱肉，他才能为己所用，如果吃不饱，就会去咬人。曹公却说，非也，吕奉先不是一只虎，他是一只苍鹰，养鹰的人都有经验，饿着它才能为己所用，如果吃饱了，就会展翅高飞。"

这些话曹操是不是说过很难讲，更有可能是陈登临时编的，不过吕布的确头脑比较简单，听了不仅没有怀疑，反而挺舒服（布意乃解）。

陈登拿出曹操写给吕布的信，信里曹操对吕布加以慰问，并让吕布按照天子的诏书追捕公孙瓒、袁术、韩暹、杨奉等人，吕布又派使者上书天子，表达自己的忠心。

吕布同时也给曹操写了一封信，说自己本是个获罪之人，承蒙曹操亲自写信慰劳，十分感谢，自己一定按照曹操前面所说，努力追捕袁术等人。

接到吕布的信，曹操再次派人来到徐州，又带来一封亲笔信，信中说："当年给将军的印绶不幸丢在了山阳郡，现在补上，但朝廷没有上好的金子，我就拿自己家里存的好金子给将军制了这枚印；朝廷没有紫色的绶带，我就把自己印绶上的紫带取下来给将军，这些都是聊表心意。"

吕布看到曹操的信很受感动，又派使者前往许县谢恩，并捎给曹操一副上好的绶带。

袁术听说吕布与曹操交好，不仅不送来女儿，还把自己的使者押送到许县，不禁勃然大怒，立即分兵七路直扑吕布的大本营下邳而来。

袁术的这七路大军中，最重要的有四路：张勋、桥蕤、韩暹和杨奉。单这四路人马就有近 10 万之众。

张勋和桥蕤是袁术手下的大将，韩暹是前白波军首领，杨奉是凉州军旧部，献帝东归，他们被曹操打跑后到处流浪，后来转投袁术。

韩暹、杨奉形同流寇，战斗力虽然不强，但号召力很厉害，每逢哪里有大仗，他们一声号集，总能马上聚集起很多人马，乌乌泱泱，遮天蔽日，不明就里的人一看场面都得被吓住。

吕布手里有三四万人，把刘备的几千人马都算上，也凑不够人家的一半，吕布有点儿傻了，他有点儿后悔，埋怨陈珪说："都是你们父子弄的好事，现在该怎么办？"

陈珪不着急，帮吕布分析说："韩暹、杨奉跟袁术是仓促之间联合到一块的（卒合之师耳），同盟难以稳定，我派犬子陈登前去，一定可以把他们拆散。"

吕布将信将疑，但也没有更好的办法，就派陈登去搞策反工作，还专门给韩暹、杨奉写了封信让陈登带上。

很快便从前面传来消息，说不知发生了什么事，韩暹和杨奉突然掉转头，反而向张勋和桥蕤发起进攻。

吕布既惊且喜，决定抓住战机，立即集全力向张勋和桥蕤发起进攻。

张勋、桥蕤猝不及防，迅速败下阵来，吕布下令追击。

韩暹和杨奉表现得也不错，按说他们的任务已完成，可以坐等收钱了，但他们一直和吕布的人马配合，紧追敌人不放。

袁军败得一败涂地，被追到了淮水边上，进入扬州刺史部辖区。

吕布大概这时才发现韩暹和杨奉为什么愿意跟着追了，他们名义上一路上配合行动，其实是一路抢，所到之处被他们抢得十室九空。

一口气过了淮水，拿下了袁术淮水南岸的重镇钟离，此地离袁术的"京师"寿春已经不远了。

袁术急眼了，亲率大军前来迎战。

吕布看看也差不多了，袁术新败但实力犹存，这根又臭又硬的骨头还是留给曹操啃吧，于是下令大军返回淮水北岸。

袁术率领的大军到达淮水南岸，双方隔河相望。

为了再挫袁术的锐气，吕布下令先不走，在北岸列阵，他给袁术写了封信，让人送过河去，信里写道：

"足下常吹嘘自己的人马多么强盛，吕布我虽然无勇，但虎步淮南，一时之间，足下鼠窜寿春，不敢露头，你的猛将武士都在哪里？足下一向喜欢说大话，用以欺骗天下，可天下之人又怎么那样容易被欺骗？古者交兵都是有原因的，现在首先挑事的不是我（造策者非布先唱也），咱们现在相去不远，你有什么说的可随时答复。"

吕布特意让人把这封信誊抄两份送到许县，一份上报天子，另一份呈给曹操。

双方就这样夹河对峙了好几天，袁术既不敢过河，也不敢撤兵，弄得他很难受。

吕布这边的将士在北岸还大声嘲笑袁术，好不痛快。

有孙策和吕布的配合，曹操这边就好办多了。

等袁术被这两位兄弟弄得顾头难顾尾之时，曹操抓住时机亲自东征。

这时是建安二年（197）9月，袁术听说老对手曹操亲自来了，倒也干脆，留下部将桥蕤、李丰、梁纲、乐就等人驻守蕲阳抗拒曹操，自己开溜了。

曹操指挥于禁等部进击，把桥蕤等4人包围在苦县，全部斩杀。

袁术跑到了淮河以南，彻底不敢迎战。

曹操无意对袁术穷追不舍，因为南阳郡的问题还没有解决，曹洪被张绣压得喘不过气来，他得尽快回师，再战南阳郡。

曹操于是撤兵，回到许县，准备第二次征讨张绣。

出师前，曹操让有关部门对前太尉杨彪进行立案追究。

杨彪是前任三公，此时已被免职，曹操之所以突然想起他，是因为他跟袁术有姻亲关系，曹操接到举报，说袁术称帝杨彪也有份（欲图废立），于是把杨彪下狱。

将作大匠孔融听说，来不及穿上朝服，跑过去见曹操，给杨彪求情："杨家四世清德，为海内景仰。《周书》上说父子兄弟罪不相及，怎么能以袁术之罪归于杨彪呢？"

但曹操没有让步的意思，让许县令满宠负责审理此案。

许县令好比当年的洛阳令，品秩不高但权力很大，尤其是对京师地区有司法管辖权，可以审理朝廷官员及家属，何况杨彪已不担任公职，形同普通百姓，所以归许县令审理。

孔融和荀彧都私下里找到满宠，让他不要对杨彪用刑（勿加考掠），谁知满宠一上手就对杨彪来了个大刑伺候，把孔融和荀彧气坏了。

满宠把杨彪打得死去活来，几天后，来向曹操汇报："快把杨彪打死了，他也没有什么可招的。此人海内知名，如果没有证据就治罪（罪不明白），必然大失民望。"

曹操想了想，第二天就赦免杨彪出狱，这时孔融和荀彧才明白，满宠打杨彪正是为了救他。

曹操突然拿杨彪说事，表面上是他与袁术有瓜葛，其实是因为杨彪出身于世家，代表了某种政治势力，虽然他已经下台，但影响力仍不同一般。

新朝廷刚建立，曹操经常在外面征战，必须内外都树立起绝对权威。拿杨彪开刀有杀一儆百之意，为的是树立自己的绝对威信，袁术的事只是为他提供了一个借口而已。

杨彪受惊一场，被放出来后，他看到汉室衰微，许县都是曹氏的天下，于是对外称自己脚有病（脚挛），不再出门，避免惹祸。

七十五、打起了地道战

建安二年（197）11 月，曹操率军再征南阳郡。

这次军事行动前，荀攸曾劝曹操暂时不要在南面用兵，他的理由是："张绣与刘表相恃为强，然而张绣只是一股游军，处处要仰仗刘表的接济，刘表一旦不给他提供资助，二人势必分离。不如暂时缓兵，让他们自动分开（可诱而致也）；如果我们攻得急，刘表对张绣肯定不能不管，要全力相救。"

事后证明，荀攸的这个分析是有远见的，但曹操考虑到南面的事不能拖下去，必须尽快解决，好让自己无后顾之忧，可以腾出手来对付东面的吕布和刘备。

所以，曹操没有采纳荀攸的建议，继续进兵。

大军首先抵达南阳郡最北边的叶县，与驻守在那里的曹洪会合。

如果曹操再不来，曹洪可能真守不住了，张绣的部队以凉州军为老底子，战斗力很强，刘表又派邓济等人支援张绣，南阳郡呈现一边倒的态势。

曹操首先进军湖阳，那里是刘表的人马驻守，曹军攻克湖阳，生擒了刘表的部将邓济。

之后，曹军转攻舞阴，将其攻克。

在肃清了宛县这些外围后，曹操率军攻打张绣的大本营宛县，又一次进军到淯水河畔。这里是曹操的伤心之地，去年，他的长子曹昂、侄子曹安民以及心爱的部将典韦都战死在这里。

曹操在淯水河畔举行仪式祭奠阵亡将士，他亲自参加祭奠，唏嘘流涕，将士们都深受感动。

在曹军的强大攻势下，张绣的主力离开宛县南撤，退到距宛县 100 多里的穰县，即今河南省邓州市附近。

曹军占领了宛县，取得了此次南征的最大胜利。或许可以考虑就此收手，以宛县、舞阴一线为分界与张绣、刘表形成对峙，将南阳郡一分为二，压缩张绣所部的生存空间。

但曹操彻底解决张绣的心情很迫切，不仅因为有仇要报，而且不把卧榻旁边的这只虎除掉，他睡觉都不觉得安心，所以曹操亲自率军继续追击，对穰县发起了进攻。

张绣顶不住，急忙向刘表求援。

正如荀攸分析的那样，刘表可以坐视张绣被消耗，却无法置其被消灭于不顾，刘表立即派兵北上驰援张绣。

没有确切记载刘表派了多少人马前来，但一定不少，动了老本。

刘表的人马不仅有来驰援穰县的，还分出一些去占领穰县周围的一些战略要地，其中有支人马占领了一个叫安众的地方。

当时没有多少人关注这个细节，因为穰县才是焦点。

穰县城里的张绣迎来了刘表的援军，士气大振，曹操攻城遇阻。

张绣在城里做着长期守城的准备，按照眼下的阵势，曹军想攻破穰县，一时半会儿做不到。

果然，张绣接到报告，说曹军退兵了。

张绣害怕曹操使诈，下令先不要贸然去追。

但曹军撤得很迅速，一路向北而去，张绣看着不像有诈，于是大着胆子追了上来。

这的确不是曹操使的诈，曹操下令回师是真的，因为许县大后方出了问题。听说曹军主力南下，田丰劝袁绍趁机袭击许县，将献帝抢到自己这里来，袁绍那边有人叛逃到曹营，提供了上述情报。

曹操接报后认为事关重大，不敢丝毫迟疑，即刻北撤。

这件事很蹊跷，可以猜测的是，要么田丰真有此议，而袁绍确实准备发兵袭取许县，要么是袁绍造的谣，目的是不让曹操太顺手。当然还有一种可能，这是贾诩的计策，为了解穰县之围故意制造谣言。

不过，曹操在做出回师决定时一定是有充分依据的，如果这样看，第一种可能性应该最大。

曹军要回师许县，最快速的推进方式是走南方大道。东汉的南方大道跟东方大道、东北方大道一样，是全国交通网里的骨干线路，它起自洛阳，连接鲁阳、宛县、穰县、襄阳以及南郡的治所江陵、武陵郡的治所汉寿，走这条道就好比上了高速公路，直线距离最短，路也最平坦宽阔。

曹操现在只想火速回师以解许县之危，因此想都没有想，指挥人马沿着南方大道向北疾行。

要走这条路，必须路过安众。

安众，此时已在刘表的手中。

穰县以北仅20多里处是一片山地，地势很险要，南方大道在此穿山而过，形成了一处要塞，这就是安众。

曹操包围穰县时没有想过这么快就会撤军，所以忽视了背后的这处要点。刘表的援军恰恰发现了这里很重要，于是分重兵占领，实际上断了曹军的后路。

刘表的人马进入安众要塞后，立即整修防御工事，以南方大道为轴线，以山地为依托很快建成了一条东西连绵数十里的防线。曹操率军抵达安众，突然发现过不去了，如果绕道而行，无论向西还是向东都是山区，道路不畅，费时费力不说，敌军依托有利地形更容易袭击自己。

安众防线就像一条铁链，牢牢地缚住了急于回师的曹军。

张绣也指挥穰县的人马从后面杀来，曹军面临前后被夹击的不利处境，局面一时陷入僵持。

情况显然对曹军很不利，虽然人数占优势，但在有限的区域内兵力难以全部展开，在这种情况下，守着有利地形的一方更占优势，曹军陷入了所谓的死地。

在此关键时刻，曹操发挥了军事上的天才想象力，指挥人马神不知鬼不觉地突破了看似牢不可破的安众防线，并且基本上没有什么损失。

曹操是怎么做到的？这一点史书没有详细解释。

曹操此前曾给荀彧写了封信，说只要到了安众，必然能打败张绣，后来果然就把张绣

306

打败了。回师后荀彧见到曹操，讨教破敌的办法，曹操的回答是："兵法说'归师勿遏'，而敌人非要阻挡我们的归师，并且跟我们争夺死地，我所以知道他们必败。"

但这番话等于没说，不是所有的归师都能打胜仗，也不是在所有的死地里都能起死回生。

其实，曹军之所以化险为夷，是因为他们采取了敌人想象不出的作战方式，这就是地道战。

曹操白天与敌人对阵，晚上悄悄地在最险要的地段挖掘地道（*夜凿险为地道*），这项巨大工程估计颇费时日，绝不是一夜之间可以完成的。

曹军到达安众时是 5 月，回师至许县荀彧向曹操讨教破敌秘密的时候已经是 7 月了，这从侧面印证了安众地道挖掘工程量的巨大。

最后，曹军的工兵部队以顽强的毅力挖通了安众防线，曹操指挥人马趁夜遁去。

天亮后，张绣吃惊地发现数万曹军一夜之间不见了踪影。

侦察之后才发现，曹军已从地道里越过了他们精心构筑的防线，张绣立即下令追击。

贾诩过来劝张绣不要追，否则必然失败。

张绣不听，指挥所部人马以及刘表的参战部队全军压上，沿着曹军撤退的路线追击（*悉军来追*）。

但是，吃了败仗。

他们还没有追上撤退的曹军，却先后迎面遇上了曹军新投入战场的两支生力军，这两支人马不约而同地挡住张绣、刘表联军，上来一顿猛打，把张绣、刘表联军打得大败而回。

这两支人马，一支由曹仁带队，另一支由李通率领，他们倒不是商量好的统一行动，而是碰巧遇到了一起。

曹仁没有随曹军主力行动，曹操派他肃清宛县附近几个县的残敌，而李通驻守在南阳郡以东的汝南郡，是曹军距此最近的部队。这两支人马都是得知曹军主力被阻于安众防线而前来解围的。赶到时，正好遇着曹操率大队人马从地道里钻出来仓促北撤。

所以，当张绣的人马杀过来时，正好与他们相遇。

追击不成损失不小，张绣很后悔。

谁知贾诩这时又过来，力劝张绣立即再追，张绣以为听错了："当初没听您的话，结果打了败仗，现在都这样了，为什么还要追？"

贾诩分析说："现在敌情出现了新变化，去追一定能取胜。"

张绣抱着将信将疑的想法派人追击，这一次竟然打了胜仗。

事后张绣请教贾诩胜败的原因，贾诩说："曹军开始退却，但曹操必然会派精兵断后，我们追击肯定失败。打败了我们的追击，他们又会轻军前进，没有料到我们会再来，所以我们就能取胜。"

张绣听了，简直佩服得要命。

曹操再征张绣，居然又遭失败，在曹操的军事生涯中，这还是绝无仅有的事。曹操回到许县，对荀彧感慨地说："没有听先生的话，才造成今天的结果呀（*不用君言至是*）！"

言语之间，对一再败于南阳郡感到十分后悔和无奈。

七十六、杀此一个失英雄

曹操从南阳郡回师，并没有看到袁绍来袭。

这有两种可能：一是袁绍压根儿没有这样的打算，前面放出的风声只是虚晃一枪；二是曹操的迅速回师让袁绍失去了最佳进攻时间，所以放弃了奇袭许县的计划。

但是，连一个名不见经传的张绣都打不过，曹操的心情很沮丧。

更为要命的是，这种情况滋长了某些人的骄傲情绪，认为曹操不过如此，比如袁绍。

袁绍一直对曹操把献帝接到许县一事耿耿于怀，去年他曾给曹操写过一封信，以许县地理位置偏僻、地势低湿为由，要求曹操把献帝迁到兖州刺史部的鄄城，这里虽然还属于"曹操控制区"，但距袁绍的控制区只隔一条黄河，袁绍的用心很明显。

曹操当然拒绝了袁绍的提议，这次南征回来，他又接到了袁绍的信，不仅旧事重提，而且流露出对曹操的骄傲和不尊重（其辞悖慢）。

曹操看了大怒，以致行为都有些失常（出入动静变于常）。

当时大家不知道原因，还以为是因征讨张绣失利造成的，所以都觉得着急，老朋友钟繇就此事去问荀彧，荀彧说："曹公是一个深谋远虑的人，对于既往之事不会过于放在心上，现在必然是因为别的事。"

荀彧于是来见曹操，询问缘由，曹操出示了袁绍的来信："我真想讨伐这个不义的人，但是力量不够，你说该怎么办（今将讨不义，而力不敌，何如）？"

针对曹操提出的问题，荀彧其实早有考虑，他说了一段很长的话："古往今来面对成败得失，对于确实有才能的人，即使暂时弱小，以后也必然会强大；如果他不是这块料（苟非其人），暂时即使强大，将来也必然会被淘汰。刘邦、项羽的事，正好说明这一点。

"如今能与您争夺天下的，只有袁绍罢了。袁绍这个人，外表宽和但内心里猜忌心很强（貌外宽而内忌），做不到用人不疑，而您明达不拘，只要有才能就大胆使用，这是在度量上胜过袁绍；袁绍遇事优柔寡断，总是把握不住机会，而您能明断大事，应变有方，这是谋略上胜过袁绍；袁绍治军宽缓，法令不立，士卒虽然多但实在难以为用，而您法令既明，赏罚必行，士卒虽少，都争相效命，这是在武力上胜过袁绍；袁绍凭着世家的出身，经常装模作样以显示自己的智慧（从容饰智），喜欢沽名钓誉，所以那些没有真本事但喜欢虚名的人愿意投奔他，而您待人真诚，推诚相见，从不华而不实，严格要求自己，对自己很勤俭，而奖赏有功之人从来不吝惜，所以天下忠勇之士都愿意追随您，这是德行上胜过袁绍。"

说到最后，荀彧进行了总结："以上这四胜，凭借它们辅佐天子，匡扶正义，讨伐叛逆，谁敢不从？袁绍再强大又有什么用！"

荀彧上面的这番话可以称为"四胜论"，曹操听了特别高兴。

曹操不是一个爱听奉承话的人，但荀彧所说的这些都不是虚言，荀彧在袁绍身边待过，对袁绍的了解还是比较准确的，上面这些分析，正好说出了袁绍的弱点和曹操的优势。

曹操心里的阴云散去了一大半，后来郭嘉也向曹操谈了相似的看法，他分析得更为全面，把"四胜论"扩展为"十胜论"，落实到具体对策上，荀彧和郭嘉的意见非常一致，他们都认为应当把南阳郡的事放一放，先取吕布。

荀彧认为如果不先取吕布，那么以后要解决袁绍相当困难。

郭嘉认为袁绍正北击公孙瓒，可以趁着他主力远征时东取吕布。如果失去这个机会，等到袁绍发起进攻时以吕布为外援，那就太危险了（若绍为寇，布为之援，此深害也）。

曹操同意他们的看法，但心里有一些顾虑：

"我比较担忧关中方面，如果关中处理不好，羌人、胡人加上南面的益州就会与袁绍、吕布等人联合起来，到那时我们将四面都是敌人，虽然据有兖、豫二州，却也顶多只占天下的六分之一而已呀！"

就此，荀彧有自己的看法："关中地区目前大的割据势力有十几支，彼此互相不服，其中韩遂和马超最强。他们看见关内相争，必然各自拥兵自保。现在如果主动联合他们，示以恩德，和平的局面虽然不能维持太久，但也可以坚持到整个关东地区平定之后。"

荀彧的分析正切中要害，很有说服力，让曹操心中顿时亮堂起来。

荀彧推荐钟繇出镇关中，曹操同意，于是辞去自己的司隶校尉一职，让钟繇以侍中的身份兼任司隶校尉，持节督关中各军，授予钟繇遇到有些问题可以先处理再上报的权力（特使不拘科制）。

钟繇是当代最有成就的书法家之一，他与后世的王羲之并称"钟王"，他的字在当时就得到了同是书法家曹操的喜爱，但此时钟繇在曹操眼里绝不是一个书法家协会主席的角色，他是曹营的重臣。

钟繇处事开达理干，意思是说通达事理、具备卓越的行政能力和才干。钟繇属于实干型人才，也是专家型领导干部，他有胆有识，沉着勇毅，派他到关中总理那边的各项事务，曹操十分放心。

钟繇到达关中后，当时活跃在关中一带的割据势力除段煨、李傕外还有很多股，其中马腾、韩遂的势力最为强大，钟繇给他们写信，表明利害（为陈祸福），劝他们忠于朝廷。

经过对形势的分析，马腾、韩遂选择了向许县朝廷靠拢，他们各送一名儿子到许县作为人质，以表明自己的忠心。

钟繇、裴茂开始着手经营关中，他们积极发展经济，稳定地方局势，争取各派力量的支持，取得了丰硕成果。

就在曹操准备向吕布动手时，吕布那边的形势也发生了变化。

这两年，刘备一直驻守在小沛，但他并不甘心给吕布当盾牌，刘备趁着别人都在忙活的时候，自己一直悄悄埋头扩充势力，他对外宣称只有几千人马，其实至少发展到了万人以上。

这还不是最让吕布担心的，据情报说，刘备私下里跟袁绍和曹操来往密切，当时袁绍和曹操的关系已经由微妙转为紧张，但刘备跟他们都保持着来往，刘备给袁绍秘密写信，又派人到许县跟曹操拉关系。

这些情况很快得到了证实，献帝的诏书下达，把刘备之前的平东将军升为镇东将军，这个职务此前是一直由曹操担任，说明曹操对刘备很看重，当然也是对吕布的牵制。

吕布和刘备之间虽然没有明确的上下级关系，但小沛是吕布让给刘备的，豫州刺史也是吕布让的，刘备的架势是想撇开吕布独立发展，这让吕布极为不快。

但仅就这一点还不能跟刘备翻脸，因为这等于给曹操难看，吕布现在需要曹操的支持。

可是，随后又发生了更让吕布不爽的事。

在讨伐袁术时被吕布临阵策反的韩暹、杨奉二人自恃有功，在吕布的地盘上总闹事，为了打发他们，吕布让二人向豫州、兖州和青州方向发展，打下地盘都归他们。

这二人便率领部下离开了徐州一路向北连杀带抢，激起了不少民愤。

抢着抢着，就到了刘备的地盘上。

刘备原来只驻扎在小沛，但近来已经悄悄地把手伸得很长，不仅豫州刺史部沛国北部几乎尽归其所有，而且还伸向了相邻的地区，韩暹和杨奉大概没打听清楚，或者明知是刘备但没把他放在眼里，所以来到这里照抢不误。

刘备没去找吕布告状，他想自己解决。

刘备假意约杨奉相见，杨奉还以为请他喝酒，就去了，结果让刘备抓了起来。

刘备用杨奉作为人质很快瓦解了杨奉的人马，韩暹失去杨奉的支援成为孤军，他想带着残余武装回并州老家，结果走到一个叫杼秋的地方，被当地一个叫张宣的屯帅所杀。

有组织有纪律叫团队，有组织没纪律只能叫团伙。

刘备没费太大损失就解决了韩暹和杨奉，得到了很大实惠，为了给吕布一个交代，刘备主动给吕布写了封信，信中对吕布说白波贼头领韩暹、杨奉二人流窜至豫州，沿途烧杀抢掠，民愤极大，更为可气的是，他们干了那么多坏事，还打着您的旗号，说是您让他们干的，这是公然对您的造谣污蔑，为此我就把他们收拾了，既为民除害，又帮您洗刷了清白。

得了便宜没啥，还要卖乖，就可气人了。

这件事还没完，又发生了一件事，更气人。

建安三年（198）春天，吕布派人到河内郡一带买马。

吕布擅长骑兵作战，但兖州、徐州一带不产良马，无法在当地补充，他只有派人到外地买马。

吕布派去买马的人回来时路过刘备的防区，结果让人抢了。

在吕布看来，这件事不用动脑子就知道是谁干的，敢抢飞将军的马，只有刘备有这个胆子。

吕布决定对刘备不再忍耐，直接惩罚。

吕布命张辽和高顺带队出征，他在下邳做后援，但战事并不顺利，刘备一不认错，二不投降，坚城小沛，一时难以攻克。

这个时候，二人大概都会第一时间给曹操写信，刘备是求援，吕布则解释为什么要收拾刘备。

曹操如果接到他们二人的信，只会扔到一边，是非曲直不重要，重要的是两个对手自己先干起来了。

吕布亲自率军增援张辽和高顺，小沛城里的刘备有点儿吃不消了。正在这时，刘备接到报告说有一支曹军向小沛开来，顿时看到了希望。

可能在刘备看来，曹操一定会救自己，因为他刚被曹操任命为镇东将军就被吕布消灭了，这种"打狗不看主人"的做法如果视而不见，将会产生对曹操不利的连锁反应。

刘备的判断是正确的，眼看刘备快被吕布消灭，曹操决定派一支人马过来增援他。

吕布有点儿紧张，但随后探明来的不是曹操本人，而是他的老对手、"独目将军"夏侯惇，而且只有几千人，吕布才松口气。

吕布命高顺在半道伏击夏侯惇，夏侯惇战败，退回。

刘备彻底失望，趁夜突围，小沛被攻克。

刘备逃得很狼狈，只带着关羽、张飞、赵云以及麋竺等人和少量人马，自己的两位妻子甘氏和麋氏都没来得及带上。

建安三年（198）10月，曹操亲自率大军赶来了。

曹操行进到与沛国西面相邻的梁国时，遇到了刘备。

刘备这才见到了真正的救星，一见到曹操，就力劝他一鼓作气杀往徐州，把吕某人彻底消灭。

曹操既然出动，也不会空手而归，他在南阳郡连输了两次，需要来一场胜利提振士气。

但是，如何处理刘备，曹操有些犹豫。

当时劝曹操借机杀了刘备的大有人在，比如负责兖州刺史部事务的大胡子将军程昱就劝他："刘备此人有雄才，而且很会赢得民心，终究不会甘居人下，应该早点消灭他（宜早图之）。"

曹操想了想，没同意："方今正是收天下英雄之时，杀一个人而失天下英雄之心，不能这样做呀（杀一人而失天下之心，不可）！"

曹操不仅接纳了刘备，还以献帝的名义正式任命刘备为豫州刺史。

对刘备而言这项任命来得太迟了，因为他已先后两次就任该职，但对朝廷而言，做出这项任命已经算破例了。

献帝东归以来，对这些年各地自行任命的官职一直采取不承认态度，当初曹操握有整个兖州，朝廷可以承认他的实力，拜他为镇东将军，但对于他希望得到的兖州牧一职，朝廷拖了很久才给。

曹操命刘备率领他的残部随军行动。

对于曹操下一步的进攻重点，吕布的判断是下邳而不是小沛，所以下令把主力快速南撤。

梁国与下邳国之间隔着一个彭城国，吕布把主力分成两部分，一部分部署在下邳城周围，另一部分部署在彭城国境内。

吕布亲临前线，动员大家誓死保卫彭城。

但是，曹军似乎更有信心，打起仗来也很有章法，根本不跟吕布硬拼，而是在运动中寻找战机，曹操人多势众，吕布处于被动挨打的局面。

吕布产生了撤退的想法，想依托下邳城的坚固，放曹操来攻。

吕布大概想，曹操不敢在徐州停留时间太长，南面的张绣、刘表，北面的袁绍，还在近旁的袁术，对曹操来说哪一个都比他重要，只要守得住，曹操必撤军。

但陈宫认为应该把防御重心放在彭城，理由是彭城境内地势更有利，便于同曹操大军周旋，他建议应当改变固守挨打的局面，分出多路奇兵袭扰曹军两翼，尤其是他的后勤补给线，曹军人马数万，拼人多是他的优势，但后勤保障就是他的劣势，一旦粮草供应不上，曹军不战而退。

应该说，陈宫是对的。

吕布应该学学张绣，论名气张绣顶多是个小字辈，因为吕布跟他叔叔张济可以称兄道弟，论实力张绣还不如吕布，但张绣能把曹操打败两次，而且败得一次比一次惨。

吕布似乎忽略了这些，忽略了张绣以弱胜强靠的是什么，固执地认为坚守才对自己有利。

吕布下令主力撤回下邳一线，彭城随即被曹军攻克。

曹操对彭城似乎有一种莫名其妙的仇恨，攻克彭城后，曹操在这里又大开杀戒，虽然未必是史书上说的屠城，但吕布任命的彭城国相侯楷等以下成千上万的军民被杀。

如果说上次是因为曹操的父亲等一家50多口被陶谦部下杀害而复仇的话，这一次就有些费解了，不知道曹操此时的仇恨从何而来。况且，他现在的身份是朝廷的司空和车骑将军，如果真干了屠城这样的事，那就是彻底的犯罪行为。

如果要解释的话，或许曹操是想给徐州的军民制造恐惧，他曾向部下下令，围城之前投降的一概既往不咎，围城之后投降的一律屠杀。

曹操的暴行激起了仇恨，但是这种仇恨在某种情况下也是一种恐惧，撤回下邳后，吕布方面士气十分低落。

陈宫提出拒敌于外，在运动中歼敌，他认为曹操的大军必须经过泗水，可以依托泗水河组织防线，阻击曹军的进攻。

吕布不同意这个看法，泗水那么长，如何在沿线都组织起有效防线来？待敌兵渡河至一半时发起攻击岂不更有效（不如待其来攻，甕著泗水中）？

吕布大概也经常研究兵法，《吴子》讲到有13种最佳的进攻状况，敌人渡河到一半时就是其中一种。《孙子兵法》也讲"敌人渡河来攻，不要在水里跟他打，等他们渡河到河中时再攻击（客绝水而来，勿迎之于水内，令半济而击之）"。

所以，吕布没听陈宫的建议，而是集重兵于泗水河边曹军必经之处，待曹军主力渡河时先不对其发起攻击，待其渡至一半再突然攻击。

可是，吕布又错了。

曹军来了，开始渡河，吕布下令攻击，千弩怒射，万箭齐发，曹军纷纷中箭，有被射死的，有溺水而死的，曹军大败。

但是，所谓大胜必经大忍、大败常因心切，吕布还没来得及庆祝，突然接到报告说曹军主力已经从南边过了河，正朝下邳杀去。

　　吕布大惊，才知道上当了，这里的曹军只是诱饵，敌军主攻方向不在这里。

　　兵法是一门高深的学问，相对于公认的兵法研究权威曹操，吕布只能算兵法爱好者。

　　知其一不知其二，不如不知。

　　吕布赶紧下令撤军，拼命往下邳城赶。

　　还算庆幸，吕布先一步进了城。

　　喘息未定，更让吕布闹心的事传来，陈登反叛了。

七十七、把老虎关进笼子里

上次出使许县，陈登被朝廷任命为广陵郡太守，陈珪后来也应朝廷之召去了许县。

没有负担，才好反叛，吕布如果认真想一想，对陈登就该防一手。

陈登是个能干的人，他虽然到广陵郡才不到一年，但却发展了一支自己的势力，他明审赏罚，建立了威信，郡内有一支海贼，首领名叫薛州，手下控制着一万多户人，也投降了陈登。

郡中百姓对陈登都很拥戴，既喜欢他，又敬畏他（畏而爱之）。

曹军围下邳，陈登立即率人马从广陵郡来了，说是支援吕布，到阵前才亮明卧底的身份，回马一枪，吕布损失很大。

吕布恨得牙疼，盛怒之下，亲率人马冒险出城，寻找陈登的踪迹，想将他抓住。但陈登很狡猾，逃得比泥鳅还快，转眼到了曹军的背后。

吕布一番苦战，才勉强脱身回到城内。

陈登的三弟还在城中，吕布把他抓了起来，想以此为条件与陈登谈判，遭到陈登的断然拒绝，攻城反而更急。

困守孤城，吕布手下一些人信心被动摇，吕布的情报人员（刺奸）张弘也在给自己找出路，陈登的三弟掌握在他的手里，张弘趁夜将其护送出城，交给陈登。

曹军围住下邳城，却没有发起进攻。

曹操给吕布写了封信射进城里劝吕布投降，这让吕布有所动摇。

一天，吕布、陈宫在城楼上观察敌情，见城外曹军连营密集，阵形整齐，敌兵士气正旺，吕布心中投降的念头更强了，他冲着城外的曹军喊："诸位围得别这么紧，我会自动到曹会那里自首（卿曹无相困，我当自首明公）！"

吕布话音未落，陈宫急了，对吕布说："只有逆贼曹操，哪里来的曹公！"

陈宫劝吕布放弃幻想，这个时候投降已经晚了，无法保全自己。

吕布是个特别没主意的人，经陈宫一说，就真的放弃了投降的打算。

应该说，这是吕布的最后一次机会。

吕布如果真的投降了，曹操杀他的可能性很小，吕布忽略了陈宫竭力反对投降的真实原因。

在曹操眼中陈宫跟吕布不一样，吕布顶多是个降将，而陈宫则是叛徒，曹操一向爱才，对于降将很少杀害，而对于叛徒，必杀无疑。

吕布如果有九分活路的话，陈宫大概仅有一分，陈宫坚决反对投降，为的是保他的命。

可惜，吕布没有想到这些，反而认为陈宫说得对。

为提高士气，陈宫提出了一个反败为胜的计划，他建议派兵出城偷袭曹军的粮道。曹军远途作战，粮食供应很困难，一旦粮食被劫，军心必乱。

吕布认为有道理，决定自己亲自率队出城。

出城前，吕布想回家给妻子交代一下。

听说丈夫要出城，吕布的妻子顿时没了安全感，她想反对，又怕丈夫不听，于是换了个理由："高顺和陈宫素来不合，将军一出城，他们必然不能同心协力守城，如果发生了什么意外，将军怎么能自保呢（如有蹉跌，将军当于何自立乎）？"

吕布的妻子还哭诉说，当年在长安李傕、郭汜之乱时，吕布只顾自己逃命，已经把她扔下不管了一回，现在再也不能那样了。

这位吕夫人，让人想起李傕的妻子和郭汜的妻子，看来武将都容易患"妻管严"。

听完老婆这番话，吕布闷闷不乐，不再提劫粮道的事。

陈宫很失望，不过他很快又提出了一个计划，建议把人马分出一半出城，在城外寻一立足之处，不断向曹军发起袭扰，与城内形成配合。

敌人原来对付的是一个目标，可以倾尽全力来围城，如果目标变成两个，他们不得不分兵来攻，攻城的力量也就减少了一半。敌人如果弃城外部队不顾，那他就会不断受到袭扰。

这当然是上策，一半人马出城，还可以减轻城中的粮草压力，是目前打破僵局的一着好棋。

吕布也认为好，便同意了。

和上次一样，吕布又回到家跟妻子交代这件事，吕布的妻子仍然反对："陈宫是怎样的人将军可以再细想一下，当初曹操待陈宫那么好（昔曹氏待公台如赤子），事事听他的，对他十分器重，可陈宫仍然背弃曹操。将军想想看，现在将军待陈宫有没有曹操那样好？陈宫在这里的前途有没有比在曹操那里更远大？如果想清楚了，也就知道该不该冒险了。将军把守城的大任付于他，孤军远出，一旦情况有变，我岂能再为将军之妻呢？"

吕布听完，心里更乱，陈宫新的计划又不提了。

曹军开始攻城。

曹军在攻城战方面已经积累了一定经验，他们打过雍丘那样艰巨的攻城战，所以攻势一上来就很猛，四个门同时猛攻。

好在下邳城很坚固，城里准备的弓弩等守城器具很充足，曹军一时不能得手。

吕布想也不能坐以待毙，好歹也得去找找援兵。

现在，有可能给予支援的只有两个人，一个是袁术，另一个是张杨。

张杨现在仍活跃于河东郡、河内郡一带，他的实力虽然有限，但若能出兵来救，至少能提振一下士气，吕布于是给他写了封信，派人潜出城去，送往河内郡。

对于袁术，吕布跟此人矛盾太多，拒绝了人家和亲的请求，又杀了他的特使，之后刀兵相见，目前已是仇人。

但是，曹操是吕布的敌人，也是袁术的敌人，敌人的敌人其实是朋友，根据这个说法，向袁术求援并非不可能。

吕布于是率领1000多人杀出下邳城，主动向曹军发起挑战，双方混战一气，但吕布并不恋战，杀了一阵，主动撤回城里。

吕布的目的达到了，他此次军事行动为的是掩护特使出城。

吕布的特使是许汜和王楷，他们的具体情况不详。吕布集团失败后手下很多武将和谋士只留下了名字，而没有详细的个人事迹。这并不奇怪，历史往往是成功者的舞台，如果吕布成功了，想必许汜、王楷也是荀攸、郭嘉甚至诸葛亮那样的人物吧。

许汜和王楷在吕布的亲自掩护下出了下邳城，来到寿春，见到了袁术。

袁术还在生吕布的气，对许汜和王楷说："吕布不愿意和亲，失败是必然的，干吗还要来告诉我（何为复来相闻邪）？"

许汜和王楷赶忙为吕布解释："明上现在不救吕将军，自己最后也得失败。吕将军不在了，曹操的下一个目标就是明上。"

许汜和王楷不称袁术为"明公"，而是一口一个"明上"，实际上就是承认袁术这个皇上，这让袁术听了很舒服。

同时，袁术也想到自己与吕布再闹得不痛快也是唇齿相依的关系，吕布如果被消灭，曹操收拾自己就更加容易。

所以，袁术决定还是得管管。

下邳城里的吕布此时心里更着急，许汜和王楷走后不见回音，吕布为当初不送女儿到寿春去而特别后悔。

当初都是陈登这小子劝他与袁术反目投靠了曹操，如今看来曹操不可信，陈登更不可靠，还和袁术算是一伙的。现在陈登正在曹操指挥下攻城呢。吕布越想越生气，越生气心里越着急。

吕布决定不再坐等，为了争取袁术的支援，他决定亲自送女儿到寿春，向袁术求救。

吕布的女儿年龄不详，吕布也不再管妻子是否愿意，他把女儿用丝绵裹在自己背上（以绵缠女身，缚著马上），准备亲自护送出城。

吕布刚一出城，外面的曹军发现拼死抵挡，同时乱箭齐发，吕布虽然是一世名将，但也无可奈何，又害怕背上的女儿受伤，只好退进城内。

城里的守军士气更加低迷，他们虽然是一支能征惯战的队伍，但此时被困在下邳城内，擅长的战法施展不出来，粮草消耗得很快，外面没有援兵的消息，个个人心惶惶。

在这种情况下，内部很容易出现问题。

其实，攻城的一方也不顺利。

下邳城久攻不下，曹操也很头痛，大军长期滞留在徐州一带，南阳郡的张绣，荆州的刘表，冀州的袁绍，关中的韩遂、马腾，这些人此刻都在盯着徐州的战局，会不会趁乱打劫，真的很难说。

如果出现那样的情况，自己仓促回军，岂不是兴平元年兖州之叛的重演？

曹操人在徐州，心里却一直惦记着许县。

而且，这时又传来情报说张杨在东市起兵，打出支援吕布的旗号，向下邳杀过来，这让曹操对许县的局势更加担忧。曹操不怕张杨杀过来，他怕张杨杀到许县去，张杨虽然构不成致命的威胁，但他带头一闹，四周的实力派们更要蠢蠢欲动了。

张杨起兵的东市不知何地，应该在河内郡，有人认为是下邳城的东市，那肯定是不对的，张杨此刻应该距这里还很远。

曹操想撤军，这时郭嘉和荀攸都来劝他，现在已经到了这个节骨眼儿上，一定不能松气，如果让吕布缓过这口气，日后再解决他就更困难了，郭嘉认为："当年项籍有70余城，从来没有打过败仗，但一朝失势导致身死国亡，这是他恃勇无谋造成的。现在吕布每战必败，已经气衰力尽，内外皆困。吕布的势力比项籍差得远，而现在的情况比项籍还不如，如果乘势攻之，一定可以将其擒获！"

荀攸也分析说："吕布自彭城以来连战皆败，锐气已衰。三军以将为主，将衰军队就没有斗志。陈宫虽然有些智谋，但现在他的计谋已来不及施展，趁着这股劲猛攻，一定可以拿下吕布！"

既然正、副参谋长一致认为不能放弃，曹操坚定了攻城的信心。

郭嘉给曹操出了个以水灌城的主意，将下邳城附近的泗水、沂水引向城里，弄得城内一片汪洋，吕布守起来就更加困难了。

袁术那边虽然愿意支援一下，但动作很慢，他想等吕布被消灭得差不多了再出手。

而张杨那边更不顺利，刚一起兵就被手下将领杨丑杀了，杨丑转而投降曹操。不过，没有多久张杨手下另一个将领眭固把杨丑杀了，率部投降了袁绍。

不管怎么说，吕布做梦都在渴盼着的两个人都来不了了。

一个人还不想动身，另一个人已经永远没法动身。

七十八、吕布被勒死了

突围无望，外无援军，下邳成为一座死城。

吕布心情抑郁到极点，不是唉声叹气，就是训这个训那个，言行都有点儿失常了。

陈宫竭尽全力想办法解围，但仍然无计可施。

这种情况下很容易出问题，果然问题就出了。

吕布手下的将领侯成有15匹好马让人喂养，但喂养的人却偷偷把马弄走，想出城交给刘备。侯成亲自追赶，把马夺了回来。侯成觉得这也是个小胜利，想摆几桌酒席庆贺一下。

侯成搬出来自家酿的酒，又杀了几头猪，诸将都来祝贺。

侯成一向很敬重吕布，他拿了半头猪和5斗酒送给吕布，跪禀道："承蒙将军的恩德，让我把马追了回来，这些酒和肉我没敢先吃，特地奉上聊表寸心。"

吕布看来也不失人格魅力，手下的人不管什么时候都对他尊敬有加，侯成这么做纯粹是出于敬意，可吕布一听就火了："城里被围，粮食匮乏，我正在禁酒，你难道不知道吗？你们又吃又喝，称兄道弟，想结伙谋杀我吗（诸将共饮食作兄弟，共谋杀布邪）？"

侯成吓坏了，赶紧赔罪求饶，回到家，把诸将送的礼都退了，把酒和肉都扔了，心里仍然惴惴不安。

吕布的不近人情让侯成有点儿寒心，侯成守城时就不像原来那么卖命了。

终于侯成决定投降曹操，成为压垮吕布的最后一根稻草。

在城外，攻城仍在继续，曹操亲自指挥攻城。

刘备的部将关羽突然来见曹操，向他提出了一个私人请求。

对于特别能打的猛将，曹操一向很赏识，关羽跟随刘备来投后，曹操对他很器重，关羽自认为也能在曹操跟前说上话了，所以来见曹操，请求城破之后，把吕布部将秦宜禄的妻子杜氏给自己，他要娶杜氏为妻（关羽启公，布使秦宜禄行求救，乞娶其妻）。

这不是啥大事，曹操一口就答应了。

可关羽说了一次还不够，就在城池将要攻破前又多次向曹操请求（又屡启于公），害怕曹操把这档子事给忘了，这勾起了曹操的好奇心。

下邳城内，吕布的军心彻底动摇，除了侯成外，宋宪、魏续等人也有反水的想法。

宋宪、魏续把陈宫抓了起来，打开城门，投降了曹操。

吕布带着一部分手下登上最后一处据点白门楼，也就是下邳城的西城门。

吕布看到回天无力，于是走下城楼投降（兵围急，乃下降）。

吕布投降后，被人捆了起来。

曹操携刘备等人随后登上白门楼，在此建立临时指挥所，手下人把吕布等带了上来。

吕布虽然被五花大绑，但神态还很轻松，见到曹操主动打招呼："绑得太紧了，能不能松松（缚太急，小缓之）？"

曹操走到吕布跟前，这大概是曹操第一次如此近距离接触吕布，看到闻名天下的飞将被捆着向自己恳求，笑道："绑是的老虎，不能不紧啊（缚虎不得不急也）！"

吕布更放松了，没话找话地说："明公好像瘦了，怎么回事（明公何瘦）？"

曹操听了有点儿惊讶："咱们以前见过面吗？"

吕布说当年在洛阳，在温氏园中见过曹操。

当年吕布相当于董卓的贴身警卫，曹操担任骑都尉，要说二人见过面，那也很有可能。

所以曹操很认真地想了想："有可能，我全忘了。现在是有点儿瘦了，那是因为一直抓不到你呀！"

谈话的气氛出人意料地有些轻松，曹操和吕布又探讨起他失败的原因，吕布认为："我待诸将不薄，但他们都叛我而去，这是失败的原因。"

谁知曹操不给面子，当面揭丑："你背着你的妻子跟手下将领们的妻子私通，还说很厚道（卿背妻，爱诸将妇，何以为厚）？"

吕布怕老婆，这个有记载，说他跟别人的老婆私通，情况不详。

吕布听了半天不说话（布默然），看来曹操说得也不假。

这时，陈宫被人押了上来。

见到老熟人，曹操很直接，问陈宫想不想让老母亲和女儿活命。陈宫的母亲和女儿都在下邳，看来已在曹操手中。

陈宫慷慨激昂地说道："我听说以孝治天下的人不会绝别人之亲，以仁义施于四海的人不会断绝别人家的祭祀。老母亲能不能活命，取决于曹公，不取决于陈宫！"

曹操又问："公台，你平生计谋过人，现在怎会这样？"

陈宫看了看旁边的吕布："都是这个人不听我的，才至于此。"

陈宫自请一死，态度很坚决，他直接往外走，拉都拉不住。

曹操无奈，命人把他杀了。

吕布还在找求生的机会，看到了一旁的刘备，对他说："你现在是座上客，而我是阶下囚，能不能帮忙说句话，给我松松绑？"

曹操听了，笑道："干吗不跟我说，还麻烦刘使君（何不相语，而诉明使君乎）？"

曹操的意思，是要给吕布松绑。

刘备急了，对曹操说："明公，难道您忘了丁建阳和董太师吗（明公不见布之事丁建阳及董太师乎）？"

见刘备落井下石，吕布大骂："你这小子，是最不值得信赖的（是儿最叵信者）！"

曹操随后下令把吕布杀了。

叱咤风云的一代飞将，就这样悲剧地谢幕了。

在刘备劝曹操杀吕布的时候，曹操的主簿王必提出了相同的看法："吕布可是个强大的敌人（劲虏也），他还有不少部下在外头，不能宽恕他。"

听完，曹操无奈地对吕布说："本来想从轻发落，但王主任不同意（主簿复不听），怎么办呢？"

王必虽然名气不是很大，但之前说过，他是曹操的心腹近臣，类似家臣的性质，很早便追随曹操，当初通使长安的重任就由他来完成。

曹操难道真的动过不杀吕布之心？这也许有可能。

曹操很爱才，吕布作为将才在同时代几乎无人匹敌，他虽然不是一个帅才，但却是一把攻击敌人的利器。当年张燕很难打，袁绍一筹莫展，吕布出马就能迅速搞定。

曹操也不会过于在意那些过往的经历，从给曹操造成的伤害看，吕布似乎比不过张绣，后来张绣投降曹操，曹操欣然接纳。

曹操顾忌的是吕布能否被驯服，最终为我所用。正如刘备所言，吕布这个人诚信度较低，缺少政治伦理，凡与他合作过的，丁原、董卓也罢，袁绍、袁术、刘备也罢，都吃过他的亏，这一点才是曹操所要考虑的。

所以，杀吕布是曹操早就想好的，他爱才，但不会干养虎为患的事。至于王必的相劝，有可能是事先安排好的双簧戏。领导经常会有些想法不能明说，或者经常说些跟心里想法刚好相反的话，需要有人勇敢地站出来背黑锅，王必就是替曹操背黑锅的。

这也就是荀攸不来劝，郭嘉也不来劝，而是从未在重大场合出谋划策过的王必出面相劝的原因。

至于刘备相劝，那正中曹操的下怀。

曹操做出动作要解吕布绑绳的时候，一定拿眼睛在瞟着刘备，他估计刘备肯定要急，刘备一急，他就顺势将这把火烧给了刘备。

刘备出于对吕布种种切身的感受，肯定不希望吕布有东山再起的机会，刘备或许意识到曹操在把祸水往自己身上引，但他没有别的选择。

总之，吕布就这样死了，而且死得很窝囊，是被勒死的（绞杀）。

一同被杀的还有高顺。

高顺一生跟随吕布，他为人清白有威严，不饮酒，不受贿，训练出一支数百人的陷阵营，攻无不克，战无不胜。但吕布更信任魏续等人，经常把高顺调教好的兵交给魏续带，让高顺带魏续的兵，即使如此，高顺仍然毫无怨言。

像高顺这样品才皆优的将领实在难找，按说吕布被杀后，曹操不应该再杀高顺，但最终还是杀了，一定是因为高顺执意要陪吕布一死，曹操没有办法，高顺的死法跟吕布一样。

至此，吕布集团彻底灰飞烟灭。

吕布自追随丁原起兵以来，先后依附过董卓、袁术、张杨、袁绍、刘备等人，除了张杨对他自始至终以兄弟相待外，其他人要么死在他的手里，要么对他恨之入骨。

吕布是一员骁将，纵横中原，虎步天下，如果只论冲锋陷阵，估计很少能找到对手。但他谋略有限，眼界也窄，善于短线操作，不作长远谋划，导致一生起起落落，没能成就出太大的功业，40多岁就死了。

吕布虽然也有一些个人魅力，但成大事者仅靠魅力是不够的，还要有一定的手段，懂得用人拢心之道，在这方面吕布相比曹操、袁绍、刘备甚至袁术都有明显差距。

吕布死后，他的首级被砍下，送往许县示众。

下邳之战，吕布死了，刘备投降，曹操收获巨大。

此战不仅消灭了两个重要对手，而且基本占领了徐州刺史部的全境，豫州刺史部也更加巩固，沿黄河一线，西起关中，东到大海，司隶校尉部、豫州刺史部、兖州刺史部、徐州刺史部连成了一线，"曹操控制区"的范围至少扩大了3倍。

取得这样的成绩最大的功臣是陈登，正是他临阵倒戈给了致命一击，吕布才死得这么快，曹操立刻宣布提拔陈登为伏波将军，让他继续以广陵郡太守的身份主持徐州一带的军政事务，陈登此后便在江淮地区与袁术周旋，不断拓展势力，成为曹操在华东地区的重要支柱。

曹操在下邳还见到了滞留在吕布军中的陈纪和陈群，作为颍川郡陈氏家族的重要成员，曹操一定早就听荀彧等人讲过他们的事，所以见到陈氏父子特别高兴。

陈氏父子见到曹操时，都行叩拜之礼，曹操以献帝的名义征陈纪为九卿，任命陈群为自己司空府司空西曹掾属，陈群从此进入曹魏阵营。

吕布手下最有名的将领是张辽，论资历一点儿都不比吕布差，曹操提拔张辽为中郎将，把吕布集团保留下来的力量经过整编后交由张辽来统率，这支队伍在张辽手里继续保持了很强的战斗力，在其后的历次大战中均有出色表现，张辽逐渐成长为曹魏阵营里的一流大将。

现在曹操手下至少有两个著名的降将，一个是徐晃，另一个是张辽，曹操对他们很信任，他们也很忠于曹操。这得益于曹操不同一般的识人智慧和用人胆略，曹操善于发现人才，善于辨别人才的品行和节操，一旦认定就用人不疑，让各种人才发挥最大的潜能。

张辽和关羽一见如故，成为好朋友。

攻入下邳城后，关羽最关心的人是杜氏，但他怎么都找不着，因为曹操已先他一步，命人把杜氏带到了自己这里。

关羽的一再请求勾起了曹操的好奇心，他要看看杜氏到底长得有多漂亮（公疑其有异色，先遣迎看）。

一见面，曹操就看上了，没有给关羽，自己留下了（因自留之）。这件事多少对关羽的内心有一定影响，关羽心里很不自在（羽心不自安）。杜氏有个儿子名叫秦朗，他随母亲到了曹家，曹操很喜欢他，出席一些公开活动经常把他带在身边，曹操还指着秦朗对大家说："天下有没有像我这样喜欢继子的（世有人爱假子如孤者乎）？"

如何安排刘备，曹操有点儿踌躇。

刘备在下邳城又见到了自己的夫人甘氏和糜氏。糜氏还不太适应，甘氏已对这种当俘虏的日子习以为常了。对她们来说，这种临阵被抛弃的事不是第一次，也不是最后一次，这种当俘虏的日子今后至少还有两次。

其实，刘备现在是朝廷正式任命的豫州刺史，还是镇东将军，豫州刺史部现在大部分已在曹操控制之下，治所是曹操的老家谯县，今安徽省亳州市，按照制度的话，让刘备到那里上任就行了。

但曹操不会这么做，豫州刺史连颍川郡和许县都管，相当于昔日的司隶校尉，也就是清代的直隶总督，这么重要的职务怎能交给刘备？同样的道理，徐州也不能给刘备，刘备这样的人，论危险指数比吕布差不了多少，只能待在自己的身边，待在能看见的地方。

曹操任命的徐州刺史是一个叫车胄的人，史书基本上没有关于他的其他记载，要么他在曹操阵营里的地位不高，要么因为后来死得早，事迹失传了。

最后，曹操以献帝的名义拜刘备为左将军，这是所谓的四方将军之一，比镇东将军还要高一级。此前，袁术担任过左将军，那是董卓主持朝廷时任命的，曹操主持朝政后又曾把左将军给过吕布，吕布刚死，曹操又把它给了刘备。

张飞和关羽也都升了职，他们原来一直是司马，曹操提拔他们为中郎将。

这时，已到了建安三年（198）底，许县方面事情很多，南面的张绣未平，北面的袁绍正在向公孙瓒发起最后总攻，一旦消灭公孙瓒，北方的局势将发生彻底改变，到那时袁绍就会率兵南下。

对曹操来说，南北两边的形势都很急迫。

可是，曹操还没有从下邳回师的意思。曹操很了解徐州的情况，他知道回去之前必须见到一个人，不管多难找也得把他找来，不见到他，曹操即使走了心里也不踏实。

这个人就是泰山帮首领臧霸。

下邳城破后臧霸便躲了起来（自匿），怎么都找不着，曹操下令悬赏搜寻（募索），最后还是把臧霸找到了。

曹操特别高兴（见而悦之），说服臧霸归顺了自己，并通过臧霸先后找来了昌豨、吴敦、尹礼、孙观以及孙观的哥哥孙康等人。

曹操很慷慨，一次任命了6个郡太守、国相，其中任命臧霸为琅邪国相，昌豨为东海郡太守，吴敦为利城郡太守，尹礼为东莞郡太守，孙观为北海国相，孙康为城阳郡太守。这些地方处于徐州、青州交界地带，他们以臧霸为核心，形成了一个更加紧密的团体。

曹操不怕这样的团体存在，鉴于目前的总体局势，他在徐州的战略是，以陈登在南线牵制袁术、孙策，以臧霸等人在北线牵制袁绍、公孙瓒，这样他才能腾出手来，优先解决南阳郡的张绣。

臧霸等人据守在青州、徐州之间，使这里成为曹魏势力的边缘地带，虽然他们服从曹操的领导，在历次战事中也始终站在了曹操的一边，但他们保持了相当的独立性，他们不具备与曹操分庭抗礼的实力，但曹操也不能以武力解决他们，因为他们这里不是曹操的主战场。

七十九、公孙瓒的塔楼倒了

处理完这些事，已经是建安四年（199）的春天了。

曹操班师回许县，路上还办了一件事，渡过黄河占领了北岸的重镇射犬。

射犬属河内郡的野王县，今河南省沁阳市境内，这里多年来一直是前河内郡太守张杨的地盘，眭固杀了杨丑，率张杨旧部投奔了袁绍，袁绍命其驻扎在射犬。

从今河南省孟津到新乡这一段的黄河有200多公里，河的北岸是河内郡，河的南岸是河南尹，都属司隶校尉部，未来要与袁绍争胜，河内郡、河南尹都将是主战场，所以曹操没有直接从徐州回许县，而是先到了昌邑，在那里稍作休整，之后离主力来到河南尹境内。

河南尹既是官职名，也是地名，作为官职相当于郡太守，作为地名相当于一个郡，此时的河南尹是董昭。

眭固大感紧张，他跟曹操也是老熟人了，曹操刚当上东郡太守时眭固还是黑山军的一个首领，他们进攻曹操的后方东武阳，曹操来了个围魏救赵，直接挥师太行山，进攻黑山军的老巢，黑山军仓促回兵，在半路上遭到曹操的伏击，眭固吃了一个大败仗。

眭固直叫命苦，盼望着曹军不会渡河，他字白兔，杀了杨丑，又屯驻于射犬，有个算命先生劝他说："将军字兔而此城名犬，兔见犬，其势必惊，应该赶紧离开（*字中有兔，待在以犬为名的土地是为不吉*）！"

眭固将信将疑，心里害怕，但又舍不得轻易就把地盘丢了。

4月，曹操命曹仁、史涣率兵渡河，围攻射犬。

眭固急了，让薛洪、缪尚留守射犬，自己亲自北上找袁绍求援。

薛洪是张杨的前长史，缪尚是袁绍新近任命的河内郡太守，眭固说是搬救兵，其实是想开溜。

但眭固运气不好，走到犬城这个地方正遇到曹仁、史涣的人马，一番交战，眭固被杀。

曹操于是也渡过黄河，亲自指挥围攻射犬。

董昭当年曾在袁绍和张杨手下都待过，跟薛洪、缪尚有交往，董昭单身入城，劝说薛洪和缪尚率众投降。二人无奈，只得献城，曹操以献帝的名义封他们为列侯，这可能是董昭说服薛、缪二人投降的条件。

曹操随后撤回黄河南岸，屯兵于敖仓，在这里发布命令，任命董昭为冀州牧，这只是个象征性职务，即使占领了河内郡的一部分地区，但整个冀州刺史部仍完全掌握在袁绍手中。

曹操还任命魏种为河内郡太守，让他负责黄河以北占领区的事务（*属以河北事*）。

之后曹操回到了许县，同行的还有刘备、关羽、张飞等人。曹操对刘备给予了充分礼遇，出去就坐一辆车，进屋就坐在一张席上（*出则同舆，坐则同席*）。

但事实上，刘备等人被曹操软禁在了许县。

论规模射犬之战不是一场大仗，但意义非凡。

首先，这是曹操与袁绍之间第一次直接交手，而且是小兄弟和"下级"曹操先动的手，标志着"袁曹联盟"彻底不存在了。

其次，此战之后曹操占有了河内郡的一部分，把势力深入了黄河北岸，"曹操控制区"与"袁绍控制区"直接对接了，曹操明知袁绍一直以冀州牧自居，但又任命董昭为冀州牧，摆明了要翻脸。

看来这是重要的一仗，但奇怪的是袁绍对此战却不那么上心，看着曹操如此大张旗鼓又毫不避讳地来抢地盘，袁绍似乎抱着事不关己，高高挂起的态度，没有主动派一兵一卒，最后坐视眭固被消灭。

这当然不像袁绍的作风，其中的原因很快就有了答案。

曹操回到了许县，立即遇到了袁绍派来的人，曹操原以为是为眭固被杀来讨说法的，但袁绍对此只字未提，反而给曹操送来一个礼物。

这个礼物盛放在一只木匣内，曹操让人打开木匣凑近一看，竟然是一个人的首级，把曹操吓了一跳。

当曹操听说这是谁的首级时，更感到了窒息和不安，以致脑子突然有些眩晕，看东西都模糊起来（自视忽然耳）。

这是公孙瓒的人头！

就在曹操对吕布大打出手的同时，袁绍也对公孙瓒发起了最后的猛攻，他的全部精力都用在了这上面，曹操进攻眭固时他这边的战斗也进行到了最后关头，所以顾了北面顾不了南面。

近一两年来，公孙瓒的日子相当不好过。

陶谦死了，刘备走了，袁术自身难保，公孙瓒没有了盟友，在袁绍的强大攻势下，他干脆待在易京防线里不出来。这条东西绵延数百里的立体防御网巧妙地利用河流以及人工壕、人造土丘为依托，在强大的后援保障系统支持下，通过交叉配合，足以将任何来犯之敌消灭在城下。

袁绍攻了几次，收效不大，只得改打持久战。

袁绍拉来了两股势力为自己助阵，一个是忠于刘虞的鲜于辅、阎柔等人，另一个是乌桓首领蹋顿。

刘虞死后，他的旧部鲜于辅、齐周、鲜于银继续坚持反抗公孙瓒的敌后斗争。鲜于辅共同推举阎柔为乌桓司马，领导幽州西北部一带反抗公孙瓒的各路势力。

阎柔是个汉人，小的时候被乌桓、鲜卑人俘虏，在少数民族中长大，熟悉这些民族的语言和风俗，所以得到了这些部族首领的信任。担任乌桓司马后，他率领反对公孙瓒的武装活跃于代郡、广阳郡、上谷郡、右北平郡等地，攻杀公孙瓒任命的官员。

阎柔、鲜于辅还联合刘虞的儿子刘和，利用刘虞的召号力不断打击公孙瓒。袁绍派人找到阎柔、鲜于辅，和他们结成同盟，并派麹义支援他们，双方联合作战，曾取得潞河之战的胜利，斩杀了公孙瓒的部将邹丹以下4000多人。

在袁绍与公孙瓒交战中，乌桓首领蹋顿经过观察，发现袁绍更有前途，于是主动联络，请求和亲，帮助袁绍进攻公孙瓒。

袁绍在袁氏家族中选了一个女子，认作自己的女儿，把她嫁给了蹋顿（以家人子为己女，妻焉），同时矫诏拜蹋顿等乌桓首领为单于，让他们从北面进攻公孙瓒。

得到北部少数部族首领的支持，又有阎柔等汉人武装作呼应，袁绍对公孙瓒形成了南北夹击之势。

袁绍采取迂回的办法一点点蚕食公孙瓒的势力，最终把公孙瓒压缩到易水河边的几座高大堡垒里。

当时唯一可能被公孙瓒引为外援的是黑山军首领张燕，公孙瓒派儿子公孙续去联络张燕，没想到张燕相当痛快，立即表示站在公孙瓒的一边。

建安四年（199）初，就在曹操准备从下邳回师时，张燕集合所部人马，号称有10万人，兵分三路来救公孙瓒。

援兵快到时公孙瓒做了个梦，梦见昔日的大本营蓟县城门崩塌，这是一个大凶之兆。公孙瓒感到最后的时刻到了，必须绝地反击，于是给公孙续写了封信，信中说："袁军现在的进攻如鬼如神，战鼓、号角经常在地下鸣响，云梯、冲车在我的楼上晃动（鼓角鸣于地中，梯冲舞吾楼上）。时间一天天过去，我已经没什么依赖了。你一定拼死也要求张燕帮忙（汝当碎首于张燕），请他赶紧派轻骑兵过来，到了以后在北边举烽火为号，我就从里面杀出来。"

公孙瓒好像对儿子也不够放心，在这封信的最后还有这样几句话："现在必须奋力一搏了，不然的话，我死之后，天下虽大，你要想安身立命，恐怕也难以做到！"

看来公孙瓒真急眼了，在他看来一般的援军都解不了围，必须是轻骑兵才行。

但要命的是，这封重要的信竟然落到了袁绍侦察兵（候者）的手里，袁绍让陈琳把这封信改了（陈琳更其书），仍然派人给公孙续送了过去。

陈琳具体是怎么改的不得而知，但一定不会提举烽火为号的事。

袁绍这边让人如期在北边燃起烽火，让公孙瓒以为儿子搬的救兵到了，于是从堡垒里杀出，结果中了埋伏。

公孙瓒大败，退回堡垒。

公孙瓒想到了突围，长史关靖劝他说："今我方将士皆尸土崩瓦解，之所以还能苦苦相守，都是顾恋着家中老小，而把将军当作唯一的希望啊！将军坚守下去，袁绍一定会退去。袁绍退后，我们还可以重新奋起。如果将军现在离去，易京之危可以立见。失去易京这个根本，将军孤身于草野，还能干什么呢？"

公孙瓒对关靖一向言听计从，于是放弃了突围的想法。

公孙瓒坚持固守，袁军居然奈何不了。

袁绍的智囊们最后想出了一个笨办法，一边正面佯攻，一边让人往城堡下面挖地道（分部攻者掘地为道）。

地道一直挖到公孙瓒住的超级堡垒易京的正下方，在没有任何先进仪器指引的情况下，施工的技术难度可想而知。

袁绍的工兵一方面向前掘进，另一方面用木头支撑巷道，跟现在开挖平峒式小煤窑的工序差不多。经过测算，估计挖到易京的下方时，他们停了下来，尽可能扩大掘进面，在公孙瓒的屁股底下掏出个大洞来，不断用木头加固，差不多后，开始放火，人员撤离。

325

支撑的木头被烧坏，支架坍塌，不可一世的易京终于倒了。

在易京倒掉的同时，公孙瓒知道大势已去，杀死老婆孩子，然后自杀。

关靖看到公孙瓒死了，叹恨道："前面如果不阻止将军突围，将军未必会死。君子陷人于危，必同其难，岂可独生！"

关靖于是策马赴袁军而死。

关靖被认为是一名酷吏，只会巴结领导而没有太大本事（*本谄而无大谋*），但死得倒也壮烈。

公孙瓒的儿子公孙续被协助袁军作战的少数部族武装所杀，刘备的前上司、青州刺史田楷也战死。

在吕布被杀仅3个月后公孙瓒也死了，虽然只是巧合，却预示着群雄兼并步伐的加快。

袁绍特意把公孙瓒的人头送往许县，一来公孙瓒杀过大司马刘虞，是朝廷的罪人，袁绍把他杀了归案；二来袁绍借机向曹操炫耀和示威。

曹操擒杀吕布威震中原，袁绍杀公孙瓒也足以威震华夏。

从此以后，北方的幽州、冀州全部以及并州、青州、司隶校尉部的一部分尽入袁绍的掌握中。

八十、袁术想喝蜂蜜水

吕布死了，公孙瓒死了，也就几个月之间的事。

也还没完，又过了几个月，袁术也死了。

最年一段时间，袁术这个伪皇帝的日子一点儿都不比公孙瓒强，到哪里都被声讨，别说"九五之尊"，就是想睡几天安稳觉都难。

袁术没当皇帝时还是个人物，一旦宣布当皇帝就迅速走向灭亡，袁术当了一年多。

官职可以表奏，皇帝却不是谁都能自封的，现在有好多人想打架正愁找不着对手，你当了皇帝，就给人家送上一个揍你的理由。

大家一哄而上，这些人里既有曹操那样本来就想打你的人，也有孙策那样的聪明人，同时也有吕布那样心里本不想打但也不得不跟着打的人。

当皇帝不仅要有政治资本、军事资本，还要有经济实力。皇宫、百官、后宫嫔妃、羽林卫队，光是备齐这些家当也得有相当实力。袁术的地盘并不大，核心区域仅是扬州刺史部六郡里的江北两个郡，再加上豫州刺史部的一些游击区而已，以这点实力不用别人打上门来，就是自己关起门来过日子都难。

袁术这个反面教材无疑给袁绍、曹操、刘备这些人上了生动的一课，袁绍也动过当皇帝的念头，试探了一下就不敢往下进行了，曹操终其一生都坚决反对称帝，并且一再声明谁敢称帝就收拾谁。

曹操从徐州撤退前，起用陈登主持徐州南部以及扬州一带的军务，陈登很有两下子，在江淮一带干得有声有色，整天扬言说不用曹公亲自来他就能打下寿春（**有吞灭江南之志**）。

袁术待不下去了，下令一把火烧了寿春的宫室，前往大别山区的灊山，投靠他的部将陈兰、雷薄。

皇帝当到这个份上，简直生不如死。

不幸的是，陈兰、雷薄二人翻脸，拒绝接纳老领导率领的流亡伪朝廷。

袁术很愤怒，但又无奈，身边的人看到此情此景，有些干脆溜之大吉，袁术又恨又忧，不知道下一步该如何办（**忧懑不知所为**）。

走投无路之际袁术想到了哥哥袁绍。

虽然是势不两立的敌人，虽然这些年中原一带的乱仗大多数都与他们兄弟俩有关，但毕竟是同胞兄弟，别人都不管他，自家亲人不能不管吧？

袁术给袁绍写了一封信，表示愿意将帝号让给他，信中写道："汉之失天下很久了，现在是政在家门、豪雄角逐、分裂疆宇之时，和周朝末年诸国分势没有什么不同，都是强者兼并弱者。我们袁氏应当接受天命称帝，各种符瑞都兆示了这一点（**袁氏受命当王，符瑞炳然**）。现如今您拥有四州，民户百万，论势力无比强大，论德行无人比高，曹操即使想扶衰拯弱，怎么能延续快绝命的王朝来与我们抗衡呢？"

袁术摸准了袁绍的脉，知道这个老兄当皇帝的瘾一点儿都不比自己小，于是专从这方面下手。他现在虽然没落了，但手里还有两大法宝，一是他建立的新王朝，二是传国玉玺。有这两样东西，称帝路上的障碍会小得多，对于既要面子又要里子的袁绍来说，这两样东西都相当有价值。

果然，袁绍接到这封信，动心了（阴然之）。

事情就是这样，看别人往火坑里跳都会觉得人家太傻，可轮到自己站在火坑旁上的时候脑子又常常犯迷糊。

袁绍立即派长子袁谭从青州刺史部动身来迎接袁术。袁术自己已没有能力一路打到黄河以北，只能等侄子来接。

袁谭南下，必须经过已是"曹操控制区"的兖州刺史部和徐州刺史部。曹操已和老袁公开翻脸，自然不会放小袁过去，他命朱灵、刘备率兵拦截，袁谭南下受阻。

袁术还想冒险试试，可到了徐州刺史部境内就再也过不去了，只得折返回来，又来到了寿春。

寿春城里的皇宫已被袁术自己烧得一塌糊涂，这里也待不下去了。

袁术只得继续往南，走了80来里，于建安四年（199）6月到达一个叫江亭的地方。

寿春往南有淝水，连通著名的水利工程芍陂，这个江亭应该是淝水上的一个渡口。

此时，袁术身边已经没有多少人了，粮食也吃完了。

袁术问他的"御厨"还有多少吃的，回答说只有30斛麦屑。

这些本来是喂马的，袁术怎能咽得下去？

这时正是盛夏，天气闷热，袁术身体有些不舒服，想喝点儿蜜浆，手下人说找不到蜂蜜。

英雄一世的袁公路，就这样穷困潦倒地坐在江亭边的草席上回顾着自己的一生。想刚出道时的前途无量，刚起兵反董卓时的叱咤风云，当了皇帝以后的锦衣玉食，想想这些，看看眼前，袁术不禁老泪纵横。

袁术一生都颇为自负，他也是个有血性的人，他大叫道："我袁术怎么混到了这个地步（袁术至于此乎）！"

喊罢，瘫倒在草席上，呕血不止，足足吐了1斗多。

袁术就这样死了。

继陶谦、吕布、公孙瓒之后，袁术也退出了历史的舞台。

汉末三国，袁术是个重量级人物，他出身高贵，志向也很高，自视能力很强，从来不愿意居于人后。但他奢侈、荒淫、放纵，使事业在还没有死的时候就终结了，这实在是咎由自取，曹操手下名臣何夔曾经评论说：

"上天相助才会顺利，有众人相助才拥有信用（天之所助者顺，人之所助者信），袁术无信、无顺，还希望天人相助，怎能得志于天下？"

袁术不具备当皇帝的素质和实力，但一味迷信权力，妄窥神器，又被周围的邪佞之徒包围，结果自入歧途。西晋的司马伦、十六国时期的石虎、金朝的海陵王完颜亮等也都是这样的人，他们一门心思在乱世夺权，也不看看自己有没有那个斤两，贸然宣布荣登大位，结果落得个被人唾弃、被历史嘲笑的结局。

袁术的自信从心理学上分析是"优越感过盛"，心理学家认为有些人有狂妄的优越感，这种人经常不加掩饰地表现出他们的优越感目标，他们希望成为整个世界注意的中心，成为四面八方景仰膜拜的对象，成为掌握有超自然力量的主宰，并且能预言未来，能以无线电和整个世界联络并聆听他人所有的对话。

心理学家还认为，人类无时无刻不在面临自卑的压力与挑战，为了消除这种压力，个人会发展出各种补偿机制来战胜自卑感，而其过分补偿有可能导致优越感过剩，具体表现为自我感觉良好、自以为是、自命不凡，表现为目中无人、虚荣心强、不能反省自己、漠视他人。

对照袁术的一生，他刚好符合心理学揭示的这一切。

他就是一个自信心和优越感过盛的人，一个狂妄的自大者，一个集矫情与骄傲于一身的人，他不自量力，无法正确分析现在、把握未来，他的虚荣心极强，总想炫耀自己的门第出身，但又总显得外强中干。

优越感过剩就会产生寡恩刻薄、嫉贤妒能、相互拆台的情况，袁术的性格也如此，包括自己的哥哥袁绍在内，为了达到相互拆台的目的无所不用其极，对于孙坚、孙策这些为他的事业立下大功的人，他表现得寡恩而冷酷，对自己做出的承诺一变再变，让人寒心。

袁术死时只有堂弟袁胤在身边，袁术的后事便由袁胤来料理。

袁胤害怕曹操，不敢回寿春，就率领剩下没有走的人护送着袁术的老婆、儿女投奔袁术的旧部庐江郡太守刘勋。

袁胤不清楚，这个刘勋虽然是袁术任命的，但跟曹操关系相当亲密，推测起来他们应该在年轻时便相识，那时候刘勋似乎也认识袁术，袁术待刘勋也不错，不惜得罪孙策，让刘勋当上了庐江郡太守。

袁术的另外一批旧部，在杨弘、张勋等人带领下准备渡江投奔孙策，随身还带着袁术积攒卜来的大量珍宝。刘勋得知，在半道上对他们进行了伏击，把他们全部俘虏，缴获了许多珍宝。

孙策大怒，密谋除掉刘勋。

他假装与刘勋结好，并且向刘勋提供情报，说豫章郡有一块地盘，与庐江郡隔江相望，有当地土著居民结伙聚守，孙策表示刘勋如果能打下来，这里就归他。

刘勋刚刚兼并了袁术不少旧部，人马骤增，正要干一番大事业，没有看出来孙策动机不纯，还以为他是个好人呢，于是按照孙策提供的情报渡江作战。

孙策待刘勋到了江南，亲率一支快速机动部队（轻军）趁夜来到江北，到达刘勋的大本营庐江郡治所皖城。

孙策没怎么费劲就打下了皖城，刘勋的部下全部投降。刘勋这才发现上当了，但无计可施，身边只有几百个人，在庐江郡一带无法立足，只好跑到许县投奔老朋友曹操去了。

袁术的老婆孩子此时也在皖城，孙策把袁术的女儿许给了自己的弟弟孙权。而袁术的儿子袁曜后来入仕吴国，担任过郎中等职。

但是，袁术逼吴夫人交出的传国玉玺却没能找着，这件被袁术夺去的东西后来辗转到了誓死不当袁术的上公的徐璆手上，具体过程不详。

徐璆后来也辗转来到了许县，献上玉玺，使这件本该属于汉室的东西重新回到主人手里。徐璆成为九卿之一，在履行新职务前他把此前在汝南郡、东海国任职的印绶一并交还有关部门，司徒赵温感叹道："你连遭大难，还保存着这些东西呀？"

徐璆恭敬地回答说："当初苏武困于匈奴，不坠七尺之节，况且这方寸之印呢？"

八十一、青梅煮酒不动手

不到一年时间，吕布、公孙瓒、袁术相继死了。

加上之前的陶谦，作为配角，都先一步退了场。

相对于他们，刘备的结局还算好，他跟着曹操来到许县，开始了新的生活。

许县是个是非之地，虽然在曹操的严密控制下，但各种势力在此暗流涌动，还有一些所谓名士，经常聚会，品评人物，时不时给曹操捣乱。

刘备知道自己目前的处境，所以一到许县就闭门不出，老朋友孔融也在许县，刘备连他都不见，避免曹操对自己产生怀疑。实在不好打发时间，刘备就领着仆役在住处开出一片园子种菜。

曹操对手下人历来防范很严，经常派遣心腹暗中刺探下属的私生活，看大家有没有暗中交结，一旦发现，就会严厉惩处。

有一天，刘备在自家院子里指挥人种菜，种的是一种叫芜菁的菜，曹操派的密探来了，从门缝往里看（窥门）。

刘备很老到，发现门外有人，但装着没察觉，该干什么还干什么。

密探走后，刘备对张飞和关羽说："我岂是干种菜这种活？曹操必会生疑，这里不能再待了（吾岂种菜者乎？曹公必有疑意，不可复留）！"

与此类似的记载还有，说曹操派手下人偷偷监视刘备，发现刘备在园子里整理葱（见其方披葱），刘备指挥仆役干活，仆役干得不好，刘备生气，拿着棍杖打那个仆役。

情况报告到曹操那里，曹操说："看来这个大耳朵家伙还没有察觉（大耳翁未之觉也）。"

其实这也是刘备在演戏，他早已发现有人监视，所以故意做给监视的人看，监视的人一走，刘备感觉不妙，连夜出走了。

按照这些记载，刘备担心曹操进一步迫害，所以主动逃出了许县。

刘备确实在许县没待多久就离开了，但不是逃亡走的，而是向曹操请示后经过批准才离开的。

刘备急于离开许县的原因，不全是因为曹操对他的监视，而是他牵涉进一桩大案，在事情没有暴露前，必须赶紧脱身。

这是一场预谋中的政变，发起人是董承。作为献帝的岳父，董承现在的职务是车骑将军。

刚到许县时献帝对曹操充满了好感，在别人都往后退缩的情况下曹操挺身而出，使朝廷不至于陷入困顿或离散。但随后曹操独揽大权的做法让献帝产生了反感，他现在虽然还不到20岁，但经受过的磨难已经很多了，他是个有远大志向的青年，从地狱般的长安逃出来，在他的心中越来越强烈地渴望刘汉江山能在他的手中重新振兴。

不久前，还在曹操从徐州回师的途中，献帝突然发布了一项人事任命，将董承由卫将军擢升为车骑将军。

曹操把大将军让给袁绍后，自己一直代理车骑将军的职务，献帝把车骑将军正式授给自己的老丈人，意味着曹操代理的这个职务被免除了。

曹操此前有3项重要职务：一个是司空，抓行政权；另一个是车骑将军，抓军权；还有一个算是兼职，录尚书事，抓朝廷的日常事务。车骑将军的职务对曹操来说并不是摆设，没有这个职务，曹操直接指挥军队就有点儿名不正言不顺了。

所以，献帝的这项决定肯定出于自己的想法，没有跟曹操商量过。他这样做，可能是跟曹操置气，对曹操独揽大权的不满，也可能是另有打算。

献帝的打算是除掉曹操！

这不是耸人听闻，而是确有此事，董承就是这个密谋的核心人物。董承为此曾经找到刘备，拿出一份献帝亲笔书写的密诏，让刘备诛杀曹操（董承辞受帝衣带中密诏，当诛曹公）。

献帝和董承找到刘备，一来基于刘备和曹操并不是一条心，二来刘备手里尚有一定实力。刘备在小沛被打散，但收拾残卒手下还有一些人马，目前应该在关羽、张飞等人的指挥下，曹操想必对这些人马看得很紧，也可能被分编于各部，可一旦有事，把这些人发动起来就是一股力量。

现在，刘备面临着选择。

刘备不难看出董承密谋的胜算很小，许县是个小地方，上上下下、里里外外都是曹操的人，周边也都是曹操的嫡系重兵，曹操的情报工作做得很细，可谓无孔不入，一旦泄密，参与的人都将万劫难逃。

刘备此时也可以选择向曹操告密，以换取曹操对自己的信任。

但是，刘备实在做不出来，一来他对曹操并无好感，如果能除掉曹操他也乐意为之；二来选择告密就等于和献帝作对，如果曹操一怒之下来个废帝弑君，之后顺势把"功劳"往自己身上一推，那刘备可就成了千古罪人遗臭万年了，这个刘备也不能做。

所以，刘备选择了暂时不动（先主未发）。

这可以理解为刘备答应了董承，但没有任何行动，既没有去告发，也没有再去联络他人，这大概也是刘备唯一能做的。

可以拖一拖，但也拖不了太久，刘备不行动，董承还会联络其他人，一旦败露，曹操会追查下去，结果还是一样，为了这件事刘备恐怕每天都有如坐针毡的感觉。

董承确实有了新行动，他又找到了3个人：一个叫种辑，是个越骑校尉；另一个叫王子服，是个偏将；还有一个叫吴硕，担任议郎。

关于他们的背景史书没有太多记载，根据职务判断，种辑和王子服手里多少有些兵权，董承劝王子服说："郭汜当年只有几百人，但也打败了李傕的几万人，现在就看你我敢不敢干了。过去吕不韦有了子楚之后得以富贵，现在我和你正是这样（昔吕不韦之门，须子楚而后高，今吾与子由是也）。"

子楚是秦始皇的父亲秦庄襄王，曾在赵国做人质，后来在吕不韦帮助下成为秦国国君，秦始皇统一天下，追封其为太上皇。

这是一项高回报的投资，但也有极高的风险，王子服比较犹豫："这事非同小可，而且兵力也不够啊！"

董承给他打气："如果能杀死曹操，就能得到他的人马，怎么不够（举事讫，得曹公成兵，顾不足邪）？"

看来董承的计划是给曹操来个斩首行动，曹操伏诛或被擒，他手里人马再多也是群龙无首，再由献帝出面征调曹操的人马，完全可行。

董承敢这么想并不是他的脑子进了水，汉末发生过多次政变，有宦官发起的，有外戚发起的，也有皇帝本人亲自发起的，经常是以弱胜强，以不可能打败可能，只要出其不意，强大到坚不可摧的堡垒瞬间也会轰然垮掉。

王子服于是答应下来，双方定下密谋。

有一个流传很广的说法，在此期间说献帝打猎，曹操携刘备、关羽、张飞等人同行，曹操轻慢献帝，惹恼关羽，关羽要杀曹操，被刘备拦住。

这件事没有记录在史书中，推测一下也不可能发生，因为刘备在许县只待了3个多月，各方面正面临着巨大压力的曹操没有时间更没有心情去打猎，陪献帝去打猎也不可能。

而且，刘备来许县是春末夏初，离开时夏天还没有结束，狩猎一般在秋冬进行，很少有大夏天出去打猎的。即使有这么一场狩猎活动，刘备和关羽等人也参加了，在戒备森严的环境里，仅凭关羽一己之勇就想当场诛杀曹操，那也是开玩笑。

对刘备来说，这段时间的心情想必比王子服等人紧张多了，许县不能久留，尽快脱身是唯一的出路。

正在刘备忐忑不安时来了一次机会，这就是之前说过的，袁术要率伪朝廷北上，曹操要派人去拦截。

刘备知道了这个信息，主动向曹操提出，由他率兵执行这一任务。

按理说，曹操是不会答应的。

然而，曹操答应了，还给刘备摆酒送行。

几杯酒下肚，曹操意气风发起来，对刘备说了一番很有名的话："当今天下的英雄，依我看只有玄德你和我曹操罢了。袁绍那些人，根本排不上号（今天下英雄，唯使君与操耳。本初之徒，不足数也）！"

这是夸人的话，刘备听了却心惊胆战，手不由得一抖，勺子、筷子掉到了地上（先主方食，失匕箸）。

刘备是个聪明人，知道曹操最不放心什么样的人。

笨不怕，傻不怕，怕的是聪明过了头，被曹操视为英雄的，危险系数显然比傻子大得多。刘备到许县后一直低调做人，遇事装傻，种瓜种菜，目的就是不引起曹操的怀疑和防范。

刘备的失常行为曹操看在眼里，好在这时外面响起了震雷，刘备打圆场道："圣人说'迅雷风烈必变'，看来确实如此呀，一震之威，居然这么厉害啊！"

不过，刘备还是如愿地领到了任务，率部前往袁术北上的路上展开阻击，随他前往的有关羽、张飞、陈到等率领的人马，这些都是多年追随刘备的旧部，刘备率领他们赶到了下邳。

曹操并不完全放心，所以又派了一支人马跟着刘备前来，由朱灵和路招率领。朱灵是袁绍的旧部，曹操在兖州期间朱灵曾奉袁绍之命率兵支援过曹操，一来二去就留在了曹营，路招的情况不清楚。

曹操明确，此次行动由刘备统一指挥（曹公遣先主督朱灵、路招邀击术），这是因为刘备的职务已经是左将军，比朱灵、路招高得多。

程昱、董昭等人听说曹操派刘备去下邳执行任务，赶紧跑来劝曹操收回命令，或者干脆把刘备杀了，程昱说："主公前面没有解决刘备，考虑得很正确也很全面，是我们不能及的。但现在再让他拥有兵权，他必然会生出异心（今借之以兵，必有异心）。"

新任冀州牧的董昭说："刘备有大志，又有关羽、张飞为羽翼，他心里到底怎么想的很难说（备之心未可得论也）！"

听完他们的话，一个说法是曹操也后悔了，派人去追，结果没追上。另一个说法是，曹操没有采纳他们的建议，而是说："可是我已经答应他了（吾已许之矣）。"

分析一下，后面一个说法或许更合理。

如果曹操后悔，怎么都能追回成命，他派刘备去执行任务有着成熟的考虑。

一个考虑是刘备对徐州、豫州一带的情况最熟悉，对袁术也熟悉，去执行这项任务，是最合适的人选。

另一个考虑是，目前自己人手比较紧张，袁绍那边消灭公孙瓒以后已经开始了行动，袁绍还派人去联络刘表和张绣，想给曹操来个两面夹击，情报显示孙策的主力也有北上的意图，在曹操眼里到处都是敌人，他都得分兵应对，相对来说阻击袁术的任务次要一些，能挡住最好，挡不住也坏了大局，在派不出太多人马的情况下，让刘备去，利用他的名气弥补人马的不足，也是一个恰当的安排。

阻击任务不复杂，很快便完成了。

按理说刘备应该率部返回许县，但刘备没走。

这时曹操接到情报，说袁绍已完成兵力集结，准备向南运动。曹操不敢怠慢，也离开了许县，亲率主力北上迎击袁绍。

一天夜里，有几个贴身卫士在徐他的带领下突然闯进曹操的军帐试图行刺，这是一场蓄谋已久的刺杀活动，负责曹操保卫工作的许褚一直不离曹操左右，徐他等人害怕许褚而迟迟不敢行动，今天轮到许褚休息，所以他们身上藏着刀来杀曹操。

今天确实轮到许褚休息，他已经回到了住处，但心里总觉得有什么事，于是又返回值班岗位（褚至下舍心动，即还侍）。

徐他等人不知道，进了曹操的营帐，突然看见许褚在那里，大吃一惊，神色慌乱（入帐见褚，大惊愕）。

许褚看到徐他等人的异常表现，觉得有事，立刻将他们击杀。

现在最想刺杀曹操的恐怕是袁绍，买通曹操身边的人把他神不知鬼不觉地干掉，这个仗就好打了，甚至可以不打了。

但是，曹操一定认为不是那么简单，所以他下令严格彻查。

不久，董承、王子服、种辑、吴硕等人密谋叛乱的事情败露，所有参与这件事的人全部被诛三族，其中包括董承的女儿董贵人。

消息传到徐州，刘备知道自己没退路了。曹操一定会继续追查，迟早查出自己也是这场政变的参与者之一，刘备觉得只能跟曹操彻底撕破脸了。

建安四年（199）底，刘备在下邳突然动手，杀了曹操任命的徐州刺史车胄，宣布与曹操决裂。

朱灵、路招没有阻止，推测起来刘备可能在行动之前已经把他们打发走了，刘备可以假称任务完成回军，让朱灵、路招先行，待他们离开徐州后就动手。

曹操怒火中烧，终于被刘备算计，让他又恼又愧。

曹操迅速做出部署，派出一支人马去征讨刘备。

但他派出去的人很奇怪，一个是刘岱，另一个是王忠，结果刘备没费多大劲儿就把刘岱、王忠打败了，之后还教训他们："像你们这样的，来上几十个、上百个又能把我怎么样？就是曹操亲自来，结果怎么样也说不好（曹公自来，未可知耳）！"

之后刘备立即做出几项决定，以左将军的身份表奏关羽代理下邳国相，让他守下邳（使羽守下邳城，行太守事），自己率张飞等人驻守小沛，做好与曹军进一步周旋的准备。同时，派孙乾前往袁绍那里联络，再次表明支持袁绍的态度，联络泰山帮以及徐州、兖州、青州一带的反曹力量，结成联盟。

袁绍此时正准备倾尽全力南下，志在必得，孙乾见到袁绍，表明来意，袁绍自然求之不得。联络泰山帮方面也有收获，虽然臧霸仍然支持曹操，不愿和刘备结盟，但泰山帮的二号人物东海郡太守昌豨被争取过来，响应刘备。有了昌豨的支持，刘备在下邳、小沛一带的势力迅速壮大，手下有了几万人马（东海昌霸反，郡县多叛曹公为先主，众数万人）。

曹操决定亲自率兵征讨徐州，对此大多数智囊和将领都表示反对："和明公您争夺天下的是袁绍，现在袁绍率主力刚到，您如果弃之不顾，去东面征讨刘备，袁绍这时趁机抄我们的后路，到那时该怎么办（绍乘人后，若何）？"

曹操不同意大家的看法："刘备是天下豪杰，现在不打败他，日后必是大患。袁绍虽然有大志，但他优柔寡断，不会立即采取行动。"

曹操的想法得到了郭嘉的支持，郭嘉认为只要此次行动速度快，可以做到两边不耽误。

曹操于是亲率一支人马直扑徐州。

刘备没有料到局势到了这种程度曹操还有精力照顾他一下，当侦察兵向他报告说曹操亲自来了，刘备大吃一惊，但还是不太相信（备大惊，然犹未信）。

刘备亲自带着几十名骑兵到前面查看情况，看见了曹操的旗帜，于是连打一仗的信心都没有，不战而逃。

刘备手下大部分人马都做了曹军的俘虏，其中包括刘备的两位夫人和关羽。对甘氏、糜氏来说，做俘虏快成家常便饭了，而关羽的被俘让刘备损失巨大。曹操很喜欢关羽，升他为偏将，待他很厚。刘备率张飞等残部向北逃走，幸好之前联络过袁绍，现在只有去那里了。

解决完东边的事，曹操重新回到了前线，这时已经到了建安五年（200）初，公元3世纪的第一年，全中国的目光都集中在了黄河南边一个叫官渡的地方。

一场规模空前的大战即将在这里发生。